LIVRE-ATLAS DE GÉOGRAPHIE

TROISIÈME VOLUME

La France et ses Colonies

1re PARTIE — NOTIONS GÉNÉRALES SUR LA FRANCE

CHAPITRE PREMIER

Notions générales.

La situation géographique d'un pays et ses conditions physiques déterminent dans une grande mesure son développement historique et ses destinées politiques. **L'unité géographique de la région française a favorisé la formation de l'unité nationale de la France.**

I. SUPERFICIE.

La France couvre une **superficie** d'un peu plus de 536000 kmq., étendue inférieure à celle de la plupart des grands États de l'Europe (Russie, Autriche-Hongrie, Allemagne). Cette surface représente à peu près un 1/1000 de la superficie totale du globe, 1/19 de celle de l'Europe.

II. SITUATION ET FORME.

Située entre 43° et 51° de latitude nord, la France appartient à la **zone tempérée.**

Les circonstances particulièrement favorables de sa situation **entre l'Océan Atlantique et la Méditerranée** font qu'avec une superficie restreinte elle offre une variété de produits que n'ont pas les autres pays de l'Europe. Placée à l'extrémité occidentale du continent européen, dans sa partie la plus rétrécie, elle est presque tout entière sous l'influence directe des *vents d'ouest*, et jouit d'un *climat maritime*. Ses côtes méridionales participent du climat et des cultures de la zone méditerranéenne.

Grâce à l'**harmonie de ses formes** et à l'équilibre de ses dimensions, toutes les régions de la France peuvent participer de la même vie. La France présente à peu près la forme d'un hexagone régulier. Aucune forte saillie dans ses contours, si ce n'est la Péninsule armoricaine, dont l'extrémité s'avance, à la *pointe de Corsen*, jusqu'à plus de 7° de longitude occidentale, tandis que le *mont*

Donon (Vosges) et l'extrémité des Alpes-Maritimes ne dépassent guère 5° de longitude orientale. La plus grande distance d'une extrémité de la France à l'autre, suivant une diagonale entre la pointe de Corsen et la frontière italienne, sur la côte de la Méditerranée, n'atteint pas 1100 kilom. Il n'est guère de points du territoire français qui soient éloignés de la mer de plus de 400 kilom.

III. CONFIGURATION.

La France comprend essentiellement deux régions de caractères différents : le **Bassin parisien** et le **Massif central**. Mais le Massif central s'ouvre largement par des plaines et des vallées sur la grande plaine du Bassin parisien. Centre important de dispersion hydrographique, il envoie à celui-ci une grande partie de ses eaux. Des principales régions de la France et de ses extrémités, toutes les routes aboutissent vers **Paris**, soit directement, soit en contournant le Massif central.

Ainsi la **configuration de notre pays favorise sa cohésion**, tandis que d'autres États, qui ne le dépassent guère en superficie, comme l'Allemagne et l'Autriche-Hongrie, ou qui lui sont même inférieurs, comme l'Italie, réunissent des régions radicalement opposées de caractères, et qui n'ont point de centre commun d'attraction.

Solidement attachée au continent, la **France résume tous les caractères orographiques de l'Europe** : les *plaines du nord*, les *systèmes montagneux* de l'Allemagne, le Jura et les Alpes aboutissent sur le territoire français et viennent s'y terminer. Elle est en outre le pays qui s'approche le plus de la Grande-Bretagne, et par ses deux extrémités méridionales, elle tient d'une part à la plaine du Pô et à l'Italie, et d'autre part à la Péninsule ibérique, qui, sans le voisinage de la France, se trouverait isolée du reste de l'Europe.

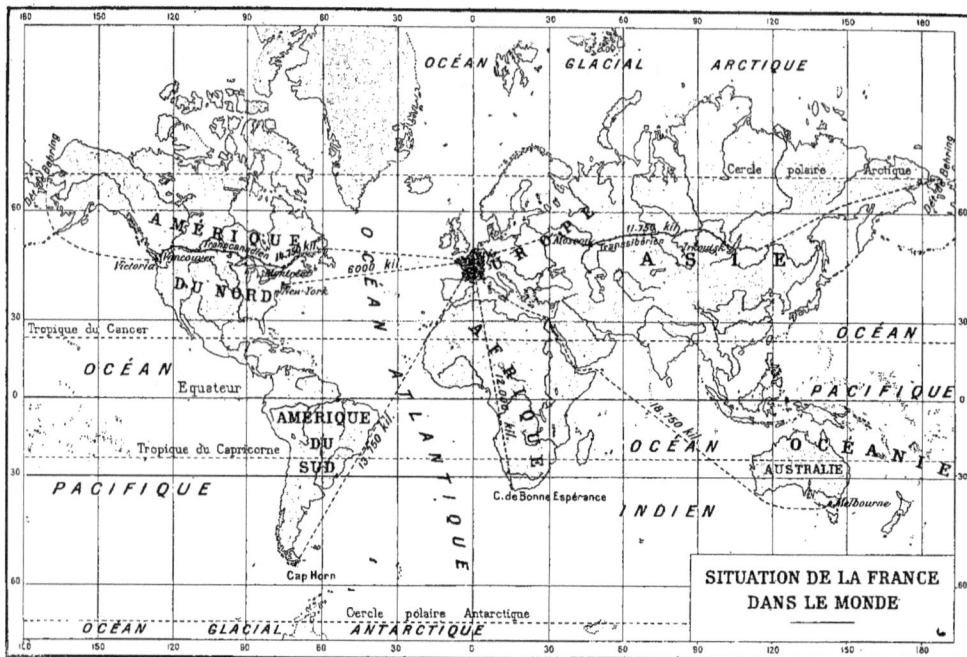

SITUATION DE LA FRANCE
DANS LE MONDE

La France est donc merveilleusement placée pour servir d'**intermédiaire** entre les peuples des régions méditerranéennes et ceux des plaines du nord et des Iles Britanniques. Les *grandes voies naturelles intereuropéennes* aboutissent en France vers Paris, et rejoignent, par la plaine de la Gironde, la route de Bayonne en Espagne.

De tout temps la France a servi de **passage entre le nord et le sud**, et elle a été le *point de contact des civilisations latines et germaniques*. De là l'importance de son rôle dans l'histoire de la civilisation européenne. Mais de là aussi les vicissitudes de son histoire. Tandis qu'à l'est, le Jura et les Alpes constituent jusqu'à un certain point une défense naturelle, du côté du nord-est, la frontière est toute conventionnelle et a été remaniée à maintes reprises : les mêmes régions ont été disputées entre l'Allemagne, les Pays-Bas et la France, et la principale orientation de la politique de nos rois fut de constituer de ce côté notre frontière.

En même temps, la France par sa **situation maritime** est sollicitée vers la mer de deux côtés à la fois : par la *Manche* et l'*Atlantique*, vers les pays du nord et vers l'Amérique; par la *Méditerranée*, vers l'Afrique du nord et l'Orient. Elle était donc appelée à la vie maritime. Mais retenue fortement au continent, elle n'a pas pu suivre avec la même continuité que l'Angleterre une politique coloniale. En revanche, son rôle en Europe a bien plus de grandeur et d'importance que celui de l'Angleterre.

CHAPITRE II
Formation géologique de la France.

I. CONSTITUTION GÉOLOGIQUE.

Au point de vue du relief et de la constitution géologique, la France comprend deux parties essentielles : le **Massif central**, formé de *roches granitiques* et de *schistes cristallins*, avec des sommets *volcaniques*; au nord, le **Bassin parisien**, grande plaine ondulée s'élevant par gradins autour de Paris, et composée de *terrains sédimentaires* étagés, qui affleurent les uns après les autres par bandes concentriques : terrains tertiaires au centre, puis crétacés et jurassiques.

Le **Bassin parisien** se relie au sud-est, par le *seuil du Poitou*, à un autre bassin d'une constitution géologique analogue, le **Bassin d'Aquitaine**, situé au sud du Massif central, et qui est relié à son tour, par le *seuil de Naurouze* et la *plaine du Bas-Languedoc*, à la grande **vallée du Rhône et de la Saône**. Cette vallée enfin, formée de *terres alluviales et tertiaires*, rejoint le Bassin parisien au *plateau de Langres*.

Le **Massif central** est ainsi entouré d'un cercle de plaines et de vallées qui le sépare des **massifs montagneux extérieurs** de la France.

FRANCE GÉOLOGIQUE

Echelle de 1:5.000.000
Kilomètres
0   50   100   150   200

☐ Terrains quaternaires ☐ Terrains tertiaires
Terrains secondaires :
☐ Crétacé   ☐ Jurassique   ☐ Trias
☐ Terrains primaires
☐ Roches cristallophylliennes et roches granitiques
☐ Roches volcaniques
☐ Bassins houillers

J. Besson del.

Ces massifs, au point de vue géologique, sont de deux sortes :

1° les massifs, de même âge que le massif central, formés comme lui de granits et de schistes, avec une bordure de terrains primaires : ce sont le **Massif armoricain**, les **Vosges** et l'**Ardenne**, qui se juxtaposent à l'ouest et à l'est au Bassin parisien ;

2° les chaînes et massifs montagneux de date plus récente, avec des sommets plus élevés, des vallées plus approfondies, où l'on retrouve toutes les sortes de terrains : les **Pyrénées**, les **Alpes** et le **Jura**.

II. CONSÉQUENCES GÉOGRAPHIQUES DES FAITS GÉOLOGIQUES.

La constitution géologique du sol explique un grand nombre de faits géographiques : le régime des eaux, la végétation, le groupement des habitations et la manière dont elles sont construites.

Les **terrains granitiques** (*Bretagne, Morvan, massif central*), peu perméables, sont sillonnés par de nombreux ruisseaux ; on y trouve des pâturages ; les habitations y sont disséminées.

Les **terrains schisteux** (*Ardenne, bordure du massif armoricain*) sont généralement marécageux et stériles ; les vallées seules y sont habitées. Les maisons sont couvertes d'ardoises. Sur la bordure des terrains schisteux s'étendent souvent des dépôts carbonifères, près desquels se sont formés des centres industriels.

Les **terrains secondaires** sont composés surtout de roches calcaires ; les assises les plus importantes par leur étendue en France sont les **calcaires jurassiques** et la **zone crétacée**. Les *calcaires jurassiques* forment tantôt

Terrains jurassiques (Les Causses).

des plateaux pierreux, secs et arides, tantôt des plateaux fertiles, quand ils sont recouverts d'une couche de limon. Dans cette zone, on trouve des minerais de fer et on extrait la pierre à bâtir. Les *terrains crétacés*, plus perméables encore que les calcaires jurassiques, sont très secs et stériles dans les régions où la roche est complètement à nu (*Champagne pouilleuse*) ; mais dans certains pays, la

Terrains tertiaires (Grès de Fontainebleau).

craie est recouverte d'une couche de limon plus ou moins épaisse, favorable à la culture des céréales. Les cours d'eau dans les terrains calcaires sont assez rares, parce que l'eau s'infiltre dans le sol ; les vallées sont généralement creusées assez profondément, et les habitations se groupent dans les vallées, où l'on trouve un peu d'humidité.

Les **terrains tertiaires** sont constitués par un mélange en proportion variable de calcaire, d'argile et de sable, et qu'on appelle *marne*. Quand l'argile domine, le sol, peu perméable, conserve son humidité et forme des marécages (*Brenne et Sologne*). Les terrains tertiaires sont fertiles en général et propres à la culture des céréales.

Les **terrains d'alluvion**, composés en grande partie de limon, sont très fertiles.

Du reste, par des drainages, des amendements et des engrais, l'homme peut, dans une assez grande mesure, améliorer les terrains et y introduire des cultures qui auparavant ne pouvaient y prospérer.

LECTURES.

1. — Histoire de la formation géologique du sol français.

Les premières parties du sol français qui émergèrent furent les massifs anciens : massif armoricain, massif central, *Vosges et Ardenne*. Ils font partie du second des soulèvements qui du nord au sud déterminèrent successivement dans ses grandes lignes le relief de l'Europe ; c'est ce soulèvement qui donna lieu à la ligne de hauteurs appelée par les géologues la **zone hercynienne**. Ils apparurent à la fin de l'époque primaire, et ils sont le plus souvent bordés de terrains carbonifères. Ces massifs ont été fortement dégradés par l'action des eaux et des agents atmosphériques ; ils se distinguent en général de montagnes plus récentes par leurs contours arrondis et leurs vallées aux pentes douces. Leur aspect a d'ailleurs été modifié par des soulèvements volcaniques.

Ces terres émergées, la mer s'avançait au nord et au sud du massif central en deux grands golfes qui se comblèrent peu à peu pendant les périodes secondaire et tertiaire. Le *bassin parisien* s'étendait jusqu'à la partie sud-est de l'Angleterre, où l'on retrouve avec une correspondance remarquable les mêmes bandes crétacées et jurassiques qui entourent le bassin tertiaire de Paris.

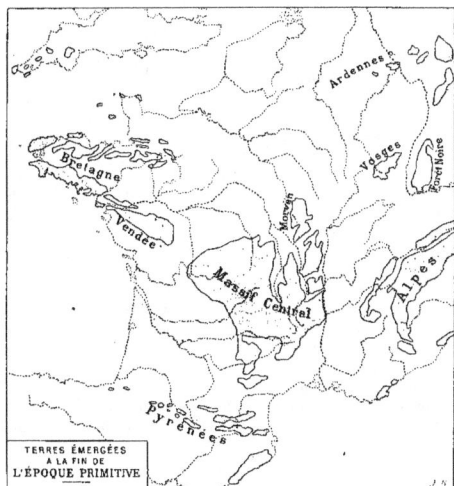

TERRES ÉMERGÉES
A LA FIN DE
L'ÉPOQUE PRIMITIVE

Vers le milieu de l'époque tertiaire, une forte poussée commença à travailler toute la partie méridionale de la France, au sud du bassin d'Aquitaine, au sud et au sud-est du massif central. Cette poussée, se propageant du sud-ouest au nord-est, détermina la chaîne des *Pyrénées*, les *Alpes* et enfin le *Jura*. En même temps que la contraction de l'écorce terrestre brisait les roches sédimentaires et laissait apparaître les roches cristallines et granitiques, elle donnait lieu à des soulèvements et à des affaissements : ainsi s'explique la disposition des trois séries de massifs que présente la masse des Alpes, et qui sont séparées par des sillons longitudinaux. A l'est des Alpes, la grande vallée du Rhône et de la Saône représente une vaste dépression qui s'est formée à cette époque et qui s'est ensuite comblée par des alluvions et des dépôts lacustres.

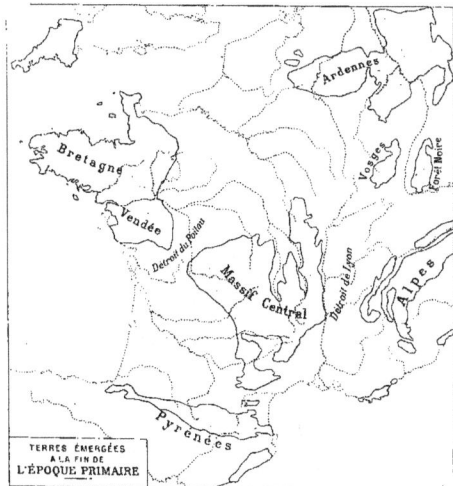

TERRES ÉMERGÉES
A LA FIN DE
L'ÉPOQUE PRIMAIRE

Le Jura présente l'aspect de plissements parallèles. De ce côté, l'effort orogénique rencontra l'obstacle des Vosges et de la Forêt-Noire, qui subit le contre-coup de ce mouvement : c'est en effet à cette époque que se produisit l'effondrement de la vallée alsacienne séparant les Vosges de la Forêt-Noire. Le contre-coup se fit aussi sentir dans le massif central par l'apparition de *phénomènes volcaniques* et la formation de *bassins lacustres*.

Pendant la **période quaternaire**, de *grands glaciers* couvrirent une partie des Vosges, du Morvan, du massif central et des Pyrénées. En disparaissant, ils ont laissé de petits lacs dans les cavités qu'ils avaient creusées ou derrière leurs moraines : tels sont les lacs des Vosges, du Jura et du massif central. A cette époque encore, une partie des cônes volcaniques de l'Auvergne se sont éboulés. Dans les Pyrénées et dans les Alpes du Dauphiné et de la Provence, les glaciers quaternaires ont accumulé sur la bordure des massifs des débris qui forment de véritables collines.

Enfin l'aspect du sol continue à se modifier sans cesse sous l'action des eaux et des agents atmosphériques. Les cours d'eau arrachent des débris qu'ils déposent ensuite sous forme d'*alluvions* ou de *bancs de sable*. Il se produit dans les montagnes des éboulements et des talus. Ces transformations sont surtout sensibles dans les régions où se sont produites les révolutions géologiques les plus récentes.

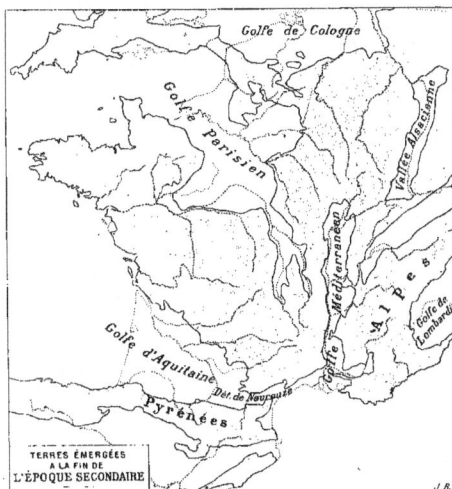

TERRES ÉMERGÉES
A LA FIN DE
L'ÉPOQUE SECONDAIRE

2. — Structure du sol français.

Sur le **sol français** se juxtaposent deux groupes distincts par leur évolution géologique et par leur aspect actuel. Il faut, pour expliquer ces différences, rappeler brièvement les résultats auxquels sont arrivés les géologues sur la structure de l'Europe occidentale. Cette région a été remaniée à deux reprises par des contractions de l'écorce terrestre. D'abord, à la fin de la période primaire, se dressa une puissante chaîne, dont on a pu reconnaître l'unité en raccordant entre eux les plis de la Bohême, du Harz, de l'Ardenne, des Vosges, du massif central et de la Bretagne et du sud-ouest de l'Angleterre. Il semble qu'ensuite, pendant de longues périodes, les forces internes soient restées en repos. Vers le milieu de la période tertiaire, elles se réveillèrent ; et c'est alors que de nouvelles contractions produisirent les plissements des Pyrénées, des Alpes, des Apennins, etc. Ces derniers accidents affectèrent surtout la région voisine de la Méditerranée ; mais leur contre-coup se fit sentir sur la partie contiguë de l'Europe qui avait déjà subi jadis l'assaut des forces internes. Ici, toutefois, comme l'effort vint se heurter à des masses depuis longtemps consolidées et qu'un tassement prolongé avait rendues moins plastiques, il se traduisit, non par des plissements nouveaux, mais par des dislocations et des fractures. Ces fractures, accompagnées de pressions latérales, eurent pour résultat de surélever certaines parties de la surface, tandis que d'autres s'affaissèrent.

On distingue ainsi, sur notre territoire, deux *types de structure*. *L'un est* la **zone d'anciens massifs** qui se succèdent de la Bohême au pays de Galles, soit par le massif rhénan et l'Ardenne, soit par les Vosges, le massif central et l'Armorique, fragments de la grande chaîne dressée à la fin des temps primaires. Entre ces piliers restés debout, de grandes surfaces, comme privées de support, ont cédé à un mouvement prolongé d'affaissement. On voit ainsi entre les pointements des anciens massifs s'étendre des aires d'enfoncement : tantôt des bassins comme ceux de Souabe, de Paris, de Londres ; tantôt une fosse comme la vallée du Rhin. La mer, qui occupait jadis ces dépressions, ne les a pas complètement évacuées. La Manche, la mer du Nord interrompent, par transgression, la continuité d'anciens massifs. Mais la nappe dont elles recouvrent le sol continental est mince. Ce sont des mers à fonds plats, dont les flots dissimulent sous des profondeurs inférieures à 200 mètres une partie du bassin de Paris, de celui de Londres, du massif armoricain.

L'autre zone est celle qu'occupent les chaînes de plissements récents qui s'allongent le long de la Méditerranée, en partie aux dépens du lit de méditerranées antérieures. En longues guirlandes se déroulent les chaînes élevées, aériennes : de Berne, Grenoble, Pau, on les voit, par un temps favorable, s'aligner sous le regard. La destruction s'exerce sur elles avec une activité à peine amortie. Les chaînes courent en général parallèlement aux rivages ; ou bien, comme les Pyrénées Orientales, elles sont brusquement, en pleine hauteur, interrompues par eux. La mer se creuse à leur pied en fosses profondes ; des abîmes de plus de 2 000 mètres sont, entre Nice et Toulon, aussi bien que sur la côte méridionale du golfe de Gascogne, tout voisins du littoral. Dans les parties que la mer a délaissées depuis les derniers temps géologiques, la nature des dépôts indique souvent des profondeurs considérables ; la faune fossile diffère entièrement de celle des anciennes mers qui ont envahi le bassin parisien. Il est visible que la nature a travaillé dans ces deux régions sur un plan différent. La diversité actuelle de physionomie est l'avertissement de diversités invétérées et séculaires.

On voit que la structure de la France n'a rien de l'unité homogène qu'on se plaît parfois à lui attribuer. Le massif central, par exemple, ne peut être considéré comme un noyau autour duquel se serait formé le reste de la France. De même que la France touche à deux systèmes de mer, elle participe de deux zones différentes par leur évolution géologique. Sa structure montre à l'ouest une empreinte d'archaïsme ; elle porte, au contraire, au sud et au sud-est, tous les signes de jeunesse. Ses destinées géologiques ont été liées pour une part à l'Europe centrale, pour l'autre à l'Europe méditerranéenne.

Mais l'individualité géographique n'exige pas qu'une contrée soit construite sur le même plan. A défaut d'unité dans la structure, il peut y avoir harmonie vivante ; une harmonie dans laquelle s'atténuent les contrastes réels et profonds qui entrent dans la physionomie de la France.

Cette harmonie est en effet réalisée. Elle tient surtout à la répartition suivant laquelle se coordonnent en France les principales masses minérales. Les massifs anciens, avec leurs terres siliceuses et froides, les zones calcaires au sol chaud et sec, les bassins tertiaires avec la variété de leur composition, se succèdent dans un heureux agencement. Les massifs ne sont pas, comme dans le N.-O. de la péninsule ibérique, concentrés en bloc. L'Ardenne, l'Armorique, le massif central, les Vosges alternent avec le bassin parisien, celui d'Aquitaine, celui de la Saône. En vertu de cette disposition équilibrée, aucune partie n'est en état de rester confinée à part dans un seul mode d'existence.

(VIDAL DE LA BLACHE, *Tableau de la Géographie de la France*. — Introduction à l'*Histoire de France* de Lavisse.) (Hachette, éditeur.)

QUESTIONS.

1. *Quelles sont les raisons qui, au point de vue de la situation et de la configuration, font de la France une contrée privilégiée ?*
2. *Montrer l'analogie du bassin parisien et du bassin aquitain au point de vue de la constitution géologique. Quelles en sont les différences ?*

CHAPITRE III

Grands traits du Relief du Sol.

I. DISPOSITION GÉNÉRALE DU RELIEF.

L'étude de la constitution géologique de la France nous a déjà donné une idée de son relief.

Au nord, la **région de plaines du bassin parisien** se reliant à la *plaine flamande*, et, par elle, aux plaines des Pays-Bas et de l'Allemagne du Nord ; au sud du bassin parisien, le **Massif central**, qui s'ouvre en de nombreuses vallées sur les plaines environnantes, mais en particulier vers le nord. Au sud et à l'est du Massif central, une plaine et une grande vallée : le **Bassin aquitain** et la vallée du Rhône et de la Saône, qui sont reliés par la plaine du Bas-Languedoc et qui forment une ligne de dépression séparant le Massif central des Pyrénées, des Alpes et du Jura.

La France offre ainsi en raccourci les grands traits du relief de l'Europe. La *plaine du bassin parisien*, prolongement de la *plaine septentrionale de l'Europe*, est flanquée à l'ouest de **presqu'îles montagneuses et granitiques** (*Cotentin, Bretagne et Vendée*), qui rappellent les presqu'îles du nord-ouest de l'Europe. Les **hautes terres de l'Europe centrale** ont aussi leur prolongement sur la France : un coin du **massif ardennais** est

FRANCE PHYSIQUE

Echelle de 1:5.000.000

Kilomètres

J. Besson del.

Les Alpes (Les Aiguilles Rousses).

compris en territoire français ; les **Vosges** offrent le pendant de la Forêt-Noire et se rattachent, par les hauteurs des *Faucilles*, du *plateau de Langres* et de la *Côte d'Or*, au *Morvan* et au *Massif central*. Enfin la France possède une grande partie des plateaux et des chaînes du *Jura*, et le versant occidental des *Alpes*, jusqu'au lac de Genève.

Les **Pyrénées** forment une chaîne à part, qui sépare nettement la Péninsule ibérique de la France, en laissant quelques passages aux deux extrémités de la chaîne.

Comme en Europe, et mieux encore, **les diverses régions ont entre elles des relations faciles** par toutes les grandes vallées qui entourent le Massif central. Le Massif central lui-même est pénétré très profondément par les plaines de la *Limagne* et du *Forez* et par les affluents de la *Loire*, si bien qu'il n'y a qu'une partie restreinte de ce massif qui soit isolée et où la vie soit précaire : c'est justement cette région qui envoie un flot d'émigration vers les grandes villes, Paris, Lyon, Toulouse, Bordeaux, de même que c'est d'elle aussi qu'affluent vers les mêmes directions les eaux qui alimentent les grands fleuves, exception faite de la Seine.

Cette disposition du Massif central au centre de la France contribue aussi à **unifier le climat** par l'influence de l'altitude. Il n'y a guère que le *littoral méditerranéen* qui jouisse d'un climat spécial. Mais, comme cette région de la Provence et du Bas-Languedoc est isolée par les Pyrénées et par les Alpes des autres régions méditerranéennes et qu'elle se trouve à l'extrémité de la grande voie naturelle qui relie le Havre et Paris à la

Méditerranée, c'est une région bien française, qui a de fortes attaches avec le Bassin parisien et qui d'autre part met aussi en relation avec la Méditerranée le plateau lorrain et la vallée alsacienne.

II. RÉPARTITION DES MONTAGNES, PLATEAUX, PLAINES ET VALLÉES.

Les plus grandes altitudes de la France se trouvent sur ses frontières du sud-est et du sud, et si l'on ne tient pas compte de la dépression de la Saône, du Rhône et du Bas-Languedoc, on constate *que le sol de la France s'incline du sud-est au nord-ouest*. Dans les **Alpes** on trouve au *mont Blanc* une altitude de 4810 m., à la *Barre des Écrins* (massif du *Pelvoux*) un sommet de 4103 m., et un grand nombre d'autres qui dépassent 3000 m. Au nord-est, le **Jura** et les **Vosges** sont moins élevés : le Jura au *Crêt-de-la-Neige* n'a que 1724 m. ; les Vosges, *au Ballon de Guebwiller*, 1426 m.

Si de la région alpestre on passe dans celle du **Massif central**, on rencontre des sommets dépassant 1700 m., au *mont Lozère* (1702 m.), au *mont Mézenc* (1754 m.), et même de plus de 1800 m., avec les cônes volcaniques du *Plomb du Cantal* (1858 m.) et du *Puy de Sancy* (1886 m.). Le Massif central s'abaisse insensiblement sur la région de la Loire. Les collines qui le relient à la région vosgienne n'offrent aucun sommet atteignant 1000 m. Le point culminant du *Morvan* est à une altitude de 902 m. ; celui de la *Côte d'Or*, à 630 m. ; le *plateau de Langres* ne dépasse pas 516 m.

Le Massif central (Le puy Mary).

Si l'on tire une ligne de Bayonne à Mézières, on ne trouve au nord de cette ligne aucun point qui atteigne 500 m. Le *Bocage vendéen* ne culmine que par 285 m., les *monts d'Arrée*, en Bretagne, par 391 m. au *mont Saint-Michel*, les *collines du Maine*, par 417 m. au *Signal des Avaloirs*.

On trouve en France *quelques* **plateaux** : au sud, les Pyrénées s'abaissent sur la plaine de la Garonne par le *plateau de Lannemezan*, le Massif central sur la même plaine par les plateaux des *Causses*, et sur le seuil du Poitou par les plateaux de *Mille-Vaches* et du *Limousin*. Le Jura s'abaisse sur la Saône et le Rhône par le plateau de la *Bresse*, les Vosges sur le Bassin parisien par le *plateau Lorrain*. Ces plateaux permettent de passer insensiblement de la plaine vers les régions montagneuses, entre lesquelles ils forment la transition. Ils sont généralement percés par les cours d'eau qui descendent vers la plaine.

Les **plaines**, sauf celles des *Landes* et de la *Beauce*, ne sont pas uniformément plates, mais ondulées de collines et entrecoupées de vallées. Telles sont les collines concentriques du Bassin parisien. Tout autour de Paris, le terrain s'élève soit graduellement, comme du côté d'Orléans, soit par une série de gradins et de crêtes, comme vers l'est jusqu'au plateau Lorrain.

Les vallées forment parfois des sillons assez profonds, bordés de coteaux. Ce sont en général les régions les plus favorisées. Le climat y est doux, à cause de l'abri qu'offrent les coteaux, le sol plus riche ; les cultures y prospèrent, et les habitations s'y groupent en de nombreux villages : telle est la *vallée de la Loire*, surtout depuis Orléans.

III. CONCLUSION.

En résumé, la *variété* de la constitution géologique et du relief de la France crée une grande variété dans l'aspect extérieur des régions, leurs aptitudes à la culture, le climat, le genre de vie des habitants. Néanmoins cette variété ne nuit pas à l'*unité de la France* : elle ne met pas obstacle aux communications ; pas de régions isolées, sauf quelques parties de la Bretagne et de l'Auvergne. L'ancienne opposition entre la France du nord et la France du sud a complètement disparu, grâce à la facilité des communications et des échanges et à la solidarité d'intérêts que créent ces échanges.

Enfin, malgré l'altitude de quelques montagnes françaises, il n'y a qu'une faible partie du territoire qui soit impropre à la culture et une plus faible partie encore qui soit inhabitée. C'est que les montagnes les plus élevées sont groupées dans les régions méridionales ; on trouve des cultures jusqu'à 800 m. dans le Massif central, dans les Pyrénées et le Jura, et bien au delà de 800 m. sur les pentes bien exposées des Alpes. Les habitations s'y rencontrent jusqu'à 2000 m., et les pâturages, qui y sont une importante ressource, y attirent les populations pendant l'été.

LECTURES.

1. — La France à vol d'oiseau.

Montons sur un des points élevés des Vosges, ou, si vous voulez, du Jura. Tournons le dos aux Alpes. Nous distinguerons (pourvu que notre regard puisse percer un horizon

de trois cents lieues) une ligne onduleuse, qui s'étend des collines boisées du Luxembourg et des Ardennes aux ballons des Vosges ; de là, par les coteaux vineux de la Bourgogne, aux déchirements volcaniques des Cévennes, et jusqu'au mur prodigieux des Pyrénées. Cette ligne est la séparation des eaux ; du côté occidental, la Seine, la Loire et la Garonne descendent à l'Océan ; derrière s'écoulent la Meuse au nord, la Saône et le Rhône au midi. Au loin, deux espèces d'îles continentales : la Bretagne, âpre et basse, simple quartz et granit, grand écueil placé au coin de la France pour porter le coup des courants de la Manche ; d'autre part, la verte et rude Auvergne, vaste incendie éteint, avec ses quarante volcans.

Les bassins du Rhône et de la Garonne, malgré leur importance, ne sont que secondaires.

La vie forte est au nord. La s'est opéré le grand mouvement des nations. L'écoulement des races a eu lieu de l'Allemagne à la France dans les temps anciens. La grande lutte politique des temps modernes est entre la France et l'Angleterre. Ces deux peuples sont placés front à front comme pour se heurter : les deux contrées, dans leurs parties principales, offrent deux pentes en face l'une de l'autre ; ou, si l'on veut, c'est une seule vallée dont la Manche est le fond. Ici, la Seine et Paris ; là, Londres et la Tamise. Mais l'Angleterre présente à la France sa partie germanique ; elle retient derrière elle les Celtes de Galles, d'Écosse et d'Irlande. La France, au contraire, adossée à ses provinces de langue germanique (Lorraine et Alsace), oppose un front celtique à l'Angleterre. Chaque pays se montre à l'autre par ce qu'il a de plus hostile...

En latitude, les zones de la France se marquent aisément par leurs produits. Au nord, les grasses et belles plaines de Belgique et de Flandre, avec leurs champs de lin, de colza et de houblon, la vigne amère du Nord. De Reims à la Moselle commence la vraie vigne ; et le vin, tout esprit en Champagne, bon et chaud en Bourgogne, se charge, s'alourdit en Languedoc, pour se réveiller à Bordeaux. Le mûrier, l'olivier paraissent à Montauban ; mais ces enfants délicats du Midi risquent toujours sous le ciel inégal de la France. En longitude, les zones ne sont pas moins marquées.....

On l'a dit, Paris, Rouen, Le Havre sont une même ville dont la Seine est la grand'rue. Éloignez-vous au midi de cette rue magnifique, où les châteaux touchent aux châteaux, les villages aux villages, de la Seine-Inférieure au Calvados, du Calvados à la Manche : quelles que soient la richesse et la fertilité de la contrée, les villes diminuent de nombre, les cultures aussi ; les pâturages augmentent. Le pays est sérieux : il va devenir triste et sauvage. Aux châteaux altiers de la Normandie vont succéder les bas manoirs bretons. Le costume semble suivre le changement de l'architecture. Le bonnet triomphal des femmes de Caux, qui annonce si dignement les filles des conquérants de l'Angleterre, s'évase vers Caen, s'aplatit dès Villedieu ; à Saint-Malo, il se divise et figure au vent tantôt les ailes d'un moulin, tantôt les voiles d'un vaisseau. D'autre part, les habits de peau commencent à Laval. Les forêts qui vont s'épaississant, la solitude de la Trappe, où les moines mènent en commun la vie sauvage ; les noms expressifs des villes, Fougères et Rennes (Rennes veut dire aussi Fougères), les eaux grises de la Mayenne et de la Vilaine, tout annonce la dure contrée.

(MICHELET, *Notre France*.)
(Armand Colin, éditeur.)

2. — Les grandes voies naturelles.

Le contraste du Massif central et du Bassin parisien se manifeste bien clairement par la forme qu'a prise en France le réseau des grandes lignes naturelles de communication, auxquelles on pourrait donner le nom de lignes historiques, parce que tous les grands faits de l'histoire française se sont accomplis sur son parcours. Les voies de la région du nord, partant de Paris comme centre, rayonnent librement dans tous les sens, car nul obstacle ne les oblige à décrire de grands détours; elles vont directement au but qu'elles doivent atteindre. Les routes qui de Paris ont gagné la Suisse par les vallées de la Seine et de l'Aube, l'Allemagne par les bords de la Marne, la Belgique par les cours de l'Aisne, de l'Oise, de l'Escaut, sont toutes des voies également faciles, et sur chacune d'elles se sont opérés sans peine les mouvements des migrations, des guerres et du commerce. Il en est de même des chemins directs qui rejoignent Paris aux bouches de la Somme et de la Seine, à la presqu'île du Cotentin, à la Bretagne, à l'estuaire de la Loire. Sur toutes les voies qui rayonnent vers le pourtour du grand bassin septentrional de la France, les peuples se trouvaient à l'aise pour cheminer dans l'un ou l'autre sens.

Mais au sud de la Seine et de la Loire la configuration du sol, toute différente, ne laissait point les hommes passer ainsi au gré de leur fantaisie. Deux grandes voies seulement s'ouvraient devant eux. Celle de l'est relie le bassin de la Seine à celui de la Saône et du Rhône par les dépressions les plus basses du plateau de la Côte d'Or; on peut l'appeler la voie romaine, car c'est en en restant le maître que César fit la conquête des Gaules, et c'est près du seuil de passage que l'on a placé, à tort ou à raison, la statue qui rappelle le dernier grand effort des peuples gaulois. La route occidentale, qui est celle de la péninsule ibérique, doit passer à l'ouest du plateau central par la vallée de la Charente. Au sud de la France, les extrémités de ces deux grandes voies historiques

sont reliées entre elles par une troisième route naturelle qui n'a cessé d'être activement fréquentée depuis les commencements de l'histoire. Cette route, qui longe la base méridionale des Cévennes, des bords de la Méditerranée au bassin de la Garonne, complète autour du massif central de la France une voie stratégique comparable au chemin de ronde des citadelles. Presque toutes les cités dont les noms rappellent de grands événements sont situées sur l'un des côtés de ce triangle; il suffit de mentionner parmi ces villes : Orléans, Blois, Tours, Poitiers, Bordeaux, Toulouse, Carcassonne, Narbonne, Béziers, Montpellier, Nîmes, Arles, Avignon, Vienne, Lyon, Chalon-sur-Saône, Dijon, Sens; les lignes qui les unissent dessinent sur le sol français la direction des courants principaux de la vie nationale. On a constaté que les villes les plus importantes de ces grandes voies sont situées en général à deux étapes les unes des autres, tandis que des localités moins considérables marquent les étapes intermédiaires, et des bourgades moins importantes encore les lieux d'arrêt momentané.

(E. RECLUS, *La France*.)
(Hachette, éditeur.)

QUESTIONS.

1. *Montrer comment la France se rattache, par les grands traits de son relief, à l'Europe continentale.*

2. *Indiquer les grandes voies naturelles ouvertes par la disposition même du relief français.*

3. *Importance comparée des plaines et des régions montagneuses de la France.*

CHAPITRE IV

Climat et Hydrographie.

I. PRINCIPAUX CLIMATS.

Grâce à sa situation dans la zone tempérée, à peu près à égale distance du pôle et de l'équateur, et dans le voisinage de la mer, la France jouit d'un **climat modéré, suffisamment humide et aux températures peu variables.** Comme elle occupe un espace relativement restreint, elle n'offre pas dans ses diverses régions des climats aux différences bien tranchées. Cependant des causes comme l'altitude, l'exposition, l'éloignement plus ou moins grand de la mer, apportent dans le climat certaines modifications assez sensibles.

Les provinces de **l'ouest et du nord**, baignées directement par la mer, jouissent d'un *climat maritime* : la température y est peu variable : les chaleurs de l'été y sont adoucies par l'influence de la mer, les froids modérés; les vents dominants y sont ceux de l'ouest et du sud-ouest, qui apportent des **pluies** assez fréquentes.

Sur le **Massif central**, ces mêmes vents déposent des pluies abondantes. A cause de son

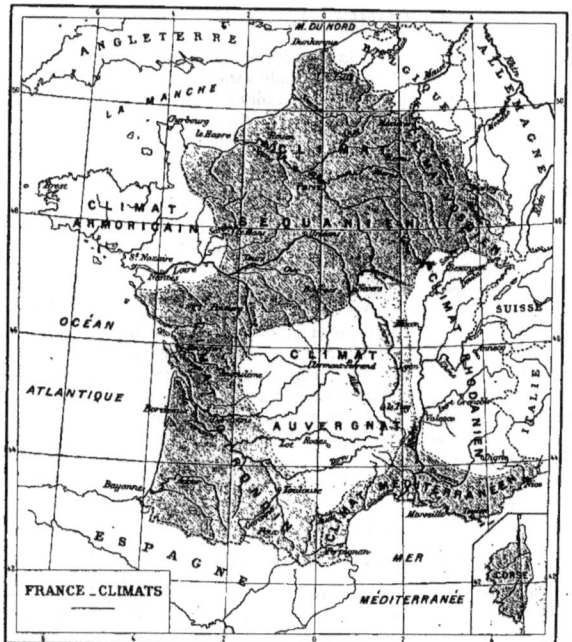

FRANCE _ CLIMATS

altitude, cette région a un *climat spécial*, avec des hivers longs et rigoureux, des vents violents et de grandes pluies. Les plaines intérieures, y étant abritées, ont un climat privilégié.

Le **Bassin parisien** ne reçoit les vents d'ouest et du sud-ouest que lorsque ces vents ont déposé une grande partie de leur humidité, soit sur la Bretagne et sur la Normandie, soit sur le Massif central. Cette région est donc moins humide, mais encore *suffisamment arrosée*. Les hivers y sont assez rigoureux, les étés assez chauds.

Le **plateau de Lorraine** et les **Vosges**, à cause de leur altitude, ont des *hivers plus longs et plus froids;* en revanche, les *étés y sont chauds*, mais courts : la vigne peut y croître. Les Vosges étant un foyer de condensation de l'humidité, cette région reçoit beaucoup de pluies.

La **vallée de la Saône et du Rhône**, abritée des vents d'ouest par le massif central, forme un long couloir, où dominent les *vents du nord*, la Méditerranée constituant un foyer d'appel. Elle est soumise à de brusques variations de température : les étés y sont chauds, les hivers froids.

Mais le **littoral de la Méditerranée**, abrité par les Cévennes et les Alpes, jouit d'un climat spécial, plus chaud et plus sec. Les hivers y sont d'une douceur remarquable, les étés chauds et très secs, les pluies rares, mais torrentielles, et malheureusement le *mistral*, vent du nord-ouest, y souffle souvent avec une grande violence.

Ainsi se trouve déterminée la division des climats français généralement adoptée : le **climat girondin** (sud-ouest) ; le **climat armoricain** (ouest, Bretagne, Normandie) ; le **climat auvergnat** (massif central) ; le **climat séquanien** (bassin parisien, moins le littoral de la Manche) ; le **climat vosgien** (Vosges, Lorraine et Ardennes) ; le **climat rhodanien** (Saône et Rhône), et le **climat méditerranéen** (littoral de la Méditerranée). Mais il va sans dire que cette division ne peut pas tenir compte d'une foule d'influences locales qui varient à l'infini le climat.

FRANCE
DENSITÉ DES PLUIES
Moyenne prise sur 30 années
(d'après Mr Angot)

moins de 500 ᵐᵐ — de 750 à 1000 ᵐᵐ
de 500 à 600 ᵐᵐ — de 1000 à 1500 ᵐᵐ
de 600 à 750 ᵐᵐ — plus de 1500 ᵐᵐ

J. Besson del.

En résumé, la température ne subit pas néanmoins en France de très grands écarts : dans les régions les plus froides, la *température moyenne de janvier* ne descend pas jusqu'à — 1°, et *celle du mois de juillet* ne s'élève pas au-dessus de 24°, même dans la région méditerranéenne. Toutefois il y a des périodes de gelée assez longues dans le nord-est. Sur les bords de la Méditerranée, les chaleurs estivales durent plus de 100 jours. D'une façon générale, on peut dire que, pour la saison d'hiver, la température décroît de l'ouest à l'est (exception faite du littoral méditerranéen), et pour l'été, cette décroissance s'observe du sud-est au nord-ouest.

II. LIMITES DE VÉGÉTATION DE QUELQUES PLANTES.

Ce sont ces conditions de température et d'humidité qui expliquent les limites de végétation de certaines plantes. Ainsi dans la Normandie et dans la Bretagne, la **vigne** ne mûrit pas, malgré la douceur de la température,

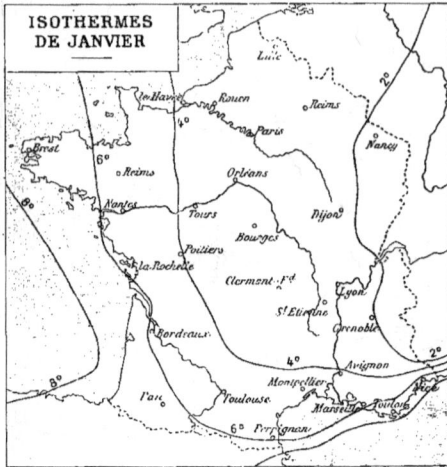

ISOTHERMES DE JANVIER

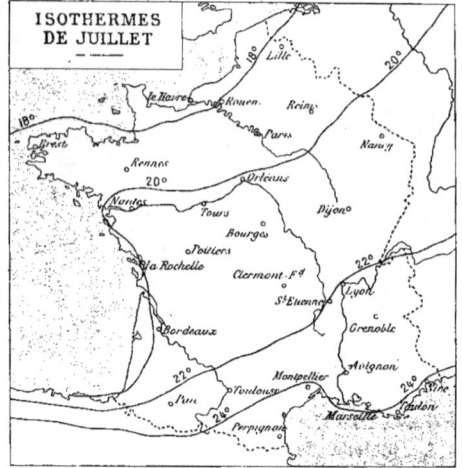

ISOTHERMES DE JUILLET

parce que les étés y sont trop humides et pas assez chauds. Au contraire, en Lorraine, où les étés sont chauds, on trouve des vignobles. Cependant sur les côtes de la Bretagne et du Cotentin croissent des camélias et des figuiers en pleine terre.

De même, la limite septentrionale du **châtaignier** ne dépasse guère Nantes, atteint à peine Paris, et, à l'est, passe au sud de Nancy ; c'est que le châtaignier demande à la fois de l'humidité et du soleil.

Le **maïs**, qui demande des étés chauds, précédés de printemps humides, est surtout cultivé dans le bassin aquitain, et dans la vallée de la Saône. Enfin l'**olivier**, le **mûrier** et l'**oranger** ne croissent que dans la région méditerranéenne ; tandis que le mûrier s'étend un peu plus au nord, vers Lyon, l'oranger, au contraire, ne dépasse pas la partie du littoral méditerranéen abritée par les Alpes.

III. HYDROGRAPHIE.

De la constitution géologique, du relief et du climat, dépend l'*hydrographie*. Les montagnes sont des condensateurs de l'humidité atmosphérique ; c'est pourquoi elles sont en général des régions de dispersion hydrographique.

Les cours d'eau qui prennent naissance dans les régions granitiques et qui coulent longtemps dans les terrains imperméables ont un débit irrégulier, avec des crues subites au moment des pluies ou de la fonte des neiges ; mais dans les périodes de sécheresse, ils baissent considérablement. Au contraire, ceux

qui traversent des régions perméables ont un débit plus régulier.

Le Massif central est le principal centre hydrographique de la France, *il alimente la Loire, la Garonne et le Rhône.* Mais le Rhône reçoit la plus grande partie des

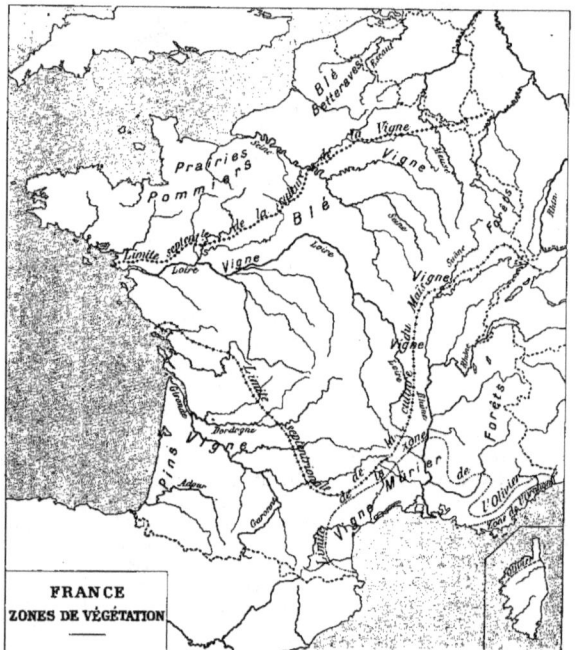

FRANCE
ZONES DE VÉGÉTATION

eaux des Alpes et du Jura, la Garonne s'alimente aux Pyrénées. La Seine est un fleuve de plaine qui draine la plus grande partie du Bassin parisien. Enfin le plateau de Lorraine et les Vosges alimentent la Moselle, affluent du Rhin; la Meuse, qui coule d'abord dans un sillon du Bassin parisien, est analogue à la Seine et à la Marne, et reçoit ensuite les eaux de l'Ardenne.

Chacun de ces fleuves doit aux régions qui l'alimentent sa physionomie spéciale. La **Seine**; — qui naît dans des collines peu élevées, traverse des régions perméables et ne reçoit, sauf l'*Yonne*, que des affluents offrant les mêmes caractères qu'elle-même, — a un **débit lent et régulier**, *très favorable à la navigation*.

La Seine à Corbeil.

La **Loire**, dont une grande partie du cours est comprise dans la région granitique du Massif central, et qui reçoit de ce massif la plupart de ses affluents, est soumise à un **régime de crues** : ces crues surviennent au printemps. La Loire roule alors un volume d'eau considérable et inonde souvent ses bords ; mais en été le niveau baisse et le lit est encombré de bancs de sable. Aussi la Loire est-elle impropre à la navigation sur la plus grande partie de son cours et pendant de longs mois.

Une inondation de la Loire.

La **Garonne** a aussi un **régime très irrégulier**. Son débit moyen est très supérieur à celui de la Loire ; cependant, en été, il est assez maigre, tandis qu'au printemps les crues des affluents du massif central surviennent au même moment que la fonte des neiges dans les

La Garonne à Toulouse.

Pyrénées, et le fleuve alors roule un volume d'eau énorme. Les inondations de la Garonne sont parfois désastreuses.

Le **Rhône** a une **pente très rapide** et un **débit peu régulier**. Ses affluents alpestres lui apportent une grande quantité d'eau à l'époque de la fonte des neiges, mais sont très maigres en d'autres périodes. Les torrents cévenols le grossissent aussi considérablement quand surviennent les pluies ; mais heureusement les crues de ces torrents ne correspondent presque jamais avec celles des rivières alpestres. La Saône, le plus grand affluent du Rhône, rappelle la Seine par son régime, et c'est une excel-

Le Rhône à Avignon.

lente voie de navigation ; mais à Lyon, les bateaux sont obligés de s'arrêter, le courant du Rhône étant trop violent.

Les fleuves français sont courts. La Loire, le plus long, n'a que 980 kilom., tandis que le Rhin en a près de 1300. Mais à cause de leur disposition, ils formeraient néanmoins un réseau admirable de navigation s'ils étaient partout régularisés par des canaux.

Ainsi, le **Massif central est entouré par un cercle de cours d'eau unis pour la plupart entre eux** : la Loire à la Saône, le Rhône à l'Aude et à la Garonne; enfin, la Vienne, la Charente et les affluents de la Dordogne sont très rapprochés les uns des autres. Tout le Bassin parisien est sillonné par des cours d'eau en partie navigables : la Loire s'y avance au-devant de la Seine, et les fleuves ont pu facilement être unis par un canal. La Saône, très rapprochée des sources de la Seine, est mise aussi en communication avec celle-ci. Elle a pu être également unie à la Meuse, à la Moselle et au Rhin. Enfin, la plaine du nord de la France a un réseau de rivières et de canaux des plus complets, et qui est mis en relation avec le réseau du Bassin parisien, celui de l'Ardenne et du plateau de Lorraine.

LECTURE.

Le Climat de la France.

Actuellement le massif granitique du Plateau central, si important à tous les points de vue de l'histoire et de la géographie, partage la France en deux zones de climats offrant une opposition tranchée. Au nord de cette barrière, la température moyenne est de 10 à 12 degrés, selon les localités; au sud, elle s'augmente graduellement de 13 à 15 degrés; mais la différence de chaleur annuelle n'est pas l'élément le plus important du contraste des deux zones : l'état hygrométrique de l'air, la fréquence et l'intensité des pluies, la direction des vents et tous les phénomènes météorologiques contribuent pour leur part à donner deux climats bien distincts à la région atlantique et à la région méditerranéenne de la France. Le versant du nord appartient à l'Europe occidentale, le versant du sud est une terre à l'aspect déjà presque africain.

L'occident et l'orient de la France présentent également un contraste, mais qui ne se manifeste en aucun endroit d'une manière soudaine; c'est par une série de transitions insensibles que le climat change de l'ouest à l'est. Les rives de l'Atlantique sont exposées à la double influence du *gulfstream* et des vents du sud-ouest, qui apportent avec eux les chauds effluves des mers tropicales. Baignées par les moites vapeurs d'un autre climat, elles jouissent ainsi d'une température bien supérieure à celle qui appartiendrait normalement à leur latitude. Mais plus à l'est l'influence du grand courant 'eau tiède qui vient de traverser l'Atlantique ne se fait plus

sentir que faiblement; en même temps le vent du sud-ouest perd sa prépondérance, et le climat local n'est plus aussi souvent adouci par les courants atmosphériques. A Cherbourg, la température moyenne de l'année dépasse d'un degré et demi environ celle de Verdun, situé sous une latitude un peu plus méridionale. Les *lignes isothermiques* qui pénètrent en France près de l'extrémité septentrionale de la contrée, se dirigent vers le sud à mesure qu'elles entrent plus avant dans l'intérieur des terres.

La décroissance de température que l'on observe en allant de l'ouest à l'est de la France n'est pas le seul contraste que présentent les deux régions au point de vue thermométrique. Les saisons deviennent aussi plus extrêmes en proportion de l'éloignement de la mer. Les bords de l'Atlantique, sans cesse humectés par les vapeurs qui s'élèvent de l'Océan, sont exposés directement à l'influence de l'énorme masse liquide, dont la température est égalisée par des courants constamment mélangés. Ces contrées riveraines jouissent donc d'un climat essentiellement maritime, et l'écart entre les plus fortes chaleurs et les plus grands froids de l'année y est relativement faible. Dans la direction de l'est, l'action de la mer se fait moins sentir, et par suite les saisons offrent un plus grand écart : les étés sont plus chauds et les hivers plus froids. La

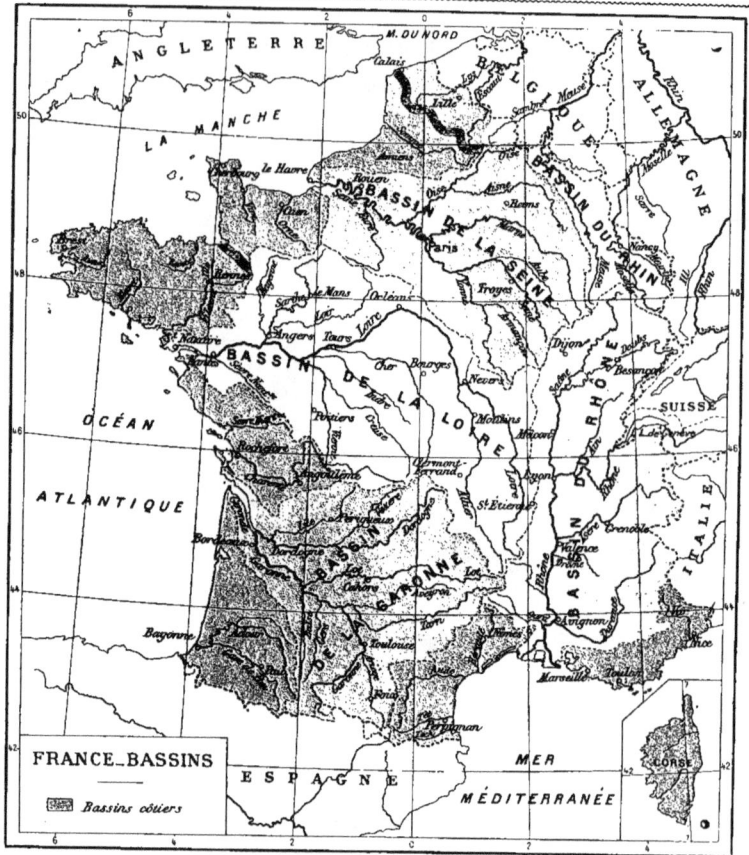

FRANCE — BASSINS

Bassins côtiers

différence moyenne entre les températures extrêmes de l'année s'accroît régulièrement de Brest à Nancy ; en d'autres termes, les *lignes isothères* ou d'égale température estivale et les *lignes isochimènes* ou d'égale température hivernale s'écartent de plus en plus en s'éloignant de la mer. Les isochimènes s'infléchissent du nord-ouest au sud-est en contournant le grand plateau central, tandis que les isothères prennent, au contraire, la direction du sud-ouest au nord-est. Ainsi les mêmes régions de la France orientale qui ont une température annuelle inférieure à celle des côtes de l'occident ont une chaleur estivale bien supérieure. On comprend combien cet entre-croisement de lignes isothermes, isothères et isochimènes a d'importance pour les zones de végétation : il est certaines plantes qui ont besoin d'un milieu peu changeant ; d'autres, telles que la vigne, supportent au contraire fort bien les rigueurs du froid, mais demandant une température estivale assez considérable. La vallée de la Loire, qui représente à tant d'égards, surtout entre Nevers et Angers, la moyenne générale de la France, peut être considérée comme la région centrale autour de laquelle oscillent les divers phénomènes du climat.

(E. RECLUS *La France.*)
(Hachette, éditeur.)

QUESTIONS.

1. *Quelles sont les causes qui contribuent à unifier dans ses grandes lignes le climat de la France ?*

2. *Comparer la région méditerranéenne au midi océanique.*

3. *Importance du Massif central comme centre hydrographique. Son influence sur le régime des grands fleuves français.*

4. *Quelles sont les causes de la supériorité de la Seine et de ses affluents comme voie navigable ?*

5. *Comparer les embouchures des quatre grands fleuves français.*

CHAPITRE V

Mers et Côtes. — La Pêche.

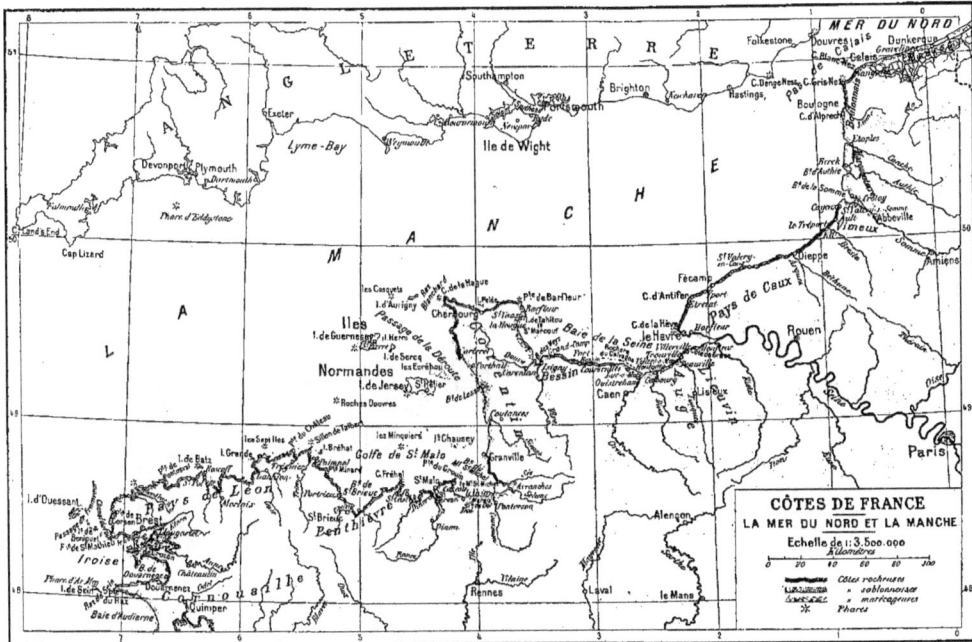

CÔTES DE FRANCE
LA MER DU NORD ET LA MANCHE
Echelle de 1:3.500.000

J. Besson del.

L'aspect et la nature des côtes d'un pays dépendent avant tout du relief et de la composition géologique des terres baignées par la mer. Mais elle dépend aussi de la plus ou moins grande violence des vagues, du voisinage des courants, de la force des marées.

I. OCÉAN ATLANTIQUE.

L'**Océan Atlantique**, qui baigne les côtes du nord et de l'ouest de la France, est une mer très agitée ; sur les *côtes de la Bretagne* et du *Cotentin* surtout, les vagues sont soulevées avec une extrême violence, et attaquent les rivages avec fureur. Les marées y sont très fortes, particulièrement dans la **Manche**, et apportent, à l'embouchure des fleuves, des sables et des dépôts marins qui gênent la navigation et encombrent les ports.

Il se trouve précisément que c'est dans les régions où la mer est la plus violente que les côtes sont formées en général de terres basses ou de roches calcaires peu résistantes. Il n'y a sur l'Océan et sur la Manche que les côtes de Bretagne qui soient granitiques. Partout ailleurs, c'est la plaine qui vient expirer sur la mer, soit en rivage sablonneux ou marécageux, soit en falaises crayeuses que la mer ronge sans cesse.

Il y a entre la mer et les hommes une lutte incessante : ici, comme dans le *Boulonnais* et le *pays de Caux*, c'est le rivage qui recule devant les attaques de la mer destructrice des falaises ; là, comme dans la plaine maritime de la *Flandre*, dans la *Marquenterre* (Picardie), dans les *Landes*, c'est l'homme qui, s'abritant derrière les dunes amoncelées par la mer et fixées par son industrie, et desséchant les terres marécageuses, reconquiert des terrains que l'Océan couvrait en partie. Mais la mer rejette dans les estuaires des cours d'eau et à l'entrée des ports les débris qu'ailleurs elle a arrachés à la côte, et l'homme est obligé de protéger ses ports contre les ensablements ou l'envahissement des galets. Aussi les côtes par où se terminent le Bassin parisien et le Bassin aquitain sur la mer du Nord, la Manche et l'Océan Atlantique, offrent peu d'abris naturels. Les côtes bretonnes paraissent au premier abord plus favorables : elles sont découpées et permettent une multitude d'indentations. Mais la côte est bordée d'écueils et semée d'îles que la mer a détachées du rivage. D'autre part, les tempêtes y sont violentes.

II. MÉDITERRANÉE.

La **Méditerranée** est une mer plus calme et n'a presque pas de marées. Aussi son action ne s'est-elle pas

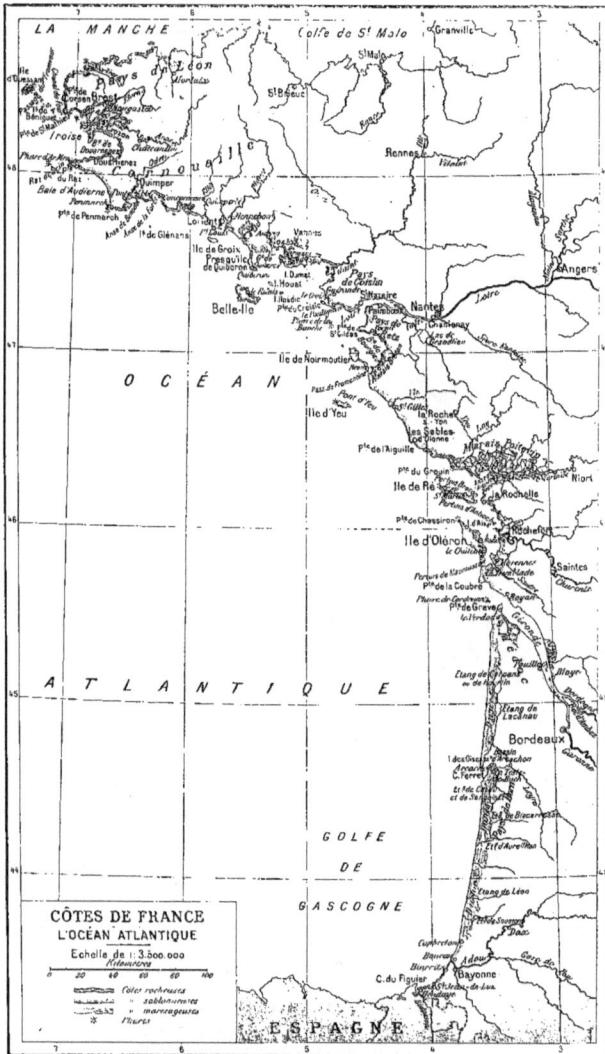

Le phare.

opposée à l'accroissement des côtes par les apports des fleuves le long de la *plaine du Roussillon* et du *Bas-Lan-*

CÔTES DE FRANCE
L'OCÉAN ATLANTIQUE
Echelle de 1:3.500.000

J. Bosson del.

Les falaises d'Étretat.

Les rochers du Calvados.

guedoc. La côte y est basse, marécageuse, dépourvue d'a-bris naturels. Ce n'est qu'à partir de *Marseille* que la côte devient accidentée, grâce au voisinage des Alpes de Provence et des massifs granitiques des *Maures* et de l'*Esterel* : aussi les ports y sont-ils nombreux et meilleurs. La Corse, sur sa côte occidentale, offre un grand nombre de découpures et de ports naturels.

III. CONCLUSION.

Ainsi, la France, qui possède pourtant une grande éten-due de côtes, est moins favorisée par la configuration de ces côtes que l'Angleterre, la Norvège ou l'Italie par exemple, qui ont des rivages merveilleusement articulés et offrant d'excellents abris. Mais le travail de l'homme a pu y remédier en partie, soit en approfondissant les ports et en les protégeant par des *digues* contre l'ensa-blement (*Dunkerque*) ou contre les tempêtes (*Cherbourg*), en améliorant les chenaux et en creusant des estuaires (*le Havre*), en établissant des *phares* pour prévenir les marins contre les écueils.

Les **grands ports** en France sont moins nombreux qu'en Angleterre; ils doivent tous quelque chose au tra-vail de l'homme, et leur importance vient surtout de leur situation privilégiée à l'embouchure de grands fleuves, où

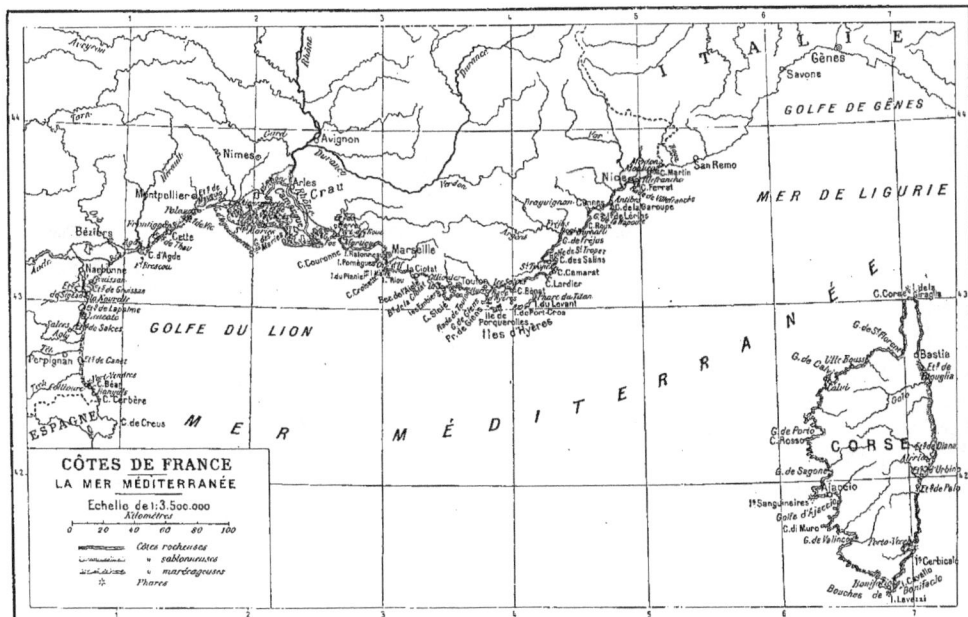

CÔTES DE FRANCE
LA MER MÉDITERRANÉE
Echelle de 1:3.500.000
Kilomètres

J. Besson del.

ils sont comme les débouchés naturels de toute une région. **Le Havre** et **Marseille** surtout, qui sont situés aux deux extrémités de la grande route naturelle entre la Manche et la Méditerranée, ont une importance qui n'a cessé de s'accroître malgré la concurrence d'Anvers et de Gênes.

Une flottille de pêche.

IV. LA PÊCHE.

La France a eu de tous temps de hardis marins ; les marins de Dunkerque, de Boulogne, de Dieppe, de la Bretagne et de la Provence ont joué un rôle important dans l'histoire maritime de la France et dans la fondation de notre empire colonial. Aujourd'hui encore nos côtes abritent toute une population qui vit des produits de la pêche.

La pêche. — Les parages de la Bretagne et de la Provence surtout sont très poissonneux. On pêche principalement sur les côtes bretonnes la sardine, le maquereau, la raie, la sole, le homard et la langouste ; sur les côtes de la Manche (*Boulogne*, *Dieppe* et *Fécamp*, *Calvados*), il y a de nombreux passages de harengs et de morues.

Des ports bretons (*Saint-Malo*, *Paimpol*, *Tréguier*), normands (*Dieppe*, *Fécamp*, *Granville*), du Pas-de-Calais

Pêcheurs bretons jetant la rogne.

Pêcheuses d'huîtres dans le bassin d'Arcachon.

et de la mer du Nord (*Boulogne*, *Gravelines*, *Dunkerque*) partent chaque année environ 10 000 marins pour la pêche de la morue sur les bancs de Terre-Neuve ou d'Islande.

L'élevage des *huîtres* et la conservation du poisson sont l'objet d'industries importantes dans quelques-uns de nos ports (huîtres de *Courseulles*, de *Granville*, *Cancale*, *Saint-Brieuc*, *Concarneau*, *Auray*, *Marennes*, *Arcachon*). Les côtes de Bretagne fournissent aussi le varech et les algues pour la fabrication de la soude.

Enfin, sur les côtes basses, on a tiré parti des terrains marécageux pour y établir des marais salants ; tels sont les marais salants de la *Basse-Bretagne*, de la *Vendée*, du *Poitou*, de la *Charente* et du *Bas-Languedoc*.

LECTURES.

1. — Les côtes de la Bretagne, de Saint-Malo à Nantes.

A ses deux portes, la **Bretagne** a deux forêts, le *Bocage normand* et le *Bocage vendéen* ; deux villes, *Saint-Malo* et *Nantes*, la ville des corsaires et celle des négriers. L'aspect de **Saint-Malo** est singulièrement laid et sinistre ; de plus, quelque chose de bizarre que nous retrouverons par toute la presqu'île, dans les costumes, dans les tableaux ou dans les monuments. Petite ville, riche, sombre et triste, nid de vautours ou d'orfraies, tour à tour île et presqu'île selon le flux ou le reflux, toute bordée d'écueils sales et fétides, où le varech pourrit à plaisir. Au loin, une côte de rochers blancs, anguleux, découpés comme au rasoir. La guerre est le bon temps pour Saint-Malo ; ils ne connaissent pas de plus charmante fête. Quand ils ont eu récemment l'espoir de courir sus aux vaisseaux hollandais, il fallait les voir sur leurs noires murailles avec leurs longues-vues qui couvaient déjà l'Océan.

A l'autre bout, c'est **Brest**, le grand port militaire, la pensée de Richelieu, la main de Louis XIV ; fort, arsenal et bagne, canons et vaisseaux, armées et millions, la force de la France entassée au bout de la France, tout cela dans un port serré, où l'on étouffe entre deux montagnes chargées d'immenses constructions. Quand vous parcourez ce port, c'est comme si vous passiez dans une petite barque entre deux vaisseaux de haut bord ; il vous semble que ces lourdes masses vont venir à vous et que vous allez être pris entre elles. L'impression générale est grande, mais pénible. C'est un prodigieux tour de force, un défi porté à l'Angleterre et à la nature. J'y sens partout l'effort, et l'air du bagne et la chaîne du forçat. C'est justement à cette pointe où la mer, échappée du détroit de la Manche, vient se briser avec tant de fureur, que nous avons placé le grand dépôt de notre marine. Certes, il est bien gardé. J'y ai vu mille canons. L'on n'y entrera pas; mais l'on

Les côtes bretonnes.

n'en sort pas comme on veut. Plus d'un vaisseau a péri dans la passe de Brest. Toute cette côte est un cimetière. Il s'y perd soixante embarcations par hiver. La mer est anglaise d'inclination; elle n'aime pas la France, elle brise nos vaisseaux, elle ensable nos ports.

Rien de sinistre et formidable comme cette côte de Brest; c'est la limite extrême, la pointe, la proue de l'ancien monde. Là les deux ennemis sont en face, la terre et la mer, l'homme et la nature. Il faut voir quand elle s'émeut, la furieuse, quelles monstrueuses vagues elle entasse à la pointe de Saint-Mathieu, à cinquante, à quatre-vingts pieds; l'écume vole jusqu'à l'église où les mères et les sœurs sont en prière.

Et même dans les moments de trêve, quand l'océan se tait, qui a parcouru cette côte funèbre sans dire ou sentir en soi : *Tristis usque ad mortem?*

C'est qu'en effet il y a là pis que les écueils, pis que la tempête. La nature est atroce, l'homme est atroce, et ils semblent s'entendre. Dès que la mer leur jette un vaisseau, ils courent à la côte, hommes, femmes et enfants; ils tombent sur cette curée...

L'homme est dur sur cette côte. Fils maudit de la création, vrai Caïn, pourquoi pardonnerait-il à Abel? La nature ne lui pardonne pas. La vague l'épargne-t-elle quand, dans les terribles nuits de l'hiver, il va par les écueils attirer le varech flottant qui doit engraisser son champ stérile, et que si souvent le flot apporte l'herbe et emporte l'homme? L'épargne-t-elle quand il glisse en tremblant sous la pointe du *Raz*, aux rochers rouges où s'abîme l'*enfer de Plogoff*, à côté de la *Baie des Trépassés*, où les courants portent les cadavres depuis tant de siècles? C'est un proverbe breton : « Nul n'a passé le Raz sans mal ou sans frayeur. » Et encore : « Sauvez-moi, grand Dieu, à la pointe du Raz! mon vaisseau si petit et la mer est si grande!... »

(MICHELET, *Notre France*.)
(Armand Colin, éditeur.)

2. — La côte entre Marseille et Menton.

Il n'est personne aujourd'hui qui ne connaisse ces rivages véritablement bénis du ciel. L'Europe entière et l'Amérique y envoient chaque année des colonies de plus en plus nombreuses. C'est une véritable émigration du Nord vers le Midi, une

désertion du pays du brouillard pour le pays du soleil. Depuis près d'un demi-siècle, l'aristocratie frileuse du monde entier en fait, pendant six mois, son séjour de prédilection ; les mourants eux-mêmes veulent y respirer leur dernier souffle et viennent dans cette douce lumière s'endormir de leur dernier sommeil. C'est en effet un pays sans hiver, et il est certaines parties de la côte qui ne connaissent ni le vent, ni la gelée, ni l'extrême chaleur, jouissant ainsi d'une température presque constante et d'une sorte de printemps éternel. Le voisinage de la mer y adoucit le climat. Les vents tièdes et humides du sud et du sud-est tempèrent l'extrême sécheresse produite par ce terrible mistral du nord, qui est bien le maître vent, le *magistral* de la Provence, et qui fait pendant les trois quarts de l'année la désolation de la vallée du Rhône. Toute la contrée qui avoisine la plage est défendue du froid par l'abri même des Alpes, et, au pied de ce rempart de neiges éternelles, règne une température moyenne éminemment favorable au développement des plantes odorantes et des cultures semi-tropicales. Les arbres se rapprochent de la mer pour fuir en même temps le froid des hautes cimes et l'extrême chaleur des plaines trop longtemps exposées au soleil de l'été. En toute saison, les collines élevées sont couvertes de pins d'Alep, de chênes-lièges, de grandes bruyères arborescentes et d'arbousiers toujours verts, ornés à la fois de baies rouges et de fleurs blanches. Plus près de la côte, des groupes de pins-parasols couronnent les éminences moyennes et descendent majestueusement dans la plaine ; les lauriers-roses bordent les ruisseaux ; les orangers, les citronniers en pleine terre épanouissent leurs têtes rondes et leur feuillage luisant et satiné, chargés de leurs fruits parfumés et presque lumineux au soleil ; tandis que les palmiers découpent sur l'azur du ciel leurs tiges flexibles et retombantes, et que les aloès en fleurs, pareils à des candélabres gigantesques, semblent éclairer cette féerie de la nature, dont aucune parole ne peut rendre la royale splendeur.

(LENTHÉRIC, *La Provence maritime*.)
(Plon, éditeur.)

Les côtes de la Méditerranée.

QUESTIONS.

1. *Quelles sont les côtes de France les plus favorisées pour la vie maritime?*

2. *Comparer l'importance des grands ports situés près de l'embouchure ou à l'entrée des estuaires des grands fleuves français.*

3. *Ressources offertes par la mer aux populations des régions côtières.*

CHAPITRE VI

Ressources naturelles. — Répartition de la Population.

La situation économique d'un pays dépend avant tout des conditions physiques. La science et l'industrie de l'homme ne peuvent modifier les conditions économiques naturelles que dans une certaine mesure.

I. RESSOURCES AGRICOLES.

I. **Cultures.** — La France est à la fois un pays agricole et industriel.

Grâce à la variété de son relief, des éléments géologiques de son sol et de son climat, grâce aussi à sa situation privilégiée entre deux mers et à la limite de deux régions climatériques distinctes (région tempérée et zone méditerranéenne), elle offre une grande variété de végétation et de cultures. Comme les pays méditerranéens, elle a une région propre à la culture de l'*olivier* et du *mûrier;* sur une grande partie de son territoire, prospère la culture de la **vigne,** tandis que les pays voisins, l'Angleterre, les Pays-Bas et l'Allemagne, n'ont point ou presque point de vignobles. Les **vins français,** grâce à la qualité des terres, à l'exposition des vignobles et aussi aux soins donnés à la vigne et à la fabrication, sont en général plus délicats et de meilleure qualité que les vins espagnols, portugais et italiens. Les plus renommés sont ceux du *Bordelais,* de la *Bourgogne,* de la *Champagne.* Ceux du *Roussillon* et du *Languedoc,* sont plus chargés d'alcool, mais moins délicats. Malheureusement, le phylloxera et d'autres maladies de la vigne ont beaucoup réduit la production vinicole.

Depuis que ces fléaux ont accablé nos vignobles, qu'on a pourtant réussi en partie à reconstituer, les **céréales** sont devenues notre principale richesse agricole. La France produit surtout beaucoup de **blé;** elle vient au deuxième rang, après les États-Unis, pour la production de cette céréale, tandis que les pays voisins du nord (Angleterre, Allemagne) ont en général un climat et un sol qui lui sont peu favorables. Dans toutes les plaines, dans les vallées et sur les plateaux de médiocre élévation, les céréales sont les bases de la culture : le blé dans les excellentes terres de la *Beauce,* de la *Brie,* de la *Picardie,* de l'*Artois,* de la *Limagne* et de la *vallée de la Garonne;* les céréales maigres, *orge, seigle, avoine* et *sarrasin,* dans les terres plus sèches et plus pauvres. Le *maïs* trouve des conditions favorables d'humidité et de chaleur dans la région de la Garonne et dans celle de la Saône.

Comme la Belgique, la région du Bassin parisien et, en particulier, les provinces du nord (Flandre, Artois, Picardie), la Haute-Normandie, le Maine et l'Anjou ajoutent à la culture des céréales celle des **plantes industrielles,** *chanvre, lin, betterave, colza, œillette.*

II. **Élevage.** — Dans toute la région du nord-ouest de la France (*Vendée, Bretagne* et *Normandie*), dans les *moërs picards et flamands* et sur les montagnes (*massif Central, Pyrénées, Alpes, Jura, Vosges*), les **pâturages** et l'**élevage** sont la principale ressource. Les **vaches laitières** et les **bœufs** de la *Normandie,* du *Morvan,* du *Limousin,* de la *Bretagne,* du *Jura,* du *Massif Central,* des *Alpes,* sont élevés soit pour la boucherie, soit pour l'industrie laitière. Quelques provinces possèdent aussi des races de **chevaux** renommées. Les terres sèches de la *Champagne,* du *Berry,* des *Causses* sont favorables à l'élève du *mouton.*

III. **Forêts.** — Enfin les **forêts** sont une importante richesse pour la France ; elles se répartissent entre les différents massifs montagneux, le *plateau Lorrain,* la *Champagne,* la *région orléanaise,* le *Perche* et les *Landes.* Un grand nombre d'essences y sont représentées, depuis le pin et le chêne-liège dans les Landes, le chêne-vert en Provence, le châtaignier dans le Massif Central, le chêne, le hêtre, l'orme, jusqu'aux diverses essences de bois blanc et aux sapins des latitudes septentrionales, qu'on trouve dans les hautes régions des Alpes et des Vosges. Malheureusement, pour gagner du terrain à la culture, on a déboisé inconsidérément, ce qui a été désastreux pour certains pays où les forêts contribuaient à assainir l'air, à fixer la terre végétale et à arrêter l'allure torrentielle des cours d'eau.

II. RESSOURCES MINÉRALES.

La France est moins favorisée au point de vue des **richesses minérales.** Elle n'a pas la houille en assez grande quantité pour sa consommation, tandis que l'Angleterre, la Belgique et l'Allemagne en exportent. Cette insuffisance de houille nuit à l'exploitation des minerais de fer. Elle n'a presque point de gisements de métaux usuels, autres que le fer, non plus que de métaux précieux ; à peine trouve-t-on quelques dépôts de plomb argentifère.

Cependant elle a du **minerai de fer** en grande quantité. Ce minerai se rencontre surtout dans les terrains jurassiques, qui couvrent, en France, une assez grande étendue, formant une large bordure autour du Bassin parisien, autour du Massif central, et une bande le long des Pyrénées.

Si elle n'a pas assez de **houille** pour se suffire, elle n'en manque pas non plus complètement. De nombreux dépôts s'échelonnent à la base des terrains granitiques du Massif Central. Dans les départements du Nord et du

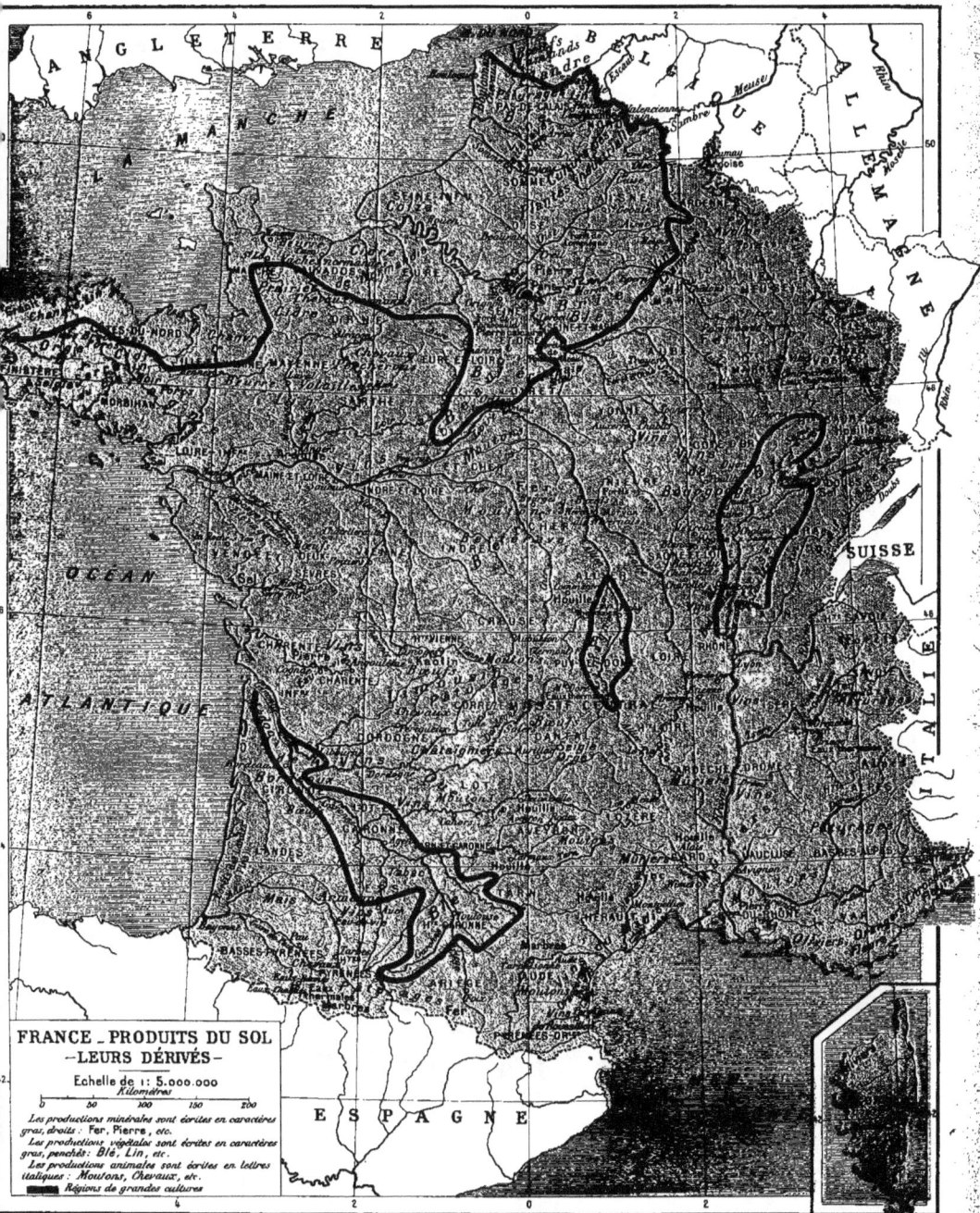

FRANCE – PRODUITS DU SOL
–LEURS DÉRIVÉS–

Echelle de 1 : 5.000.000
Kilomètres

Les productions minérales sont écrites en caractères gras, droits : Fer, Pierre, etc.
Les productions végétales sont écrites en caractères gras, penchés : Blé, Lin, etc.
Les productions animales sont écrites en lettres italiques : Moutons, Chevaux, etc.
Régions de grandes cultures

J. Besson del.

Pas-de-Calais se continue la bande de terrains carbonifères qui, à la base du plateau schisteux de l'Ardenne,
forme les bassins belges. Enfin le long des schistes bretons, on trouve toujours quelques gisements houillers.

Ce qui fait surtout l'infériorité de nos bassins houillers,
c'est qu'étant très nombreux, mais disséminés, ils sont
moins étendus et moins riches que ceux de l'Angleterre,
de la Belgique et de l'Allemagne, et que l'exploitation en
est par là même plus coûteuse.

La France, avec ses mines de sel de Lorraine et du
Jura (terrains triasiques) et ses marais salants, produit
plus de **sel** qu'elle n'en consomme.

Elle a aussi des carrières nombreuses qui produisent
les variétés de *pierre* les plus diverses : calcaire, grès, por-
phyres, basaltes ; des *marbres*, des *ardoises*, des *chaux*,
des *plâtres* et ciments ; de l'*argile* et de la terre à porcelaine. Enfin, elle est riche en *sources minérales* et *thermales*, principalement dans les régions affectées autrefois par l'action volcanique (Massif Central, Pyrénées,
Morvan, Savoie).

III. POPULATION.

I. Répartition de la population. — Les diverses conditions géographiques que nous avons étudiées
ont influé sur la **répartition de la population.** Ainsi les
régions les plus peuplées sont les **vallées** des cours d'eau
où le sol est meilleur, le climat moins rude en général, et
les communications plus faciles ; — les **côtes**, à cause de
la température plus douce, et surtout à cause des ressources qu'offre la pêche. Au contraire, les régions montagneuses ont une faible densité de population, de même
aussi les plateaux où le sol est pauvre et peu arrosé.

Mais la transformation économique qui s'est accomplie
dans notre siècle a attiré vers les **centres miniers** une
population industrielle très dense : ainsi dans la Flandre
et l'Artois, et dans la région de Saint-Etienne. Les ports
situés à l'embouchure des grands fleuves, surtout à l'extrémité de grandes voies commerciales, comme le Havre
et Marseille ; les grandes villes comme Paris et Lyon, qui
occupent une situation
privilégiée au croisement
des grandes routes, ont
acquis une importance de
plus en plus considérable
dans le dernier siècle.
Paris surtout, — par ses
destinées historiques et
par sa position au centre
du Bassin parisien, vers
lequel vient refluer en
quelque sorte toute la vie
de la France, — a vu sa
population s'élever de
714 000 hab., en 1817, à
plus de 2 millions 1/2,
plus de 3 millions avec
les villes qui y touchent
et qui ne sont pas com-
prises dans son enceinte.

**II. Densité de la
population.** — La po-
pulation de la France s'é-
lève aujourd'hui à 38 millions 1/2 d'habitants, soit
72 par kilomètre carré.
Sa **densité** est inférieure
à celle de la Belgique, de
la Hollande, de l'Angle-
terre, de l'Allemagne, de
l'Italie ; elle dépasse à
peine celle de la Suisse.
Cependant au commence-
ment du siècle c'était le
pays le plus peuplé avec
la Russie. L'accroisse-
ment de sa population
n'a pas suivi une marche
ascendante aussi rapide
que celle des pays voisins.

FRANCE
DENSITÉ DE LA POPULATION
Nombre d'habitants par kilomètre carré
moins de 40 habitants
de 40 à 80 "
de 80 à 200 "
de 200 à 400 hab.et au-dessus
Ville de plus de 200.000 habitants
" " " 100.000
" " " 50.000

J. Besson del.

Et si sa densité se maintient encore à ce chiffre, il faut l'attribuer moins à l'augmentation de la natalité, qui est très faible, qu'à la diminution de la mortalité et à l'importance de l'immigration.

III. Races et Langues. — A cause des avantages de sa situation, de la douceur de son climat, de la variété de ses ressources, la France a vu s'établir sur son sol un grand nombre de peuples d'origines diverses, les uns qui n'y ont fait que passer, les autres qui y ont laissé des traces plus profondes. Au vieux fonds **gaulois**, qui s'était greffé sur les populations primitives, et qui comprenait lui-même trois éléments principaux, celte, ibère et belge, s'est ajouté l'élément **romain**, puis l'élément **germanique** (Goths et Francs). Plus tard sont venus les *Arabes* dans le Midi, les *Normands* dans le Nord-ouest, les *Anglais*, les *Espagnols*, qui tous ont un peu mêlé leur sang au sang gaulois. Dans les provinces où ces peuples se sont établis, on reconnaît plus ou moins la trace de leur influence dans le caractère des habitants : ainsi, l'influence des vieux Scandinaves sur le caractère normand, celle des Romains, des Grecs et même des Arabes sur le caractère provençal, celle des Espagnols sur le caractère franc-comtois. Les Basques, qu'on dit être les descendants des vieux Ibères, ont un caractère nettement tranché.

C'est ainsi que les influences historiques, jointes aux influences physiques, ont déterminé le caractère de chaque province. Toutefois, aujourd'hui la facilité des commu-

Bretons au Calvaire.

nications, le mouvement qui attire vers les grandes villes et surtout vers Paris contribuent à faire disparaître le vieil esprit local. L'usage des anciens dialectes et des patois se perd de plus en plus ; on ne le trouve plus guère que dans quelques provinces des extrémités : le *breton* en Bretagne, le *provençal* sur le littoral méditerranéen, le *basque* dans le Béarn, le *flamand* dans une partie de la Flandre.

L'**émigration** française est très faible ; les régions qui y fournissent le plus sont : le Béarn, qui envoie des Basques vers les États de l'Amérique du Sud ; les Basses-Alpes, vers le Mexique ; le littoral méditerranéen, vers l'Algérie. Au contraire, les étrangers s'établissent beaucoup en France, où ils trouvent des salaires plus élevés que dans leur pays d'origine.

LECTURES.

1. — Le sol français.

Ce qui frappe d'abord dans l'ensemble de la physionomie de la France, c'est l'amplitude des différences. Sur une surface qui n'est que la dix-huitième partie de l'Europe, nous voyons des contrées telles que Flandre ou Normandie d'une part, Béarn, Roussillon ou Provence de l'autre ; des contrées dont les affinités sont avec la Basse-Allemagne et l'Angleterre, ou avec les Asturies et la Grèce.

Mais entre ces pôles opposés, la nature de la France développe une richesse de gammes qu'on ne trouve pas non plus ailleurs. Si le Nord et le Sud ont saillie en vif relief, il y a entre eux toute une série de nuances intermédiaires. Par une interférence continuelle de causes climatériques, géologiques, topographiques, le Midi et le Nord s'entre-croisent, disparaissent et réapparaissent. La France est placée de telle sorte, par rapport aux influences continentales et océaniques qui s'y rencontrent dans un équilibre instable, que de différents côtés plantes et cultures ont voie libre pour se propager, pour profiter de toutes les occasions que multiplient les variétés de relief et de sol. Le mélange du nord et du sud est plus marqué dans certaines contrées de transition, comme la Bourgogne et la Touraine, qui représentent, pour étendre l'expression de Michelet, « l'élément liant de la France ». Mais on peut dire que ce mélange est la France même. L'impression générale est celle d'une moyenne, dans laquelle les teintes qui paraissaient disparates se fondent en une série de nuances graduées.

Il en résulte la grande variété de produits auxquels le sol français se prête ; variété qui est une garantie pour l'habitant, le succès d'une culture pouvant, dans la même année, compenser l'échec d'une autre.

« Le grand avantage, écrivait récemment un consul anglais, que le petit tenancier ou le petit propriétaire a en France, est dans les différences de climat qui favorisent la croissance des articles variés et de petits produits qui ne viennent pas bien dans notre pays. » Ce sont ces petits produits qui rendent possible l'idéal qu'a longtemps caressé l'habitant de la vieille France, et qui reste enraciné çà et là, celui de réaliser et d'obtenir sur place les éléments et les commodités de la vie. C'était bien le désir que devaient suggérer ces « benoîts pays », répartis de tous côtés, dans lesquels il n'était pas chimérique de rêver une existence abondante, se suffisant à elle-même. Généralisez cette idée : elle ressemble assez à celle que la moyenne des Français se fait de la France. C'est l'abondance des « biens de la terre », suivant l'expression chère aux vieilles gens, qui pour eux s'identifie avec ce nom.

L'Allemagne représente surtout pour l'Allemand une idée ethnique. Ce que le Français distingue dans la France, comme le prouvent ses regrets quand il s'en éloigne, c'est la bonté du sol, le plaisir d'y vivre. Elle est pour lui le pays par excellence, c'est-à-dire quelque chose d'intimement lié à l'idéal instinctif qu'il se fait de la vie.

(VIDAL DE LA BLACHE, Introduction à l'*Histoire de France* de Lavisse, t. I.)   (Hachette, éditeur.)

2. — Le peuple français.

A certains égards, la France est une des contrées dont les populations présentent la plus grande unité nationale. Il ne s'agit point ici de cette unité artificielle créée par la centralisation administrative, avec tous ses rouages disposés symétriquement de l'une à l'autre extrémité du pays et fonctionnant avec la régularité des mouvements d'horlogerie. Non : c'est bien à la nature même des choses, aux conditions du sol et du climat et à sa propre évolution dans l'histoire que la France doit sa grande cohésion nationale. La communauté des épreuves et des malheurs, la prépondérance naturelle qu'a prise la capitale, comme lieu de rendez-vous des provinciaux de toute race, enfin et surtout l'influence d'une langue littéraire rapprochant les idées différentes par une forme identique, ont travaillé de concert à la constitution de l'unité française.

Sans doute il reste encore bien des traces des anciennes rivalités qui séparaient les peuples de diverses origines sur le territoire actuel de la France. Les Bas-Bretons, les Basques, les Flamands ont même partiellement gardé leur langue distincte, et cette différence suffit pour maintenir parfois une certaine antipathie entre les populations limitrophes ; de même, les paysans des campagnes reculées et des plateaux du centre ne sont encore qu'à demi assimilés au reste de la nation, et nous ont conservé les mœurs et la manière de penser du moyen âge, en même temps que leurs anciens idiomes, si précieux pour l'étude comparée des langues néo-latines. Mais, dans toutes les provinces, les diversités locales sont déjà dominées par la conscience de l'unité supérieure, et l'influence des villes devient de plus en plus prépondérante. Même les divergences de parti qui divisent les citoyens contribuent par le mouvement des idées et des passions à niveler les anciennes barrières de séparation entre les provinces. La France d'autrefois disparaît peu à peu sous la France nouvelle, comme un de ces tableaux changeants où les physiciens font disparaître un paysage d'hiver sous les couleurs du printemps.

Le principal contraste qui se présente dans la population française est celui des gens du Nord et du Midi, surtout du midi provençal, languedocien et catalan. La différence si considérable de la nature ambiante, de l'exposition géographique et des produits du sol, la diversité des traditions historiques, le vague souvenir des terribles luttes d'autrefois aident à conserver les caractères distinctifs qu'offrent encore les habitants. Dans une grande partie du Midi, le provençal et les autres dialectes plus ou moins rapprochés sont le langage usuel, et le français n'était, il y a vingt ans encore, qu'un idiome d'apparat, d'ailleurs plus ou moins connu de tous. Récemment, quelques « félibres » du Midi, fiers d'avoir

rendu à leur noble provençal une nouvelle jeunesse de grandeur littéraire, ont cru retrouver avec leur langue les titres de leur ancienne nationalité, comme élément distinct de celui des Français du nord. En opposant langue à langue, ils ont cru pouvoir opposer patrie à patrie, et parmi leurs chants il en est même qui respirent la haine contre ce peuple de par delà les Cévennes. Mais l'évocation des siècles écoulés est certainement une chimère. Tandis que dans le nord les dialectes français sont partout soutenus et graduellement rapprochés les uns des autres par l'influence de la langue écrite, les dialectes romans du sud, n'ayant qu'une très pauvre littérature populaire, ne se prêtent aucun appui mutuel et tombent dans la condition de patois, méprisés même par ceux qui les parlent. Les anciennes limites des langues n'ont donc guère plus d'importance que pour l'étude d'une ère historique déjà passée.

(E. RECLUS, *La France*.)   (Hachette, éditeur.)

3. — Le caractère français.

Si l'on considère une nation comme un individu collectif, ce n'est pas la moyenne du nombre qu'il s'agit de trouver pour avoir une idée juste de son véritable caractère ; il faut, au contraire, prendre cette individualité nationale dans un milieu où elle ait été développée, où elle se soit pour ainsi dire révélée à elle-même. C'est dans les grandes villes, surtout à Paris, que se montre le Français par excellence ; car c'est là que viennent chercher un refuge ceux qui se distinguent par une originalité réelle, ceux que l'air des petites villes finirait par étouffer. Dans la cité commune à tous se rencontrent et s'influencent mutuellement les provinciaux de toutes les parties de la France, les méridionaux de Provence ou de Gascogne, bavards, agiles, toujours en mouvement ; les hommes des plateaux, âpres au travail et lents à l'amitié ; les gens de la Loire, à l'œil vif, à l'intelligence lucide, au tempérament si bien pondéré ; les Bretons mélancoliques, vivant parfois comme dans un rêve, mais soutenus dans la vie réelle par la plus tenace volonté ; les Normands à parole lente, au regard scrutateur, prudents et mesurés dans leur conduite ; les Lorrains, Vosgiens, Francs-Comtois, ardents à la colère, prompts à l'entreprise. Tous ces Français de provenances diverses, réunis dans une grande ville comme en un lieu de rendez-vous commun, s'influencent mutuellement ; leurs traits distincts prennent un air de famille ; de leurs qualités et de leurs défauts s'est constitué, comme en une résultante, le caractère général du peuple français.

(E. RECLUS, *La France*.)   (Hachette, éditeur.)

QUESTIONS.

1. *Montrer les rapports de la production agricole en France :* 1° *avec le climat,* 2° *avec la constitution géologique et le relief.*

2. *Expliquer la carte de la densité de la population par les conditions physiques des régions : relief, voisinage de la mer, richesse du sol, ressources minérales, etc.*

BOURGOGNE. — Ancien palais des ducs de Bourgogne, à Dijon.

LORRAINE. — Ancien palais des ducs de Lorraine, à Nancy.

CHAPITRE VII

Géographie Administrative.

I. PROVINCES.

Avant 1789, la France était divisée au point de vue administratif en **33 provinces**. Chaque province avait ses privilèges particuliers, ses coutumes locales; les juridictions civiles, financières, judiciaires et ecclésiastiques ne correspondaient pas toujours entre elles. Cette division en provinces était un reste de l'ancien partage de la France féodale.

On s'explique de cette manière comment les différents traits du caractère provincial avaient pu se garder intacts sous l'ancien régime, et comment il existait des rivalités de province à province. D'ailleurs, les provinces, bien qu'elles fussent parfois assez mal délimitées et enclavées les unes dans les autres, correspondaient en général à des régions géographiques distinctes : ainsi la Bretagne, l'Auvergne, la Flandre, la Lorraine, le Dauphiné, la Provence, etc.

Si l'ancienne division provinciale offrait des inconvénients au point de vue administratif, et si elle s'opposait à l'unification de l'esprit national, elle avait du moins une valeur géographique.

TABLEAU DES ANCIENNES PROVINCES.

PROVINCES.	CAPITALES.	DATE DE LA RÉUNION A LA FRANCE.	DÉPARTEMENTS FORMÉS.
		Provinces du Nord.	
Flandre.	LILLE.	Louis XIV, 1668.	1. Nord.
Artois.	ARRAS.	— 1659.	1. Pas-de-Calais.
Picardie.	AMIENS.	Louis XI, 1477.	1. Somme.
Ile-de-France.	SOISSONS.	Hugues Capet, 987.	5. Seine, Seine-et-Oise, Seine-et-Marne, Oise, Aisne.
		Provinces de l'Ouest.	
Normandie.	ROUEN.	Philippe-Auguste, 1204.	5. Seine-Inférieure, Eure, Orne, Calvados, Manche.
Bretagne.	RENNES.	François Ier, 1532.	5. Ille-et-Vilaine, Côtes-du-Nord, Finistère, Morbihan, Loire-Inférieure.
Maine et Perche.	LE MANS.	Louis XI, 1481.	2. Sarthe, Mayenne.
Anjou.	ANGERS.	Philippe-Auguste, 1204.	1. Maine-et-Loire.
		Provinces du Nord-Est.	
Champagne.	TROYES.	Philippe IV le Bel, 1284.	4. Ardennes, Marne, Aube, Haute-Marne.
Lorraine.	NANCY.	Louis XV, 1766.	4. Meuse, Meurthe, Moselle, Vosges.
Alsace.	STRASBOURG.	Louis XIV, 1648.	2. Haut-Rhin, Bas-Rhin.
Franche-Comté.	BESANÇON.	— 1678.	3. Haute-Saône, Doubs, Jura.
Bourgogne.	DIJON.	Louis XI, 1477.	4. Yonne, Côte-d'Or, Saône-et-Loire, Ain.
		Provinces du Centre.	
Touraine.	TOURS.	Louis XI, 1481.	1. Indre-et-Loire.
Orléanais.	ORLÉANS.	Hugues Capet, 987.	3. Loiret, Eure-et-Loir, Loir-et-Cher.
Berry.	BOURGES.	Philippe Ier, 1095.	2. Cher, Indre.
Nivernais.	NEVERS.	Louis XIV, 1659.	1. Nièvre.
Bourbonnais.	MOULINS.	François Ier, 1527.	1. Allier.
Auvergne.	CLERMONT-FERRAND.	— 1527.	2. Puy-de-Dôme, Cantal.
Marche.	GUÉRET.	— 1527.	1. Creuse.
Limousin.	LIMOGES.	Philippe-Auguste, 1204.	2. Haute-Vienne, Corrèze.
		Provinces du Sud-Ouest.	
Poitou.	POITIERS.	Philippe-Auguste, 1204.	3. Vienne, Deux-Sèvres, Vendée.
Aunis et Saintonge.	LA ROCHELLE.	Charles V, 1371.	1. Charente-Inférieure.
Angoumois.	ANGOULÊME.	Philippe IV le Bel, 1308.	1. Charente.
Guyenne et Gascogne.	BORDEAUX.	Charles VII, 1453.	9. Gironde, Dordogne, Lot, Lot-et-Garonne, Tarn-et-Garonne, Aveyron, Gers, Hautes-Pyrénées, Landes.
Béarn.	PAU.	Henri IV, 1589.	1. Basses-Pyrénées.
Comté de Foix.	FOIX.	— 1589.	1. Ariège.
		Provinces du Sud-Est.	
Lyonnais.	LYON.	François Ier, 1527.	2. Rhône, Loire.
Dauphiné.	GRENOBLE.	Philippe VI, 1349.	3. Isère, Drôme, Hautes-Alpes.
Provence.	AIX.	Louis XI, 1481.	3. Bouches-du-Rhône, Var, Basses-Alpes.
Languedoc.	TOULOUSE.	Philippe III, 1271.	8. Haute-Garonne, Tarn, Aude, Hérault, Gard, Lozère, Ardèche, Haute-Loire.
Roussillon.	PERPIGNAN.	Louis XIV, 1659.	1. Pyrénées-Orientales.
Corse.	BASTIA.	Louis XV, 1768.	1. Corse.
		Provinces acquises depuis 1790.	
Comtat Venaissin.	AVIGNON.	1791.	1. Vaucluse.
Savoie.	CHAMBÉRY.	Napoléon III, 1860.	2. Savoie, Haute-Savoie.
Comté de Nice.	NICE.	— 1860.	1. Alpes-Maritimes.

**FRANCE
ANCIENNES PROVINCES**

Echelle de 1: 5.000.000
Kilomètres
0   50   100   150   200

—·—·— Limites de la France en 1789
---------   "   des Gouvernements
············   "   actuelles de la France
    "   des départements actuels
⊙   Chef-lieu de grand Gouvernement
○   "   de petit Gouvernement

J. Besson del.

ANGLETERRE — PAS DE NORD — PAYS-BAS — ALLEMAGNE
Bruxelles — Liège — LUXEMBOURG — PALATINAT
Pas de Calais — Boulogne — Boulonnais — Lille — ARTOIS — Arras
MANCHE — LA — SOMME — PICARDIE — Amiens — OISE — AISNE — ARDENNES — Metz — MOSELLE — Verdun — MEUSE — Nancy — Strasbourg
Aurigny — Guernesey — Jersey — le Havre — SEINE-INFÉRIEURE — Rouen — ILE-DE-FRANCE — CHAMPAGNE — LORRAINE — VOSGES — ALSACE
CALVADOS — NORMANDIE — EURE — Paris — SEINE-ET-MARNE — MARNE — Troyes — HAUTE-MARNE — HAUT-RHIN
MANCHE — ORNE — FINISTÈRE — CÔTES-DU-NORD — BRETAGNE — ILLE-ET-VILAINE — Rennes — MAINE — MAYENNE — SARTHE — le Mans — EURE-ET-LOIR — ORLÉANAIS — Orléans — LOIRET — YONNE — CÔTE-D'OR — Dijon — HAUTE-SAÔNE — FRANCHE-COMTÉ — Besançon — DOUBS
MORBIHAN — LOIRE-INFÉRIEURE — ANJOU — Angers — MAINE-ET-LOIRE — Saumur — TOURAINE — Tours — INDRE-ET-LOIRE — LOIRE — Cher — CHER — NIVERNAIS — NIÈVRE — Nevers — SAÔNE-ET-LOIRE — BOURGOGNE — SUISSE
Belle-Ile — POITOU — DEUX-SÈVRES — Poitiers — VIENNE — INDRE — BOURBONNAIS — Moulins — ALLIER
I. de Noirmoutier — I. d'Yeu — VENDÉE — OCÉAN — MARCHE — Guéret — CREUSE
I. de Ré — AUNIS — La Rochelle — CHARENTE-INFÉRIEURE — Saintes — ANGOUMOIS — Angoulême — CHARENTE — HAUTE-VIENNE — Limoges — LIMOUSIN — CORRÈZE — Clermont-Ferrand — PUY-DE-DÔME — AUVERGNE — LYONNAIS — Lyon — RHÔNE — LOIRE — SAVOIE — Chambéry — Hte SAVOIE
I. d'Oléron — OCÉAN — ATLANTIQUE — SAINTONGE — DORDOGNE — CANTAL — HTE-LOIRE — ISÈRE — Grenoble
Bordeaux — GIRONDE — GUYENNE — LOT — LOT-ET-GARONNE — AVEYRON — LOZÈRE — ARDÈCHE — DAUPHINE — DRÔME — HAUTES-ALPES
LANDES — GASCOGNE — Golfe de Gascogne — GARONNE — TARN — TARN-ET-GARONNE — GARD — PROVENCE — COMTAT — VENAISSIN — VAUCLUSE — Avignon — BOUCHES-DU-RHÔNE — BASSES-ALPES — COMTÉ DE NICE — ALPES-MARITIMES — Nice
Adour — GERS — LANGUEDOC — Toulouse — HÉRAULT — Aix — VAR
BASSES-PYRÉNÉES — Pau — BÉARN — HAUTES-PYRÉNÉES — HAUTE-GARONNE — ARIÈGE — Foix — AUDE — Golfe du Lion — I. d'Hyères
NAVARRE — PYRÉNÉES — ANDORRE — PYRÉNÉES-ORIENTALES — Perpignan — ROUSSILLON — MER
ESPAGNE — MÉDITERRANÉE
CORSE — Bastia — Ajaccio

FRANCE _ DÉPARTEMENTS

Échelle de 1:5.000.000
Kilomètres

0   50   100   150   200

● Chef-lieu de Département (Préfecture)
○ Chef-lieu d'Arrondissement (Sous-préfecture)

J. Basson del.

II. DÉPARTEMENTS.

Aujourd'hui, la France est divisée en **86 départements** et un territoire, le *Territoire de Belfort,* débris de l'ancien département du Haut-Rhin.

Avant 1871, la France comprenait 86 départements. Ceux du Haut-Rhin, du Bas-Rhin, la plus grande partie de celui de la Moselle et une grande partie de celui de la Meurthe lui ayant été enlevés par le traité de Francfort, on a réuni l'arrondissement de Briey, débris du département de la Moselle, aux arrondissements qui restent de la Meurthe, pour former le département de Meurthe-et-Moselle.

Les limites des départements sont toutes conventionnelles, et un même département dépend assez souvent de plusieurs régions physiques distinctes : ainsi le département de *Saône-et-Loire* comprend une partie des *monts du Morvan,* une partie des *monts du Charolais,* une partie de la *vallée de la Saône.* Cependant l'Assemblée Constituante a tenu compte assez souvent des limites adoptées dans l'ancien régime : le département de la *Creuse* correspond à l'ancienne *Marche,* celui de l'*Allier* à l'ancien *Bourbonnais ;* elle a subdivisé les provinces plus étendues, mais en laissant généralement aux départements extérieurs les limites de la province : ainsi le *Rhône* est resté une limite entre les départements qu'il baigne, comme autrefois entre le *Dauphiné,* le *Comtat* et la *Provence* à l'est, le *Lyonnais* et le *Languedoc* à l'ouest.

L'avantage de la division en départements est que les départements sont plus petits que les anciennes provinces en général, et de dimensions à peu près équivalentes : ajoutons que pour cette division il est tenu compte du chiffre de la population.

Cette division est la base de toute l'organisation administrative et judiciaire de la France. Le **département** est subdivisé en **arrondissements,** en **cantons** et en **communes.**

Le **département** est administré par un *Préfet,* qui relève du Ministre de l'Intérieur, l'arrondissement par un *Sous-Préfet,* la commune par un *Maire,* élu. Les intérêts du département sont représentés par un *Conseil général,* ceux de l'arrondissement par un *Conseil d'arrondissement,* ceux de la commune par un *Conseil municipal;* ces différents corps sont élus.

Le **canton** est avant tout une division judiciaire; il n'a point de conseil local ni d'administration particulière.

Le département forme aussi une division *judiciaire, financière, universitaire,* et généralement *diocésaine.* Les différents services administratifs sont représentés par un chef hiérarchique qui réside presque toujours au chef-lieu du département.

TABLEAU DES DÉPARTEMENTS FRANÇAIS.

ANCIENNES PROVINCES.	DÉPARTEMENTS FORMÉS.	POPULATION (Recensement de 1901).	CHEFS-LIEUX DES DÉPARTEMENTS.	SOUS-PRÉFECTURES.
Région du Nord.				
Flandre	Nord.	1 866 994	LILLE.	Dunkerque, Hazebrouck, Douai, Cambrai, Valenciennes, Avesnes.
Artois	Pas-de-Calais.	955 391	ARRAS.	St-Omer, Boulogne, Béthune, Montreuil, St-Pol.
Picardie	Somme.	537 848	AMIENS.	Doullens, Abbeville, Péronne, Montdidier.
Ile-de-France	Seine.	3 609 930	PARIS.	"
	Seine-et-Oise.	707 325	VERSAILLES.	Pontoise, Mantes, Rambouillet, Corbeil, Étampes.
	Seine-et-Marne.	358 325	MELUN.	Meaux, Coulommiers, Provins, Fontainebleau.
	Oise.	407 808	BEAUVAIS.	Clermont, Compiègne, Senlis.
	Aisne.	535 583	LAON.	Saint-Quentin, Vervins, Soissons, Château-Thierry.
Région de l'Ouest.				
	Seine-Inférieure.	853 883	ROUEN.	Dieppe, Neufchâtel, Yvetot, Le Havre.
	Eure.	334 781	ÉVREUX.	Pont-Audemer, Les Andelys, Louviers, Bernay.
Normandie	Orne.	326 952	ALENÇON.	Argentan, Domfront, Mortagne.
	Calvados.	410 178	CAEN.	Bayeux, Pont-l'Évêque, Lisieux, Falaise, Vire.
	Manche.	491 372	SAINT-LÔ.	Cherbourg, Valognes, Coutances, Avranches, Mortain.
	Ille-et-Vilaine.	613 567	RENNES.	Saint-Malo, Fougères, Montfort, Vitré, Redon.
Bretagne	Côtes-du-Nord.	609 349	SAINT-BRIEUC.	Lannion, Guingamp, Dinan, Loudéac.
	Finistère.	773 014	QUIMPER.	Morlaix, Brest, Châteaulin, Quimperlé.
	Morbihan.	563 468	VANNES.	Pontivy, Ploërmel, Lorient.
	Loire-Inférieure.	664 971	NANTES.	Châteaubriant, Ancenis, Saint-Nazaire, Paimbœuf.
Maine et Perche	Sarthe.	422 699	LE MANS.	Mamers, Saint-Calais, La Flèche.
	Mayenne.	313 103	LAVAL.	Mayenne, Château-Gontier.
Anjou	Maine-et-Loire.	514 658	ANGERS.	Segré, Baugé, Saumur, Cholet.
Région du Nord-Est.				
	Ardennes.	315 589	MÉZIÈRES.	Rocroi, Sedan, Rethel, Vouziers.
Champagne	Marne.	432 882	CHÂLONS-SUR-MARNE.	Reims, Épernay, Ste-Menehould, Vitry-le-François.
	Aube.	246 163	TROYES.	Arcis-sur-Aube, Nogent-sur-Seine, Bar-sur-Aube, Bar-sur-Seine.
	Haute-Marne.	226 545	CHAUMONT.	Vassy, Langres.
	Meuse.	283 480	BAR-LE-DUC.	Montmédy, Verdun, Commercy.
Lorraine	Meurthe-et-Moselle.	484 722	NANCY.	Briey, Toul, Lunéville.
	Vosges.	421 104	ÉPINAL.	Neufchâteau, Mirecourt, Saint-Dié, Remiremont.

ANCIENNES PROVINCES.	DÉPARTEMENTS FORMÉS.	POPULATION (Recensement de 1901).	CHEFS-LIEUX DES DÉPARTEMENTS.	SOUS-PRÉFECTURES.
Alsace	Territoire de Belfort.	92 304	BELFORT.	"
Franche-Comté	Haute-Saône.	266 605	VESOUL.	Lure, Gray.
	Doubs.	298 864	BESANÇON.	Montbéliard, Baume-les-Dames, Pontarlier.
	Jura.	261 284	LONS-LE-SAUNIER.	Dôle, Poligny, Saint-Claude.
Bourgogne	Yonne.	321 062	AUXERRE.	Sens, Joigny, Tonnerre, Avallon.
	Côte-d'Or.	361 626	DIJON.	Châtillon-sur-Seine, Semur, Beaune.
	Saône-et-Loire.	620 360	MÂCON.	Autun, Chalon-sur-Saône, Louhans, Charolles.
	Ain.	350 416	BOURG.	Gex, Nantua, Trévoux, Belley.

Région du Centre.

Touraine	Indre-et-Loire.	335 541	TOURS.	Chinon, Loches.
Orléanais	Loiret.	366 660	ORLÉANS.	Pithiviers, Montargis, Gien.
	Eure-et-Loir.	275 433	CHARTRES.	Dreux, Nogent-le-Rotrou, Châteaudun.
	Loir-et-Cher.	275 538	BLOIS.	Vendôme, Romorantin.
Berry	Cher.	345 543	BOURGES.	Sancerre, Saint-Amand.
	Indre.	288 788	CHÂTEAUROUX.	Issoudun, Le Blanc, La Châtre.
Nivernais	Nièvre.	323 783	NEVERS.	Cosne, Clamecy, Château-Chinon.
Bourbonnais	Allier.	422 024	MOULINS.	Montluçon, La Palisse, Gannat.
Auvergne	Puy-de-Dôme.	544 194	CLERMONT-FERRAND.	Riom, Thiers, Issoire, Ambert.
	Cantal.	230 511	AURILLAC.	Mauriac, Murat, Saint-Flour.
Marche	Creuse.	277 831	GUÉRET.	Boussac, Bourganeuf, Aubusson.
Limousin	Haute-Vienne.	381 753	LIMOGES.	Bellac, Rochechouart, Saint-Yrieix.
	Corrèze.	318 422	TULLE.	Ussel, Brive.

Région du Sud-Ouest.

Poitou	Vienne.	336 343	POITIERS.	Loudun, Châtellerault, Montmorillon, Civray.
	Deux-Sèvres.	342 474	NIORT.	Bressuire, Parthenay, Melle.
	Vendée.	441 311	LA ROCHE-SUR-YON.	Les Sables-d'Olonne, Fontenay-le-Comte.
Aunis et Saintonge	Charente-Inférieure.	452 119	LA ROCHELLE.	Rochefort, St-Jean-d'Angely, Marennes, Saintes, Jonzac.
Angoumois	Charente.	350 305	ANGOULÊME.	Ruffec, Confolens, Cognac, Barbezieux.
	Gironde.	821 131	BORDEAUX.	Lesparre, Blaye, Libourne, La Réole, Bazas.
	Dordogne.	452 951	PÉRIGUEUX.	Nontron, Ribérac, Bergerac, Sarlat.
	Lot.	226 720	CAHORS.	Gourdon, Figeac.
	Lot-et-Garonne.	278 740	AGEN.	Marmande, Villeneuve-sur-Lot, Nérac.
Guyenne et Gascogne	Tarn-et-Garonne.	195 669	MONTAUBAN.	Moissac, Castelsarrasin.
	Aveyron.	382 074	RODEZ.	Espalion, Villefranche-de-Rouergue, Millau, Saint-Affrique.
	Gers.	238 448	AUCH.	Condom, Lectoure, M raude, Lombez.
	Hautes-Pyrénées.	215 546	TARBES.	Bagnères-de-Bigorre, Argelès.
	Landes.	291 586	MONT-DE-MARSAN.	Dax, Saint-Sever.
Béarn	Basses-Pyrénées.	426 347	PAU.	Bayonne, Orthez, Mauléon, Oloron.
Comté de Foix	Ariège.	210 527	FOIX.	Pamiers, Saint-Girons.

Région du Sud-Est.

Lyonnais	Rhône.	843 179	LYON.	Villefranche-sur-Saône.
	Loire.	647 633	SAINT-ÉTIENNE.	Roanne, Montbrison.
Savoie	Savoie.	254 781	CHAMBÉRY.	Albertville, Moûtiers, Saint-Jean-de-Maurienne.
	Haute-Savoie.	263 803	ANNECY.	Thonon, Saint-Julien, Bonneville.
Dauphiné	Isère.	568 693	GRENOBLE.	La Tour-du-Pin, Vienne, Saint-Marcellin.
	Drôme.	297 321	VALENCE.	Die, Montélimart, Nyons.
	Hautes-Alpes.	109 510	GAP.	Briançon, Embrun.
Provence	Bouches-du-Rhône.	734 347	MARSEILLE.	Arles, Aix.
	Var.	326 384	DRAGUIGNAN.	Brignoles, Toulon.
	Basses-Alpes.	115 021	DIGNE.	Barcelonnette, Sisteron, Forcalquier, Castellane.
Comté de Nice	Alpes-Maritimes.	293 213	NICE.	Puget-Théniers, Grasse.
Comtat Venaissin	Vaucluse.	236 949	AVIGNON.	Orange, Carpentras, Apt.
	Haute-Garonne.	448 481	TOULOUSE.	Muret, Villefranche-de-Lauraguais, Saint-Gaudens.
	Tarn.	332 093	ALBI.	Gaillac, Lavaur, Castres.
	Aude.	313 531	CARCASSONNE.	Castelnaudary, Narbonne, Limoux.
Languedoc	Hérault.	489 421	MONTPELLIER.	Lodève, Saint-Pons, Béziers.
	Gard.	420 836	NÎMES.	Alais, Le Vigan, Uzès.
	Lozère.	128 866	MENDE.	Marvéjols, Florac.
	Ardèche.	353 564	PRIVAS.	Tournon, Largentière.
	Haute-Loire.	314 058	LE PUY.	Brioude, Yssingeaux.
Roussillon	Pyrénées-Orientales.	212 121	PERPIGNAN.	Prades, Céret.
Corse	Corse.	295 589	AJACCIO.	Bastia, Calvi, Corte, Sartène.

ANGLETERRE

BELGIQUE

ALLEMAGNE

MER DU NORD

Pas de Calais

MANCHE

OCÉAN

ATLANTIQUE

Golfe
de Gascogne

ESPAGNE

MÉDITERRANÉE

MER

Golfe du Lion

SUISSE

LORRAINE

FRANCE _ DÉPARTEMENTS

Échelle de 1: 5.000.000
Kilomètres
0   50   100   150   200

◉ Chef lieu de Département (Préfecture)
◦ Chef lieu d'Arrondissement (Sous préfecture)

J. Blason del.

FRANCE
DIVISIONS JUDICIAIRES
----- Limites du ressort des
26 Cours d'appel
⦿ Siége des Cours d'appel
○ Siége des Cours d'assises

J. Besson del.

III. AUTRES DIVISIONS ADMINISTRATIVES.

Cependant, au point de vue de l'administration judiciaire, de l'instruction publique et du culte catholique, il existe des divisions en groupes plus étendus, dont quelques-uns rappellent les anciennes provinces. Ainsi, pour la *Justice*, la France est divisée en **26 Cours d'appel**, dont le siège correspond généralement à celui des anciens parlements. Pour l'*Instruction publique*, elle est divisée en **16 Académies**, administrées chacune par un Recteur, de qui relèvent les administrations de chaque ordre d'enseignement. Dans chaque Académie, — sauf *Chambéry*, — il y a une *Université* pour l'enseignement supérieur. Pour l'exercice du *Culte catholique*, la France comprend **17 Archevêchés**. Enfin, *au point de vue militaire*, elle est divisée en **20 Corps d'armée** (il y a un corps d'armée en Algérie, le 19e; le 20e a son siège à Nancy.)

DIVISIONS JUDICIAIRES. — Cours d'Appel et Cours d'Assises.

CHEFS-LIEUX des COURS D'APPEL.	DÉPARTEMENTS DU RESSORT.	SIÈGES DES COURS D'ASSISES. La Cour d'Assises siège au chef-lieu de chaque département, sauf quelques exceptions; ainsi elle siège à :
1. **Nancy.**	Ardennes, Meuse, Meurthe-et-Moselle, Vosges.	**Saint-Mihiel** (Meuse).
2. **Douai.**	Nord, Pas-de-Calais.	**Saint-Omer** (Pas-de-Calais). **Douai** (Nord).
3. **Amiens.**	Somme, Aisne, Oise.	
4. **Rouen.**	Seine-Inférieure, Eure.	
5. **Caen.**	Calvados, Manche, Orne.	**Coutances** (Manche).
6. **Paris.**	Eure-et-Loir, Seine-et-Oise, Seine, Seine-et-Marne, Marne, Aube, Yonne.	**Reims** (Marne).
7. **Rennes.**	Ille-et-Vilaine, Loire-Inférieure, Côtes-du-Nord, Finistère, Morbihan.	
8. **Angers.**	Maine-et-Loire, Sarthe, Mayenne.	
9. **Orléans.**	Loiret, Loir-et-Cher, Indre-et-Loire.	
10. **Poitiers.**	Vienne, Deux-Sèvres, Vendée, Charente-Inférieure.	**Saintes** (Charente-Inférieure).
11. **Bourges.**	Indre, Cher, Nièvre.	
12. **Dijon.**	Haute-Marne, Côte-d'Or, Saône-et-Loire.	**Chalon-sur-Saône** (Saône-et-Loire).
13. **Besançon.**	Haute-Saône, Doubs, Jura, Territoire de Belfort.	
14. **Bordeaux.**	Charente, Dordogne, Gironde.	
15. **Limoges.**	Haute-Vienne, Creuse, Corrèze.	
16. **Riom.**	Allier, Puy-de-Dôme, Haute-Loire, Cantal.	**Riom** (Puy-de-Dôme). **Saint-Flour** (Cantal).
17. **Lyon.**	Loire, Rhône, Ain.	**Montbrison** (Loire).
18. **Grenoble.**	Isère, Drôme, Hautes-Alpes.	
19. **Chambéry.**	Savoie, Haute-Savoie.	
20. **Pau.**	Landes, Basses-Pyrénées, Hautes-Pyrénées.	
21. **Agen.**	Lot, Lot-et-Garonne, Gers.	
22. **Toulouse.**	Tarn-et-Garonne, Tarn, Haute-Garonne, Ariège.	
23. **Montpellier.**	Aveyron, Hérault, Aude, Pyrénées-Orientales.	
24. **Nîmes.**	Ardèche, Lozère, Gard, Vaucluse.	**Carpentras** (Vaucluse).
25. **Aix.**	Bouches-du-Rhône, Var, Alpes-Maritimes, Basses-Alpes.	**Aix** (Bouches-du-Rhône).
26. **Bastia.**	Corse.	**Bastia** (Corse).

y a en outre une Cour d'Appel à **Alger** (Algérie), une autre à **Fort-de-France** (Martinique) et une troisième à **Saïgon** (Cochinchine).

ANGLETERRE   BELGIQUE   ALLEMAGNE

LA MANCHE

Lille
D.M.S.L.P.
G.F.
Douai
Avesnes
M.P.G.F.

Amiens
M.P.G.F.

Charleville
G.F.

Rouen
M.S.P.
G.F.

Beauvais
Laon
G.F.

Reims
G.F.

Coutances
Caen
D.S.L.M.P.
G.F.
Évreux
G.F.
St-Cloud
Paris
D.M.S.L.P.T.
G.F.
Châlons
Bar-le-Duc
Nancy
Versailles
Chaumont
Épinal
G.F.

St-Brieuc
Alençon
Chartres
G.F.
Fontenay-aux-Roses
Melun
Troyes
Chaumont
Vesoul
Belfort

Quimper
Rennes
D.S.L.M.P.
G.F.
Laval
Le Mans
Orléans
G.F.
Auxerre
G.F.
Dijon
D.S.L.M.P.
G.F.
Besançon
D.S.L.M.P.
G.F.

Vannes
G.F.
Angers
M.P.G.F.
Tours
M.P.
G.F.
Blois
G.F.
Varzy
Bourges
G.F.
Nevers
Cluny
G.F.
Mâcon
G.F.

Savenay
Nantes
G.F.
Loches
SUISSE

La Roche-sur-Yon
Parthenay
Poitiers
D.S.L.
G.F.
Châteauroux
Guéret
Moulins
G.F.
Bourg
Bonneville
Annecy

OCÉAN

Niort
La Rochelle
Limoges
G.F.
Clermont-Ferrand
S.L.O.M.p.
G.F.
Lyon
D.M.S.L.P.
G.F.
Albertville
Chambéry

ATLANTIQUE

Angoulême
G.F.
Tulle
G.F.
Aurillac
G.F.B
Le Puy
G.F.B
St-Étienne
Montbrison
Grenoble
D.S.L.M.P.
G.F.
ITALIE

Périgueux
G.F.
Valence
Privas

Bordeaux
D.M.S.L.F.
G.F.
Agen
Cahors
G.F.
Mende
G.F.
Gap
G.F.

Dax
Montauban
Rodez
G.F.
Avignon
Digne
Nice

Mont-de-Marsan
Auch
Albi
Montpellier
D.M.S.L.F.
G.F.
Aix
D.L.
Draguignan

Lectoure
Tarbes
Toulouse
D.M.S.L.F.
G.F.
Carcassonne
Marseille
S.M.p.

Foix
G.F.
Perpignan

ESPAGNE   MER MÉDITERRANÉE

FRANCE
DIVISIONS UNIVERSITAIRES
----------- Limites des 16 Académies.
⊙ Chef-lieu d'Académie.
Facultés: D. Droit; — M. Médecine; —
S. Sciences; — L. Lettres; — P. Pharmacie.
M.p., École préparatoire de Médecine.
T.p., Faculté de Théologie protestante.
● École normale supérieure.
G. École normale de garçons.
F. École normale de filles.

Académie d'Alger

J. Besson del.

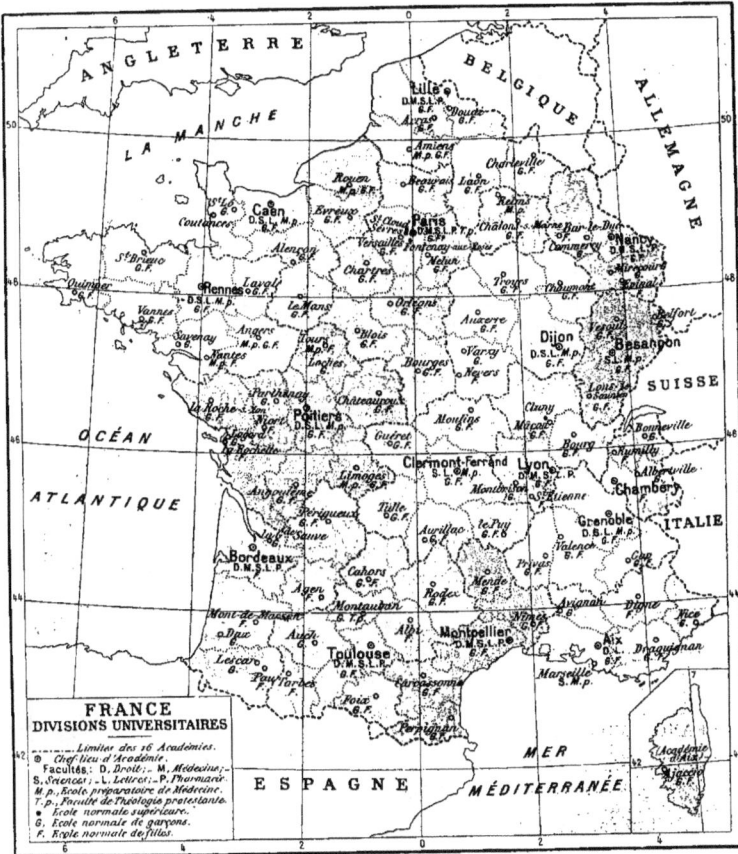

DIVISIONS UNIVERSITAIRES. — Académies.

CHEFS-LIEUX D'ACADÉMIE.	DÉPARTEMENTS DU RESSORT.	CHEFS-LIEUX D'ACADÉMIE.	DÉPARTEMENTS DU RESSORT.
1. Lille.	Nord, Pas-de-Calais, Somme, Aisne, Ardennes.	9. Besançon.	Haute-Saône, Jura, Doubs, Territoire de Belfort.
2. Caen.	Manche, Calvados, Orne, Sarthe, Eure, Seine-Inférieure.	10. Lyon.	Saône-et-Loire, Loire, Rhône, Ain.
		11. Chambéry.	Savoie, Haute-Savoie.
3. Paris.	Oise, Seine-et-Oise, Marne, Seine, Seine-et-Marne, Eure-et-Loir, Loiret, Loir-et-Cher, Cher.	12. Grenoble.	Isère, Ardèche, Drôme, Hautes-Alpes.
4. Rennes.	Finistère, Côtes-du-Nord, Morbihan, Ille-et-Vilaine, Loire-Inférieure, Mayenne, Maine-et-Loire.	13. Bordeaux.	Dordogne, Gironde, Landes, Lot-et-Garonne, Basses-Pyrénées.
5. Poitiers.	Vendée, Charente-Inférieure, Deux-Sèvres, Charente, Vienne, Haute-Vienne, Indre-et-Loire, Indre.	14. Toulouse.	Lot, Tarn-et-Garonne, Aveyron, Tarn, Gers, Haute-Garonne, Hautes-Pyrénées, Ariège.
6. Clermont.	Allier, Creuse, Corrèze, Puy-de-Dôme, Cantal, Haute-Loire.	15. Montpellier.	Pyrénées-Orientales, Aude, Hérault, Gard, Lozère.
7. Dijon.	Aube, Yonne, Nièvre, Côte-d'Or, Haute-Marne.	16. Aix.	Bouches-du-Rhône, Vaucluse, Basses-Alpes, Var, Alpes-Maritimes, Corse.
8. Nancy.	Meuse, Meurthe-et-Moselle, Vosges.	Il y a aussi une Académie à **Alger**, qui comprend les départements d'Oran, Alger et Constantine.	

FRANCE MILITAIRE

Limites des Corps d'Armée
Chef-lieu de Corps d'Armée
École militaire
Les chiffres romains indiquent les N°s
des Corps d'Armée
L'Algérie forme le XIX° Corps d'Armée
avec Alger pour Chef-lieu
Paris et Lyon ont un Gouvernement
militaire particulier

J. Besson del.

FRANCE MILITAIRE. — Corps d'armée.

NUMÉROS des corps d'armée.	SIÈGES DES CORPS D'ARMÉE.	DÉPARTEMENTS DU RESSORT.	NUMÉROS des corps d'armée.	SIÈGES DES CORPS D'ARMÉE.	DÉPARTEMENTS DU RESSORT.
I er.	Lille.	Nord, Pas-de-Calais.	VII e.	Besançon.	Ain, Doubs, Jura, Haute-Marne (en partie), Haut-Rhin, Haute-Saône, Vosges (en partie), Rhône (en partie).
II e.	Amiens.	Aisne, Oise, Somme, Seine-et-Oise (en partie), Seine (en partie).			
III e.	Rouen.	Calvados, Eure, Seine-Inférieure, Seine-et-Oise (en partie), Seine (en partie).	VIII e.	Bourges.	Cher, Côte-d'Or, Nièvre, Saône-et-Loire, Rhône (en partie).
IV e.	Le Mans.	Eure-et-Loir, Mayenne, Orne, Sarthe, Seine-et-Oise (en partie), Seine (en partie).	IX e.	Tours.	Maine-et-Loire, Indre-et-Loire, Indre, Deux-Sèvres, Vienne.
			X e.	Rennes.	Côtes-du-Nord, Manche, Ille-et-Vilaine.
V e.	Orléans.	Loiret, Loir-et-Cher, Seine-et-Marne, Yonne, Seine-et-Oise (en partie), Seine (en partie).	XI e.	Nantes.	Finistère, Loire-Inférieure, Morbihan, Vendée.
VI e.	Châlons-sur-Marne.	Ardennes, Marne, Meurthe-et-Moselle (en partie), Meuse.	XII e.	Limoges.	Charente, Corrèze, Creuse, Dordogne, Haute-Vienne.

NUMÉROS des corps d'armée.	SIÈGES DES CORPS D'ARMÉE.	DÉPARTEMENTS DU RESSORT.	NUMÉROS des corps d'armée.	SIÈGES DES CORPS D'ARMÉE.	DÉPARTEMENTS DU RESSORT.
XIIIᵉ.	Clermont-Ferrand.	Allier, Loire, Puy-de-Dôme, Haute-Loire, Cantal, Rhône (en partie).	XVIIᵉ.	Toulouse.	Ariège, Haute-Garonne, Gers, Lot, Lot-et-Garonne, Tarn-et-Garonne.
XIVᵉ.	Lyon.	Hautes-Alpes, Drôme, Isère, Savoie, Haute-Savoie, Rhône (en partie).	XVIIIᵉ.	Bordeaux.	Charente-Inférieure, Gironde, Landes, Basses-Pyrénées, Hautes-Pyrénées.
XVᵉ.	Marseille.	Basses-Alpes, Alpes-Maritimes, Ardèche, Bouches-du-Rhône, Corse, Gard, Var, Vaucluse.	XIXᵉ.	Alger.	Oran, Alger, Constantine.
XVIᵉ.	Montpellier.	Aude, Aveyron, Hérault, Lozère, Tarn, Pyrénées-Orientales.	XXᵉ.	Nancy.	Aube, Haute-Marne (en partie), Vosges (en partie), Meurthe-et-Moselle (en partie).

FRANCE ECCLÉSIASTIQUE. — Archevêchés et Évêchés.

ARCHEVÊCHÉS.	ÉVÊCHÉS SUFFRAGANTS.	DÉPARTEMENTS.	ARCHEVÊCHÉS.	ÉVÊCHÉS SUFFRAGANTS.	DÉPARTEMENTS.
1. Cambrai	. . . .	Nord.	10. Lyon	. . . .	Rhône, Loire.
	ARRAS.	Pas-de-Calais.		AUTUN.	Saône-et-Loire.
2. Reims	. . . .	Marne (arrond. de Reims), Ardennes.		LANGRES.	Haute-Marne.
				DIJON.	Côte-d'Or.
	SOISSONS.	Aisne.		SAINT-CLAUDE.	Jura.
	CHÂLONS.	Marne (moins l'arrond. de Reims).		GRENOBLE.	Isère.
	BEAUVAIS.	Oise.	11. Besançon . . .	. . . .	Doubs, Haute-Saône.
	AMIENS.	Somme.		VERDUN.	Meuse.
3. Rouen	. . . .	Seine-Inférieure.		BELLEY.	Ain.
	BAYEUX.	Calvados.		SAINT-DIÉ.	Vosges.
	ÉVREUX.	Eure.		NANCY.	Meurthe-et-Moselle.
	SÈES.	Orne.			
	COUTANCES.	Manche.			
4. Rennes	. . . .	Ille-et-Vilaine.			
	QUIMPER.	Finistère.			
	VANNES.	Morbihan.			
	SAINT-BRIEUC.	Côtes-du-Nord.			
5. Tours	. . . .	Indre-et-Loire.			
	LE MANS.	Sarthe.			
	LAVAL.	Mayenne.			
	NANTES.	Loire-Inférieure.			
	ANGERS.	Maine-et-Loire.			
6. Paris	. . . .	Seine.			
	CHARTRES.	Eure-et-Loir.			
	MEAUX.	Seine-et-Marne.			
	ORLÉANS.	Loiret.			
	BLOIS.	Loir-et-Cher.			
	VERSAILLES.	Seine-et-Oise.			
7. Sens	. . . .	Yonne.			
	TROYES.	Aube.			
	NEVERS.	Nièvre.			
	MOULINS.	Allier.			
8. Bordeaux . . .	. . . .	Gironde.			
	AGEN.	Lot-et-Garonne.			
	ANGOULÊME.	Charente.			
	POITIERS.	Vienne, Deux-Sèvres.			
	PÉRIGUEUX.	Dordogne.			
	LA ROCHELLE.	Charente-Inférieure.			
	LUÇON.	Vendée.			
9. Bourges	. . . .	Cher, Indre.			
	CLERMONT.	Puy-de-Dôme.			
	LIMOGES.	Creuse, Haute-Vienne.			
	LE PUY.	Haute-Loire.			
	TULLE.	Corrèze.			
	SAINT-FLOUR.	Cantal.			

FRANCE
DIVISIONS ECCLÉSIASTIQUES
Limites des 17 Provinces ecclésiastiques.
⊕ Archevêché
• Évêché

J. Besson Del.

ARCHEVÊCHÉS.	ÉVÊCHÉS SUFFRAGANTS.	DÉPARTEMENTS.	ARCHEVÊCHÉS.	ÉVÊCHÉS SUFFRAGANTS.	DÉPARTEMENTS.
12. Chambéry...	....	Savoie (arrond. de Chambéry).	16. Avignon....	....	Vaucluse.
	MAURIENNE.	Savoie (arrond. de Saint-Jean-de-Maurienne).		NÎMES.	Gard.
	TARANTAISE.	Savoie (arrond. de Moûtiers et d'Albertville).		VALENCE.	Drôme.
				VIVIERS.	Ardèche.
	ANNECY.	Haute-Savoie.		MONTPELLIER.	Hérault.
13. Auch	....	Gers.	17. Aix	....	Bouches-du-Rhône (moins l'arrond. de Marseille).
	AIRE.	Landes.		MARSEILLE.	Bouches-du-Rhône (arrond. de Marseille).
	TARBES.	Hautes-Pyrénées.			
	BAYONNE.	Basses-Pyrénées.		FRÉJUS.	Var.
14. Toulouse...	....	Haute-Garonne.		DIGNE.	Basses-Alpes.
	MONTAUBAN.	Tarn-et-Garonne.		GAP.	Hautes-Alpes.
	PAMIERS.	Ariège.		NICE.	Alpes-Maritimes.
	CARCASSONNE.	Aude.		AJACCIO.	Corse.
15. Albi	....	Tarn.			
	RODEZ.	Aveyron.			
	CAHORS.	Lot.			
	MENDE.	Lozère.			
	PERPIGNAN.	Pyrénées-Orientales.			

En Algérie, il y a l'archevêché d'**Alger** avec les évêchés suffragants d'Oran et de Constantine.
De l'Archevêché de *Bordeaux* dépendent les Évêchés de SAINT-DENIS (Ile de la Réunion), de LA BASSE-TERRE (Guadeloupe) et de FORT-DE-FRANCE (Martinique).

CHAPITRE PREMIER

Région du Nord-Est : Vosges. — Plateau Lorrain. — Ardenne.

La **France septentrionale** comprend essentiellement le **Bassin parisien**, tandis que la **France méridionale** est occupée en grande partie par le **Massif Central**.

Le **Bassin parisien** est limité au nord et au nord-est par le massif de l'**Ardenne** et par les **Vosges** ; au sud, par le **Morvan** et le **Massif Central** ; à l'ouest, par les **Massifs Vendéens, Bretons et Normands**.

Il se rattache au nord, par la *plaine flamande*, au Bassin de Bruxelles ; au sud-ouest, par le *seuil du Poitou*, au Bassin d'Aquitaine.

La **bordure extérieure** du **Bassin parisien**, très relevée, se compose de lignes de collines, de plateaux et de massifs. Cette bordure, au nord et à l'est, est formée par les petits massifs du *Boulonnais* et de l'*Artois*, et par le *plateau de Lorraine*.

Bien que le **plateau lorrain** ne soit qu'une annexe du Bassin parisien, il forme avec les **Vosges** et l'**Ardenne** une région à part, dont l'altitude, la constitution du relief et du sol, le climat, font l'originalité. C'est la **Région du Nord-Est.**

Ni les Vosges, ni le plateau lorrain, ni l'Ardenne ne sont entièrement compris dans le territoire français : ils se prolongent sur l'Alsace-Lorraine, la Prusse rhénane ou la Belgique.

Nous étudierons dans cette région le pays qui formait autrefois la *province de Lorraine*, et qui est arrosé par la *Moselle*, la *Meuse* et l'*Ornain*. Les vallées de ces deux derniers cours d'eau, surtout celle de l'Ornain, forment la transition entre le plateau lorrain et le bassin parisien proprement dit. Les collines qui le bordent sont les divers étages de la bordure *jurassique*[1] du bassin de Paris. A l'est de la Moselle, le *trias* du plateau s'appuie aux terrains primaires et aux roches cristallines des Vosges.

Au nord, les *schistes ardennais* n'occupent qu'une faible portion du territoire français, dans le *département des Ardennes*.

A cause de son altitude et de son éloignement de la mer, tout cet ensemble de régions a un climat spécial, qu'on appelle **climat vosgien** ou lorrain, assez rude, avec des extrêmes de température et de subites variations.

Les deux principaux cours d'eau de la Lorraine, la Moselle et la Meuse, ne dépendent pas du réseau hydrographique de la Seine.

Enfin, au point de vue politique, la Lorraine a toujours été, dans le passé, une région intermédiaire disputée entre l'Allemagne et la France.

1. Voir la Carte géologique, page 3.

Forêt de sapins dans les Vosges.

I. LES VOSGES

Les **Vosges** forment un massif qui s'étend du *ballon d'Alsace*, au sud, à la *Lauter*, au nord. La France ne possède plus aujourd'hui que le versant occidental des Vosges, depuis le ballon d'Alsace jusqu'au *mont Donon*.

I. **Description.** — Les **Vosges**, à l'époque primaire, formaient avec la Forêt-Noire un seul massif de *roches cristallines*. Après une suite de divers bouleversements, la partie centrale de ce massif s'effondra, et cette dépression, où se déposèrent plus tard les alluvions du Rhin, constitue aujourd'hui la plaine d'Alsace. Par suite de cet effondrement, le versant intérieur des Vosges et de la Forêt-Noire est abrupt, tandis que le versant extérieur s'abaisse progressivement.

Du *côté de l'Alsace*, les pentes des Vosges sont raides, les vallées courtes, encaissées, abritées et d'un climat doux ; du *côté de la Lorraine*, le massif se prolonge sur le plateau, sans qu'on puisse nettement en marquer la limite ; les vallées sont élevées, longues, d'un climat rude et humide. Aussi les cultures sont-elles plus prospères dans les vallées alsaciennes que dans les vallées lorraines.

La partie méridionale du massif est la plus élevée, et les Vosges vont en *s'abaissant* et en *se rétrécissant du sud au nord* ; d'où la division en **Hautes-Vosges** jusqu'à la vallée de la Bruche, **Moyennes-Vosges** jusqu'au col de Saverne, et **Basses-Vosges.** Les Hautes-Vosges sont de nature *cristalline*, et les deux autres parties sont formées de *grès*, surtout de grès rouge. Mais les rebords des Vosges cristallines sont aussi flanqués de grès rouge.

Les Vosges n'offrent pas une ligne de faîte continue : depuis le ballon d'Alsace jusqu'à la vallée de la Bruche, la ligne de faîte, qui suit l'orientation générale du massif, est coupée plusieurs fois par des *vallées longitudinales* que suivent des affluents de l'Ill. La *vallée de la Bruche*, plus longue que les précédentes, sépare de la chaîne principale une seconde chaîne,

parallèle à la première, et qui commence au nord des sources de la Meurthe pour se prolonger en s'abaissant jusqu'à la Lauter.

Des **chaînes secondaires** se détachent à l'ouest de la chaîne principale, pour s'abaisser sur le plateau lorrain : elles sont séparées entre elles par les vallées transversales de la *Moselle*, de la *Vologne*, de la *Meurthe*. La plus importante de ces chaînes est la *chaîne des Ballons*, qui se termine près de Remiremont : elle se détache du **Ballon d'Alsace** (1 250 mètres) et renferme encore le **Ballon de Servance** (1 210 mètres).

Les **Hautes-Vosges** culminent au **Ballon de Guebwiller** (1 426 mètres). Le plus haut sommet qui vient

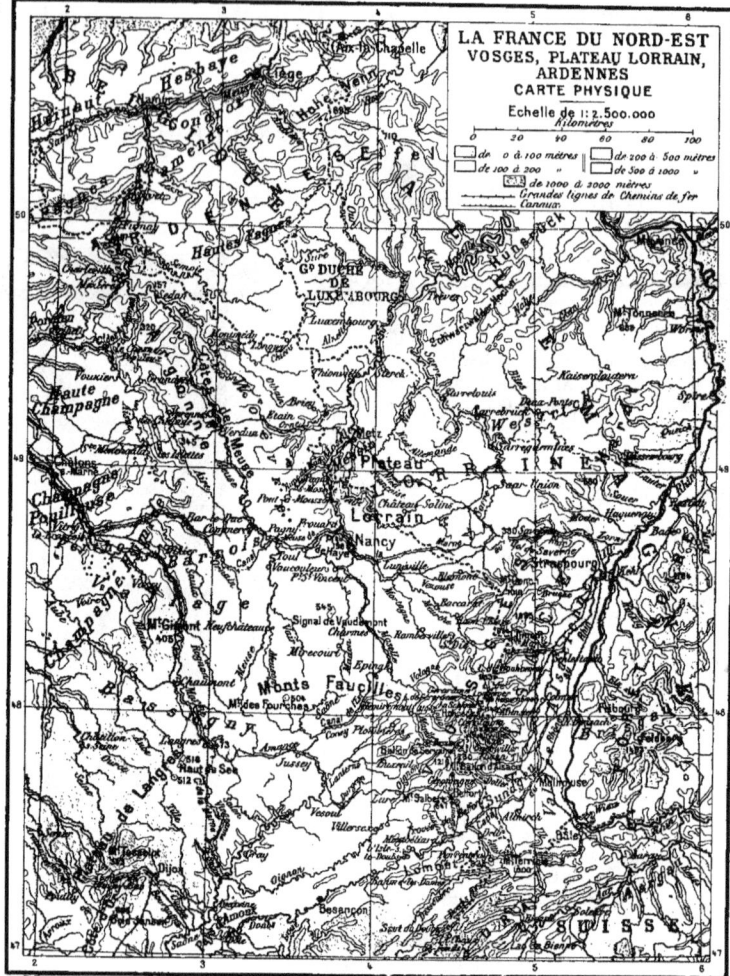

ensuite est le **Hohneck** (1 336 mètres). Près de la vallée de la Bruche, le **Climont** n'a que 974 mètres.

Les Vosges cristallines présentent des sommets de formes variées, cônes, pyramides, coupoles ; cependant la forme arrondie ne correspond pas toujours au mot de *ballon*. Elles ont été autrefois le séjour de très grands glaciers, dont on retrouve les moraines, et qui ont laissé des lacs : lacs de *Gérardmer*, de *Longemer*, de *Retournemer*. Les passages n'y sont pas très faciles : en général, les cours d'eau des deux versants n'ont pas leurs sources dans les régions voisines, et les *cols sont assez élevés* : la route de Remiremont à Belfort, qui passe au pied du Ballon d'Alsace, s'élève à 1 158 mètres. Le col de la Schlucht, entre *Gérardmer* et *Munster*, est à 1 146 mètres ; le **col de**

Bussang, entre *Remiremont* et *Thann*, à 734 mètres. De *Saint-Dié* partent trois routes : l'une par le **col du Bonhomme** (953 mètres), une autre par le **col de Sainte-Marie-aux-Mines** (780 mètres), une troisième par la **vallée de la Bruche** (558 mètres), s'ouvrant vers Strasbourg.

Les **Moyennes-Vosges** culminent par 1010 mètres au **mont Donon** ; elles renferment le passage le plus important du massif : le **col de Saverne** (en territoire annexé), par où passent le *chemin de fer de Paris à Strasbourg* et le *canal de la Marne au Rhin*.

Les **Basses-Vosges**, du *col de Saverne* aux sources de la *Lauter*, n'atteignent plus que 580 mètres aux sources de la *Sauer*.

II. Productions. — Les Vosges ont eu longtemps une flore et une faune originales, la flore des régions boréales et une faune caractérisée par des animaux gigantesques, l'auroch, le bison, l'élan, qui ont survécu jusque vers l'an 1000. La population primitive appartenait au même type brachycéphale qu'on retrouve dans le Morvan et le Massif Central.

La **végétation** prédominante des Vosges est la **forêt**, surtout la *forêt de sapins*, où s'entremêlent des *hêtres*. Mais les bois ne s'élèvent pas à une altitude élevée, à cause de la trop grande humidité et de la violence des vents. Les sommets sont couverts par les *chaumes* ou pâturages d'été, assez maigres. Les forêts alimentent des industries locales importantes : scieries, fabriques de meubles.

En général, le sol est pauvre, humide, souvent occupé par des *faignes* ou tourbières, où croissent les bruyères. Dans les vallées, appelées « la *plaine* », on cultive la pomme de terre et, en certains endroits bien exposés, le blé ou même la vigne. La population vosgienne, laborieuse, persévérante et sobre, a développé l'agriculture partout où elle l'a pu et l'a rendue florissante par l'utilisation des engrais chimiques.

Mais la grande richesse des Vosges est l'**industrie**. Les Vosges ne renferment pourtant pas de mines : pas de houille, presque point de fer. Mais on y utilise la force motrice des nombreux cours d'eau qui descendent des Vosges cristallines. Les *vallées de la Haute-Moselle*,

Les lacs de Longemer et de Retournemer.

de la *Vologne*, de la *Meurthe*, sont peuplées de papeteries, de scieries, de filatures, de féculeries, de fromageries. Un grand nombre de localités se sont ainsi développées dans la montagne et à l'entrée de la plaine, et sont devenues de petits centres. Les

Un schlitteur des Vosges.

eaux minérales (*Bussang*, *Gérardmer*) et la vogue des voyages de touristes ont encore enrichi cette région. *Cornimont*, *la Bresse* (industrie cotonnière), *Remiremont*, **Saint-Dié** (21400 hab.), ont vu leur population s'accroître. **Épinal** (25000 hab.), à la limite des Vosges et du plateau lorrain, sur la Moselle, est le principal centre industriel et agricole de toute la région : on y trouve des papeteries, des imageries, des filatures.

Au nord, le *sable fin* qui forme le fond des vallées dans les Vosges gréseuses, est utilisé dans la verrerie et la cristallerie de **Baccarat**, qui ont une grande réputation. Le *grès rouge* fournit des matériaux de construction, de même que le granit et le porphyre des Vosges méridionales. C'est avec le grès rouge qu'a été construite la cathédrale de Strasbourg.

Les Vosges sont peuplées d'anciens couvents et abbayes qui ont été au moyen âge le centre de la vie dans cette région. Des ruines de châteaux sur les montagnes ajoutent au pittoresque des ruines.

En résumé, les Vosges sont devenues, grâce à l'activité et à l'énergie de l'homme, et malgré la rudesse du climat et la pauvreté du sol, une région prospère. Des **voies ferrées** pénètrent jusque dans la montagne ; mais il n'y a que deux lignes qui unissent le plateau lorrain à la plaine alsacienne : l'une qui passe par le col de Saverne, l'autre qui contourne le massif et passe au pied du ballon d'Alsace par Belfort.

II. LE PLATEAU LORRAIN.

I. Aspect. — Le **Plateau lorrain**, comme le massif vosgien, est incliné du sud au nord, mais relevé le long des Vosges. Son altitude moyenne est de 200 mètres. A l'est, il présente l'aspect assez uniforme d'un plateau parsemé seulement de buttes isolées (le point culminant est le *Signal de Vaudémont* : 545 mètres) ; à l'ouest, il est sillonné de longues rangées de collines. Il s'appuie à l'est et au sud-est aux Vosges ; au sud, aux **monts Faucilles**, qui culminent par 504 mètres, mais qui sont franchis très facilement par le canal de l'Est et par plusieurs lignes de chemin de fer entre la Moselle et la Saône. Les monts Faucilles sont séparés du plateau de Langres par un sillon où passe la voie ferrée de Nancy-Mirecourt-Chalindrey.

Le **sol lorrain**[1] est **constitué** par des bandes assez étroites de terrains d'âges successifs qui affleurent en se superposant à mesure qu'on s'éloigne des Vosges vers l'ouest : 3 bandes de *terrains triasiques*, 2 bandes de *terrains jurassiques*, où dominent tantôt le calcaire, tantôt l'argile. Les eaux qui descendent des Vosges leur ont fait subir un grand travail d'érosion, dont on peut se rendre compte par les talus isolés, élevés parfois de plus de 400 mètres, qui ont résisté à leur action. Elles se sont amassées au pied des roches calcaires oolithiques, où elles se sont tracé une vallée.

Les lignes d'ondulations sont à peu près parallèles et dirigées du sud au nord : ce sont, de l'est à l'ouest, les **côtes de Moselle**, qui bordent la Meurthe depuis Nancy, puis la Moselle jusqu'au nord de Metz ; les **côtes de Meuse**, entre la Moselle et la Meuse, auxquelles on donne parfois improprement le nom d'Argonne orientale ; les collines du *Barrois* et l'**Argonne**, entre l'Aire, l'Ornain et l'Aisne. On désigne spécialement sous le nom d'Argonne les hauteurs boisées entre l'Aire et l'Aisne, où se trouvent les défilés de la *Chalade* et des *Islettes :* par ce dernier passe la ligne de Verdun à Paris par Châlons ; plus au nord, on donne encore le nom d'Argonne à la chaîne que percent l'Aisne au défilé de *Grand-Pré* et le canal des Ardennes au passage du *Chêne-Populeux*. Mais ces collines appartiennent en réalité au Bassin Parisien.

Les diverses lignes de hauteurs qui sillonnent la région lorraine sont percées de nombreuses brèches que défendent des forts.

II. Hydrographie. — Les cours d'eau qui arrosent la région lorraine sont la *Moselle* et ses affluents ; la *Meuse* ; plus à l'ouest, dans le Barrois, l'*Ornain* et la *Saulx*, et dans la région de l'Argonne, l'*Aire*. L'Ornain, la Saulx et l'Aire appartiennent au réseau hydrographique de la Seine.

La **Moselle** vient des Vosges par 730 mètres d'altitude, près de *Bussang*. Elle a un cours supérieur rapide dans une vallée encaissée, suivie par la route d'Épinal à Belfort, passe à *Remiremont*, reçoit la **Vologne** (lacs de *Gérardmer, Retournemer* et *Longemer*). A **Épinal**, sa vallée s'élargit ; son cours, régularisé par des travaux récents, est suivi par le **Canal de l'Est** à partir d'Épinal.

1. Voir la Carte géologique, page 3.

Ce canal, qui met en communication la Moselle avec la la Saône, a beaucoup contribué au développement de la région vosgienne.

Plus au nord, la Moselle reçoit le **Madon** (*Mirecourt*) ; elle rencontre à *Pont-Saint-Vincent* le *plateau de Haye*, dont elle longe le pied méridional jusqu'à Toul, en inclinant à l'ouest. A *Toul*, elle est très rapprochée de la Meuse, qu'elle a dû rejoindre autrefois : le **canal de la Marne au Rhin**, qui l'unit à la Meuse, suit l'ancien sillon. La position de Toul, très importante, est l'avant-poste de la route de Paris par la Marne. Toul est l'un des *Trois-Évêchés*.

Le canal de la Marne sous la colline de Liverdun.

La Moselle contourne le plateau de Haye de l'ouest à l'est, dans une vallée pittoresque, reçoit la *Meurthe* à *Frouard*, incline au nord, passe à *Pont-à-Mousson*, et quitte le territoire français à *Pagny*. Elle arrose en Alsace-Lorraine *Metz* et *Thionville*.

La Moselle et ses affluents sont alimentés par les pluies assez abondantes de la région vosgienne.

La **Meurthe** sort aussi des Vosges, aux Hautes-Chaumes, coule par *Saint-Dié*. *Raon-l'Étape*, dans une vallée étroite, où l'industrie textile est très active, passe à *Baccarat*, puis près de **Lunéville** (23 000 hab.), qui a des faïenceries. Elle arrose **Nancy** (102 500 hab.) et se jette dans la Moselle à *Frouard*. Son cours est suivi par le canal de la Marne au Rhin jusqu'en amont de Nancy.

NANCY. — La Place Stanislas.

Nancy, capitale de la Lorraine, occupe une belle position dans une vallée fertile, sur la route de Paris à Strasbourg et sur celle de Dunkerque à Bâle. Tête de ligne importante, reliée à Metz, Trèves et Coblentz, elle envoie de nombreux embranchements vers le sud et dans les vallées de la Meuse et de la Seine. Elle est devenue un centre industriel important, autour duquel s'est développée l'**industrie métallurgique**. Elle a en outre des *brasseries*, une grande manufacture de tabacs, des fabriques de chaussures, des ateliers de broderie; elle fabrique des cristaux, des faïences d'art, des meubles d'art. Elle possède une Université, une École forestière. C'est une ville très bien bâtie, avec de larges rues, des monuments élégants, de belles places, des musées; elle a un grand cachet de distinction. Sa population a presque doublé depuis 1871.

La **Meuse** naît dans le sillon qui sépare les Faucilles du plateau de Langres, et le suit jusqu'au delà de *Neufchâteau*, perce les collines de Meuse, qui forment ensuite sa bordure jusqu'en aval de Verdun. Sa vallée est d'abord étroite et occupée par des prairies. Elle passe à *Domremy*, *Vaucouleurs*, *Commercy*, *Saint-Mihiel*, **Verdun** (grande place forte sur la route de Metz à Paris, l'un des Trois Évêchés : 22 000 hab.). Un peu après sa sortie du département de la Meuse, la Meuse reçoit la **Chiers**, qui traverse l'importante région métallurgique de *Longwy* et de *Longuyon*, et qui arrose *Montmédy*. Elle passe ensuite à **Sedan** (20 000 hab.), qui fabrique des draps, puis à **Mézières-Charleville** (24 000 hab.), où elle perce le massif schisteux de l'Ardenne. Elle passe à *Fumay* et sort de France un peu au nord de *Givet*.

La **Saulx** et son affluent l'**Ornain** appartiennent, ainsi que l'**Aire**, au bassin hydrographique de la Seine. Dans leur vallée, on trouve des forges qui se rattachent à la région industrielle de la Haute-Champagne. L'Ornain passe à **Bar-le-Duc** (18 250 hab.), ancienne capitale du Barrois, sur le canal de la Marne au Rhin (filatures et brasseries).

III. Ressources agricoles et minérales.

— Le sol de la Lorraine est composé en grande partie de terres calcaires assez maigres, d'argiles et de marnes. La région la plus fertile est la bande du terrain liasique qui s'étend entre la Meuse et le Madon depuis Mirecourt, et qui, coupée d'abord par la Moselle de Pont-Saint-Vincent à Toul, puis par la Meurthe à Nancy, se prolonge à l'est le long de la Moselle : le blé et l'**avoine** y donnent de bons produits; le long des rivières s'étendent des **pâturages**; les pentes des coteaux sont couvertes de vignobles. Enfin, c'est dans cette zone qu'on trouve les riches minerais de **fer** de la Moselle (*Pont-Saint-Vincent*, *Frouard*, etc.).

Partout ailleurs le sol est médiocre et ne donne des récoltes passables qu'au prix d'amendements ou de drainages, soit sur les plateaux marécageux des Faucilles ou dans la plaine argileuse de la *Woëvre*, soit dans les terrains calcaires du *Barrois*, que l'on amende à l'aide de phosphates.

La Lorraine possède quelques **vignobles** qui ont une renommée locale : côtes de *Toul* et de *Thiaucourt*, côtes de Meuse et du Barrois. Le département de Meurthe-et-Moselle a des cultures de **houblon** et de tabac. Les **pâturages** de la Meuse nourrissent des bestiaux.

Les **forêts** couvrent de grands espaces : forêt des Faucilles, forêt de Haye, forêts des côtes de Moselle et de Meuse, forêt de l'Argonne. L'essence dominante est le hêtre. On utilise le bois pour le chauffage et pour la fabrication de chaises, de meubles et de sabots.

Maison de Jeanne d'Arc à Domrémy.

Outre le **fer** de la vallée de la Moselle, on en exploite aussi de riches gisements près de *Briey*, *Audun-le-Roman*, *Longwy* et *Longuyon*. La Lorraine possède aussi des salines importantes dans la zone du trias (mines de sel gemme de *Dombasle* et de *Varangeville*); des **sources minérales** à *Contrexeville*, *Vittel*, *Plombières*; de nombreuses et productives *carrières de pierre* dans les environs de *Commercy*.

III. L'ARDENNE.

L'**Ardenne** est l'extrémité du *massif schisteux rhénan*. Elle n'occupe qu'une petite partie du département des Ardennes. La partie méridionale de ce département appartient à la Champagne. Les villes de *Vouziers* et de *Rethel*, arrosées par l'Aisne, sont sur le rebord occidental de l'Argonne; *Sedan*, dans la vallée de la Meuse, ne fait pas partie du massif ardennais.

Ce massif est bordé par un talus couvert de forêts. Il s'élève peu à peu de 200 à 500 mètres : *Rocroi* est à 387 mètres, *Fumay* à 405. Il est formé de grès et de schistes, et sa surface est couverte de landes, de marécages ou de forêts. Il est coupé de vallées encaissées, au fond desquelles il y a des prairies et des champs cultivés. La **Meuse** perce le plateau et coule dans un étroit couloir à la ligne sinueuse et à l'aspect pittoresque. Le long de sa vallée s'est développée une active **industrie métallurgique** à *Mézières-Charleville*, à *Fumay*, à *Givet*. On extrait aussi l'**ardoise** à Fumay.

Les **pâturages** de l'Ardenne nourrissent des chevaux très robustes et des bœufs estimés comme bêtes de trait. À l'ouest de la Meuse, *Rocroi* est une forteresse qui sert d'avant-poste sur la route de Paris par l'Oise.

Mézières est au croisement de deux lignes, l'une qui unit la vallée de la Meuse à celle de l'Aisne par Rethel, l'autre qui vient de Flandre et se dirige sur Nancy. Le *canal des Ardennes* unit la Meuse à l'Aisne, et par l'Aisne à l'Oise, à la Somme et aux canaux du Nord.

IV. HISTORIQUE ET DÉPARTEMENTS.

Le duché de **Lorraine** et le comté de **Bar** ont été réunis à la France en 1766, à la mort de Stanislas Leczinski, en vertu du traité de Vienne. Les **Trois Évêchés**, Metz, Toul et Verdun, avaient été réunis après le traité de Cateau-Cambrésis (1559).

La **Lorraine** et la plus grande partie du Barrois formèrent les quatre départements de *Meurthe, Moselle, Vosges* et *Meuse.* Le traité de Francfort (1871) enleva à la France le département de la Moselle, moins l'arrondissement de Briey, et, dans le département de la Meurthe, l'arrondissement de Château-Salins, qui formèrent avec l'Alsace le gouvernement d'*Alsace-Lorraine,* annexé à l'empire allemand. Quelques districts des Vosges furent aussi enlevés à la France. L'arrondissement de Briey, réuni à ce qui reste du département de la Meurthe, forme la *Meurthe-et-Moselle.*

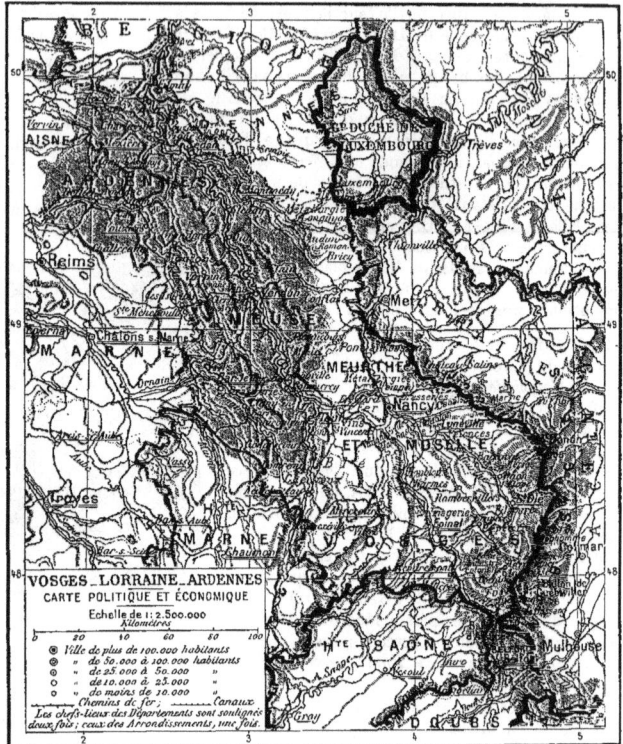

VOSGES — LORRAINE — ARDENNES
CARTE POLITIQUE ET ÉCONOMIQUE
Échelle de 1 : 2.500.000

J. Besson del.

MEURTHE-ET-MOSELLE. — Chef-lieu : **Nancy** (102 500 hab.), ville de commerce, d'industrie, centre universitaire, ancienne capitale de la Lorraine. Brasseries, cordonneries, broderies. Porcelaines et verreries. Industries métallurgiques très actives dans la banlieue, à Frouard, Pompey, Pont-Saint-Vincent, etc. — Sous-Préfectures : Lunéville (22 500 hab.) (faïenceries), *Toul* (ville forte, vignoble), *Briey*. — Villes principales : *Baccarat* (cristalleries), *Pont-à-Mousson, Longwy* et *Longuyon* (métallurgie).

VOSGES. — Chef-lieu : **Épinal** (25 000 hab.) (papeteries, imageries, filatures). — Sous-Préfectures : **Saint-Dié** (21 500 hab.) (scieries, filatures), *Remiremont, Mirecourt* (dentelles), *Neufchâteau.* — Villes principales : *Gérardmer, Bussang, Plombières, Contrexeville* (eaux minérales). — Lieu historique : *Domrémy.*

MEUSE. — Chef-lieu : **Bar-le-Duc** (18 250 hab.) (brasseries, filatures). — Sous-Préfectures : **Verdun** (22 000 hab.) (ville forte), *Commercy, Montmédy.* — Villes principales : *Saint-Mihiel* (siège de la cour d'assises), *Vaucouleurs.*

Les *Ardennes* font partie de la province de **Champagne**.

ARDENNES. — Chef-lieu : **Mézières-Charleville** (24 000 hab.) (industries métallurgiques). — Sous-Préfectures : **Sedan** (20 000 hab.) (draps), *Rethel, Vouziers, Rocroi.* — Villes principales : *Givet, Fumay* (ardoises et métallurgie).

LECTURES.

1. — Le climat en Lorraine.

Par plusieurs traits, la **Lorraine** continue à tenir de l'Europe centrale : les pluies d'été y sont bien marquées, les plateaux rocailleux de Lorraine et de Bourgogne leur doivent la conservation de leurs forêts, qu'il est si difficile de faire revivre une fois détruites. Ce que l'Est doit encore à sa position plus continentale, c'est une plus longue durée de ces automnes lumineux, qui aident la vigne à mûrir. Située vers la limite des influences continentales et maritimes, encore sensible aux influences méridionales, la contrée entre le Rhin et Paris tire de cet état d'équilibre instable une sensibilité plus fine pour réfléchir les moindres variétés d'altitude, d'orientation et de sol.

Dans le vert des prés, dans l'étendue des *faignes*, assemblages de tourbières et d'étangs qui s'étalent sur les plateaux rocheux, dans le nombre des lacs qui dorment dans les vallées ou qui garnissent les alentours des cimes, se montre l'empreinte du climat humide qui a contribué à modeler les Vosges. Souvent une brume obstinée couvre les cimes. En hiver et en automne, des rafales du sud-ouest, n'ayant rencontré sur leur route aucune chaîne de la taille des Vosges, s'abattent avec leur fardeau de vapeurs sur les versants occidentaux, font rage sur les promontoires, tels que le Ballon de Servance, qu'elles frappent de plein fouet. Une immense *faigne*, d'aspect tout scandinave, s'étend aux sources de l'Oignon, Les rivières, sur le flanc occidental, s'enfoncent très loin vers l'intérieur du massif; elles se nourrissent de réservoirs spongieux qui criblent la surface. Les masses énormes de débris quartzeux répandues par les courants diluviens autour des Vosges, mais notamment en Lorraine, sont des phénomènes pleinement en rapport avec cette direction des courants pluvieux.

En Lorraine, de Vaudémont à Metz et même à Thionville, la façade des coteaux oolithiques est tournée vers l'Est. C'est le versant plus ensoleillé, qu'épargnent relativement les vents de pluie. Nancy n'a guère plus de 70 centimètres de pluie annuelle. Mais, en même temps qu'il est le plus sec, ce versant est aussi celui qu'ont plus directement attaqué les courants diluviens venus des Vosges. Dans ces côtes d'apparence unie, il est facile d'entrevoir des plans successifs. Des promontoires terminés en coudes brusques signalent les points vulnérables où les eaux ont fait brèche... Ces articulations contribuent, avec le climat et le sol, à favoriser la variété des cultures. Grâce aux abris qu'elles ménagent, les arbres fruitiers, les vergers règnent, avec la vigne, à mi-côte, prêtant aux villages un cadre d'opulence riante. Si, lorsqu'on vient de Belgique ou de l'Ardenne, la Lorraine fait l'effet d'une contrée plus lumineuse et plus variée, où déjà la flore prend des teintes méridionales, c'est à cette zone particulière qu'elle le doit. La nature y revêt un aspect d'élégance, qu'on chercherait vainement dans la plaine. La fine végétation a des ciselures, dont l'art local s'est maintes fois inspiré, qu'il fait revivre dans le fouillis de ses fers ouvragés et dans la svelte décoration de ses vases de verre.

(VIDAL DE LA BLACHE, *Tableau géographique de la France*, Introduction à l'*Histoire de France* de Lavisse.) (Hachette, éditeur.)

2. — La forêt de l'Argonne.

Nous avions résolu de ne pas manquer le pèlerinage qui aura lieu lundi, en pleine *forêt de Beaulieu*, à l'ermitage de *Saint-Rouin*, et nous nous sommes décidés à aller coucher à *Futeau* pour être tout portés le lendemain. Cette portion de l'Argonne est plus intéressante encore que celle qui descend vers *la Chalade*. Les prés y sont plus accidentés et plus verts; les lisières qui les bordent, plus riches en beaux arbres de toute essence. A mesure qu'on avance, le regard se repose sur des hameaux blottis aux marges de la forêt. Ici, *les Senades* avec leur vieille verrerie; là, la *Contrôlerie* avec ses chaumières basses et lézardées. Entre ces deux hameaux, la vallée a l'aspect à la fois intime et solennel d'un parc centenaire; les pelouses mamelonnées, coupées par des bouquets de frênes, descendent mollement vers la *Biesme*, dont la rive opposée est ombragée par de magnifiques arbres de lisière: chênes, hêtres et charmes, étendant royalement vers la prairie leurs ramures majestueuses. Entre leurs fûts grisâtres on aperçoit le pelage fauve des troupeaux de vaches qui paissent sous bois, et sur les talus de la rivière s'épanouit une riche végétation de fleurs automnales.

(A. THEURIET, *Sous Bois*.) (Lemerre, éditeur.)

3. — Le département des Ardennes.

On peut diviser le département des **Ardennes** en trois régions que caractérisent nettement la constitution géologique du sol. Au sud, les *plaines champenoises*, de formation crétacée; au centre, les *hauteurs jurassiques de l'Argonne* se repliant en demi-cercle jusqu'au bassin de l'Oise; au nord, les *monts schisteux et froids de l'Ardenne* surplombant, à droite et à gauche, la profonde « *vallée de la Meuse* ».

Dans la *zone champenoise*, le sol végétal est presque nul; sur les monts, des landes stériles que l'agriculture, toutefois, commence à transformer. Le climat y est plus doux et plus régulier que dans le reste du département. Les vallées seules, arrosées par de nombreux cours d'eau, sont fertiles; des terres excellentes et de riches villages. L'habitant a les mœurs et le caractère du Champenois.

La *zone centrale*, moins abondante que les bords de l'Aisne en produits agricoles, est loin, cependant, d'être dépourvue d'une aussi puissante ressource. Comme les autres parties du département, elle met à profit les bienfaits des prairies artificielles.

Au nord, dans la *zone ardennaise*, se présente une région toute particulière. La terre est moins fertile; elle est même inculte et stérile sur les plateaux. Les forêts abondent. Rivière pleine de caprices et d'enchantements! Apparaissent, çà et là, des rochers aux crêtes décharnées, des pointes aiguës et saillantes, des blocs suspendus au-dessus de profonds ravins. Sans doute, les vallées y sont bien cultivées, mais c'est surtout à l'industrie que l'habitant demande, en cette région, les ressources nécessaires. Le climat est variable, le ciel est brumeux, et les vents parfois violents. La population est rude, énergique, dure souvent, comme le fer et l'ardoise, qui font, ici, sa richesse.

(A. MEYRAC, *La Forêt des Ardennes*.) (E. Lechevalier, éditeur.)

4. — La Meuse.

En automne et en hiver, ruisseaux et rivières se mêlent brusquement pour couvrir toute la plaine à perte de vue. La vallée semble alors un golfe fantastique. Les flots de l'inondation donnent une pureté imprévue aux contours des collines. Certains plateaux prennent des silhouettes de falaises. Dans les chênes et les pommiers de la côte passe un frisson de naufrage.

A l'ordinaire, la Meuse, aux mille circuits, aux méandres sans nombre, se plie et se replie doucement dans la verte vallée. Rivière pleine de caprices et d'enchantements! Tantôt elle se dérobe sous le sol; tantôt elle se divise en vingt bras flexibles, tantôt elle se réunit en un corps alangui et puissant. Au printemps, ce n'est plus une rivière. C'est une interminable plate-bande de fleurs. C'est le *Beau-Mieix des eaux*...

Quand vient l'automne, herbes et feuilles meurent tout d'un coup, puis se dispersent au fil de l'eau. Débarrassée de toute entrave, la Meuse circule dès lors, frissonnante et plombée, sans clarté sous le ciel pâli.

(E. HINZELIN, *Chez Jeanne d'Arc*.) (Berger-Levrault, éditeur.)

5. — La Meuse dans les Ardennes.

J'ai négligé la visite des *ardoisières*: il se fait tard et je voudrais atteindre *Revin* avant la nuit en suivant les méandres de la Meuse. Cette partie de la vallée en est la plus tragique, véritable cañon d'un aspect saisissant. On ne peut comprendre comment le fleuve sortira de la fissure forée par lui. Le paysage est d'une solitude absolue, il n'y aurait pas place pour établir une maison; mais partout où débouche un ravin, où le confluent fait un peu d'espace, la vie humaine reparaît.

Les voilà, ces *dames* célèbres, hauts rochers striés dans la plaine, se dressant, sinistres, noirs, çà et là revêtus d'un maigre manteau de broussailles, formant la muraille d'un massif haut de 407 mètres, c'est-à-dire 220 mètres au-dessus de la nappe des eaux. En face, d'autres pentes se dressent,

La Meuse dans les Ardennes.

aussi élevées, mais moins hardiment découpées. Entre les deux lèvres, l'abîme, à certaines heures, est d'une tristesse pénétrante, un de ces sites comme Gustave Doré se plut à les évoquer, comme Victor Hugo, tourmenté par le romantisme, en fit sortir parfois aux marges de ses manuscrits. Toute cette partie de la vallée est d'une extraordinaire beauté quand elle est placée dans certaines conditions de lumière. Aujourd'hui, je ne retrouve pas l'impression ressentie il y a quelques années en traversant la gorge par une lune éclatante, alors

qu'au fond de l'abîme la locomotive conduisait son train à toute vapeur.

A l'extrémité des *Dames de Meuse*, à la pointe d'une presqu'île, est le petit village d'*Anchamps*, assis en face des hautes parois du *mont Malgré-Tout*, sur lequel s'élève un chemin rapide; je l'ai suivi de préférence à la route des bords du fleuve, car il me permettait de découvrir de haut l'étrange site de Revin, un des plus saisissants de la vallée. La Meuse décrit ici un de ses plus curieux méandres, elle revient sur elle-même des deux côtés d'un isthme large de 300 mètres à peine. Dans cet isthme, une petite ville était née, populeuse avant même les progrès de l'industrie. La bourgade était pour la navigation une précieuse escale, tous les bois des environs lui appartenaient et lui appartiennent encore; le pays n'est que forêt; la commune a une superficie de 3 810 hectares. Sur cette étendue, 2 671 hectares sont couverts par les bois.

(ARDOUIN-DUMAZET, *Voyage en France*, t. XX.)
(Berger-Levrault, éditeur.)

QUESTIONS.

1. *Quels sont les caractères géographiques qui constituent l'unité de la région du Nord-Est?*

2. *Comparer la Meuse et la Moselle et les régions que ces cours d'eau arrosent.*

3. *Les forêts de la région du Nord-Est.*

4. *Rappeler les principales régions industrielles de la contrée du Nord-Est, en indiquant les causes qui en ont favorisé le développement.*

CHAPITRE II

Région du Nord[1].

I. PLAINE FLAMANDE.

Le massif schisteux de l'Ardenne s'abaisse à l'ouest sur la **plaine de Flandre**. Cette plaine, recouverte de *dépôts tertiaires*, comme le bassin de Paris, diffère pourtant de celui-ci en ce que les diverses couches calcaires sont peu épaisses, et qu'il n'est pas besoin de creuser bien loin pour arriver au sous-sol schisteux ou argileux. C'est ce qui explique les **nombreuses exploitations houillères** de cette région. En outre, une épaisse couche de limon s'étend à la surface et rend le **sol très riche**. Cette plaine s'incline vers le N.-O. Légèrement ondulée vers le sud et parsemée de buttes isolées, elle devient uniforme en se rapprochant de la côte, où elle est formée par des terrains conquis sur la mer et entrecoupés de canaux : ce sont les *moërs*. Des *dunes* s'élevant de 10 à 15 mètres en moyenne et atteignant parfois 50 mètres,

1. Voir : 1° la Carte Géologique, page 3; 2° la Carte Physique du Bassin Parisien, page 51.

fixées au moyen d'ajoncs maritimes, protègent les moërs contre l'envahissement du flot. La mer découvre à marée

Paysage des Flandres.

basse une ligne de sables qui continuent la pente de la plaine; au large, s'étendent des bancs qui gênent la navigation. Sur cette côte, les ports sont rares; on n'y rencontre que *Gravelines* et *Dunkerque*. On a dû creuser des bassins jusqu'à la pleine mer et les protéger par des jetées contre les sables et les alluvions.

II. ARTOIS-PICARDIE.

La plaine flamande s'appuie au sud aux *collines de l'Artois* et au plateau du *Boulonnais*, qui constituent la bordure septentrionale du Bassin Parisien. Elle communique avec la région de Paris par le *seuil du Vermandois*, où se trouvent les sources de l'Escaut et de la Somme, et où coule l'Oise.

L'Artois n'est que le relèvement de la bande crétacée qui enveloppe au nord le Bassin Parisien, et qui se termine par une crête montagneuse. Parallèlement à cette ligne de coteaux, les cours d'eau suivent des vallées bordées par des collines ou des falaises. Ce *parallélisme des cours d'eau et des crêtes montagneuses* est remarquable depuis l'Artois jusqu'au pays de Caux. Au nord, sur les bords du Pas-de-Calais, le bombement crayeux a été évidé, et entre deux falaises s'étend le *pays du Boulonnais*, où l'on retrouve les formations primaires et secondaires. Au sud, le même phénomène s'est produit dans le *pays de Bray*, qui présente une dépression jurassique. Toute cette zone crétacée du nord, et qui comprend l'*Artois*, la *Picardie*, une partie du département de la Seine-Inférieure, diffère des autres régions crayeuses du Bassin Parisien, telles que la Champagne, par sa fertilité, due à l'épaisse couche de limon qui la recouvre en maints endroits. Parfois, la craie s'est dissoute et a mis à nu des couches d'argiles à silex. La richesse de ces régions agricoles, leur climat maritime, le genre de vie des habitants, l'aspect du pays avec ses cultures et ses maisons de briques, rappellent les régions flamandes. Le *Vermandois* et le *Cambrésis* forment la transition entre la Flandre et la Picardie, tandis que le plateau de la *Thiérache*, avec ses herbages, rattache les plaines ondulées et plus spécialement agricoles au massif ardennais.

Tous ces divers pays qui présentent des caractères communs constituent la **Région du Nord**.

La campagne y est généralement d'aspect monotone et triste : quelques bois en Picardie, sur les coteaux de l'Artois ; de rares vallées tourbeuses dans la région moyenne de la Somme ; dans le pays de Caux, des herbages qu'entretient l'humidité constante de l'air, mais qui souffrent parfois de la sécheresse. A la culture du blé et des autres **céréales**, ces pays joignent celle des plantes industrielles, le *colza*, l'*œillette*, la **betterave**, le *chanvre* et le *lin* (Picardie et Flandre).

La différence essentielle entre la Flandre et les régions crétacées, c'est que l'eau, en Flandre, affleure partout, tandis que dans la Picardie et surtout dans le pays de Caux, le sol étant très perméable, il faut souvent creuser très profondément avant de rencontrer une nappe d'eau. Sur les plateaux de Picardie et de Caux, les villages se sont groupés autour des puits ou des mares.

III. HYDROGRAPHIE.

I. **Plaine de Flandre.** — Les principaux cours d'eau de cette région sont l'*Escaut* et ses affluents, la Scarpe et la Lys, et la *Sambre*, affluent de la Meuse. Ils n'ont en général qu'une faible partie de leur cours sur le territoire français. Ce sont des cours d'eau lents et réguliers, prenant leur source à de faibles altitudes, et alimentés par des pluies fréquentes. Aussi sont-ils très utiles à la navigation.

L'**Escaut** arrose **Cambrai**, **Valenciennes**, *Condé*, et reçoit la *Scarpe* peu avant son entrée en Belgique.

La **Scarpe** vient des collines d'Artois, passe à **Arras** (centre agricole) et à **Douai** ; améliorée par un canal, elle sert surtout aux transports du charbon.

La **Lys** vient aussi des collines d'Artois, passe à *Armentières*, et forme quelque temps la limite entre la France et la Belgique. Coulant sur un terrain argileux, elle est peu profonde et peu utilisée par la navigation ; mais son affluent, la **Deule** (*Lens* et **Lille**), a une navigation active.

La **Sambre** longe à sa droite le pied du massif ardennais ; elle passe à *Landrecies* et à *Maubeuge*.

Cette région flamande est couverte par un réseau très serré de **canaux**, fort utile à l'industrie des charbons, des minerais, et au transport des grains. Elle est mise en communication avec l'Oise et Paris par le *canal de la Sambre à l'Oise*, et avec la Meuse par le *canal des Ardennes*, qui se détache du canal de l'Oise pour rejoindre l'Aisne et la Meuse.

Les principaux canaux du Nord sont : le *canal de Saint-Quentin*, qui unit la Somme à l'Escaut, et d'où se détache le *canal Crozat*, qui relie la Somme à l'Oise ; — le *canal de la Sensée*, entre la Scarpe et l'Escaut ; — le *canal de la Haute-Deule*, entre la Scarpe, la Deule et la Lys ; — le *canal d'Aire*, entre la Lys et l'Aa, et par lequel on rejoint les canaux de la plaine maritime.

II. **Artois et Picardie.** — Les cours d'eau suivent une orientation parallèle du sud-est au nord-ouest. Les plus importants sont l'*Arques*, la *Somme*, l'*Authie*, la *Canche*.

L'**Arques** aboutit à **Dieppe** ; elle est grossie de la *Béthune* (Neufchâtel), qui a sa source près de celles du *Thérain* et de l'*Epte* (affluents de l'Oise et de la Seine) dans le pays de Bray. Le *pays de Bray* est vallonné, composé de terrains imperméables, couvert d'herbages et de bois, à l'aspect verdoyant, et qui contraste avec le pays de Caux voisin. On y fabrique des beurres et des fromages.

La **Somme**, le plus important des fleuves côtiers du nord, est une excellente voie navigable, mais dont l'estuaire est malheureusement ensablé. Elle vient du plateau de la Thiérache, arrose **Saint-Quentin** (50 000 h.), ville industrielle, où l'on travaille le coton et la laine, en relations avec les villes du Nord par le canal de Saint-Quentin. La Somme passe ensuite à *Péronne*, *Corbie*, **Amiens**, **Abbeville**, et se jette dans la Manche près de *Saint-Valery-sur-Somme*. Le fond de sa vallée est tourbeux ; autour d'Amiens, on a profité de ce fond limoneux pour créer des cultures maraîchères au milieu d'un enchevêtrement de canaux : c'est ce qu'on appelle les *hortillonnages*. Toute la région de la Somme a le double caractère agricole et industriel. Sauf Amiens, i

RÉGION DU NORD
CARTE POLITIQUE ET ÉCONOMIQUE
Échelle de 1 : 2.500.000

J. Besson, del.

IV. CÔTES.

(Voir aussi la Carte des Côtes de la Manche, page 15.)

Le pays de Caux se termine sur les bords de la Manche par des falaises hautes de 80 à 100 mètres, soumises à la destruction constante de la mer, qui est violente sur cette côte, tandis que les roches, de nature crayeuses, minées par l'infiltration des eaux, offrent peu de résistance. Aussi *les falaises* sont-elles découpées et présentent-elles les formes les plus fantastiques. Des rognons de silex, que la mer en a détachés, sont emportés par la vague, qui les accumule à l'embouchure des rivières, par exemple à l'embouchure de la Somme, et dans l'estuaire de la Seine. La falaise est interrompue par des brèches, appelées *valleuses*, où viennent finir les rivières, mais qui sont aussi parfois privées d'eau. A l'entrée de ces valleuses sont établis les ports : *Étretat, Fécamp, Saint-Valery-en-Caux, Dieppe, Le Tréport.* Ce sont surtout des ports de pêche et des stations de bains de mer.

Fécamp et Dieppe (22800 hab.) ont un mouvement très actif comme points de départ des bateaux de grande pêche à destination de Terre-Neuve ou de l'Islande. Dieppe est aussi un port de commerce et de transit entre Paris et l'Angleterre.

n'y a cependant pas de grandes agglomérations ; mais les industries rurales ont continué à prospérer. A Péronne, on vend la *bonneterie*, dite bonneterie de Santerre. L'industrie d'Abbeville est la serrurerie. **Amiens** (90 000 h.) tisse le lin, le coton, la laine, fabrique des tapis et des *velours* de coton.

La région de la Somme et le pays de Caux cultivent le pommier à cidre.

Le Tréport.

A partir du Tréport, la côte est basse, bordée de dunes, que fixent des plantations de pins maritimes ; derrière les dunes s'abritent des terres d'alluvions que l'on a desséchées, et qui ressemblent aux polders de Hollande : c'est le *Marquenterre*, pays d'herbages. Les ports sont établis dans les estuaires des rivières : *Saint-Valery-sur-Somme*, le *Crotoy*, à l'embouchure de la Somme, *Berck* (Authie), *Étaples* (Canche). Des travaux sont nécessaires pour protéger ces ports contre les sables.

Un peu au nord d'Étaples commence le **Boulonnais**, avec ses roches blanchâtres, qui se dressent sur la côte et projettent quelques caps, les *caps d'Alprech*, de *Gris-Nez* et de *Blanc-Nez*. Les herbages du Boulonnais nourrissent des bœufs et des chevaux renommés. On extrait

La cathédrale d'Amiens.

La valleuse d'Étretat.

du sol des phosphates, des pierres de taille et du minerai de fer.

Boulogne-sur-Mer (50 000 hab.) est un port très actif, en relations avec Londres et Folkestone, et qui arme pour la grande pêche : comme port de pêche, il vient au premier rang, avant Fécamp.

Costume des Boulonnaises.

Calais (60 000 h.), près du cap Blanc-Nez, sur le détroit, est à la limite des mœurs flamands. C'est un port très actif, relié d'une part à Douvres et à Londres, et d'autre part à Paris, par des services rapides de paquebots et de chemins de fer. Des trains directs unissent Calais à Bâle, et d'autre part à Brindisi, par le mont Cenis. Calais est une ville industrielle, avec les *filatures* de son faubourg de Saint-Pierre, et ses fabriques de *tulles*, aujourd'hui un peu en souffrance.

A partir de Calais, la côte devient sablonneuse et bordée de dunes. C'est la côte flamande sur la mer du Nord.

Dunkerque (40 000 hab.) est un port actif d'importation et d'exportation pour la région du Nord ; il est en relations avec les différents pays de l'Europe et avec l'Amérique ; il arme aussi pour la grande pêche.

Un paquebot.

V. RÉGION INDUSTRIELLE DU NORD.

Au point de vue industriel, la Flandre, l'Artois et la Picardie forment une seule région. Les agglomérations sont plus nombreuses dans le département du Nord. Celui-ci est unique en France pour la densité de la population, si l'on met à part Paris et sa banlieue. *La densité moyenne y atteint le chiffre de 325 habitants par kilomètre carré.* Il faut remarquer toutefois que la population n'y est pas exclusivement adonnée à l'industrie, comme il arrive dans les grands centres industriels de l'Angleterre. Cette région présente ce caractère remarquable que l'agriculture, l'industrie et le commerce y ont chacun un développement considérable.

Les principales causes qui y favorisent l'industrie sont la richesse du sol en **houille**, la fertilité du sol qui fournit en abondance les **plantes industrielles** (betterave, lin, houblon, tabac, etc.), le voisinage de la mer et la facilité des communications par eau et par chemin de fer.

On extrait la **houille** dans deux bassins : celui de *Valenciennes*, dont le principal centre est **Anzin**, et celui de **Lens**. Ce dernier est compris presque tout entier dans le département du Pas-de-Calais. Son exploitation est moins ancienne et plus productive que celle du bassin de Valenciennes. Ces gisements sont les plus riches de France : ils fournissent plus de la moitié de la production totale de notre pays ; cependant, pour alimenter les industries du Nord, on importe encore de la houille belge.

Le fer manque dans cette région ; mais on fait venir par Dunkerque des minerais d'Espagne, et par les cours d'eau des minerais belges.

L'industrie du fer et celle du *zinc* se sont développées principalement autour des bassins houillers, à *Anzin, Aniche, Denain*, et dans la vallée de la Sambre, à **Maubeuge**, *Hautmont*.

Les **industries textiles** sont surtout florissantes à **Lille** (210 000 hab.), où l'on file le lin et le coton, où l'on fabrique des toiles et des lainages, et dans plusieurs villes populeuses qui se groupent autour de Lille : **Roubaix** (125 000 hab.) fabrique des tissus de laine, des draps, des cotonnades et des tapis ; **Tourcoing** (79 000 hab.) a des filatures de laine et de coton. **Armentières** (29 000 hab.) fabrique aussi des toiles. Ces industries sont alimentées par les laines d'Amérique et d'Australie, le coton des États-Unis et de l'Inde, le chanvre de Russie. Lille, avec les villes voisines, forme une agglomération de plus de 600 000 habitants, répartis sur un espace restreint.

Lille, ancienne capitale de la Flandre, est une ville universitaire et un centre intellectuel. Outre les industries textiles, elle fabrique aussi des machines et des produits chimiques.

Les industries textiles sont florissantes aussi dans le sud du département : *Fourmies* (lainages) ; **Valenciennes** (31 000 hab.) a la spécialité des toiles fines, des linons et des dentelles ; **Cambrai** (batistes).

Le département du Nord a des brasseries, des fabriques de chicorée, des distilleries, des raffineries, des verreries (*Le Cateau*).

Lille et les principaux centres sont mis en relations par des trains rapides et directs avec Dunkerque, Gand, Anvers, Bruxelles, Namur, Liège, Cologne et Paris.

RÉGION DE LILLE
Échelle de 1 : 400.000

VI. HISTORIQUE ET DÉPARTEMENTS.

1º La **Flandre** française n'est qu'une petite partie du comté de Flandre ; elle a été réunie à la France par le traité d'Aix-la-Chapelle (1668), après la guerre de Dévolution, pendant laquelle elle fut enlevée à l'Espagne. Elle forme le département du *Nord*.

NORD. — CHEF-LIEU : Lille (210 000 hab.), ville universitaire, industrielle et commerçante (filatures, machines, etc.), sur la Deule. — SOUS-PRÉFECTURES : Dunkerque (40 000 hab.), port de commerce et de pêche ; Douai (34 000 h.), sur la Scarpe ; Valenciennes (31 000 hab.), sur l'Escaut (toiles et dentelles) ; *Cambrai*, sur l'Escaut ; *Hazebrouck, Avesnes*. — VILLES PRINCIPALES : Roubaix (125 000 hab.), filatures et draps ; Tourcoing (79 000 hab.), Armentières (29 000 hab.), *Denain, Maubeuge, Fourmies, Le Cateau, Anzin*.

2º L'**Artois**, réuni à la France par le traité des Pyrénées (1659), a formé, avec une partie de l'ancienne province de Picardie, le département du *Pas-de-Calais*.

PAS-DE-CALAIS. — CHEF-LIEU : Arras, sur la Scarpe (26 000 hab.), commerce des grains. — SOUS-PRÉFECTURES :

Boulogne (50 000 hab.), port de commerce et surtout de pêche ; *Saint-Omer, Béthune, Saint-Pol, Montreuil*. — VILLES PRINCIPALES : Calais (60 000 hab.), ville industrielle et port ; *Lens* (bassin houiller).

3º La **Picardie**, réunie au domaine royal sous Louis XI (1477), a formé principalement le département de la *Somme*.

SOMME. — CHEF-LIEU : Amiens (90 000 hab.), sur la Somme, grande ville d'industrie et de commerce, centre agricole, a une belle cathédrale. — SOUS-PRÉFECTURES : Abbeville, sur la Somme ; *Doullens, Péronne*, sur la Somme ; *Montdidier*.

LECTURES.

1. — La Flandre.

Rien de plus positif et réel que le génie de notre bonne et forte **Flandre** ; rien de plus solidement fondé. Sur ces grasses et plantureuses campagnes, uniformément riches d'engrais, de canaux, d'exubérante et grossière végétation, herbes, hommes et animaux poussent à l'envi, grossissent à plaisir. Le bœuf et le cheval y gonflent, à jouer l'éléphant.

Plus on s'avance au nord dans cette grasse Flandre, sous cette douce et humide atmosphère, plus la contrée s'amollit, plus la nature devient puissante. L'histoire, le récit ne suffisent plus à satisfaire le besoin de la réalité. Les arts du dessin viennent au secours. La sculpture commence en France même avec le fameux disciple de Michel-Ange, Jean de Bologne (né à Douai). L'architecture aussi prend l'essor ; non plus la sobre et sévère architecture normande, aiguisée en ogives et se dressant au ciel, comme un vers de Corneille ; mais une architecture riche et pleine en ses formes. L'ogive s'assouplit en courbes molles, en arrondissements voluptueux.

Ces églises soignées, lavées, parées, comme une maison flamande, éblouissent de propreté et de richesse, dans la splendeur de leurs ornements de cuivre, dans leur abondance de marbres blancs et noirs. Elles sont plus propres que les églises italiennes, et non pas moins coquettes. La Flandre est une Lombardie prosaïque, à qui manquent la vigne et le soleil. Quelque autre chose manque aussi ; on s'en aperçoit en voyant ces innombrables figures de bois que l'on rencontre de plain-pied dans les cathédrales ; sculpture économique qui ne remplace pas le peuple de marbre des cités d'Italie. Par-dessus ces églises, au sommet de ces tours, sonne l'uniforme et savant carillon, l'honneur et la joie de la commune flamande.

(MICHELET, *Histoire de France*.)
(Armand Colin, éditeur.)

2. — Les villes flamandes.

On vit de bonne heure, à l'est comme à l'ouest de l'Escaut, des villes se former sur la zone où les croupes crayeuses s'inclinent au seuil de la dépression humide. À portée des grandes voies romaines qui se dirigeaient vers la Bretagne et la Germanie, au sommet des croupes, aux issues des vallées, sur les éminences détachées, naquirent des postes militaires, noyaux de villes : *Térouanne*, dans la partie bien définie et non marécageuse de la vallée de la Lys ; *Arras*, entre une ceinture de coteaux ; *Cambrai*, au débouché de l'Escaut ; ou bien sur les monticules isolés dans la plaine : *Cassel, Tournai*. Telle fut la première série urbaine qui tint longtemps les clefs de la contrée et même des contrées voisines. L'arrivée des Francs à Tournai, Cambrai, fut l'indice précurseur de leur prépondérance dans le Bassin parisien.

La vie urbaine resta primitivement attachée à cette première zone : c'est seulement plus tard, surtout du IXe au XIe siècle, que, dans les marais longtemps disputés par la mer, dans les tourbières qui de *Saint-Omer* à *Marchiennes* bordent la lisière de l'Artois, ou dans les lacis fluviaux enveloppant des îles, naquit une nouvelle génération de cités, bien plus variées, plus originales, et destinées à une bien autre fortune : *Lille, Gand, Bruges*, etc., virent le jour. C'est alors que la vie s'insinua par nombre d'artères jusque dans l'intérieur même de la contrée, qu'elle créa, en rapport avec les villes maritimes, les marchés de grains de *Béthune, Saint-Omer, Bergues, Douai*; qu'elle ébaucha, par la ligne des marais qui sillonnent le pied des côtes crayeuses, le système futur de canalisation. Plus tard, ces marais servirent de fossés à des places fortes. Elles sont nombreuses, les villes grandes ou petites qui, derrière leurs larges fossés, ont arrêté des invasions, soutenu des sièges et conservé une légende guerrière. Serrées dans leurs rouges remparts de briques, elles ont presque toutes quelque histoire glorieuse de frontière à raconter, et ce n'est pas sans regrets que la plupart voient aujourd'hui tomber leur armure.

Chaque époque de l'histoire a fait surgir sur ce sol de nouvelles rangées de villes; quelques-unes s'éteignaient, pendant que d'autres venaient au monde : la formation urbaine ne s'est pas arrêtée. Le sous-sol y collabore à son tour. C'est vers 1840 que la poursuite du bassin houiller, déjà reconnu depuis cent ans à *Valenciennes*, s'est avancée jusqu'à *Lens* et *Béthune*. Alors, à côté de la ville, unité harmonique dans un cadre restreint, s'est formé çà et là un type que le passé ne connaissait pas, l'agglomération industrielle. Autour des puits de mines dont les silhouettes bizarres hérissent la plaine agricole de Lens, les rangées de *corons* s'alignent uniformément par huit ou dix : tristes petites maisons que rien ne distingue entre elles, nées à date fixe pour encadrer les mêmes existences, multipliées comme les zéros d'un nombre. Parfois le contraste prend une forme saisissante : *Valenciennes*, signalée au loin comme dans les tableaux de Van der Meulen, par les flèches élégantes de ses édifices, ramasse ses rues étroites autour de sa grande place; mais à ses portes, comme une excroissance, s'étend l'énorme banlieue désarticulée, avec ses files de maisons, d'estaminets et d'usines.

(VIDAL DE LA BLACHE, *Tableau de la Géographie de la France*, Introduction à l'*Histoire de France* de Lavisse.)
(Hachette, éditeur.)

3. — Le Marquenterre.

Si la contrée est riche, il faut pénétrer dans son intimité pour reconnaître la fertilité du sol et l'admirable parti tiré par le laboureur. Pour qui aperçoit cette région en chemin de fer, de *Noyelle* à *Rue*, rien ne donne l'idée de l'opulence. Pâturages où paissent nombreux les chevaux de race boulonnaise; maisons basses, bien blanchies, où la tuile et l'ardoise commencent à remplacer le chaume; labours dans une terre compacte, semblable à la terre de brie des îles de Saintonge; nombreux fossés découpant à l'infini la plaine conquise; enfin, vastes espaces où les joncs et les roseaux montrent que l'œuvre de desséchement n'est point achevée partout.

Cette terre aux larges horizons, aux terrains plats, aux grandes fermes encloses d'arbres, c'est le **Marquenterre**, région gagnée sur la mer, comme le furent les polders de Marennes, le marais poitevin, la baie du mont Saint-Michel, les polders des Veys, les moëres et les wateringues.

Mais il ne faudrait pas chercher dans le Marquenterre des traces de travail humain comparables aux grandes entreprises conduites sur d'autres points. La nature a pris une part considérable, prépondérante même, à la formation du sol. Les dunes, en s'accumulant au large de la côte rocheuse du *Ponthieu* et du *Boulonnais*, laissant entre elles et celle-ci un large espace de plages basses, ont déterminé la création de lagunes peu profondes, que des atterrissements produits par les troubles des marées, de la *Maye*, de l'*Authie* et de la *Canche* ont peu à peu comblées. Ce colmatage fut rapide; il est resté dans la mémoire des populations. Au XIIIe siècle encore, la marée remontait haut dans les rivières. *Rue*, aujourd'hui dans les terres, était baignée par l'Authie, dont les eaux, depuis lors, ont pris la direction du nord. C'était un port considérable. Maintenant, la marée ne monte plus jusqu'à Rue, centre agricole situé à six kilomètres dans l'intérieur des terres.

Les habitants ont aidé la nature en créant tout un système de canaux conduisant les eaux aux rivières ou à la mer. J'ai signalé les canaux de la grande et de la petite Trinque qui débouchent dans la Canche; d'autres saignées vont à l'Authie; le canal de Maye, prenant à Bernay-en-Ponthieu une partie des eaux de la Maye, égoutte les marais sur son parcours et aboutit au *Crotoy*.

(ARDOUIN-DUMAZET, *Voyage en France*, t. XVIII.)
(Berger-Levrault, éditeur.)

L'Hôtel de Ville de Douai.

QUESTIONS.

1. *Quels sont les traits caractéristiques de la région du Nord?*
   (*Aspect physique, végétation, groupements humains.*)

2. *Les cours d'eau de la région du Nord. Leur valeur commerciale.*

3. *Quelles sont les raisons qui font de la région du Nord à la fois une région agricole et une région industrielle?*

CHAPITRE III

Le Bassin Parisien.

I. — Aperçu général.

I. LIMITES.

On donne le nom de **Bassin Parisien** à toute la région de plaines ondulées qui s'étend entre le *massif ardennais*, les *Vosges*, le *massif central* et le *massif armoricain*. Il comprend tout le pays occupant le fond du golfe ancien qui s'avançait jusqu'au Massif Central et aux Vosges.

Ses limites ne sont pas partout nettement déterminées par le relief : ainsi, au nord, il communique avec la plaine tertiaire de Flandre par la *trouée de l'Oise* ; à l'est, la région lorraine, qui, par son hydrographie et son climat, forme une région séparée, appartient cependant géologiquement au Bassin Parisien, jusqu'à la bande de trias, qui borde les Vosges ; au sud, les *passages de Bourgogne*, à travers le plateau de Langres et la Côte d'Or, constituent un seuil de passage entre la région de la Seine et celle de la Saône ; au sud-ouest, le *détroit jurassique du Poitou* fait communiquer le bassin de Paris et le bassin d'Aquitaine. Enfin, les régions du Maine, du Bocage normand et du Cotentin, qui se rattachent hydrographiquement soit à la Loire, soit à la Seine, sont formées de masses schisteuses analogues à certaines parties de la Bretagne.

La dénomination de Bassin Parisien est surtout un terme géologique ; mais elle a aussi une valeur géographique. **Paris**, qui est en quelque sorte situé au centre d'une cuvette, est comme le point d'attraction de toute cette région. De tous côtés, le sol se relève peu à peu autour de Paris, et des crêtes successives forment autour de la capitale comme des lignes concentriques de défense. Sauf les petits fleuves côtiers, toutes les eaux du bassin parisien semblent converger vers Paris : tous les cours d'eau, depuis l'Aisne jusqu'à la Vienne, sont sensiblement parallèles, et si la Loire, à Orléans, au lieu de continuer son chemin vers Paris, se dirige à l'ouest, elle n'est plus séparée, à cet endroit, de la Seine que par une faible distance qu'a franchie très facilement l'un des premiers canaux de jonction établis en France. Enfin, au point de vue économique, toute cette région offre sensiblement les mêmes caractères ; sauf pour les parties voisines de la mer, le climat y est à peu près uniforme : c'est le climat parisien ; les céréales y sont la base de la culture.

II. CONSTITUTION GÉOLOGIQUE ET ASPECT GÉNÉRAL.

(Voir la Carte Géologique de la France, page 3.)

Le Bassin Parisien est formé de **dépôts jurassiques**, **crétacés** et **tertiaires**, disposés en **bandes concentriques** autour de Paris.

A l'époque tertiaire, la *bordure jurassique du Bassin parisien a été relevée*, en même temps que de grandes poussées orogéniques faisaient surgir les Alpes et le Jura. Les différentes couches de formation secondaire ont ainsi affleuré à la surface, de manière à former des cuvettes concentriques. Des dépôts tertiaires achevaient de combler la mer intérieure. L'affaissement de la Manche détermina la séparation du Bassin de Londres et du Bassin de Paris.

Des courants diluviens et ensuite le travail des eaux courantes, par leur **travail d'érosion**, ont achevé de donner au relief de cette région l'aspect qu'il offre aujourd'hui. Les eaux ont creusé les roches tendres, au-dessus desquelles les roches dures forment saillie. En même temps, elles déposaient dans les vallées un limon argileux. C'est ce travail des eaux qui explique la disposition de crêtes rocheuses, de talus ou de falaises, en courbes concentriques assez régulières, correspondant en général avec la succession des dépôts géologiques. Toutefois quelques monticules isolés, comme celui du *Laonnais* ou du *pays d'Othe*, témoignent du chevauchement, en certains endroits, des zones géologiques les unes sur les autres.

Les cours d'eau, au lieu de suivre les sillons tracés au pied des crêtes, traversent en général les diverses régions successives selon la pente géologique du Bassin, et ainsi ils établissent des liens entre des zones de nature différente.

Paris est au centre de la plaine tertiaire. La limite des **terrains tertiaires** est marquée à l'est par une crête que l'on nomme **falaise de l'Ile-de-France**, et que percent la Seine et ses affluents. Autour des terrains tertiaires, se développe la **bande crétacée** de la Haute-Normandie, de la Picardie, de l'Artois, de la Champagne, et dont la limite est aussi formée par un relèvement du terrain. Du côté de l'est, une bande de terrain crétacé inférieur, où dominent les argiles imperméables, forme la *Champagne humide*, qu'enveloppent les *collines de l'Argonne*. Plusieurs **bandes jurassiques** constituent la région de la Meuse, celle du Plateau de Langres, des collines de Bourgogne ; elles se retrouvent dans le Berry, et se relient par le seuil du Poitou aux terrains jurassiques des Charentes et du Bassin aquitain. A l'ouest, les zones crétacée et jurassique reparaissent, mais avec moins de régularité, dans le Maine, le Perche et la Basse-Normandie.

III. REBORD EXTÉRIEUR DU BASSIN PARISIEN.

Le **rebord extérieur du Bassin Parisien** est constitué par les *collines d'Artois*, le *plateau de la Thiérache*, l'*Argonne* et les *côtes de Meuse*, le *plateau de Langres*, la *Côte d'Or*, le *Morvan*, les *collines d'Anjou*, du *Maine*, du *Perche* et de *Normandie*. La partie la plus élevée de cette bordure est l'îlot granitique du Morvan.

Le **Morvan** est en quelque sorte un promontoire du Massif Central qui s'avance dans le Bassin parisien, dont

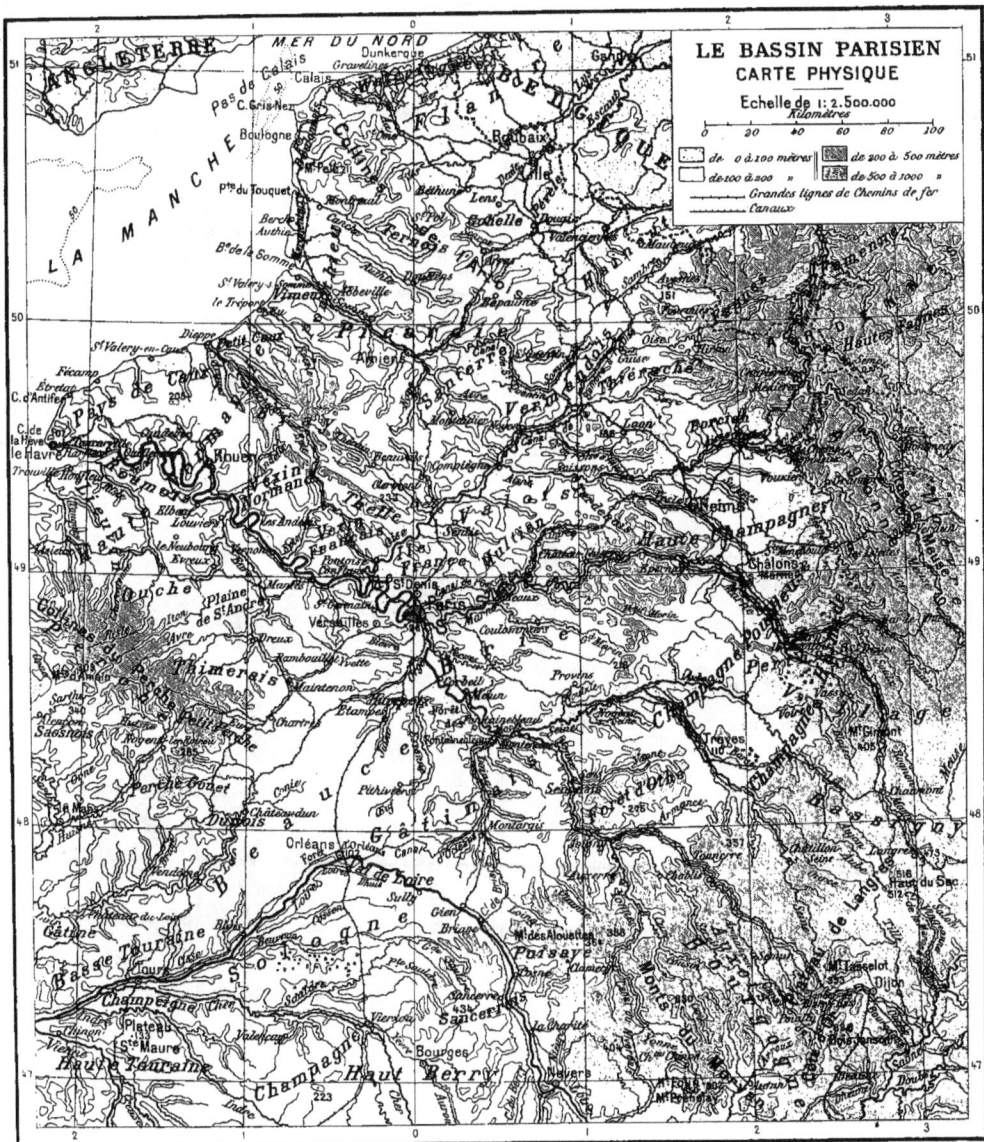

LE BASSIN PARISIEN
CARTE PHYSIQUE
Echelle de 1: 2.500.000

il dépend au point de vue hydrographique : la plus grande partie de ses eaux s'écoule par l'Yonne vers la Seine. Son point culminant, le **Haut-Folin**, atteint 902 mètres ; le *mont Prénelay*, où l'Yonne prend sa source, s'élève à 850 mètres. C'est un pays de forêts et de pâturages. Par le flottage, les **bois** sont amenés jusqu'à Clamecy, d'où les bateaux les conduisent à Paris. On utilise aussi le bois dans des scieries, dans des fabriques de chaises, et l'écorce dans les tanneries établies sur le pourtour du massif. Dans les parties basses, on cultive les céréales, même le blé, depuis qu'on a desséché les marais.

IV. RÉGIONS DU BASSIN PARISIEN.

Les **différentes régions** du Bassin Parisien ont des caractères bien tranchés suivant leur constitution géologique. C'est ce qui détermine leur aspect physique et leur caractère agricole. Cependant le climat y apporte quelques modifications, par exemple dans les pays qui avoisinent la mer.

I. A l'*est*, les **terrains jurassiques** de la **Meuse**, du **plateau de Langres** et de la **Bourgogne** forment un sol pierreux, sec et maigre en général; la vie se concentre au bord des vallées, où l'on peut aménager des prairies artificielles. Les plateaux sont en grande partie occupés par des forêts. On y élève aussi des moutons. Cependant les pentes des rebords montagneux de la **Bourgogne** et de l'**Auxerrois** sont plantées de **vignes**; les principaux crus de Bourgogne viennent du rebord oriental, du côté de la plaine de la Saône; mais les vignobles de *Chablis*, de *Tonnerre*, des *Riceys* donnent aussi des produits très estimés.

L'Eure à Chartres.

Au *sud*, par delà le Morvan au sol granitique et au climat assez rude, par delà le **Nivernais**, la **vallée de la Loire**, et le **Sancerrois** au terrain accidenté, où se succèdent les pâturages, les forêts, les vignobles et les champs de céréales, on rencontre une plaine qui rappelle le plateau de Langres et la Haute-Champagne, mais plus fertile cependant. C'est la **Champagne berrichonne**, dont le terrain jurassique est recouvert d'une mince couche de limon : on y élève des moutons à laine. Ces terres sèches sont bordées au sud de terres moins perméables, plus accidentées, couvertes de forêts et de pâturages : c'est le **Bocage berrichon**, et plus loin les marais de la **Brenne**. Les zones géologiques sont, dans cette partie, plus variées et moins nettement délimitées qu'à l'est.

Dans la région de l'*ouest* et du *nord-ouest*, les terres jurassiques plus abondamment arrosées que dans l'est, ou dans la composition desquelles l'argile entre pour une grande part, sont plus fertiles et plus verdoyantes. C'est ainsi que la **Campagne de Caen**, celle d'**Alençon** et celle du **Maine** sont en général d'excellentes terres à blé. Elles sont bordées à l'ouest par les terrains schisteux du **Maine**, du **Bocage normand** et par les granits du **Cotentin**, qui sont des pays de forêts et d'herbages avec des plantations de pommiers. Plus au nord, on rencontre les îlots juras-

siques du pays de **Bray** et du **Boulonnais**, régions d'élevage intensif.

II. **Bandes crétacées.** — Les zones crétacées forment une ceinture à peu près ininterrompue autour de l'îlot tertiaire de Paris. Mais, à l'est, entre les plateaux calcaires et les plaines crayeuses, s'étend en arc de cercle une bande d'*argile ferrugineuse* du crétacé inférieur, entre la *Puisaye* et l'*Argonne*. Ce sont les plaines marécageuses, entrecoupées d'étangs, de la **Champagne humide** et la masse glaiseuse de l'**Argonne**, formée d'un mélange d'argile et de silice, qu'on appelle *gaize*. Ce banc glaiseux n'est coupé que par des brèches très rares (défilés des *Islettes*, de *Grand-Pré*, du *Chêne-Populeux* : voir le chap. Ier). Dans toute cette région d'argiles, les habitations, en torchis, en bois ou en briques, sont disséminées dans une campagne verdoyante et semée d'arbres. Les vallées des grandes rivières y sont très élargies,

Paysans du Berry.

recouvertes de dépôts limoneux très fertiles; elles sont les voies naturelles entre la Champagne crayeuse et les plateaux jurassiques.

La **région de la craie** est plus étendue et se continue au nord et au sud. L'aspect des contrées dans cette zone varie selon l'épaisseur de la couche de limon qui recouvre le sol. Ainsi s'explique le contraste de la **Champagne sèche**, terre maigre et peu arrosée, et des plateaux crayeux du nord : Artois, Picardie (voir le chap. II). Le sol crayeux et aride de la Champagne ne produit guère que l'avoine, le seigle et le sarrasin : c'est la **Champagne pouilleuse**. En maints endroits, on a planté des bois de pins et de sapins, où abonde le gibier ; mais les arbres

Le Lunain, affluent du Loing.

restent chétifs. On a aussi marné le sol, aménagé des prairies artificielles, utilisé l'engrais des bestiaux pour améliorer le sol, et des fermes se sont ainsi élevées dans les solitudes de la plaine. Mais les vallées, larges et couvertes d'alluvions, sont fertiles et verdoyantes. La population s'est donc groupée le long des rivières en agglomérations nombreuses. Sur le rebord des falaises de l'Ile-de-France sont les **vignobles** de Champagne, dont les produits se concentrent à *Reims*, *Épernay*, *Vertus*. Dans les landes champenoises paissent les moutons à laine.

Le fond crétacé apparaît, au sud du Bassin Parisien, dans le **Val du Cher** (*Saint-Aignan*), le **Val de la Loire** en Touraine, et la vallée inférieure de l'*Indre* et de la *Vienne*, dans le **Val du Loir** et le **Val d'Anjou**. La craie y est plus dure qu'en Champagne, elle s'y découpe en falaises ; les vallées, recouvertes d'alluvions, sont très fertiles ; les coteaux sont couverts de vignobles ; mais les plateaux sont assez arides. Les maisons sont creusées dans le roc, sur le flanc des coteaux.

La zone crétacée se continue à l'ouest par le **Maine oriental** et les coteaux du **Perche**, le **Pays d'Auge**, le **Lieuvin**, où le calcaire repose sur des assises de marnes et d'argiles : pays d'élevage et de cultures, découpé en vallées fertiles.

Le **Pays de Caux** et le **Vexin normand** sont séparés des terrains crétacés de Picardie par la ligne du pays de Bray. Le Pays de Caux est un vaste plateau surmonté d'une couche d'argile et de limon. C'est une terre à céréales. Le plateau est profondément sillonné par des rivières (valleuses) et se termine en falaises sur la mer.

III. Les terrains tertiaires de l'Ile-de-France, formés de marnes et recouverts en maints endroits de limon, sont très fertiles. Presque partout la base de la culture est le **blé**, comme dans les vastes plaines de la **Brie** et de la **Beauce** A la culture des céréales se joint celle des plantes industrielles, surtout de la betterave. Les cultures maraîchères sont très importantes autour de Paris. Mais parmi les terrains calcaires ou marneux se trouvent des îlots d'argiles ou de grès : pays marécageux, occupés par des étangs, des prairies, des bouquets de bois, tels que le **Gâtinais** (entre la *Loire* et l'*Yonne*), la **Gâtine de Touraine** (entre le *Loir* et la *Loire*), la **Sologne** ; pays de collines gréseuses, comme la **Forêt de Fontainebleau** le **Hurepoix**.

LECTURE.

Le flottage au Morvan.

Le paysage manque un peu de vie. Les prés d'embouche, soigneusement clos de haies tressées ou de murs de granit formés de blocs cyclopéens rappelant le passé druidique des *noires montagnes*, sont désertés par les troupeaux, gloire de ce pays. Les bois, taillis de chênes, de bouleaux et de hêtres, coupés de champs de genêts et de bruyères, couvrent le flanc des hauteurs de la même nappe rousse de feuilles mortes. De temps à autre on rencontre un petit enclos bordé de pierres, dans lequel on voit pointer la tige frêle des blés. Ce sont les ouches, parcelles fertiles qui, seules, donnent du froment.

La vie réside tout entière dans les eaux. Elles ruissellent des hauteurs, sillonnent les prairies, s'amassent en étangs, se forment en torrents clairs comme le cristal, roulant sur un lit de sable grossier ou écumant contre les roches. Sur les rives, de distance en distance, sont dressées des piles de rondins attendant le jour du flot pour être jetés au courant et descendus à l'*Yonne*. Selon un dicton morvandiau, il y a plus de bois sur les ports que d'eau dans les rivières.

Des ruisselets au lit entrecoupé de cascatelles, — se tordant en méandres infinis entre les berges où des souches d'aunes barrent le courant, si étroit qu'une bûche ne pourrait passer en travers, — voient flotter des quantités invraisemblables de bois.

Le flottage, c'est la vie du Morvan ; nulle part il n'est entrepris sur une aussi vaste échelle. Nulle part aussi il ne montre mieux ce que peut l'esprit d'association.

Le flottage au Morvan.

Si l'on prenait une carte hydrographique du Morvan, on verrait le pays tout entier sillonné d'une multitude de petits ruisseaux, s'épanouissant, d'une façon rythmique, en étangs disposés comme les grains d'un chapelet. La source même est transformée en lagune et possède un ou plusieurs *ports* sur les rives.

Les acquéreurs de ventes, c'est-à-dire de coupes de bois, situées près de là, transportent leurs bûches au bord de l'étang ou des ruisseaux qui, tous, possèdent des ports. Là, des ouvriers frappent les bûches sur chaque extrémité, au moyen d'un marteau et marquent ainsi les bois. Ces marques sont facilement reconnaissables pour les ouvriers illettrés : c'est une croix, un cadenas, une cognée, etc. Il n'y a plus qu'à jeter le bois à l'eau et le laisser courir à l'Yonne. Pour cela, il faut que le cours d'eau ait un débit puissant. C'est ici qu'interviennent les étangs. On les vide successivement; il se produit alors des chasses violentes qui entraînent les bûches. Cependant tant de propriétaires de cours d'eau et d'étangs se succèdent dans ce vaste bassin hydrographique, que jamais une bûche n'arriverait à destination s'il n'y avait entente entre les riverains, les marchands de bois et les flotteurs.

(Ardouin-Dumazet, Voyage en France, tome Ier.)
(Berger-Levrault, éditeur.)

QUESTIONS.

1. *Comparer la région orientale du Bassin Parisien à la région occidentale au double point de vue géologique et agricole.*
2. *Les terres à blé du Bassin Parisien.*
3. *Importance des vallées dans le Bassin Parisien.*

CHAPITRE IV

Le Bassin Parisien (suite).

II. — La Seine et ses Affluents.

(Voir les Cartes, pages 51 et 57.)

I. LA SEINE ET SES AFFLUENTS.

A la limite du rebord jurassique qui, depuis le massif primitif du Morvan jusqu'à l'Argonne, forme la ceinture du Bassin parisien, quelques rivières prennent naissance et suivent la pente du plateau. Dans cette région de collines ou de plateaux calcaires, les sources sont assez rares; mais elles sont un centre de vie au milieu de ces solitudes pierreuses. Elles portent le nom de *douix*.

I. La **Seine** est l'une de ces douix; bientôt elle est augmentée de quelques autres, en particulier de celle qui sort au pied du roc de *Châtillon*. Mais elle est loin d'avoir l'importance des rivières qui descendent du Morvan. La *Seine*, l'*Aube* et la *Marne*, sortant d'une même région, offrent d'abord les mêmes caractères et ont un cours à peu près parallèle à travers les zones de la Haute-Champagne, de la Champagne humide et de la Champagne pouilleuse. Ces rivières ont une grande importance comme voie de communication entre le Bassin Parisien et la vallée de la Saône. **Troyes**, sur la Seine, est un centre politique et économique de la Champagne méridionale. Ses foires avaient autrefois une très grande importance.

Après son confluent avec l'**Aube**, la **Seine** rencontre la falaise tertiaire, qui la force à infléchir son cours vers l'ouest ; elle longe le pied de cette falaise, en passant par *Nogent-sur-Seine* et *Montereau*, où elle reçoit l'Yonne.

L'**Yonne** a un caractère différent de la Seine et des autres affluents de la Seine. Elle vient des roches granitiques du Morvan, par plus de 800 mètres d'altitude, dans une région qui reçoit d'abondantes pluies ; aussi recueille-t-elle toutes les eaux de cette région, et, augmentée de l'apport de ses affluents, venus comme elle d'un sol granitique, elle a des *crues très fortes* et subites.

Elle arrose *Château-Chinon*, *Clamecy*, traverse les calcaires jurassiques de la Basse-Bourgogne, par **Auxerre**, et coule entre des coteaux plantés de vignobles : Auxerre, et, plus en aval, *Joigny* sont des marchés de vins. Sa rive droite, à partir de Joigny, est bordée par la *forêt d'Othe*, qui interrompt la plaine uniforme de la Champagne pouilleuse. L'Yonne passe à *Sens* et rejoint la Seine.

L'Yonne à Auxerre.

Jusqu'à Auxerre, l'Yonne est accompagnée par le canal **du Nivernais**, qui l'unit à la Loire. Son principal affluent, l'**Armançon**, vient de la Côte d'Or, traverse le pays d'Auxois, riche en pâturages, passe à *Semur*, *Montbard*, *Nuits*, *Tonnerre*; les coteaux qui le bordent sont plantés de vignes. La vallée de l'Armançon est empruntée par le **canal de Bourgogne**, qui unit l'Yonne à l'Ouche et à la Saône par Dijon.

II. La **Seine**, augmentée des eaux de l'*Yonne*, puis de celles du **Loing** à *Moret*, perce la falaise de l'Île-de-France. C'est à Moret que la Seine est le plus rapprochée

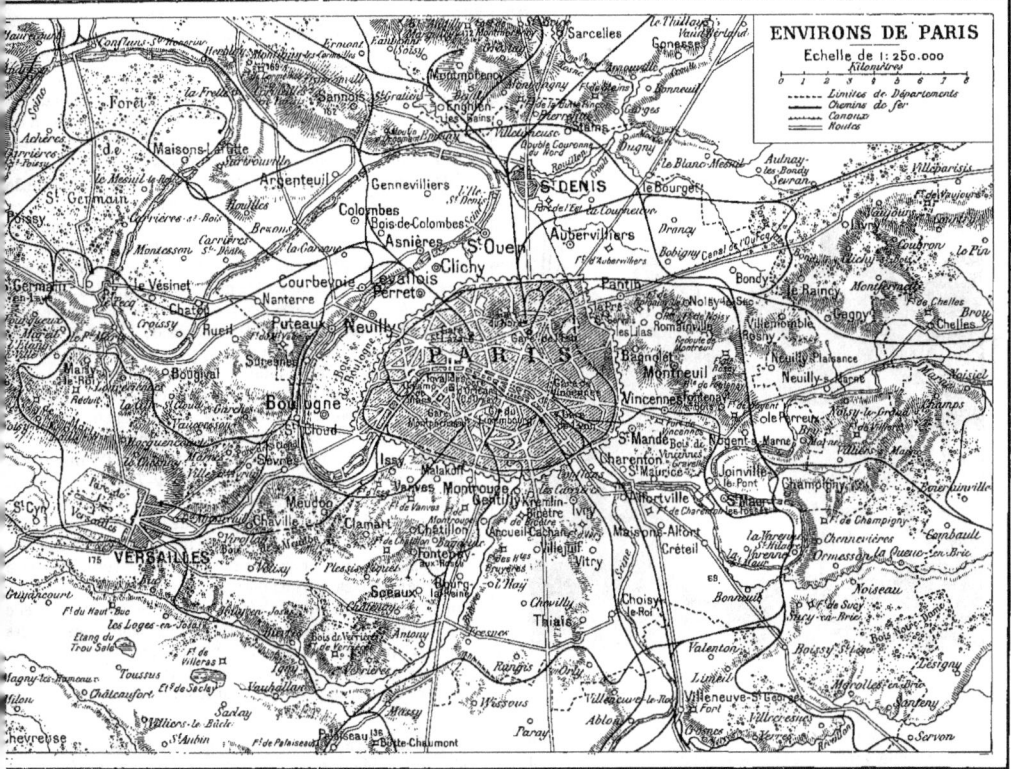

ENVIRONS DE PARIS
Echelle de 1:250.000

de la Loire. Le **canal du Loing** rejoint la Loire par deux branches, l'une qui aboutit à *Briare*, l'autre à *Orléans*. La vallée du Loing est sillonnée de dépôts lacustres qui attestent de l'ancienne communication entre la Seine et la Loire.

La Seine, qui, à *Moret*, n'est plus qu'à 46 mètres d'altitude, a un cours très lent à travers les terrains tertiaires de l'Ile-de-France, où elle forme de nombreux méandres. Elle passe à Melun, *Corbeil*, entre les riches terres à blé de la *Brie* et l'*Hurepoix*, région accidentée, couverte de bois, avec de riantes vallées: elle longe pendant quelque

Château de Fontainebleau.

temps la Forêt de Fontainebleau. Cette région de l'Hurepoix sépare de la *Brie* la plaine de la *Beauce*. La Beauce envoie ses eaux à la Seine par plusieurs rivières, dont la principale est l'**Essonne**. *Corbeil*, au confluent de l'Essonne, et *Étampes*, sur un affluent de cette rivière, sont les deux principaux marchés de grains de la Beauce. Corbeil a d'importantes minoteries.

Paris est au centre du bassin tertiaire occupé par ces riches régions agricoles, dont le caractère et les ressources sont si variées. Situé entre le confluent de la Marne et celui de l'Oise avec la Seine, il est un centre vers lequel convergent un grand nombre de routes: celles de la Basse-Loire et de la Loire supérieure, celles du Morvan et de la Côte-d'Or par l'Yonne et la Haute-Seine; à l'est, celles de la Lorraine et de la Champagne par la Marne; au nord, celles de la Belgique, de l'Allemagne et de la Flandre par l'Oise; à l'ouest, celle de la Normandie par la Basse-Seine. La navigabilité de la Seine contribue à augmenter l'importance commerciale de Paris: à ce point de vue, Paris a un immense avantage sur Orléans. Enfin les circonstances historiques ont achevé

Le Loing à Moret.

de faire la fortune de Paris comme capitale. Paris comprend dans son enceinte 2 700 000 habitants, et autour de la grande cité se sont développées des villes populeuses : **Boulogne** (44 000 hab.), **Neuilly** (37 000 hab.), **Levallois-Perret** (58 000 hab.), **Saint-Denis** (60 000 hab.), etc.

Les grands boulevards, à Paris.

La **Marne** naît dans le plateau de Langres par 381 mètres d'altitude. Elle passe au pied des coteaux où s'élève *Langres*, renommée pour sa coutellerie. Elle franchit la première crête jurassique à **Chaumont**, comme la Seine à Châtillon. A Chaumont se croisent les chemins de fer de la vallée de la Meuse et de la Moselle, la grande

ligne de Paris à Belfort et celle de Reims à Dijon. Par cette ville passe aussi le **canal de la Marne à la Saône**.

Au nord de Chaumont, la Marne traverse un pays un peu plus fertile, où les pâturages alternent avec la culture des céréales. Mais cette région est surtout industrielle, avec ses usines métallurgiques à *Joinville* et *Saint-Dizier*. A *Vitry-le-François*, la Marne reçoit la **Saulx**, grossie de l'**Ornain**, dont la vallée est empruntée par le **canal de la Marne au Rhin**, et par le chemin de fer de Paris à Nancy et Strasbourg. Elle entre ensuite dans la Champagne pouilleuse, aux vastes espaces monotones, couverts de champs de seigle et d'avoine, ou de landes où paissent des moutons. Près de **Châlons** s'étend, au nord, le vaste *camp de Châlons*, excellent terrain de manœuvres. A Châlons se croisent les routes venues de l'est par Verdun et par Nancy, Bar-le-Duc.

La Marne perce les falaises de l'Ile-de-France et coule entre des coteaux plantés de vignes : ce sont les vignobles de la Champagne. **Épernay**, et un peu au nord, **Reims**, sur la Vesle, affluent de l'Aisne, sont les principaux centres du commerce des **vins de Champagne**. La Marne traverse ensuite, par *Château-Thierry* et *Meaux*, les terrains tertiaires de la Brie, où elle décrit de nombreux méandres. Mais cette partie de la Brie, moins fertile que la partie méridionale, porte le nom de Brie pouilleuse.

La Marne, qui, presque sur tout son parcours, traverse des régions très perméables et reçoit peu d'affluents, a un moins grand volume d'eau que la Seine, bien qu'elle accomplisse un plus long trajet. Mais, complétée par les canaux qui l'accompagnent, et mise en communication avec la Meuse et la Saône, elle est très utile à la navigation ; elle est la principale route entre Paris et la région de l'Est.

L'**Oise** a sa source en Belgique, dans l'Ardenne ; mais elle entre bientôt en France, traverse entre *Hirson* et *Guise* le pays ondulé de la Thiérache, qui forme le rebord de l'Ardenne, région verdoyante, couverte de pâturages, de forêts, de houblonnières et d'oseraies. Dans le Vermandois, l'Oise s'approche des sources de la Somme, de l'Escaut et de la Sambre *canaux de la Somme, de Saint-*

SOISSONS. — Église Saint-Jean des Vignes.

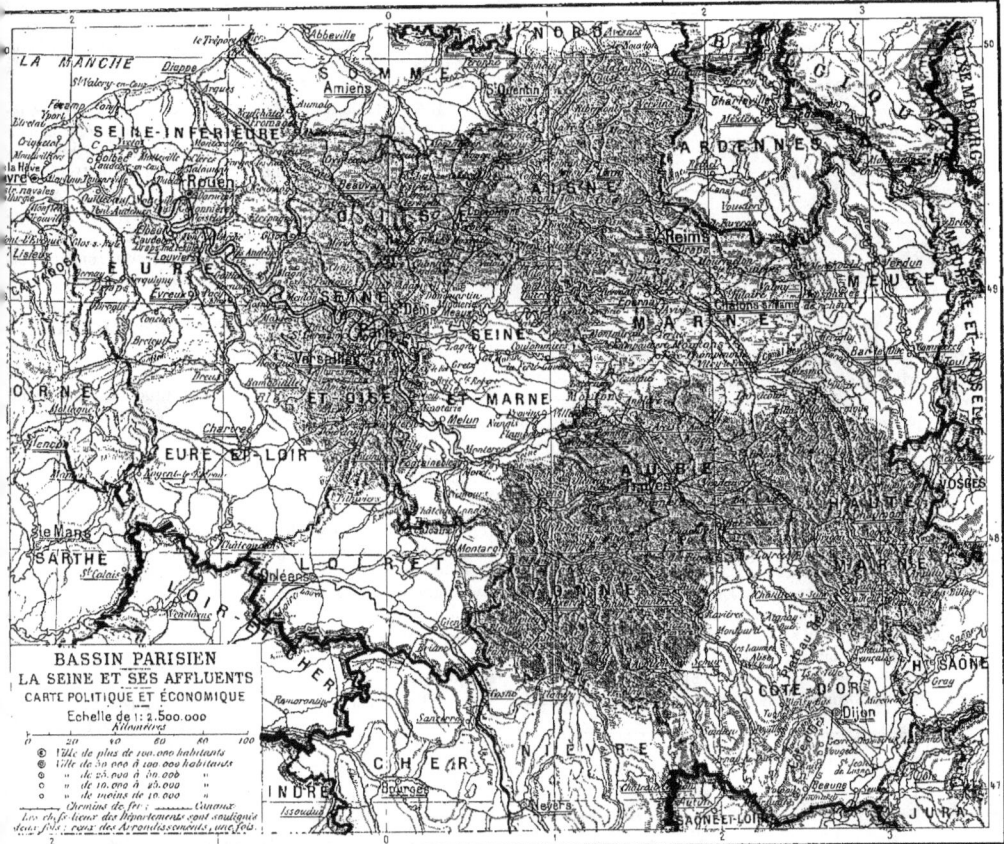

BASSIN PARISIEN
LA SEINE ET SES AFFLUENTS
CARTE POLITIQUE ET ÉCONOMIQUE
Echelle de 1:2.500.000

J. Brosson del.

Quentin et de la Sambre). L'Oise coule ensuite dans un plateau découpé aux riches vallées : sur ce plateau s'élève Laon. L'Oise y reçoit l'**Aisne**, qui vient de l'Argonne, est grossie de l'**Aire**, et recueille les eaux de la Champagne pouilleuse par la **Suippes** et la **Vesle** (Reims); l'Aisne passe ensuite à **Soissons** au milieu de belles cultures maraîchères, et se jette dans l'Oise un peu en amont de Compiègne. Dans cette région, **Reims** est un centre; il a été la capitale de la Champagne du nord, comme Troyes de la Champagne du sud ; on y sent déjà le voisinage des régions plus riches du Nord et de l'Ile-de-France.

L'Oise recueille encore les eaux du Beauvaisis, principalement par le **Thérain** (*Beauvais*), arrose *Creil*, qui a des forges, et *Pontoise*, et se jette dans la Seine à *Conflans*. L'Oise est une des voies navigables les plus utiles de la France; elle apporte vers Paris les charbons de la Belgique et du Pas-de-Calais, et les fontes du Nord.

III. En aval de *Mantes*, la **Seine** coule entre des rives élevées et forme de nombreuses boucles que dominent

L'Eure à Maintenon.

des collines boisées et verdoyantes. Elle reçoit encore à droite l'**Epte**, qui vient du pays de Bray, et, à gauche, l'**Eure** et la **Risle**, qui sortent des collines du Perche.

La Seine à Rouen.

L'Eure passe à Chartres, qui, sur la limite de la Beauce, est un grand marché de grains, reçoit l'Iton (Évreux) et arrose Louviers. Entre l'Eure et la Risle s'étendent les hautes plaines du Roumois et de Neubourg, régions agricoles très fertiles. Dans la vallée de la Risle apparaissent déjà les herbages.

La Seine, après son confluent avec l'Eure, coule entre le plateau crayeux de Caux, à droite, et le Roumois, à gauche, au milieu d'herbages et de vergers. Elle passe à Elbeuf, Rouen. A partir de Quillebœuf, en amont de son confluent avec la Risle, commence son estuaire. Sa largeur est alors de 1 800 mètres. La marée se fait sentir au delà de Rouen ; les navires de 6 mètres de tirant remontent le fleuve jusqu'à cette ville. Le voisinage de la mer et du port du Havre, où arrivent les paquebots chargés du coton d'Amérique, a fait de Rouen le principal centre de l'industrie cotonnière en France. Ancienne capitale de

Ruines de l'Abbaye de Jumièges.

la Normandie, elle est parée de très beaux monuments gothiques et de la Renaissance. C'est une ville de 116 000 habitants, mais qui forme avec ses faubourgs industriels une agglomération de plus de 200 000 habitants.

Les ports de Honfleur et de Harfleur, sur l'estuaire de la Seine, ont été délaissés à cause de la vase qu'y amène la marée. Le Havre (130 000 hab.), envahi pourtant par les galets, est devenu le grand port de la Manche et le second port de France. Il est en relations avec les Antilles et l'Amérique du Nord. On a creusé dans l'estuaire un chenal maritime pour permettre aux navires d'éviter les bancs de vase. Mais le mascaret rend parfois la navigation dangereuse dans l'estuaire de la Seine.

II. RÉGIONS INDUSTRIELLES ET GRANDES VILLES.

La région de la Seine et de ses affluents a surtout un **caractère agricole**, avec ses plaines cultivées en céréales, ses champs de betteraves de l'Ile-de-France, ses vignobles de l'Auxerrois et de la Champagne, ses cultures maraîchères de la vallée de l'Oise.

Elle n'est pas très riche en ressources minérales. L'Ile-de-France a ses pierres de taille et ses pierres meulières, l'Argonne ses phosphates de chaux, le plateau de Langres son minerai de fer. La facilité des communications supplée à la pauvreté des minéraux : la plupart des rivières sont navigables sur une grande partie de leur cours et sont complétées par des canaux latéraux, et mises en communication entre elles par des canaux de jonction.

L'industrie du fer n'est développée que dans la Haute-Champagne, à Joinville, Saint-Dizier. La contellerie de Langres et de Nogent est renommée.

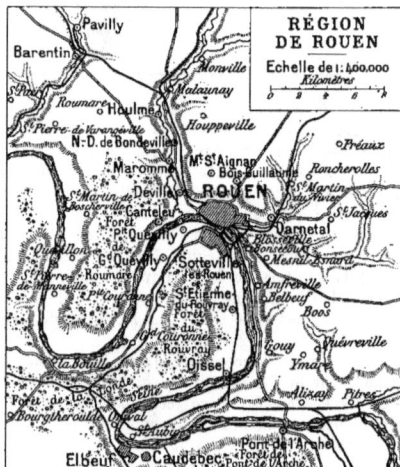

Dans la **vallée de la Basse-Seine**, **Le Havre** et **Rouen** doivent au voisinage de l'Angleterre, qui

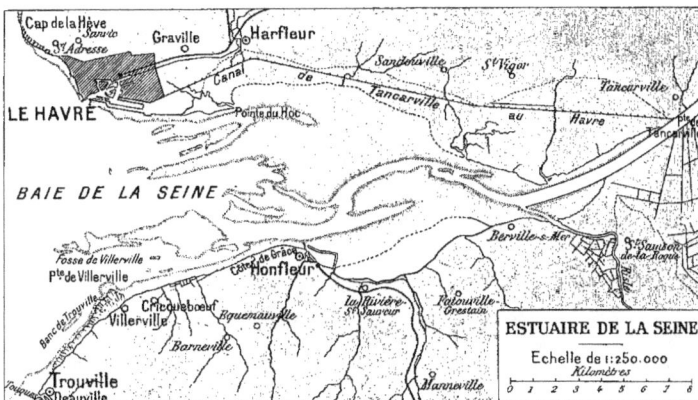

Cathédrale de Rouen.

ESTUAIRE DE LA SEINE
Echelle de 1:250.000
Kilomètres

leur envoie ses houilles, et à leur situation comme ports, leur développement industriel : construction de **machines**, de métiers, et au Havre, de navires, fonderies de cuivre; **cotonnades** de Rouen, qui portent le nom significatif de *rouenneries*. Dans la même région, l'industrie des *lainages* et des *draps* a pour centres principaux Elbeuf, *Louviers, Bernay*.

Paris est le centre d'un groupe industriel très actif, dans lequel toutes les industries sont représentées, mais principalement celles des *machines*, des *industries chimiques*, de la *papeterie* (*Coulommiers, Essonnes*), de la *minoterie* (**Corbeil**, *Meaux*). A Paris, les industries de luxe sont très prospères. *Sèvres* a sa fabrique nationale de *porcelaines*. Plus au nord, **Beauvais** fabrique des *tapis* renommés; *Saint-Gobain*, dans la vallée de l'Oise, des *glaces*.

Reims (107 000 hab.), avec ses fabriques de *draps* et ses vins de *Champagne*, est le centre d'un quatrième groupe industriel, qui se rattache à celui des Ardennes.

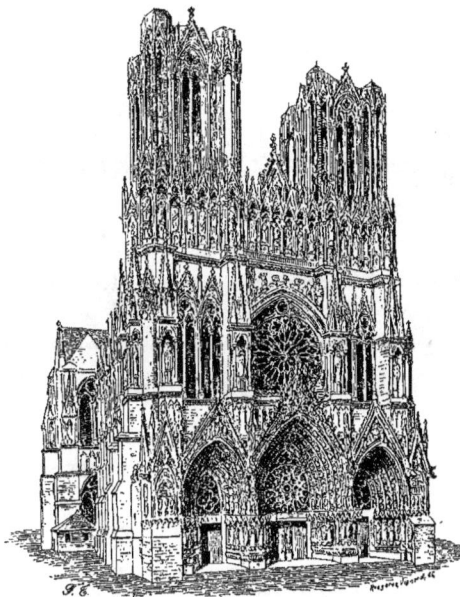

L'Arc de Triomphe de l'Étoile, à Paris.

Cathédrale de Reims.

Paris (2 700 000 hab.), **Le Havre** (130 000 hab.), **Rouen** (116 000 hab.) et **Reims** (107 000 hab.) sont les quatre grands centres de la région de la Seine. Après,

Château de Versailles.

viennent **Versailles** (55 000 hab.), au sud-ouest de Paris, ancienne résidence royale, et **Troyes** (53 000 hab.), ancienne capitale de la Champagne, ville industrielle, dont la spécialité est la *bonneterie*.

En résumé, si l'on en excepte la région du plateau de Langres et la Champagne pouilleuse, toute la partie du Bassin parisien arrosée par la Seine et ses affluents est active et prospère au point de vue agricole, industriel et commercial. Elle ne contient pas, sauf Paris et la banlieue, de grandes agglomérations de population comme la région du Nord, mais en général la population y est assez dense.

Vue générale de Troyes.

III. HISTORIQUE ET DÉPARTEMENTS.

Cette région du Bassin parisien comprend la *Champagne*, moins le département des *Ardennes*, l'*Ile-de-France*, une partie de la *Bourgogne* et la *Haute-Normandie*.

1° La **Champagne** fut réunie par mariage sous le règne de Philippe le Bel en 1284. Elle a formé quatre départements : *Aube, Haute-Marne, Marne, Ardennes*.

AUBE. — Chef-lieu : **Troyes** (53 000 hab.), ancienne capitale, fabrique de bonneterie. — Sous-Préfectures : *Bar-sur-Seine, Nogent-sur-Seine, Arcis-sur-Aube, Bar-sur-Aube*.

HAUTE-MARNE. — Chef-lieu : **Chaumont.** Sous-Préfectures : *Langres* (coutellerie) ; *Vassy*. — Villes principales : *Saint-Dizier, Joinville, Bourbonne-les-Bains*.

MARNE. — Chef-lieu : **Châlons** (27 000 hab.). — Sous-Préfectures : **Reims** (107 000 hab.), fabrique de draps, commerce de vins ; **Épernay** (20 000 hab.), *Vitry-le-François, Sainte-Menehould*.

A la Champagne appartiennent encore une partie du département de *Seine-et-Marne*, le sud du département de l'*Aisne*, la partie septentrionale du département de l'*Yonne*.

2° Le sud-est du département de l'*Yonne* fait partie de la **Bourgogne**, ainsi que le département de la *Côte-d'Or*.

La Bourgogne comprend en outre les départements de *Saône-et-Loire* et de l'*Ain*. Elle fut réunie à la France par Louis XI, après la mort de Charles-le-Téméraire (1477).

CÔTE-D'OR. — Chef-lieu : **Dijon** (70 000 hab.), sur le versant de la Saône. — Sous-Préfectures : *Beaune, Châtillon-sur-Seine, Semur*. — Ville principale : *Nuits*.

YONNE. — Chef-lieu : **Auxerre** (18 000 hab.). — Sous-Préfectures : *Sens, Joigny, Avallon, Tonnerre*.

Le Château de Coucy (Ile-de-France).

3° L'**Ile-de-France** fut le berceau de la royauté française. Elle comprend les départements de *Seine-et-Oise, Seine, Oise*, une grande partie des départements de *Seine-et-Marne* et de l'*Aisne*.

SEINE. — Ce département est occupé par **Paris** (2 700 000 hab.) et sa banlieue. — Villes principales : **Saint-Denis** (60 000 hab.) ; **Levallois-Perret** (58 000 hab.) ; **Boulogne** (44 000 hab.) ; **Clichy** (39 000 hab.) ; **Saint-Ouen** (35 000 hab.).

SEINE-ET-OISE. — Chef-lieu : **Versailles** (55 000 hab.). — Sous-Préfectures : *Étampes. Corbeil, Pontoise, Mantes, Rambouillet*. — Villes principales : *Saint-Germain-en-Laye, Argenteuil*.

SEINE-ET-MARNE. — Chef-lieu : **Melun.** — Sous-Préfectures : *Meaux, Fontainebleau, Provins, Coulommiers*.

OISE. — Chef-lieu : **Beauvais** (20 000 hab.). — Sous-Préfectures : *Compiègne, Senlis, Clermont*. — Villes principales : *Creil, Chantilly*.

Château de Chantilly.

AISNE. — CHEF-LIEU : **Laon** (15 000 hab.). — SOUS-PRÉFCTURES : **Saint-Quentin** (50 000 hab.), *Soissons, Château-Thierry, Vervins.* — VILLES PRINCIPALES : *Chauny, Saint-Gobain, La Fère, Guise, Hirson.*

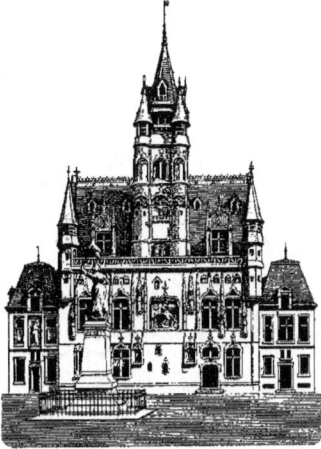

Hôtel de Ville de Compiègne.

4° Les départements de l'*Eure* et de la *Seine-Inférieure* forment la **Haute-Normandie**. La **Normandie**, confisquée en 1204 sur Jean-sans-Terre, fut définitivement réunie à la France en 1453, après la fin de la guerre de Cent ans.

EURE. — CHEF-LIEU : **Évreux** (18 000 hab.). — SOUS-PRÉFECTURES : *Louviers, Bernay, Pont-Audemer, Les Andelys.*

SEINE-INFÉRIEURE. — CHEF-LIEU : **Rouen** (116 000 hab.). — SOUS-PRÉFECTURES : **Le Havre** (130 000 hab.), **Dieppe** (22 000 hab.), *Yvetot, Neufchâtel.* — VILLES PRINCIPALES : **Elbeuf** (20 000 hab.), *Fécamp, Caudebec, Bolbec, Sotteville-lès-Rouen.*

LECTURES.

1. — La Champagne.

La **Champagne** est une région géographique des mieux tranchées, dont l'unité a été depuis longtemps reconnue. De *Reims* à *Sens*, même sol à peu près et même aspect. C'est une grande arène découverte par laquelle des invasions ont pénétré jusqu'au cœur de la France. Mais, historiquement, elle n'a jamais été une unité ; un dualisme a prévalu. On ne s'en étonne pas, quand on voit à quelles règles les établissements et les rapports y ont obéi. Ils suivent exclusivement les rivières, et celles-ci, conformément à la loi des terrains perméables, sont rares, et en outre presque parallèles. Le long des rivières, les villages se touchent et se confondent presque ; entre elles règnent les intervalles solitaires. C'est ainsi que l'espace entre la Marne et l'Aube fut la marche des Rèmes et Sénons, comme plus tard des archevêchés de Reims et de Sens. La *Champagne du Nord*, celle de **Reims**, comme dit Grégoire de Tours, suit des destinées à part ; elle touche à la Picardie, lui ressemble par la forme de ses maisons de culture aux grandes cours intérieures. Les monuments d'époques préhistoriques montrent d'étroits rapports avec la Belgique, presque pas avec la Bourgogne. Ses destinées plus tard sont liées à celles de la grande région picarde. Au contraire, le faisceau des rivières méridionales a son centre politique à Troyes ; il est en rapport, par les passages de l'Auxois, avec la Bourgogne et le Sud-Est. Là circulent les marchands venus du Rhône et de l'Italie. C'était à *Troyes, Arcis-sur-Aube, Provins* et *Lagny* que se tenaient les fameuses foires, se succédant les unes aux autres comme un marché permanent. Cette partie de la Champagne se relie à la Brie et gravite vers Paris. Par les rapports naturels, comme dans les anciennes divisions politiques, l'autre gravite vers Reims et les Pays-Bas. .

(VIDAL DE LA BLACHE, *Tableau de la Géographie de la France,* Introduction à l'*Histoire de France* de Lavisse.)
(Hachette et Cⁱᵉ, éditeurs.)

2. — La Beauce.

Sous le ciel vaste, un ciel couvert de la fin d'octobre, dix lieues de cultures étalaient en cette saison les terres nues, jaunes et fortes des grands carrés de labour, qui alternaient avec les nappes vertes de luzernes et de trèfles, et cela sans un coteau, sans un arbre, à perte de vue, se confondant, s'abaissant derrière la ligne d'horizon, nette et ronde comme sur une mer. Du côté de l'ouest, un petit bois bordait seul le ciel d'une bande roussie. Au milieu, une route, la route de *Châteaudun* à *Orléans,* d'une blancheur de craie, s'en allait toute droite pendant quatre lieues, déroulant le défilé géométrique des poteaux du télégraphe. Et rien autre que trois ou quatre moulins de bois, sur leur pied de charpente, les ailes immobiles. Des villages faisaient des îlots de pierre. Un clocher au loin émergeait d'un pli de terrain, sans qu'on vît l'église, dans les molles ondulations de cette terre de blé.

Mais Jean se retourna, et il repartit, du nord au midi, avec son balancement, la main gauche tenant le semoir, la droite fouettant l'air d'un vol continu de semence. Maintenant il avait devant lui, tout proche, coupant la plaine ainsi qu'un

Le Palais de Justice de Rouen.

fossé, l'étroit vallon de l'*Aigre*, après lequel recommençait la
Beauce, immense, jusqu'à Orléans. On ne devinait les prairies
et les ombrages qu'à une ligne de grands peupliers, dont les
cimes jaunies dépassaient le trou, pareilles, au ras des bords,
à de courts buissons. Du petit village de Rognes, bâti sur la

La Beauce.

pente, quelques toitures seules étaient en vue, au pied de
l'église, qui dressait en haut son clocher de pierres grises,
habitées par des familles de corbeaux très vieilles. Et, du
côté de l'est, au delà de la vallée du *Loir*, où se cachait à
deux lieues *Cloyes*, le chef-lieu du canton, se profilaient les
lointains coteaux du Perche, violâtres sous le jour ardoisé.
On se trouvait là dans l'ancien Dunois, devenu aujourd'hui
l'arrondissement de *Châteaudun*, entre le Perche et la Beauce,
et à la lisière même de celle-ci, à cet endroit où les terres
moins fertiles lui font donner le nom de Beauce pouilleuse.
Lorsque Jean fut au bout du champ, il s'arrêta encore, jeta
un coup d'œil en bas, le long du ruisseau de l'Aigre, vif et
clair à travers les herbages, et que suivait la route de Cloyes,
sillonnée ce samedi-là par les carrioles des paysans allant au
marché. Puis il remonta.

(E. ZOLA, *La Terre*)
(Fasquelle, éditeur.)

3. — Le miel du Gâtinais.

Le miel du **Gâtinais** a conservé son ancienne réputation.
Il la doit surtout à la Sologne. Beauce et Gâtinais élèvent
des abeilles en quantité ; il n'est pas une ferme, pas un jardin
sans ruche. C'est là un phénomène étrange : de quoi peuvent
bien vivre ces bestioles, une fois le sainfoin défleuri et les
moissons parties avec la végétation florale qu'elles abritent?
Pas de prés, pas de haies en fleurs, pas de jardins, c'est la
famine.

C'est que la Sologne est proche. La Beauce est dépouillée
quand les bruyères solognotes étendent leurs nappes roses ;
puis le blé noir en fleur met des champs de neige entre les
bruyères éclatantes et les pins sombres. C'est le paradis des
abeilles à l'arrière-saison. Beaucerons et Gâtinais chargent
alors leurs ruches sur des voitures ou sur des wagons, et en
route pour la Sologne. On va dans les locatures, on y met
les abeilles en pension, au prix de 50 centimes par essaim...
A Salbris, j'ai vu une locature qui reçoit 300 ruches par
année, soit 150 fr. de revenu pour le pollen du sarrasin, du
genêt et de la bruyère. Voilà comment la poésie pastorale,
évoquée par ces visions d'abeilles bourdonnantes, se traduit
en piles d'écus.

(ARDOUIN-DUMAZET, *Voyage en France*, t. I.)
(Berger-Levrault, éditeur.)

4. — La Seine à Paris.

Cette petite station de bateliers et de pêcheurs (*Lutèce*),
cantonnée dans une île, tenait un précieux gage d'avenir dans
le fleuve dont les ramifications l'enveloppaient. La **Seine** fut
l'âme de la ville grandissante. Celle-ci se dessine autour de
lui, se moule également à ses deux rives ; elle le suit pendant
les 12 kilomètres de la courbe immense et vraiment souve-
raine qu'il trace entre ses murs. Bien ouvert par son orientation aux rayons du soleil, dont les premiers feux l'éclairent
et dont les feux couchants illuminent un des plus merveilleux
panoramas urbains qu'on puisse voir, le fleuve trace à travers
la ville un grand courant d'air et de lumière. Il fait essentiellement partie de l'esthétique parisienne. Il s'associe aux
scènes pittoresques que représentent les vieilles estampes,
quand ses rives d'aval, encombrées de barques et couronnées
de moulins, donnaient encore librement accès aux troupeaux.
Il reflète aussi la physionomie historique. Dans la courbe
bordée d'édifices, qui va de *Notre-Dame* à la *place de la
Concorde* en passant par le Louvre, se déroulent successivement la gravité du XIIIe siècle, la grâce de la Renaissance,
l'élégance du XVIIe siècle.

Paris pourrait donner à son fleuve les qualifications recon-
naissantes qu'obtiennent de leurs riverains le Volga, le Rhin
ou le Gange. La Seine centralise à son profit toutes les ressources du Bassin. Entre *Romilly* et *Paris*, en 130 kilomètres,
elle reçoit coup sur coup presque tous ses affluents. Il ne
faut pas juger de la Seine d'après ses humbles débuts et la
longueur modeste de son cours. Elle a sa grandeur, faite
d'accroissement progressif, d'harmonie élégante, reflet de la
beauté paisible des campagnes où s'écoulent ses eaux.

La Cité à Paris.

A Paris, le fleuve a acquis toute sa force ; il n'est plus
menacé de maigres excessifs ; jamais il ne descend aussi bas
que la Loire à Orléans ou la Garonne à Toulouse. Sans être
inoffensif, il est disciplinable. L'Oise l'accroît, mais ne change
pas son régime. La Seine à Paris peut être considérée comme
achevée.

(VIDAL DE LA BLACHE, *Tableau de la Géographie de la France*,
Introduction à l'*Histoire de France* de Lavisse.)
(Hachette et Cie, éditeurs.)

QUESTIONS.

1. *Quelles sont les raisons qui ont fait de Paris le centre com-
merciel et industriel du Bassin Parisien?*
2. *Comparer la Seine à la Loire (traversée du Bassin Parisien) au point de vue de l'importance commerciale.*
3. *Industries du Bassin Parisien. Expliquer les causes qui ont
favorisé dans cette région le développement de ces industries.*

CHAPITRE V

Le Bassin Parisien (suite).

III. — Normandie, Maine et Perche.

I. CARACTÈRE DU PAYS[1].

(Cartes physiques, aux chap. III et VII).

La **Partie occidentale du Bassin parisien**, qui comprend le bassin de *l'Orne* au nord, celui de la *Sarthe* au sud, s'appuie aux terrains schisteux du Cotentin, du Bocage normand, du Maine et de l'Anjou, qui forment la *transition* entre le Bassin parisien et le massif armoricain. Au point de vue géologique, ces roches schisteuses sont la continuation des roches bretonnes; mais au point de vue géographique et historique, le léger renflement de terrain qui sépare de la *Mayenne* le *Couesnon* et les affluents de la *Vilaine*, forme la limite orientale de la Bretagne.

Entre les Côtes de la Manche et le Val du Loir, se succèdent de l'est à l'ouest, d'une façon régulière, des bandes de pays dont l'aspect et les cultures varient suivant la constitution géologique. Le relief ne joue ici qu'un rôle secondaire. (Voir la carte chap. III.)

I. C'est d'abord, à l'est, la *bande crétacée* des **collines du Perche** (303 mètres), dont la craie repose sur des argiles, et qui s'étend des rives du Loir, près de Vendôme et de Châteaudun, aux sources de la Sarthe. Cette zone se prolonge au nord par les *Monts d'Amain* (309 mètres) et le **Pays d'Auge**, à l'ouest de la *Touques*. Tandis qu'à

Habitations normandes (Pays d'Auge).

l'est de cette rivière, le **Lieuvin**, avec ses campagnes agricoles, participe encore du caractère du pays de l'Eure (*Roumois* et *Campagne de Neubourg*), la vallée de la Touques et le pays d'Auge, avec leurs herbages, leurs habitations disséminées et leurs bouquets de bois, rappellent l'aspect verdoyant de la région du Perche. Ce sont des pays de grand **élevage**. Dans le Perche, on élève surtout des **chevaux**, dont la race est renommée. Les herbages du Pays d'Auge nourrissent des **vaches** : on y fabrique des beurres et des **fromages** de *Camembert, Livarot,*

[1]. Voir la Carte Géologique de la France, page 3

La Suisse normande.

Pont-l'Evêque; les bœufs sont destinés aux boucheries parisiennes. Le **cidre** du pays d'Auge est très estimé.

Le Perche est un centre hydrographique important où prennent naissance *l'Eure,* l'*Iton,* la *Risle,* la *Touques,* la *Dives,* l'*Orne,* le *Loir,* la *Sarthe* et son affluent l'*Huisne.*

La **Touques** arrose *Lisieux* (fabrique de draps), *Pont-l'Evêque,* et se jette dans la Manche entre *Trouville* et *Deauville.*

A l'est de la **Dives** commence la *Campagne de Caen,* qui se prolonge par la *Campagne d'Alençon,* et celle-ci par le *Saosnois,* puis la *Campagne mancelle* et le *Bas-Maine.* Ce sont des *terrains jurassiques* recouverts de limon, où domine la culture des céréales (Campagne de Caen), mais où l'on pratique aussi l'élevage. Dans la Campagne mancelle et le Bas-Maine, on élève des *volailles,* dont on exporte une partie vers l'Angleterre.

II. Plus à l'ouest, s'étendent les **Bocages,** terrains de nature *schisteuse,* accidentés, couverts de bois, d'herbages et entrecoupés de cultures de céréales. C'est, au nord, le *Bocage normand,* auquel se rattachent le *Cotentin* et l'*Avranchin;* puis le *Bocage manceau,* et, au sud, la région des *schistes angevins.* Des îlots granitiques surplombent, çà et là, les schistes primaires dans les **collines de Normandie et du Maine** (*Forêt d'Ecouves* : 413 mètres; *Signal des Avaloirs* : 417 mètres). L'élevage est la principale ressource de ces régions; on y fabrique du beurre. Les habitations y sont disséminées en fermes et en hameaux. Les herbages enclos de haies vives donnent un aspect boisé au pays.

III. L'extrémité septentrionale du **Cotentin** forme en quelque sorte un îlot que sépare de la région méridionale une dépression occupée par des formations tertiaires, crétacées et jurassiques, autour de la baie des *Veys*, où aboutit la Vire. Dans le Calvados, cette région s'appelle le **Bessin**. C'est une région d'*élevage* par excellence qui fournit le *beurre d'Isigny,* et qui entretient des *volailles* pour l'exportation anglaise.

II. COURS D'EAU.

La **Vire** vient de l'Avranchin, arrose le pays pittoresque de *Vire,* qui est une région industrielle, avec des **filatures** et des fabriques de *chaudronnerie.* Elle passe ensuite à *Saint-Lô,* et aboutit dans la Manche, près d'*Isigny.*

CAEN. — L'Abbaye aux Dames.

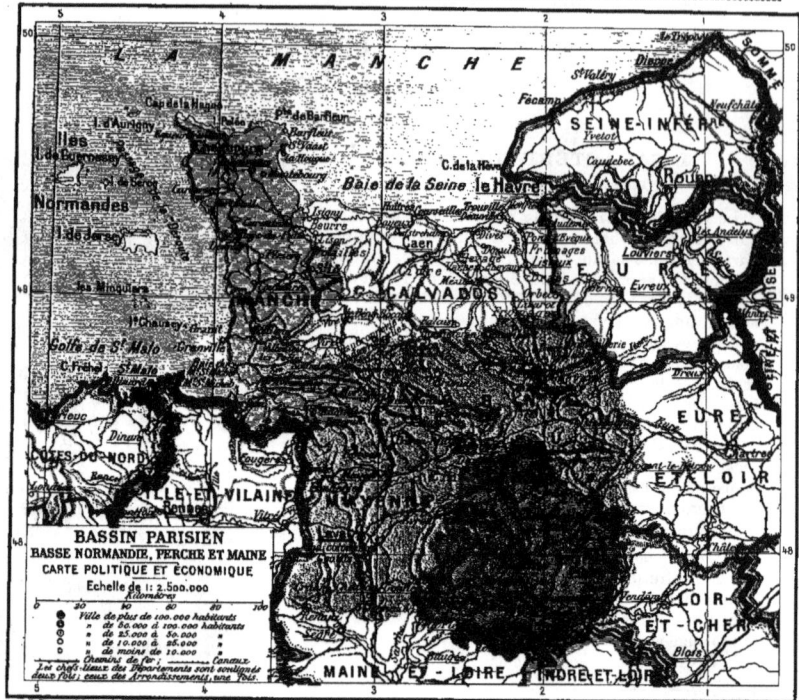

L'**Orne** prend sa source dans les monts d'Amain traverse la Campagne d'Alençon, puis perce le Bocage normand par une vallée pittoresque et verdoyante que dominent les collines de Normandie : c'est la « Suisse normande ». L'Orne entre ensuite dans la plaine de Caen; à **Caen** (45 000 hab.), elle devient navigable; cependant elle est accompagnée depuis cette ville jusqu'à la mer par un canal qui amène dans le port de Caen les bois de Norvège et les charbons anglais. L'embouchure de l'Orne, à *Ouistreham,* est envasée. Sa vallée est suivie par un chemin de fer qui rejoint la Sarthe à Alençon et se dirige vers le Mans et la vallée de la Loire.

La **Sarthe** vient des collines du Perche, non loin des sources de l'Orne, passe à **Alençon** (17 500 hab.), marché agricole, mais dont l'*industrie dentellière* est bien déchue. Elle entre dans la Campagne mancelle, où elle reçoit l'**Huisne**. **Le Mans** (63 000 hab.) est une ville commerçante, au point de rencontre de plusieurs voies ferrées; c'est un marché de grains, de chanvre et de bétail, une ville industrielle avec des filatures. La Sarthe passe ensuite à *Sablé* (carrières de marbres) et entre dans la région de l'Anjou, où elle reçoit le **Loir** peu avant de se réunir à la Mayenne. Moins régulière que le Loir, son affluent, elle est pourtant navigable à partir du Mans.

La **Mayenne** naît dans les collines de Normandie. Venue d'une région granitique, elle traverse dans tout son cours des schistes primaires ou des roches grani-

---

BASSIN PARISIEN
BASSE NORMANDIE, PERCHE ET MAINE
CARTE POLITIQUE ET ÉCONOMIQUE
Echelle de 1 : 2.500.000

tiques. Aussi a-t-elle un débit assez inégal. Cependant, comme le climat est assez humide, on a pu, à l'aide de travaux, utiliser son cours à partir de Laval. Sa vallée est encaissée; elle passe à *Mayenne*, à **Laval** (30 000 hab.), où l'on fabrique des coutils, et se réunit à la Sarthe près d'*Angers*, pour former la **Maine**.

La Mayenne, la Sarthe, le Loir composent un réseau navigable assez étendu et qui serait plus important comme trafic si la Loire était rendue propre à la navigation. Aboutissant en quelque sorte à une impasse et d'autre part n'étant pas réuni aux rivières normandes et bretonnes, il ne peut guère servir qu'au commerce local.

III. INDUSTRIE.

Les industries de cette région sont assez restreintes. Les plus importantes sont les **filatures** de lin, de chanvre, et les **tissages** de la toile, des coutils et des lainages dans les régions de l'Orne, de la Touques, de la Vire, de la Mayenne. La région la plus active est celle de *Vire*-**Flers**, qui s'étend jusqu'à *Falaise* (bonneterie). La Mayenne a des fouderies à *Ernée* et des forges. On trouve quelques bassins houillers dans le Calvados et dans les environs de Laval; mais leur production est bien insuffisante pour entretenir les industries locales; on est obligé de recourir aux charbons anglais.

IV. CÔTES NORMANDES[1].

La rive gauche de l'estuaire de la Seine est accidentée et assez élevée : là se termine la Haute-Normandie, par le Roumois et le Lieuvin. La côte, bordée de collines verdoyantes, est très pittoresque : c'est d'abord la *côte de Grâce*, au-dessus de *Honfleur*, puis l'extrémité du Pays d'Auge, entre les estuaires de la Touques et de la Dives. *Villerville, Trouville, Deauville, Houlgate, Cabourg* sont des stations balnéaires très fréquentées. A partir de l'embouchure de la Dives, la côte est basse, sablonneuse, bordée de dunes jusqu'à l'estuaire de l'Orne, à Ouistreham. Des écueils découverts à marée basse la bordent à partir d'Ouistreham : ce sont les *rochers du Calvados;* la côte est peu élevée; elle n'offre d'abris que dans les estuaires des petites rivières, d'ailleurs en partie envasés : *Ouistreham* et *Courseulles*. De nombreuses stations de bains de mer s'y échelonnent.

A l'ouest de Courseulles, les falaises deviennent un peu plus élevées, la côte plus accidentée et verdoyante; c'est la région du **Bessin**. Une baie assez profonde, avec les estuaires de la Vire et de l'Ouve, se creuse dans une dépression où les terrains schisteux se recouvrent de formations jurassiques, crétacées et tertiaires; c'est la **baie des Veys**. On y recueille la *tangue*, mélange de sables marins et de vases qui sert à l'amendement des terres. *Isigny* et *Carentan* occupent le fond des deux estuaires, au milieu d'herbages dont le beurre est renommé.

La côte du Cotentin est découpée en falaises escarpées, surtout aux deux extrémités de la presqu'île, formées d'îlots granitiques : la *pointe de Barfleur* et le *cap de la Hague*, entre lesquels se creuse la baie de Cherbourg.

1. Voir aussi la Carte des Côtes de la Manche, page 15.

Types de paysans normands.

Cherbourg (43 000 hab.) a un port militaire abrité par une digue artificielle. A cause du développement de Cherbourg, *Barfleur* n'a plus aujourd'hui d'importance.

Les îles **anglo-normandes**, dont les principales sont *Aurigny, Guernesey* et *Jersey*, de nature granitique, ont été autrefois détachées du Cotentin par la mer, qui est agitée dans ces parages par de fréquentes et violentes tempêtes. Le *Raz Blanchard* et le *Passage de la Déroute* les séparent de la côte.

La baie de *Lessay*, qui correspond à la baie des Veys, marque la séparation entre la partie septentrionale du Cotentin et la partie méridionale, soudée plus étroitement au continent. La côte y devient basse; elle est bordée de jardins potagers où prospèrent les cultures, grâce aux engrais marins. *Coutances*, à quelque distance de la mer, est la ville la plus importante de cette région.

La côte se relève à **Granville**, où reparaissent les terrains granitiques; en face sont les îles *Chausey*, d'où l'on extrait des pavés de granit. Granville est un port de grande pêche; c'est le point d'attache des paquebots de Jersey. Au sud, s'ouvre la *baie du mont Saint-Michel*, qui se découvre à marée basse. Le mont Saint-Michel, où s'élève une célèbre abbaye, est relié à la côte par une digue. Au fond de la baie, les estuaires de la *Sée* et de la *Sélune* présentent une analogie frappante avec la baie des Veys. Mais le pays, couvert aussi d'herbages, est plus élevé : c'est l'*Avranchin. Avranches* s'avance à l'embouchure de la Sée. Plus à l'ouest, aboutit aussi au fond de la baie le *Couesnon* : c'est le commencement de la côte bretonne.

Le Mont Saint-Michel.

V. HISTORIQUE ET DÉPARTEMENTS.

1º Les départements du *Calvados*, de la *Manche* et de l'*Orne* (sauf le sud-est) faisaient partie de la province de **Normandie** (voir le chapitre précédent).

CALVADOS. — CHEF-LIEU : **Caen**, port sur l'Orne (45 000 hab.). — SOUS-PRÉFECTURES : *Lisieux, Bayeux, Falaise, Vire, Pont-l'Évêque.* — VILLE PRINCIPALE : *Honfleur.*

MANCHE. — CHEF-LIEU : **Saint-Lô**, sur la Vire. — SOUS-PRÉFECTURES : **Cherbourg** (43 000 hab.), port militaire; *Coutances, Avranches, Valognes, Mortain.* — VILLE PRINCIPALE : *Granville.*

ORNE. — CHEF-LIEU : **Alençon** (17 500 hab.), sur la Sarthe. — SOUS-PRÉFECTURES : *Argentan, Domfront, Mortagne.* — VILLES PRINCIPALES : *Flers, la Ferté-Macé, Sées.*

Vieilles maisons à Lisieux.

2º Les départements de la *Sarthe* et de la *Mayenne* ont été formés par la province du **Maine**, réunie au domaine royal par Louis XI.

SARTHE. — CHEF-LIEU : **Le Mans** (63 000 hab.), sur la Sarthe. — SOUS-PRÉFECTURES : *La Flèche*, sur le Loir; *Mamers, Saint-Calais.*

MAYENNE. — CHEF-LIEU : **Laval** (30 000 hab.). — SOUS-PRÉFECTURES : *Mayenne; Château-Gontier*, sur la Mayenne.

Le Maine comprenait aussi une partie du département d'*Eure-et-Loir*.

LECTURES.

1. — Le pays de Neufchâtel.

Yonville-l'Abbaye est un bourg à huit lieues de Rouen, entre la route d'Abbeville et celle de Beauvais, au fond d'une vallée qu'arrose la *Rieule*, petite rivière qui se jette dans l'*Andelle*.

On quitte la grande route à la Boissière et l'on continue à plat jusqu'au bout de la côte de Leux, d'où l'on découvre la vallée. La rivière qui la traverse en fait comme deux régions de physionomie distincte : tout ce qui est à gauche est en herbage; tout ce qui est à droite est en labour. La prairie s'allonge sous un bourrelet de collines basses pour se rattacher par-derrière aux pâturages du **pays de Bray**, tandis que, du côté de l'est, la plaine, montant doucement, va s'élargissant et étale à perte de vue ses blondes pièces de blé. L'eau qui court au bord de l'herbe sépare d'une raie blanche la couleur des prés et celle des sillons, et la campagne ainsi ressemble à un grand manteau déplié qui a un collet de velours vert, bordé d'un galon d'argent. Au bout de l'horizon, lorsqu'on arrive, on a devant soi les chênes de la forêt d'Argueil, avec les escarpements de la côte de Saint-Jean, rayée du haut en bas par de longues traînées rouges, inégales; ce sont les traces des pluies, et ces tons de brique, tranchant en filets minces sur la couleur grise de la montagne, viennent de la quantité de sources ferrugineuses qui coulent au delà, dans le pays d'alentour.

On est ici sur les confins de la Normandie, de la Picardie et de l'Ile-de-France, contrée bâtarde où le langage est sans accentuation, comme le paysage sans caractère. C'est là que l'on fait les pires fromages de *Neufchâtel* de tout l'arrondissement, et, d'autre part, la culture y est coûteuse, parce qu'il faut beaucoup de fumier pour engraisser ces terres friables, pleines de sable et de cailloux.

(FLAUBERT, *Mᵐᵉ Bovary*.)
(Fasquelle, éditeur.)

2. — Les herbages normands.

Depuis *Lisieux*, on va pendant cinq lieues au pied des collines couvertes de pommiers régulièrement plantés dans les prairies, en vue d'autres collines semblables De petits vallons s'entr'ouvrent, affectant parfois, d'amusante façon, des allures de gorge où des ruisselets se mutinent. Pas de gros villages, mais d'innombrables maisons isolées; de vieux manoirs, des châteaux modernes couronnent les hauteurs ou se dressent à mi-côte. Et partout, sous les pommiers, dans les larges prairies du fond de la vallée, d'innombrables vaches paissent lentement.

De *Breuil-en-Auge* à *Pont-l'Évêque*, il y a deux lieues dans cette campagne heureuse où l'homme ignore la charrue et les autres outils du laboureur, où tout le travail se borne à aller traire les vaches dans l'herbage et, durant la saison d'hiver, porter aux animaux le foin récolté pendant l'été au moyen de la main-d'œuvre louée. Plus encore que dans les pays méditerranéens, le paysan peut vivre sur le sol sans

Herbages de Normandie.

grand souci et sans grande peine. Faut-il s'étonner si, dans les parties hautes du pays, sur les crêtes et sur les plateaux, les propriétaires abandonnent peu à peu la culture pour transformer les terres arables en prairies complantées de pommiers? Sous cet humide et tiède climat, l'herbe s'empare du sol avec une avidité extrême; on obtient ainsi sans effort trois produits sur lesquels les dépressions économiques ont peu de prise : le lait, la viande et le cidre.

(ARDOUIN-DUMAZET, *Voyage en France*, t. VI.)
(Berger-Levrault, éditeur.)

QUESTIONS.

1. *Montrer l'originalité agricole et industrielle de la région normande (y compris Maine et Perche).*

2. *Les Plages normandes.*

CHAPITRE VI

Le Bassin Parisien (suite et fin).

IV. — Le Val de Loire.

(Voir la Carte Physique du Bassin Parisien, page 51.)

I. LA LOIRE.

La **Loire** n'a pas l'unité de la Seine dans son cours : elle appartient à trois régions différentes : le **Massif central**, dans lequel elle coule jusqu'à *Decize;* le **Bassin parisien**, qu'elle draine dans sa partie méridionale, sur un parcours de 400 kilomètres, depuis Decize jusqu'aux *Ponts-de-Cé;* enfin le **Massif armoricain**, qu'elle perce pour se jeter à la mer. La plupart de ses affluents lui viennent du Massif central, et, comme la Loire, sont longtemps enfermés dans ce massif avant d'arriver dans la plaine du Bassin parisien. La Loire ne reçoit pas d'autre affluent important, sauf la Maine, formée de la Mayenne, de la Sarthe et du Loir, qui viennent des collines du Perche et de Normandie.

1. **Régime.** — C'est parce que la Loire naît dans les *terrains granitiques* du Massif central et parce qu'elle y est engagée longtemps, ainsi que ses affluents, qu'elle a un régime irrégulier, soumis à des crues violentes. En été, ses eaux baissent considérablement et laissent à découvert des îles nombreuses qui s'accroissent sans cesse par l'apport des débris que le fleuve et son affluent l'Allier arrachent à leurs rives en descendant du Massif central. Sous l'action des courants, ces îles se déplacent en avançant dans la direction de la mer. A l'époque tertiaire, la Loire se jetait dans le lac de Beauce. Elle a fini par se frayer un passage à travers le talus de la Beauce, vers l'Ouest. Dans sa traversée du Bassin parisien, elle ne reçoit, en amont de Tours, aucun cours d'eau important qui puisse rétablir son niveau : presque toutes les eaux des pays de sa rive droite s'écoulent vers la Seine, et celles de sa rive gauche suivent la même pente que la Loire elle-même et convergent en aval de Tours, après avoir emprunté, dans leur cours inférieur, les lits aban-

donnés de la Loire elle-même. Les petits affluents, comme le Loiret, ne sont en grande partie qu'une dérivation souterraine des eaux que la Loire perd par infiltration dans la roche calcaire.

II. **Vallée de la Loire.** — La **Loire** naît au mont *Gerbier-des-Joncs* par 1400 mètres d'altitude[1]. Après avoir traversé le *bassin du Puy*, elle arrive par une pente très raide dans le *bassin du Forez*, recevant des Cévennes et des monts du Forez de nombreux torrents. Elle n'est plus qu'à 190 mètres quand elle entre dans le Nivernais, à *Decize*, où elle reçoit l'**Aron**, dont le cours est emprunté par le *canal du Nivernais*, entre la Loire et l'Yonne. A **Nevers** (27 000 hab.), elle reçoit la **Nièvre**, et un peu en aval, sur sa rive gauche, l'**Allier**, qui, venu des monts de la Margeride, un peu au sud des sources de la Loire, a un cours à peu près parallèle à celui du fleuve dans la Limagne, puis dans la plaine du Bourbonnais. Le régime de l'Allier est le même que celui de la Loire; mais son débit est un peu inférieur.

La Loire coule ensuite vers le nord dans une vallée fertile où prospèrent les *céréales* et surtout les *vignobles*, dans les environs de *la Charité* et de *Pouilly*. Cette vallée est dominée à droite par les *collines du Nivernais*, à gauche par celles du *Sancerrois*, pays boisé et verdoyant. *Imphy, Nevers, Fourchambault, La Charité*, qui s'échelonnent sur les bords de la Loire, appartiennent au groupe industriel du Nivernais (**forges**), qui se prolonge, au nord de Cosne, par *Neuvy* et *Gien*, avec leurs faïenceries.

A Gien, la vallée de la Loire s'élargit : c'est là que commence le **Val de Loire** qui, grâce aux alluvions du fleuve, a une fertilité très réputée; il est abrité par des digues contre les crues de la Loire. Il contraste par sa richesse avec les pays qui le bordent : à droite, la *Puisaye*,

---

1. Voir aussi, chap. VIII, *Massif central*.

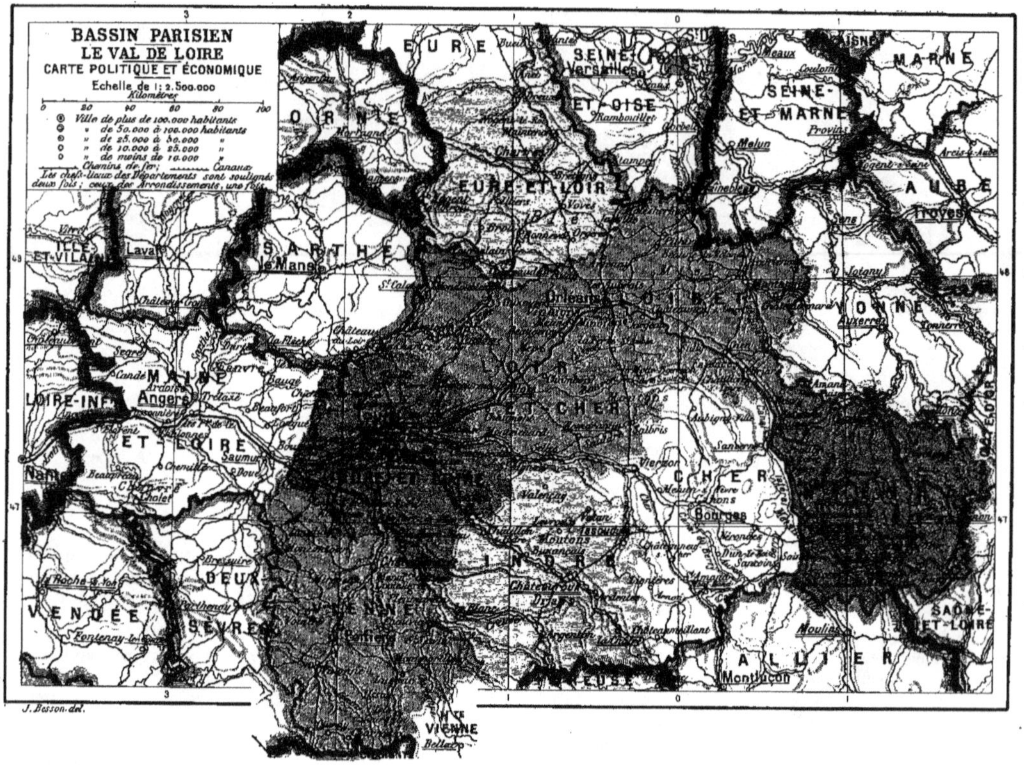

BASSIN PARISIEN
LE VAL DE LOIRE
CARTE POLITIQUE ET ÉCONOMIQUE
Échelle de 1; 2.500.000

avec ses étangs et ses forêts, puis le *Gâtinais*, pays boisé dont le miel est renommé, et la *Forêt d'Orléans*, qui s'étend sur un sol sablonneux; à gauche, la plaine marécageuse de la *Sologne*, avec ses bois et ses landes.

La Loire arrive à Orléans avec un volume d'eau bien diminué par les infiltrations. Son niveau se rétablit en partie par l'apport du **Loiret. Orléans** (67 000 hab.), grand entrepôt de la région de la Loire, est à 120 kilomètres de Paris, et lui est relié par le canal qui aboutit à *Moret*. Malheureusement cette ville souffre du mauvais état de la Loire comme voie de navigation. Le talus de la Beauce fait incliner le fleuve vers le sud-ouest, et il suit dès lors l'inclinaison du Bassin parisien vers le Massif breton.

Le val de Loire a un aspect de plus en plus florissant à mesure qu'on avance vers l'ouest, où le climat, sous l'influence océanique, s'adoucit. Il est bordé d'une double ligne de coteaux, et forme deux sillons que la Loire suit tour à tour; à droite et à gauche, le sillon qu'elle délaisse alternativement est occupé par ses

Paysage de la Touraine (Château d'Amboise).

affluents, qui lui sont ainsi parallèles : la *Cisse*, l'*Authion*, à droite; le *Cosson*, le *Cher*, l'*Indre*, à gauche. Les cultures maraîchères, les vergers, les vignobles prospèrent dans cette vallée et sur les pentes. Auprès d'Orléans s'étendent de vastes pépinières. Au nord, et en aval, entre la Loire et le Loir, on trouve les cultures de céréales de la petite Beauce.

Dans les environs de Tours, on cultive le mûrier, qui entretient l'industrie de la soie, autrefois florissante dans cette région. Les pruneaux de Tours sont aussi renommés. Les magnifiques châteaux de la Renaissance qui dominent les coteaux de la Loire sont un des plus beaux ornements de cette vallée riante : *Chaumont, Chambord, Blois, Amboise, Luynes*. La situation de **Tours** (64 000 hab.) et son industrie de la soie en faisaient autrefois une ville importante, mais qui ne s'est pas accrue, à cause de l'infériorité de la Loire comme voie navigable.

Au nord de Tours, les terrains caillouteux de la *Gâtine*, couverts de bruyères, de landes et de bois, contrastent

Château de Chambord.

avec la riche vallée de la Loire. Mais, plus au nord, le *val du Loir*, avec ses vignobles de *Vendôme* et de *la Flèche*, et ses pâturages, rappelle la fertilité des environs de Tours.

En aval de Tours, la Loire reçoit ses principaux affluents. Les sables qu'apportent le fleuve et ses affluents contribuent à repousser de plus en plus le confluent en aval : ce sont le **Cher**, l'**Indre**, la **Vienne**. La Loire reçoit ensuite le **Thouet**, à *Saumur*, et à droite, la **Maine**, un peu en aval des *Ponts-de-Cé*.

Au confluent de la Vienne commence le **val d'Anjou**, région privilégiée, au climat très doux, au sol éminemment fertile, et qui se prolonge le long de la Vienne, jusqu'à son confluent avec la *Creuse*. Dans cette région prospèrent les *cultures maraîchères*, les vergers, les **vignes**, les fleurs et les plantes d'ornement. On en exporte des primeurs. *Saumur*, au confluent du Thouet, est renommé pour ses vins mousseux. L'Anjou est aussi le pays du **chanvre** et de la fabrication des **toiles**. Les villes et les villages sont bâtis sur la rive gauche de la Loire, plus élevée et bordée de coteaux : des habitations sont même creusées dans la roche ; à Saumur, un grand nombre de caves s'abritent ainsi dans des sortes de grottes. Le val s'élargit

Château de Chenonceaux.

au confluent de la Maine. **Angers** (88 000 hab.), sur la Maine, à quelque distance de la Loire, est le grand marché de cette région.

La Loire perce les schistes armoricains[1]. Elle s'élargit, se divise en bras qui enveloppent des îles nombreuses, bien cultivées, où s'élèvent de beaux villages. A *Nantes*, elle reçoit encore la **Sèvre Nantaise**, sur la rive gauche, et l'**Erdre** sur la rive droite. La marée se fait sentir jusqu'à Nantes. Un peu en aval commence l'estuaire, qui finit entre *Saint-Nazaire* et *Paimbœuf*.

II. AFFLUENTS DE LA LOIRE.

I. Le **Cher** entre dans le *Bocage berrichon* à *Saint-Amand*, pays fertile, entrecoupé de bois et de pâturages, puis il coule dans la *Champagne berrichonne*, où son val fertile et verdoyant, enrichi d'alluvions, forme contraste avec la monotonie et la sécheresse du pays environnant. Il reçoit, à Vierzon, l'**Yèvre**, qui passe à **Bourges** (46 000 hab.), capitale du Berry, ville très ancienne, parée de monuments de la Renaissance, et qui a une fonderie de canons importante. Cette région renferme du **minerai de fer**. Vierzon est un centre industriel sur le *canal du Berry*. Ce canal suit d'abord le Cher, puis l'Yèvre, et rejoint la Loire à Nevers. Le Cher n'est canalisé que sur une

Loches.

partie de son cours, depuis *Montluçon* jusqu'à Saint-Amand, d'où part un embranchement sur l'Yèvre, et depuis Vierzon jusqu'à son entrée dans le département de Loir-et-Cher. Dans les régions où il n'est pas canalisé, la navigation du Cher est incertaine. Sa vallée est bordée de vignobles. Il longe assez longtemps le cours de la Loire, et sur ses bords s'élève le château de *Chenonceaux*.

II. L'**Indre** a un cours moins long : non loin de sa source, il entre dans le *Bocage berrichon*, où il arrose *La Châtre*, puis dans la *Champagne*, et passe à **Châteauroux** (24 000 hab.), qui a des filatures et des fabriques de draps. Son cours est assez tranquille, sa vallée étroite et sinueuse ;

1. Voir aussi, chap. VII, *Bretagne et Vendée*.

il baigne *Loches* et pénètre dans le *val de Loire*, qu'il suit quelque temps avant de s'unir au fleuve.

III. La **Vienne**[1] est celui des affluents de la Loire qui, après l'Allier, est engagé le plus longtemps dans le Massif central; elle est alimentée par la **Creuse**, grossie de la **Gartempe**, qui ont un cours assez long dans le Massif. Aussi son régime est-il très irrégulier. Elle descend du plateau de Mille-Vaches, passe à *Limoges* (84 000 hab.) et sort du Massif central à *Confolens*, en se dirigeant vers le nord. Elle n'est alors séparée de la Charente que par un monticule granitique très étroit. Elle traverse ensuite la région jurassique du Poitou, que draine aussi son affluent, le *Clain*.

Le Clain baigne **Poitiers** (40 000 hab.), vieille ville gallo-romaine, grand marché agricole sur la ligne de Paris-Tours-Bordeaux. Cette région est le seuil de communication entre le Bassin parisien et le Bassin d'Aquitaine, grande voie historique entre les terres granitiques de la Vendée et celles du Massif central.

La Vienne entre ensuite dans des terres à fond crayeux et recouvert de sables et d'argiles, où les cultures sont prospères. **Châtellerault** (20 000 hab.) en est le principal marché; cette ville a en outre une manufacture d'armes, et sa coutellerie est renommée. En aval de Châtellerault, la Vienne reçoit la **Creuse**, qui, venue aussi du plateau de Mille-Vaches, traverse le Massif granitique de Combrailles, entre dans le Bocage berrichon, puis dans les landes de la *Brenne*, où elle arrose *Le Blanc*.

Après avoir reçu la Creuse, la Vienne passe à *Chinon*, dans le fertile val d'Anjou, et s'unit à la Loire. La Vienne et la Creuse sont fort peu navigables, à cause de l'irrégularité de leur cours et de l'inégalité de leur lit.

Les cours d'eau qui forment la **Maine** sont presque entièrement compris dans les régions du Perche, du Maine et des schistes angevins. Cependant le **Loir** longe pendant quelque temps les plaines de la Beauce depuis *Châteaudun* jusqu'à *Vendôme*, et il suit à partir de Vendôme le *val du Loir*, parallèle à la vallée de la Loire, et presque aussi fertile.

III. SITUATION ÉCONOMIQUE.

Industries et villes. — La partie méridionale du Bassin parisien, arrosée par la Loire et ses affluents, moins fertile dans son ensemble que la plaine tertiaire de l'Ile-de-France, offre cependant des ressources variées, et si elle comprend des régions de landes et de marécages comme la Sologne et la Brenne, que l'on tend d'ailleurs à améliorer, elle renferme de nombreuses et fertiles vallées. La culture des **céréales** y tient moins de place que dans les parties centrales et septentrionales du Bassin parisien; mais les *pâturages*, les **cultures maraîchères**, les **vergers** et surtout les *vignobles* y ont de l'importance.

Malheureusement cette région est moins favorisée au point de vue des voies de communication. Les chemins de fer y sont assez nombreux, mais les voies navigables, si utiles pour le transport des matières lourdes, y font défaut. La Loire ne peut servir à la navigation que dans la partie de son cours qui a été canalisée depuis Roanne

1. Voir, au chap. VII, *Massif central*.

jusqu'à Briare : Orléans est uni à la Seine par un canal; mais à partir d'Orléans la navigation s'arrête. Il en résulte que certaines productions de la région de la Loire qui ne peuvent être utilisées sur place ne trouvent pas d'écoulement : ainsi les bois de la Sologne, les chaux de Maine-et-Loire, les granits de la Vienne, les houilles de l'Allier et de la Nièvre, les orges du Maine.

Maison de Jacques Cœur à Bourges.

Cette situation a eu son influence sur le développement industriel : il n'y a de grandes industries que dans la **région du Nivernais** et du **Cher**, où les *canaux* facilitent le transport des charbons, des minerais et des produits de la **métallurgie**. *Decize* et *La Machine* fournissent des houilles, mais qui ne suffisent pas au traitement des minerais. *Fourchambault* et *Guérigny* fabriquent des affûts de canons et du matériel pour la marine, *Imphy* des ressorts de voitures, *La Charité* des limes. **Nevers** produit surtout des faïences et des porcelaines renommées. Plus au nord, l'industrie des faïences et des poteries prospère aussi à *Neuvy-sur-Loire* et à *Gien*.

Les industries de la métallurgie et des poteries fleurissent également dans le Berry, principalement autour de **Vierzon**, qui a aussi des verreries. **Bourges** a une fonderie de canons déjà ancienne.

La région du Berry possède des filatures et des fabriques de draps où l'on met en œuvre les laines fournies par les moutons de la Sologne et de la Champagne berrichonne. Le principal centre de cette industrie des lainages est **Châteauroux**.

Les **chanvres** de l'Anjou alimentent l'industrie des toiles autour d'**Angers**, qui a aussi des cordonneries. La région d'Angers possède d'importantes *ardoisières* à *Trélazé*.

Les **magnaneries** des environs de **Tours** entretiennent

encore aujourd'hui dans cette ville l'industrie de la soie, bien déchue pourtant.

Enfin une industrie importante dans la région d'*Orléans* est la *minoterie*. Orléans fabrique aussi des machines agricoles.

En résumé, ces industries sont toutes locales; elles n'ont pas pris, comme dans le Nord et dans l'Est, un grand développement et n'ont pas donné naissance à de grands centres manufacturiers. Les grandes villes, comme Tours, Orléans, Bourges, n'ont pas pris d'accroissement. Angers seul tend à se développer.

IV. HISTORIQUE ET DÉPARTEMENTS.

1° Le département de la *Nièvre* a été formé par le **Nivernais**.

·**NIÈVRE**. — Chef-lieu : **Nevers** (27 000 hab.), sur la Loire. — Sous-Préfectures : *Cosne*, sur la Loire; *Clamecy* et *Château-Chinon*, sur l'Yonne. — Villes principales : *La Charité. Fourchambault.*

2° Le **Berry** comprenait le département de l'*Indre* et la plus grande partie de celui du *Cher*. Ce fut une des premières provinces acquises par les Capétiens.

CHER. — Chef-lieu : **Bourges** (46 000 hab.). — Sous-Préfectures : *Sancerre; Saint-Amand*, sur le Cher. — Ville principale : *Vierzon*.

INDRE. — Chef-lieu : **Châteauroux** (24 000 hab.), sur l'Indre. — Sous-Préfectures : *Issoudun; Le Blanc*, sur la Creuse : *La Châtre*, sur l'Indre.

3° Les départements du *Loiret*, de *Loir-et-Cher*, et une grande partie de l'*Eure-et-Loir* ont été formés par l'**Orléanais**, qui faisait partie du domaine de Hugues Capet.

LOIRET. — Chef-lieu : **Orléans** (67 000 hab.). — Sous-Préfectures : *Montargis*, sur le Loing; *Gien*, sur la Loire; *Pithiviers*.

LOIR-ET-CHER. — Chef-lieu : **Blois** (24 000 hab.). — Sous-Préfectures : *Vendôme*, sur le Loir; *Romorantin*.

EURE-ET-LOIR. — Chef-lieu : **Chartres** (23 500 hab.), sur l'Eure. — Sous-Préfectures : *Dreux, Nogent-le-Rotrou; Châteaudun*, sur le Loir.

Chartres. — La Cathédrale.

Blois. — Intérieur du Château.

4° La **Touraine** a formé le département d'*Indre-et-Loire;* elle fut réunie à la France par Philippe-Auguste en 1204.

INDRE-ET-LOIRE. — Chef-lieu : **Tours** (64 000 hab.), sur la Loire. — Sous-Préfectures : *Chinon*, sur la Vienne; *Loches*, sur l'Indre.

5° L'**Anjou** comprenait le département de *Maine-et-Loire* et la partie méridionale des départements de la *Mayenne* et de la *Sarthe*. Confisqué avec le Maine et la Touraine en 1204 par Philippe-Auguste sur Jean-sans-Terre, il fut réuni définitivement au domaine royal sous Louis XI.

MAINE-ET-LOIRE. — Chef-lieu : **Angers** (83 000 hab.), sur la Maine. — Sous-Préfectures : *Saumur*, sur la Loire; *Cholet, Segré, Baugé*.

6° Le département de la *Vienne* est compris dans l'ancienne province du *Poitou*, qui a formé aussi les départements de la **Vendée** et des **Deux-Sèvres** (voir chap. VII). Le Poitou a été réuni à la France en 1204 par Philippe-Auguste.

VIENNE. — Chef-lieu : **Poitiers**, sur le Clain (40 000 hab.). — Sous-Préfectures : *Châtellerault*, sur la Vienne; *Montmorillon, Loudun; Civray*, sur la Charente.

LECTURES.

1. — Les troglodytes du Vendômois.

A partir de Vendôme, le **Loir** décrit de grands méandres bordés de véritables falaises, roches à pic ou taillis escaladant les pentes abruptes... Toute la rive exposée au soleil s'escarpe en roches percées de cavernes et servant encore aujourd'hui de demeures. Ces villages de *troglodytes* sont peut-être les plus curieux de France; il en est d'autres, le long du Cher, sur la Loire, aux abords de Tours et de Saumur; mais ici, sur le Loir, des villages entiers, presque des villes, sont creusés dans le tuf. La rive tournée vers le Nord contient beaucoup moins de ces demeures primitives; la roche y est trop molle et trop humide.

C'est aux *Roches* qu'il faut aller pour voir, dans tout son pittoresque, ce genre particulier de demeure. Le village, peuplé de près de 600 habitants, n'a guère de maisons en dehors des habitations creusées dans le roc. A peine y a-t-il place pour la route entre le Loir et la colline. Celle-ci présente un haut rempart de tuf, des amoncellements de roches tombées, d'autres roches en surplomb. Tout cela, falaises, roches éboulées, est percé d'ouvertures. Portes et fenêtres ont été taillées à même la roche. Celle-ci a été excavée et la caverne transformée en appartement. Chambres, cuisines, caves, écuries, ont été patiemment creusées dans le tuf.

Les cheminées sont des puits qui atteignent le faîte de la colline, entourés d'une margelle destinée à les préserver de la pluie et des terres qu'elle pourrait entraîner. De loin, elles ont le vague aspect de monuments druidiques. En hiver, quand les foyers sont allumés, la fumée sort de tous ces édicules et produit l'effet le plus étrange.

De tous les villages de troglodytes, celui des Roches est un des plus saisissants; les sentiers qui joignent les maisons à la route courent entre des rochers où le figuier, l'amandier et les arbustes amis de la pierre croissent dans les fentes. Quelques vieilles murailles et, parmi les maisons construites de toutes pièces, des bâtisses vermoulues ajoutent encore au caractère étrange de ce site.

(ARDOUIN-DUMAZET, *Voyage en France*, t. Ier.)
(Berger-Levrault, éditeur.)

2. — La Sologne.

Pour bien comprendre la **Sologne**, il faut l'aborder par Orléans et suivre la longue rue du faubourg d'*Olivet*, bordée de villas et d'établissements d'horticulture qui sont la gloire de la vieille cité ; traverser le *Loiret*, suivre l'adorable rivière, si calme et si profonde entre sa double rangée de parcs et de châteaux, jusqu'à la source fameuse dans laquelle des patriotes trop ardents ont voulu voir une huitième merveille du monde. Les sources du Loiret sont un phénomène géologique, phénomène très curieux : elles ne sont guère que cela.

D'où viennent ces eaux? Les géologues y voient l'effet des pertes que la Loire subirait au-dessus d'Orléans. Et, de fait, les travaux d'endiguement du fleuve ont permis de constater des failles profondes dans le calcaire recouvert par la couche de sable.

Au-dessous de la falaise qui borde le Loiret, après une étroite bande de beaux vignobles couverts de sarments vigoureux, commence la Sologne; le cours du *Dhuy* la limite d'une façon régulière, et aussitôt on est en plein pays de sables, de bruyères, de pinèdes.

Les étangs, cette source d'infection et de fièvre, ont ici disparu. Le voisinage d'une grande ville comme Orléans, en donnant lieu à des cultures intensives, a poussé à cultiver tous les fonds susceptibles de donner du foin ou du blé ; aussi aperçoit-on, entre les bruyères et les pinèdes, de vastes et belles fermes beauceronnes.

Autour de la Ferté, quelques domaines nous montrent ce que peut le travail pour transformer un sol ingrat. Au Brou, qui appartient à l'un des membres les plus éminents de l'Académie de médecine, il y a une collection d'arbres verts de toute beauté. Sur les rives d'un vaste étang que l'on repeuple en truites d'Amérique et en perches argentées, se trouve une allée d'épicéas peut-être unique. Mais ce qui vaut mieux encore, c'est la transformation des tourbières et des landes en terres de culture au moyen d'éléments calcaires et des engrais chimiques.

Près de là s'étend la plus vaste pépinière de France; elle ne couvre pas moins de 83 hectares d'un seul tenant. Si l'on veut se rendre compte de l'infinie variété des résineux, il faut visiter cette belle exploitation de Beuvronne qui emploie, paraît-il, plus de deux cents ouvriers. Une grande allée est bordée de tous les conifères connus, et forme, par la diver-

sité des ports et des teintes, une avenue sans rivale. Ces sables et ces argiles de Sologne, défoncés à une grande profondeur, ont formé un terrain des plus favorables à la production des jeunes plants.

(ARDOUIN-DUMAZET, *Voyage en France*, t. Ier.)
(Berger-Levrault, éditeur.)

Le Bocage berrichon.

3. — La Vallée-Noire (Bocage berrichon).

Au sortir des sables d'un plateau stérile, on descend dans les terres grasses et fortes de la *Vallée-Noire*. Là on peut admirer l'immense et admirable paysage qui se déroule sous vos pieds pour se relever jusqu'aux cieux en plusieurs zones d'horizons boisés d'un violet pâle, coupé de bandes d'or par les rayons du couchant. Il n'est guère de plus beaux sites en France. La végétation vue en détail n'y est pourtant pas d'une grande beauté. Aucun grand fleuve ne sillonne ces campagnes où le soleil ne se mire dans aucun toit d'ardoise. Point de montagnes pittoresques, rien de frappant, rien d'extraordinaire dans cette nature paisible; mais un développement grandiose de terres cultivées, un morcellement infini de champs, de prairies, de taillis et de longs chemins communaux offrant la variété des formes et des nuances, dans une harmonie générale de verdure sombre tirant sur le bleu; un pêle-mêle de clôtures plantureuses, de cheminées cachées sous les vergers, de rideaux de peupliers, de pacages touffus dans les profondeurs, des champs plus pâles et des haies plus claires sur le plateau faisant ressortir les masses voisines; enfin un accord et un ensemble remarquables sur une étendue de cinquante lieues carrées.

(G. SAND, *Le Meunier d'Angibault*.)
(Calmann-Lévy et Cie, éditeurs.)

QUESTIONS.

1. *L'agriculture dans la région de la Loire.*

2. *Pourquoi le Nivernais et le Berry sont-ils seuls grands foyers industriels dans la région de la Loire?*

CHAPITRE VII

Bretagne et Vendée.

I. BRETAGNE.

Entre la baie du mont Saint-Michel et l'estuaire de la Loire, la **Bretagne** forme une presqu'île dont l'extrémité s'avance assez loin dans l'Océan. Elle se compose de **deux plateaux granitiques** allongés de l'est à l'ouest, qui tendent à se rejoindre à l'extrémité du Finistère, et qui laissent entre eux une dépression occupée par des schistes primaires. Sous un *climat très humide*, les agents atmosphériques ont fortement dégradé les massifs bretons, qui ne présentent nulle part d'arêtes vives ni de croupes imposantes. Le relief n'offre que des lignes de coteaux uniformes, qui rendent très monotone l'aspect du pays. C'est le plateau septentrional qui renferme les plus hautes altitudes : il atteint 340 mètres dans les *monts du Menez*, au sud de Saint-Brieuc, et 391 mètres au *mont Saint-Michel*, dans les monts d'**Arrée**. Au sud, les **Montagnes-Noires** culminent par 330 mètres près de l'embouchure de l'Aulne, en face de la baie de Douarnenez; puis le plateau s'abaisse rapidement et n'a plus que 175 mètres dans les *Landes de Lanvaux*, au nord de Vannes, et 91 mètres dans le *Sillon de Bretagne*, au nord de l'estuaire de la Loire.

Grâce au climat pluvieux et à l'imperméabilité du sol, la Bretagne est arrosée par de nombreux cours d'eau aux lits profonds, dans l'estuaire desquels la marée se fait sentir assez loin dans l'intérieur. Sur le versant septentrional, les rivières sont courtes; la **Rance**, la plus longue, n'a que 100 kilomètres de parcours : elle vient des monts du Menez, arrose **Dinan** (10 500 hab.) et se jette dans la *baie de Saint-Malo*.

Les cours d'eau du versant méridional sont plus étendus. Ils prennent leur source dans le plateau septentrional, traversent la dépression centrale et percent le plateau méridional par des brèches. Tels sont le *Blavet* et la *Vilaine*. Cette disposition des cours d'eau a favorisé l'établissement des canaux. La Vilaine et son affluent l'*Ille*,

qui n'est séparé de la Rance que par un faible renflement, sont unis à cette rivière par le **canal d'Ille-et-Rance**, qui complète la ligne de navigation entre Nantes et Saint-Malo. La Loire et son affluent l'Erdre sont aussi réunis aux rivières bretonnes par le **canal de Nantes à Brest**, qui suit la dépression intérieure de la Bretagne par Redon, sur la Vilaine, par la vallée de l'*Oust*, par Pontivy, sur le Blavet, et par la vallée de l'*Aulne*, jusqu'à la rade de Brest. Les deux chemins de fer qui desservent la Bretagne suivent au contraire la côte.

L'**humidité du climat** de la Bretagne entretient une végétation verdoyante; mais sur les plateaux, au sol composé de schistes cristallins, et dans la région méridionale, les terres sont maigres et occupées surtout par des landes et des bruyères.

Il faut distinguer en Bretagne plusieurs régions :

I. A l'est, entre la baie de Saint-Malo et la Loire, s'étend du nord au sud une **longue dépression** séparant des massifs bretons les massifs de Normandie et du Maine. Cette dépression est occupée par la Rance, par l'Ille, par la Vilaine et ses affluents de droite jusqu'à Redon. Ce pays, avec ses herbages, ses bois, ses pommiers à cidre, ses cultures de betterave et de céréales, ressemble aux régions de la Manche et des Bocages normand et manceau.

Le château de Vitré.

La **Vilaine** prend sa source non loin de la Mayenne, coule vers l'ouest, par *Vitré*, jusqu'à Rennes, où elle rencontre l'Ille, et se dirige ensuite vers le sud. **Rennes** (74 000 hab.), le grand marché agricole de la région, exporte les *beurres de la Prévalaye*; ses tanneries fournissent des cuirs à la cordonnerie de **Fougères** (21 000 hab.). La Vilaine longe sur sa rive droite la *forêt de Paimpont*, puis elle perce le plateau méridional de la Bretagne par une vallée étroite et encaissée, aboutit à *Redon*, où commence à se faire sentir la marée, reçoit l'**Oust** et se jette dans une baie assez profonde; son estuaire a une profondeur d'eau très faible.

La Rance à Dinan.

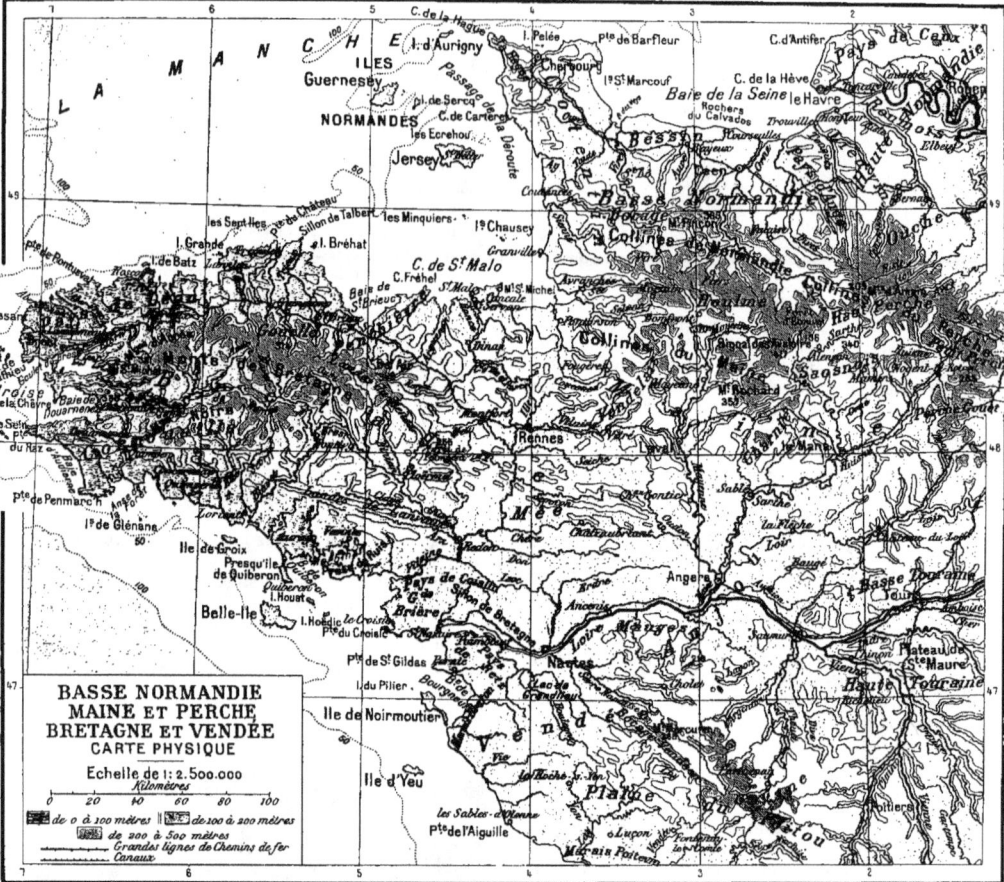

BASSE NORMANDIE
MAINE ET PERCHE
BRETAGNE ET VENDÉE
CARTE PHYSIQUE
Echelle de 1: 2.500.000
Kilomètres

J. Besson del.

II. A l'ouest de la dépression de Rennes, commence la **région bretonne** proprement dite, qui se divise en trois parties principales : le *plateau septentrional*, un *plateau intérieur*, et le *plateau méridional*.

1° Dans les parties élevées du **plateau septentrional**, le sol est pauvre, couvert de landes, le climat rude ; mais, à mesure qu'on s'avance vers la mer, les cultures deviennent de plus en plus prospères, grâce au limon qui recouvre les schistes, et aux engrais chimiques et marins : c'est la *ceinture dorée*.

2° **A l'intérieur** s'étend un plateau aux terres maigres, occupées par des bois, des bruyères, des pâturages, des champs d'avoine ; la population y est clairsemée. Ce plateau est traversé par le **Blavet**, qui vient se jeter dans la baie de Lorient, après avoir percé les landes de Lanvaux. Le plateau s'abaisse à l'ouest sur le *bassin de Châteaulin*, qui renfermait autrefois du plomb argentifère : arrosé par l'**Aulne**, c'est un pays de prairies, où l'on

élève surtout des bœufs, des chevaux de trait et des moutons.

3° Le **plateau méridional** est couvert de *landes ;* la bordure côtière est moins riche que celle du nord ; cependant on trouve encore des prairies dans les vallées (*vallée de Quimper*) ou au fond de quelques baies (*Morbihan*).

II. CÔTES BRETONNES.

(Voir aussi les Cartes, pages 15 et 16.)

Les régions les plus actives, les plus peuplées et les plus florissantes de la Bretagne, ce sont les **côtes**. Non seulement les nombreuses dentelures du rivage ont favorisé la vie maritime, mais encore les terres ont été mises en valeur par l'industrie des habitants ; la mer a fourni des engrais (*goémon*), et les hommes ont même conquis sur la mer des espaces nouveaux, véritables polders, très productifs.

L'embouchure du **Couesnon**, dans la baie du mont Saint-Michel, marque la limite de la Normandie et de la Bretagne. Sur ses rives s'étendent des polders récemment conquis. Les polders du *marais de Dol*, plus anciens, sont protégés par une digue et produisent en abondance du blé, les légumes. La douceur du climat permet la culture des primeurs. *Cancale* a des parcs d'huîtres. Plus à l'ouest, entre *Saint-Malo* et *Dinard*, commence le profond estuaire de la **Rance**. **Saint-Malo** et **Saint-Servan** (à eux deux 24 000 habitants) arment pour la grande pêche. Saint-Malo a donné à la France de hardis marins (Dugay-Trouin, Surcouf, Jacques Cartier, etc.). La marée se fait sentir jusqu'à Dinan.

A l'ouest du *cap Fréhel* se creuse la profonde et vaste *baie de Saint-Brieuc*. **Saint-Brieuc** (22 000 hab.) arme pour la pêche. Au nord de cette ville, la côte est formée par la région du *Trégorrois*, dont les terres volcaniques ont produit, par leur décomposition, un sol des plus fertiles. C'est la région par excellence du lin. La côte est découpée par de nombreux estuaires qui abritent des ports de pêche; les principaux sont *Paimpol*, *Tréguier*, dont les marins partent pour Terre-Neuve ou l'Islande. La vie maritime s'étend même assez loin dans l'intérieur, grâce à la marée qui remonte les rivières : *Lannion*, sur le Guer, a aussi des pêcheurs.

La mer creuse ensuite la *baie de Morlaix*. La zone côtière est très riche en cultures maraîchères (ceinture dorée). *Roscoff*, en face de l'*île de Batz*, *Saint-Pol-de-Léon*, et *Plougastel*, dans la rade de Brest, font un commerce important de primeurs. La population est très dense sur toute cette côte, et les Bretons qui émigrent dans les grandes villes et même à l'étranger, ouvrent des débouchés aux produits de ce pays.

Le port de Douarnenez.

La côte n'est nulle part plus découpée qu'à l'extrémité de la Bretagne. La roche, inégalement résistante, y est battue par une mer furieuse. De nombreuses îles représentent les débris de cette destruction. A l'extrémité du Finistère est l'**île d'Ouessant**, reliée à la *Pointe-Saint-Mathieu* par un cordon d'îlots. Trois baies creusent la presqu'île : la *rade de Brest*, la *baie de Douarnenez* et la *baie d'Audierne*. La rade de Brest s'ouvre par l'étroit passage du *Goulet*. Elle est très bien abritée. **Brest** (84 000 hab.) est à la fois un port militaire et un port de commerce; il a un arsenal maritime et possède l'École

navale. La *presqu'île de Crozon* sépare la rade de Brest de la baie de **Douarnenez**. Le port qui donne son nom à cette baie est un port de pêche très actif. La *pointe du Raz* s'avance en face de l'*île de Sein*. Toute cette côte est bordée d'écueils dangereux. *Audierne* est un port de pêche; mais la côte n'offre point d'abris.

La pointe du Raz.

A la *pointe de Penmarch*, la côte tourne vers l'est. **Quimper** (20 000 hab.), au fond d'un long estuaire, reçoit des navires d'un assez fort tonnage. *Concarneau* est renommé pour ses huîtres. La côte est très poissonneuse; la sardine y est l'objet d'un commerce actif, soit comme poisson frais, soit comme conserves. La côte devient ensuite sableuse; cependant elle offre encore des découpures : la *baie de* **Lorient** avec son port militaire (44 000 hab.), à l'embouchure du Blavet. Lorient a d'importantes constructions navales. En face est l'**île de Groix**. La *presqu'île de Quiberon* est une ancienne île granitique, soudée à la côte par une flèche de sable. Plus au large, **Belle-Ile** est aussi formée de schistes cristallins. A l'est, la *baie du Morbihan* ne s'ouvre que par un étroit couloir, et elle est parsemée d'îles de sables; ces sables sont couverts d'une boue noirâtre qui rend le sol très productif; on y fait des cultures maraîchères. **Vannes** (23 600 hab.) a un port qui tend à s'envaser; plus à l'ouest, *Auray* est très fréquenté, surtout à cause de son pèlerinage.

A l'embouchure de la Vilaine commence la *Basse-Bretagne*, avec la *presqu'île de Guérande* et l'estuaire de la

Les marais salants, près de Guérande.

L'Océan près du Croisic.

ESTUAIRE DE LA LOIRE
Echelle de 1:750.000

Loire. Là s'étendent des tourbières et des marais salants. Le Croisic et Batz sont bâtis sur une base granitique qui sépare Guérande de la côte. L'estuaire de la Loire s'élargit à partir de Saint-Nazaire, entre la pointe du Croisic et la pointe de Saint-Gildas.

Saint-Nazaire (36 000 hab.) est le point d'attache des paquebots pour la Vera-Cruz et Colon. Son mouvement est très important et fait baisser celui de Nantes. Cepen-

dant, depuis qu'on a établi le *canal de la Loire maritime*, en 1892, Nantes s'est relevé, et Saint-Nazaire reste presque stationnaire. Cette ville a aussi des forges et des chantiers de construction. En face, *Paimbœuf* est délaissé.

Nantes (133 000 hab.) est la principale ville de la Bretagne ; elle fait surtout un grand commerce avec l'Amérique du Centre, les Antilles et le Brésil. Son port, depuis l'aménagement du canal, peut recevoir des navires calant 6 mètres. Son mouvement serait encore plus important si la Loire était navigable en amont. Nantes a des raffineries, des fabriques de conserves. C'est le centre d'une région industrielle active : fonderies de plomb et de cuivre à *Couëron*, forges d'*Indret* et de la *Basse-Indre*.

A part la région nantaise, la Bretagne n'a pas de grande industrie. Cependant elle fabrique des toiles, dites toiles de Bretagne.

La *densité moyenne de la population* est de 81 habitants et dépasse la densité moyenne de la France, grâce à la nombreuse population qui se presse sur les côtes, surtout au nord. Dans l'intérieur, elle est disséminée en des fermes et en de petits hameaux, comme dans tous les pays de nature granitique et schisteuse. Les petites villes et les anciens châteaux sont bâtis sur des promontoires.

La Bretagne est la province qui a le mieux conservé ses anciennes coutumes et sa langue. La langue bretonne cependant recule de plus en plus vers l'extrémité de la presqu'île, et se parle surtout dans l'intérieur ; c'est un idiome celtique, apporté au VIᵉ siècle par les Bretons insulaires de la Grande-Bretagne, qui, refoulés par les Anglo-Saxons, émigrèrent dans la Péninsule armoricaine.

Le château de Nantes.

Un intérieur breton.

III. LA VENDÉE.

Au sud de la Loire, les granits et les schistes vendéens sont le prolongement du massif armoricain ; ils projettent aussi une presqu'île, mais de forme plus lourde. Le pays vendéen se compose principalement d'une masse granitique, *la Gâtine*, bordée au nord et au sud par des *schistes primaires*. Elle culmine par 285 mètres, et la **Sèvre Nantaise** s'y est frayé une vallée profonde. Le

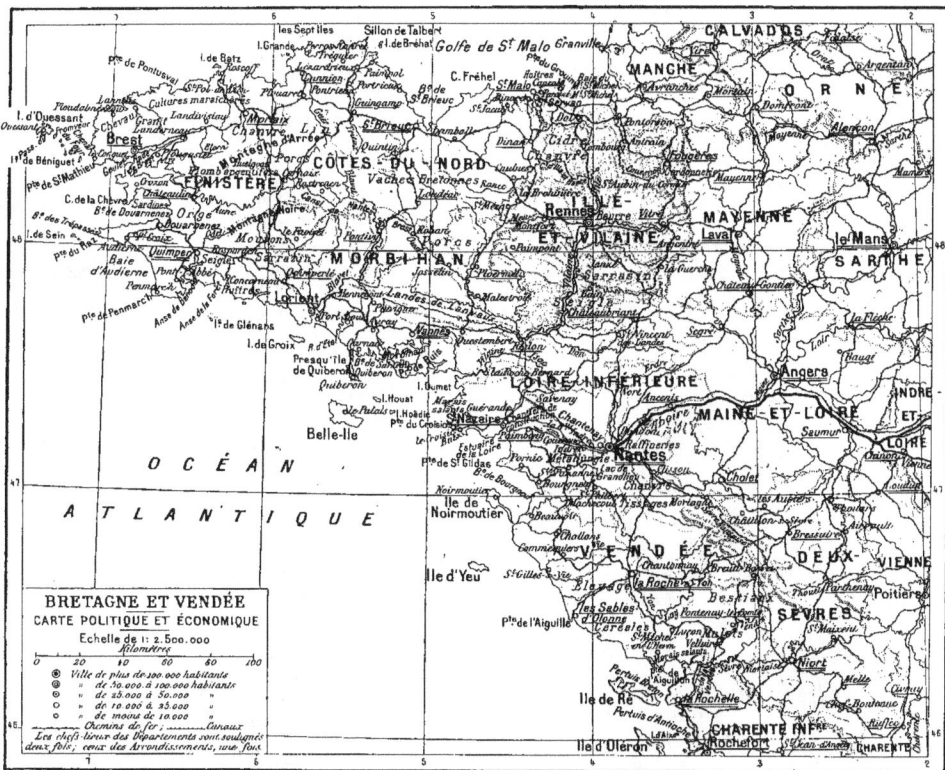

BRETAGNE ET VENDÉE
CARTE POLITIQUE ET ÉCONOMIQUE
Echelle de 1: 2.500.000
Kilomètre
0   20   40   60   80   100
⦿ Ville de plus de 100.000 habitants
◉   »   de 50.000 à 100.000 habitants
◎   »   » 25.000 à 50.000
○   »   » 10.000 à 25.000
○   »   » de moins de 10.000
—— Chemins de fer ; .... Canaux
Les chefs-lieux des Départements sont soulignés
deux fois, ceux des Arrondissements, une fois.

J. Besson del.

La Sèvre Nantaise à Clisson.

Thouet et un grand nombre de rivières côtières, parmi lesquelles la Vendée, y prennent aussi leur source. C'est surtout un pays d'élevage (chevaux, mulets, bêtes à cornes). Les arbres qui enclosent les prairies lui donnent un aspect boisé ressemblant au premier abord à celui du Bocage. Les habitations y sont disséminées. *Parthenay*, sur le Thouet, est le principal marché de bestiaux de cette région.

Les terrains schisteux des *Mauges*, au sud du Val d'Anjou, et le *Bocage* ont un aspect boisé ; ils sont couverts de prairies encloses de haies et d'arbres, et de champs cultivés ; de plus en plus les landes se défrichent, le sol est amélioré par des engrais et des amendements à la chaux ; les sentiers encaissés sont remplacés par des routes et des chemins mieux entretenus. Le pays des Mauges est aussi une région industrielle, où l'on tisse la toile : *Cholet* est le principal centre du tissage et a un marché de bestiaux.

La principale ville du Bocage est **La Roche-sur-Yon** (13 600 hab.).

Au sud du Bocage s'étend une bande jurassique, la *plaine vendéenne*, terre de céréales, avec *Fontenay-le-Comte*, sur la Vendée, et *Luçon*. Plus au nord, le *marais poitevin*, drainé par la **Sèvre Niortaise**, s'interpose entre le pays vendéen et la plaine du Poitou ; c'est une terre d'alluvions très riche, drainée par des canaux, qui n'a presque pas besoin d'engrais, et qui gagne sans cesse sur la mer.

Femme des Sables-d'Olonne

IV. CÔTES VENDÉENNES.

Le Bocage vendéen se termine à l'extrémité de l'estuaire de la Loire par la *pointe de Saint-Gildas,* au sud de laquelle se creuse la *baie de Bourgneuf. Pornic* est une station fréquentée au nord de la baie ; celle-ci se comble de plus en plus par les alluvions de la Loire et par les débris que la mer arrache aux côtes bretonnes. Ces alluvions forment le *Marais breton*. L'**île de Noirmoutier** communique à marée basse avec la terre ferme. Cette île, avec ses cultures de céréales et ses plantations de pins, est très fertile, de même que le marais. Plus au sud, en face du marais, mais au large, on découvre l'**île d'Yeu**, dont la population se compose surtout de marins. Le

principal port du Bocage est *Les Sables-d'Olonne :* c'est surtout un port de pêche. L'Océan forme *l'anse de l'Aiguillon,* autour de laquelle se développe le *Marais poitevin,* qui gagne sur la mer environ 30 hectares par an.

V. HISTORIQUE ET DÉPARTEMENTS.

1º La **Bretagne**, qui fut réunie à la France par le mariage d'Anne de Bretagne avec Charles VIII, a formé les départements d'*Ille-et-Vilaine*, *Côtes-du-Nord, Finistère, Morbihan* et *Loire-Inférieure.*

ILLE-ET-VILAINE. — Chef-lieu : **Rennes** (74 000 hab.), centre agricole, commercial et industriel. — Sous-Préfectures : **Fougères,** *Saint-Malo, Vitré, Redon, Montfort.*

CÔTES-DU-NORD. — Chef-lieu : **Saint-Brieuc** (22 000 hab.). — Sous-Préfectures : *Dinan, Guingamp, Lannion, Loudéac.*

FINISTÈRE. — Chef-lieu : **Quimper.** — Sous-Préfectures : **Brest** (84 000 hab.), port militaire ; *Morlaix, Quimperlé, Châteaulin.*

MORBIHAN. — Chef-lieu : **Vannes** (23 600 hab.). — Sous-Préfectures : **Lorient** (44 000 hab.), *Pontivy, Ploërmel.*

LOIRE-INFÉRIEURE. — Chef-lieu : **Nantes** (133 000 hab.), grand centre industriel et commercial, port sur la Loire. — Sous-Préfectures : **Saint-Nazaire** (36 000 hab.), *Ancenis, Paimbœuf, Châteaubriant.*

2º Les départements de la *Vendée* et des *Deux-Sèvres* faisaient partie de l'ancienne province du **Poitou** (voir chapitre VI).

VENDÉE. — Chef-lieu : **La Roche-sur-Yon.** — Sous-Préfectures : *Les Sables-d'Olonne, Fontenay-le-Comte.* — Ville principale : *Luçon.*

DEUX-SÈVRES. — Chef-lieu : **Niort** (24 000 hab.). — Sous-Préfectures : *Parthenay, Bressuire, Melle.*

LECTURES.

1. — Les beurres de la Prévalaye.

Rennes est surtout un marché agricole où viennent s'entreposer les produits d'une campagne fertile et singulièrement en progrès. Les chemins de fer, en ouvrant aux beurres bretons les marchés de Paris, ont donné à l'élevage du bétail un immense essor. Même Rennes, par le nom d'un des domaines de sa banlieue immédiate, **la Prévalaye,** a centralisé — avec *Morlaix* — le commerce des beurres bretons. Une trentaine de maisons recueillent le produit des campagnes ; les moins importantes exportent au moins 500 000 kilog. ; beaucoup envoient chaque année dix millions de kilog. Jadis *Rennes* faisait chaque année pour trente ou trente-cinq millions d'affaires en beurre ; ce commerce s'est décentralisé, les centres de production expédient directement, mais l'exportation rennaise atteint encore plus de quinze millions. La fraude a causé de grands désastres ; ces beurres sont, à Paris et même en Bretagne, mélangés de margarine, ce qui a fort réduit le prix ; les beurres d'exportation sont un moment tombés de 2 fr. 60 à 2 fr. 10 le kilog., et la margarine vaut 1 fr. 30 à peine. Les marchands de *Rennes* se sont émus, leur action contre la fraude n'a pas été sans effet dans le vote de la loi qui frappe sévèrement les fraudeurs.

(Ardouin-Dumazet, *Voyage en France,* t. V.)
(Berger-Levrault, éditeur.)

Saint-Malo.

2. — Les polders de Bretagne.

Une visite des **polders** est fort intéressante. Le paysage est ample et majestueux par la simplicité et l'horizontalité de ses lignes, comme par sa profonde solitude. En dehors des grandes fermes où se centralisent les travaux d'exploitation de chaque polder, il n'y a aucune habitation. Ces fermes, construites sur de vastes plans alimentés d'eau amenée des collines voisines, présentent un ordre et un aménagement bien rares en Bretagne; un bétail superbe remplit les étables. Tout autour, les champs disposent leurs damiers entre les levées des polders, celles-ci sont elles-mêmes livrées parfois à la culture: l'asperge y prospère. On a sous les yeux un paysage agricole qui rappelle, avec la variété en plus, les riches contrées du Nord, Picardie et Flandre.

Tout autre est l'aspect du *marais de Dol*. La conquête du sol y étant bien plus ancienne, la propriété bien plus morcelée, on sent davantage l'intensité de la vie humaine: les champs, de moyenne étendue, sont entourés d'arbres: frênes, saules, peupliers. A l'est, les terres reconquises sont bordées par une haute falaise granitique allant de *Roz-sur-Couesnon* aux abords de *Dol;* cette falaise, couverte de beaux châtaigniers et de chênes, est longée par une route où les maisons se suivent presque sans interruption, maisons de granit, dont beaucoup, d'apparence cossue, sont fleuries de géraniums et de roses trémières. Des arbres surchargés de fruits: pommiers et poiriers, quelques noyers, ombragent les jardins et peuplent les vergers. C'est un joli petit pays.

(ARDOUIN-DUMAZET, *Voyage en France*, t. V.)
(Berger-Levrault, éditeur.)

3. — La vallée de l'Erdre.

Dans cette Bretagne, combien de sites inconnus, dignes d'admiration! Je viens de parcourir une de ces contrées dont la célébrité serait grande si on la rencontrait en Ecosse ou en Suisse. Dans notre pays, en dehors des géographes, se doute-t-on de l'existence de la vallée de l'**Erdre**, de ses lacs, de ses fiords, de ses admirables rives?... La rivière de l'*Erdre* serait plus connue si on pouvait longer la rivière et les lacs. Mais aucune route ne la borde, chemins de fer et chemins se tiennent loin sur les hauteurs ou bien au delà des marais. A moins d'avoir un bateau à vapeur pour remonter à Nort, il est presque impossible de visiter ce curieux bassin de rivières, suite de lacs et de défilés, d'aspect tour à tour aimable et grandiose.

L'*Erdre* comprend deux parties: la rivière, une étroite rivière, et la zone lacustre. La première commence non loin

d'*Angers*, pour se diriger vers *Candé*, par une vallée bizarrement régulière. Au delà de cette ville, le cours d'eau devient plus tortueux, mais les villages sont rares; c'est une des parties les plus désertes de la Bretagne. Parvenue au delà de Joué, la rivière tourne brusquement au sud pour se diriger vers *Nort*.

Cette petite ville est dans une situation charmante, les landes de *Suffré* y finissent brusquement par des pentes douces, descendant vers l'Erdre et la dépression où passe le canal de *Nantes à Brest*. La ville est une longue rue traversant l'Erdre sur un pont très élevé. Au-dessous même du pont, est un petit port; l'Erdre devient navigable sur ce point. Nort est le port d'attache des bateaux à vapeur qui font le service du remorquage sur les lacs.

La rivière, d'abord très étroite, s'élargit peu à peu. Elle coule, paresseuse et profonde, entre de belles campagnes, des bois et des parcs, pendant une lieue. Elle atteint ainsi un village nommé la *Poupinière;* là, brusquement, elle s'élargit, formant un lac ovale, appelé *plaine de la Poupinière*. Le mot plaine remplace ici notre mot lac.

Le lac a deux kilomètres de long; il peut avoir mille mètres dans sa plus grande largeur. Les rives en sont malheureusement basses, bordées de marécages; du bord on ne peut en embrasser l'étendue.

(ARDOUIN-DUMAZET, *Voyage en France*, t. II.)
(Berger-Levrault, éditeur.)

4. — Saint-Malo.

Saint-Malo, bâti sur la mer et clos de remparts, semble, lorsqu'on arrive, une couronne de pierres posée sur les flots, dont les mâchicoulis sont les fleurons. Les vagues battent contre les murs et, quand il est marée basse, déferlent à leur pied sur le sable. De petits rochers couverts de varechs surgissent de la grève à ras du sol comme des taches noires sur cette surface blonde. Les plus grands, dressés à pic et tout unis, supportent de leurs sommets inégaux la base des fortifications, en prolongeant ainsi la couleur grise et en augmentant la hauteur. Au-dessous de cette ligne uniforme de remparts, que çà et là surmontent des tours et que perce ailleurs l'ogive aiguë des portes, on voit les toits des maisons serrés l'un près de l'autre, avec leurs tuiles et leurs ardoises, leurs petites lucarnes ouvertes, leurs girouettes découpées qui tournent, et leurs cheminées de poterie rouge dont les fumignons bleuâtres se perdent dans l'air.

Tout à l'entour, sur la mer, s'élèvent d'arides îlots sans arbres ni gazon, sur lesquels on distingue de loin quelqu pans de mur percés de meurtrières tombant en ruines et dont chaque tempête enlève de grands morceaux.

En face de la ville, rattaché à la terre ferme par une longue jetée qui sépare le port de la pleine mer, de l'autre côté du bassin, s'étend le quartier de *Saint-Servan*, vide, spacieux, presque désert et couché tout à son aise dans une grande prairie vaseuse. A l'entrée se dressent les quatre tours de Solidor, reliées entre elles par des courtines, et noires du haut en bas. Cela seul nous récompense d'avoir fait ce long circuit sur la grève, en plein soleil de juillet, au milieu des chantiers, parmi les marmites de goudron qui bouillaient et les feux de copeaux dont on flambait la carcasse des navires.

Le tour de la ville par les remparts est une des plus belles promenades qu'il y ait. Personne n'y vient. On s'assoit dans l'embrasure des canons, les pieds sur l'abîme. On a devant soi l'embouchure de la Rance, se dégageant comme un vallon entre deux vertes collines, et puis les côtes, les rochers, les flots et partout la mer. Derrière vous se promène la sentinelle, dont le pas régulier marche sur les dalles sonores.

(FLAUBERT, *Voyage en Bretagne.*)
(Fasquelle, éditeur.)

5. — Paysages bretons.

I. La campagne paimpolaise en février. — Maintenant Paimpol et la mer, et les îles, et les caps boisés de sapins sombres, tout cela venait de disparaître derrière un repli du terrain ; une campagne plus triste s'étendait devant moi.

Cette journée de février était calme, très morne, l'air était presque doux, et le ciel restait bleu par places, un peu voilé seulement, comme toujours est le ciel breton.

Je m'en allais par des sentiers humides, bordés, suivant le vieil usage, de hauts talus en terre qui muraient tristement la vue. L'herbe rase, les mousses mouillées, les branches nues sentaient l'hiver. A tous les coins de ces chemins, de vieux calvaires étendaient leurs bras gris ; ils portaient des sculptures naïves, retouchées bizarrement par les siècles : les instruments de la passion, ou bien des images grimaçantes du Christ.

De loin en loin, on voyait les chaumières à toit de paille, toutes verdies de mousse, à demi enfouies dans la terre et les branchages morts. Les arbres étaient rabougris, dépouillés par l'hiver, tourmentés par le vent du large. Personne nulle part, et tout cela était silencieux..... Un grand paysage triste dont les lointains s'estompaient dans les gris noirs. C'étaient

des plaines, des plaines monotones avec des fantômes d'arbres ; un lac d'eau marine à l'heure de la basse mer, un lac vide creusé dans les assises de granit, prairie profonde d'algues et de varechs, avec une île au milieu.....

Paysage de Bretagne.

II. Saint-Pol-de-Léon un jour d'été. — Un beau jour d'été à **Saint-Pol-de-Léon**, c'est-à-dire une chose rare dans cette région de brumes : une espèce de rayonnement mélancolique répandu sur tout ; la vieille ville du moyen âge comme réveillée de son morne sommeil dans le brouillard, et rajeunie ; le vieux granit se chauffant au soleil ; le clocher de *Creizkeer*, le géant des clochers bretons, baignant dans le ciel bleu, en pleine lumière, ses fines découpures grises marbrées de lichens jaunes. Et tout à l'entour la lande sauvage, aux bruyères roses, aux ajoncs couleur d'or, exhalant une senteur douce de genêts fleuris.

(PIERRE LOTI, *Mon Frère Yves.*)
(Calmann-Lévy et Cie, éditeurs.)

QUESTIONS.

1. *Expliquer par le climat et par la composition du sol le caractère des cultures bretonnes. — Opposer à ce point de vue la côte septentrionale et les terres de l'intérieur.*

2. *La Loire en Bretagne.*

3. *Caractériser un paysage breton.*

4. *Expliquer les dénominations de « Bocage » données à certaines régions (Bocages normand, vendéen, etc.).*

CHAPITRE VIII

Le Massif Central.

Le **Massif Central** couvre une superficie qui représente *plus de la sixième partie du territoire de la France*. Très nettement **délimité** à l'est par la vallée de la Saône et du Rhône, au sud par la plaine du Languedoc et le seuil de Naurouze, il s'abaisse en pentes douces au nord sur la plaine du Bassin parisien, à l'ouest sur le seuil de Poitou, et au sud-ouest sur le Bassin aquitain. Du côté du Bassin parisien, les formations jurassiques du Berry peuvent en marquer à peu près la limite ; mais, au sud-ouest, les Causses, qui se rattachent au Massif central par leur relief, ne sont plus des roches primitives ou primaires, comme l'ensemble du massif ; elles sont de formation jurassique. Tandis que l'accès du Massif Central est

assez difficile du côté de l'est et du sud, il s'ouvre par des vallées vers la Loire et vers la Garonne.

I. CONSTITUTION GÉOLOGIQUE[1].

Le Massif Central est, comme le Massif armoricain, de formation ancienne et se compose principalement de **roches primitives**, granits et roches cristallines ; mais il a subi dans son relief et dans sa constitution géologique d'importantes modifications. A la fin de l'époque primaire, des dislocations profondes ont amené la forma-

1. Voir la Carte de la France Géologique, page 3.

tion de **dépôts houillers** sur le pourtour du massif et, dans l'intérieur, suivant une ligne de dépression que parcourt aujourd'hui le chemin de fer de Moulins-Montluçon-Toulouse. A l'époque secondaire, des **dépôts jurassiques** formèrent les *plateaux des Causses* et les *monts Garrigues*, qui s'interposent entre les roches cristallines du *Rouergue* et de la *Montagne-Noire* et les schistes des *Cévennes*.

La partie orientale du Massif Central subit, à l'âge suivant, le contre-coup du mouvement qui donna naissance aux Alpes : ainsi se formèrent plusieurs **séries de plissements** orientés d'une façon générale du sud au nord : ce sont d'abord, à l'est, les chaînes qui s'interposent entre la dépression de la Loire et la vallée du Rhône et de la Saône; puis à l'ouest de la Loire, les massifs du *Velay*, du *Forez* et de *la Madeleine*; enfin, à l'ouest de la Limagne, le plateau qui supporte aujourd'hui les sommets volcaniques de la *chaîne des Puys*.

A la fin de l'époque tertiaire, les **dépôts lacustres** comblèrent les dépressions du *Forez*, de la *Limagne* et du *Bourbonnais*. Les **éruptions volcaniques** déposèrent des *laves* et des *basaltes* qui exhaussèrent certaines parties du massif, notamment dans la région de l'*Auvergne* et celle du *Velay*. Enfin, le Massif Central subit encore différentes modifications par suite de l'**action glaciaire**.

Ainsi fut constitué le Massif Central.

II. DIVISION DU MASSIF CENTRAL.

Les points culminants sont dans les régions affectées par les phénomènes volcaniques : le **Puy de Sancy** (1886 mètres) offre la plus grande altitude du massif.

Le Puy de Sancy.

Mais si l'on ne tient pas compte des changements survenus par suite de l'action volcanique, on remarque que, d'une façon générale, le plateau de soubassement du Massif Central a sa partie culminante au sud-est, dans les Cévennes, au mont Lozère, et qu'il s'abaisse progressivement vers le nord-ouest, mais avec une pente double, l'une orientée vers le nord, l'autre vers le sud-ouest.

L'âge et la nature des roches établissent dans le Massif Central des différences importantes quant à l'aspect du relief, à la végétation et à la répartition des populations. Mais le climat, rude en général, est à peu près partout le même, sauf dans les vallées bien abritées. La plupart des roches étant imperméables, les cours d'eau sont en général des torrents, qui roulent une grande quantité d'eau à la fonte des neiges et à la saison des pluies, mais se réduisent à de maigres ruisseaux pendant la saison sèche.

Nous diviserons l'étude du Massif Central en plusieurs parties :

1° *A l'est*, une série de massifs qui, du seuil du Lauraguais ou de Naurouze, à la Côte d'Or, dominent la plaine du Languedoc et la vallée du Rhône et de la Saône;

2° Les *massifs entre Loire et Allier*, comprenant les monts du Velay, du Forez et de la Madeleine;

3° Les *massifs à l'ouest de l'Allier*, avec les chaînes volcaniques;

4° Les *plaines et bassins* où coulent la Loire et l'Allier;

5° Les *plateaux calcaires des Causses*;

6° Les *plateaux granitiques du nord-ouest*, Millevaches, Limousin, Marche, Combrailles.

1. Bord oriental du Massif Central.

Cette bordure orientale est formée presque tout entière par des massifs ou des plateaux de granit ou de *schistes cristallins*. Cependant les *Monts Garrigues* sont constitués par des *calcaires jurassiques*.

1° Au sud, la **Montagne-Noire** domine le seuil du Lauraguais (*Col de Naurouze*) et s'élève graduellement vers l'est. Le point culminant est le *pic de Nore* (1210 mètres). Entre la Montagne-Noire et la vallée de la Garonne, le *Coteau Saint-Félix* forme la transition. A l'est, le massif se prolonge par les **monts de l'Espinouse**, avec les sources de l'Agout, et au nord les **monts de Lacaune**, entre le Tarn et l'Agout. Les pentes occidentales, exposées aux vents humides de l'ouest, sont occupées par des *pâturages* et par des *forêts de hêtres*. L'**Agout** y creuse une longue et profonde vallée. Le versant oriental offre un aspect très différent : la pente y est plus rapide, et de ce côté seulement le massif offre l'aspect d'une chaîne avec ses escarpements schisteux, flanqués de gradins jurassiques. Là, sous le soleil du Midi, s'étagent des vignobles, les *vignobles* de l'Hérault. L'**Orb** s'y fraye un passage au milieu des *châtaigneraies*.

Sur le pourtour du massif prospère l'**industrie des lainages** : à *Bédarieux*, *Lodève*, *Saint-Pons*, surtout à **Castres** (28 000 hab.) et à *Mazamet*. C'est la région du **bassin houiller de Graissessac**. La voie ferrée de Clermont-Ferrand à Béziers franchit le massif et suit la vallée de l'Orb, par *Bédarieux*.

2° A l'est de la vallée de l'Orb, la bordure du Massif Central est formée par les *pentes jurassiques* qui prolongent les Causses et qui portent le nom de **Garrigues**, à cause des chênes garrus, arbres nains qui les couvrent. Le sol est aride, presque dépourvu de terre végétale; les eaux des pluies s'infiltrent quand elles ne s'écoulent pas en torrents à la surface pendant les orages, très violents en cette région. La population y est très clairsemée, sauf aux environs de Nîmes, où jaillissent de belles sources, et où s'étendent des plantations d'*oliviers*.

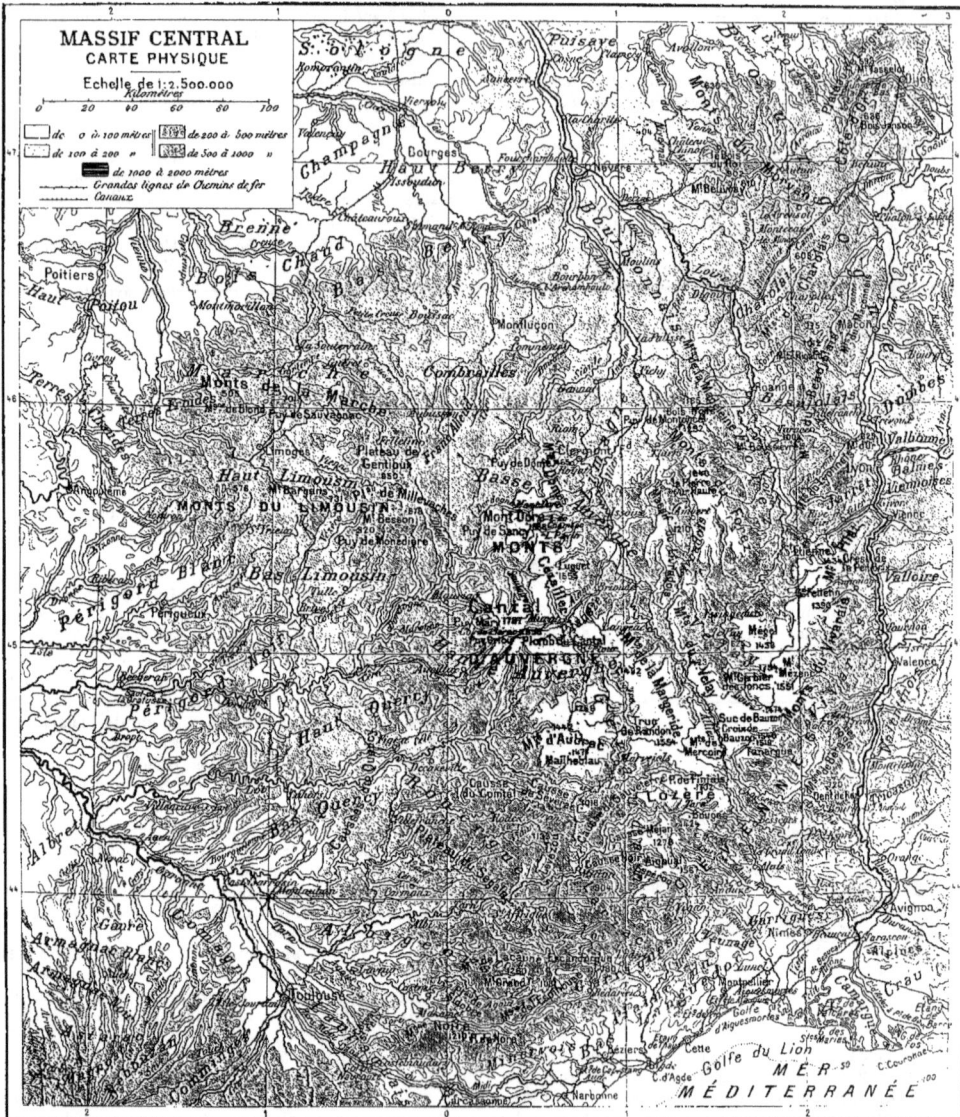

J. Besson del.

Cependant les *plantes odorantes* des monts Garrigues sont utilisées par les parfumeurs. Les *moutons à laine* qui y paissent fournissent à l'industrie de Bédarieux.

3° Au nord-est des monts Garrigues reparaissent les *roches granitiques* avec le chaînon de l'**Espérou**, où prennent naissance l'Hérault et un des affluents du Tarn. Plus loin, le massif de l'**Aigoual** (1567 mètres) est sur-

monté d'un observatoire météorologique où, se voit très nettement la démarcation entre le climat humide du Massif Central et le climat sec et ensoleillé de la Provence, qui se fait sentir déjà sur les pentes des Cévennes. On donne dans le pays le nom de **Cévennes** au versant oriental de cette partie du rebord du Massif Central. Entre les monts de l'Aigoual et les monts du Vivarais, s'étendent des plateaux schisteux ou granitiques, orientés parallèlement de l'ouest à l'est et séparés par des failles. Le point culminant est au **mont Lozère** (*Pic de Finiels*, 1702 m.). Ces plateaux sont occupés par des *pâturages* qu'entrecoupent quelques *bois de pins*. Les sommets sont couverts de neige pendant huit mois de l'année, et, en été, les moutons viennent y paître.

Les cours d'eau descendent sur la vallée du Rhône par des gorges profondes (les *Gardons*, la *Cèze*, le *Chassezac*, l'*Ardèche*); ils ont une allure torrentielle et, pendant l'automne, des orages fréquents les font considérablement

Pont naturel sur l'Ardèche.

grossir. On plante des pins pour atténuer les ravages de ces crues. Les gorges sont bordées de châtaigneraies où le paysan cévenol fait dériver l'eau en y creusant des rigoles. C'est dans cette région des Cévennes, restée encore en majeure partie protestante, que les Camisards résistèrent aux troupes de Louis XIV.

A cause de la raideur des pentes, il a été difficile d'établir des voies de communication dans cette région. Le Cévenol suit des sentiers appelés *draillis*. Les routes sont encore peu nombreuses, et il a fallu de grands travaux d'art pour établir la *voie ferrée de Paris à Nîmes* par la vallée du *Chassezac*, affluent de l'Ardèche. Sur les dernières pentes des Cévennes, on cultive le *mûrier*, qui était autrefois la grande ressource du pays. L'industrie de la soie s'est encore conservée à Alais. Au pied des Cévennes s'étend le **bassin houiller d'Alais**, la *Grand'-Combe* et *Bessèges*, un des plus productifs du Massif Central.

4° Au nord des Cévennes, les **monts du Vivarais** sont formés de *roches granitiques* surmontées de *pics volcaniques*, parmi lesquels sont les points culminants du massif : **mont Mézenc** (1754 mètres), **mont Gerbier-des-Joncs** (1551 mètres). A l'est, dans le *massif des Coirons*, qui domine la vallée du Rhône, la lave a recouvert le calcaire; au nord, le **mont Pilat** (1434 mètres) est granitique. La région volcanique du Vivarais a un aspect très mouvementé, avec des pics de formes variées, des murailles déchiquetées. Elle est, en maints endroits, dépourvue de végétation; cependant on trouve de *beaux pâturages* sur le versant occidental du Mézenc. Le versant oriental est entaillé de profonds ravins où coulent des torrents. Dans les vallées prospèrent les *vergers* et les *cultures maraîchères*. Sur les pentes, les *châtaigniers* produisent les « marrons de Lyon ». Les *vignobles* donnent des produits estimés. Enfin la culture du *mûrier* est une des principales occupations : la soie brute alimente l'industrie lyonnaise. Les eaux des torrents sont utilisées dans les papeteries d'*Aubenas* et d'*Annonay*. Cette région fournit le plomb argentifère de *Largentière*, la pierre à chaux de *Lafarge*, les eaux minérales de *Vals*, enfin des minerais de houille et de fer utilisés dans quelques hauts-fourneaux.

Au nord des monts du Vivarais s'ouvre la *dépression de Saint-Étienne*, où coulent, en sens inverse, le Gier, affluent du Rhône, et le Furens, affluent de la Loire. Le sol est constitué par des **terrains houillers**, qui servent à alimenter les industries très actives de la région de Saint-Étienne. La *voie ferrée de Saint-Étienne à Lyon* utilise cette dépression; c'est la première ligne de chemin de fer construite en France (1831).

5° Les **monts du Lyonnais**, orientés du sud-ouest au nord-est, sont compris entre la dépression de Saint-Étienne et celle de la *Brévenne*. Ils n'atteignent pas 1000 mètres. Formés de roches granitiques et schisteuses, ils sont sillonnés par de nombreux ruisseaux qui entretiennent des *pâturages*. Sur les pentes, quelques *bois de chênes et de pins*, des *châtaigneraies*, et, sur les étages inférieurs, des *vignobles*. Ils s'avancent jusqu'à Lyon, qu'ils dominent par la colline de Fourvières, un des points importants de la défense de Lyon. *Saint-Galmier*, dans les monts du Lyonnais, a des eaux minérales.

6° Les **monts du Beaujolais**, un peu plus à l'ouest, dominent la vallée de la Loire et sont séparés, par la vallée d'un affluent de la Saône, des **monts du Mâconnais**, qui dominent la Saône. Tandis que les monts du Beaujolais atteignent et dépassent même 1000 mètres, ceux du Mâconnais ne dépassent guère 750 mètres. Les **vignobles** prospèrent sur les pentes des deux chaînons. *Villefranche*, pour le Beaujolais, et *Mâcon*, pour le Mâconnais, en sont les principaux marchés. Les sommets sont couronnés de bois, surtout dans le Mâconnais. Dans la région du Beaujolais se sont développées d'importantes industries textiles.

Au nord des monts du Beaujolais s'étendent en longues ondulations les **monts du Charolais**, sorte de plateau qui s'abaisse vers la dépression du canal du Centre et où se développent de larges vallées. Sur les croupes, de grandes *forêts*, et, sur les plateaux jurassiques qui descendent vers la Loire, de beaux *pâturages* où l'on élève les bœufs charolais. *Charolles* a des foires importantes.

La **dépression du canal du Centre**, occupée par la *Dheune*, affluent de la Saône, et par la *Bourbince*, affluent de la Loire, est, comme la dépression de Saint-Étienne, constituée par des **terrains houillers**. C'est la région métallurgique du *Creusot*. Elle sépare le Massif Central du massif du Morvan.

Le Pas de la Cère.

Ainsi, ce rebord oriental ne forme pas une chaîne continue, comme en donnait l'idée l'appellation générale de Cévennes. C'est une suite de massifs et de chaînons, quelquefois même ce ne sont que les gradins de plateaux qui s'étendent assez avant dans l'intérieur, comme les Garrigues.

2. *Massifs entre Loire et Allier.*

Les **monts du Velay**, entre les hautes vallées de la Loire et de l'Allier, sont formés, *de masses volcaniques recouvrant un plateau granitique*. Ils culminent par 1423 mètres d'altitude. La ligne de faîte est assez nettement marquée par une suite de *cônes volcaniques* que réunissent des coulées de basalte. Ces cônes sont revêtus de *forêts de pins*. L'industrie du Velay est celle de la **dentelle**, connue sous le nom de dentelle du Puy.

Les **monts du Livradois** et du **Forez** continuent au nord les monts du Velay. Les formations vol-

caniques disparaissent; on ne trouve plus que la *roche cristalline*, couverte de *pâturages*, de *forêts* ou de *landes*. Les monts du Forez culminent par 1640 mètres à la **Pierre-sur-Haute**. Sur les flancs sont des *fromageries*, des *soieries hydrauliques*.

Une dépression sépare les monts du Forez des *Bois-Noirs* et des **monts de la Madeleine**, qui s'étendent au nord entre la Limagne et la plaine de Roanne. Ils sont couverts de bois, et s'abaissent graduellement sur la plaine du Bourbonnais.

3. *Massifs à l'ouest de l'Allier.*

1° Au nord-ouest des monts Lozère commencent les *plateaux granitiques* du **Gévaudan**, assez nettement délimités à l'est par la vallée de l'Allier, à l'ouest par celle de la Truyère, qui les sépare des masses volcaniques de l'Aubrac; au nord-ouest, un affluent de l'Allier les sépare des plateaux volcaniques du Cantal. Les monts du Gévaudan comprennent les **monts de Mercoire** et les **monts de la Margeride**. L'Allier y prend sa source. Ce sont en général de larges croupes uniformes, aujourd'hui dénudées, couvertes seulement d'une herbe grossière, et

La vallée du Lioran (Cantal).

dans la partie septentrionale des monts de la Margeride, quelques champs de seigle et de pommes de terre occupent les parties basses. Le climat y est très rude, la population clairsemée. Les monts de la Margeride culminent au **Signal ou Truc-de-Randon** (1554 mètres).

Un buron dans le Cantal.

2º La partie médiane du Plateau Central est celle qui a été le plus modifiée par l'activité volcanique. On pense que certains sommets auraient atteint 3000 mètres, mais les glaciers de l'époque quaternaire les ont considérablement dégradés ; des éboulements ont fait disparaître les cônes, et les sommets d'aujourd'hui ne sont autre chose que les dentelures. Tels sont les « **puys** » du Cantal et les monts Dore.

Au sud, les **monts d'Aubrac**, entre la Truyère et le Lot, sont constitués par des *coulées basaltiques*, couvertes de *pâturages*. On y élève des bœufs et des vaches. La fabrication du beurre et du fromage y est une grande industrie.

Dans le **massif du Cantal**, les puys sont rangés en cercle ; les principaux sont : le **Puy ou Plomb du Cantal** (1858 mètres), le **Puy Mary** (1787 mètres), le **Puy Grion**. Du puy Mary partent plusieurs vallées qui rayonnent en forme d'étoile, et d'où les eaux descendent vers la *Dordogne*, la *Truyère* et l'*Allier*. Deux de ces vallées, dans le prolongement l'une de l'autre, servent de passage à la *voie ferrée de Clermont-Ferrand à Aurillac*, qui unit la vallée de l'Allier à celle de la Dordogne, en perçant la ligne de faîte, à 1159 mètres d'altitude, par le *tunnel du Lioran*.

Les **monts Dore**, séparés des monts du Cantal par le plateau volcanique du **Cézallier**, ont la même constitution. Ils renferment le point culminant du Massif Central, le **Puy de Sancy** (1886 mètres), où la Dordogne prend sa source. Dans le voisinage sont les sources thermales du *Mont-Dore* et de *la Bourboule*.

Le versant occidental des monts Dore et des monts du Cantal est couvert de *pâturages*. On y fabrique des fromages. Les bœufs de Salers, dans le Cantal, sont renommés. Sur le versant oriental, quelques champs de seigle coupent les forêts.

3º Plus au nord, entre l'Allier et son affluent la Sioule, s'étale la **chaîne des Puys**, dont les volcans sont de date plus récente ; la lave y est à nu en maints endroits ; on y trouve plusieurs cratères. Quelques-uns de ces anciens cratères sont occupés par des lacs : tel est le *lac Pavin*. Certains sommets, comme le **Puy de Dôme** (1465 mètres), ont des formes arrondies. Près de Clermont jaillissent les sources thermales de *Royat*.

4. *Plaines de la Loire et de l'Allier.*

La **Loire** et l'**Allier** traversent dans le Massif Central une série de bassins et de plaines dont le fond était autrefois couvert par des lacs et qui ont été comblés par des alluvions. En général, ils contrastent, par leur richesse et par la douceur relative de leur climat, avec les régions montagneuses avoisinantes. Aussi sont-elles les parties les plus peuplées du Massif Central.

1º La **Loire**, née au *mont Gerbier-des-Joncs* par 1375 mètres d'altitude, traverse d'abord le *bassin du Puy*, dans le Velay. Dans ce bassin s'élèvent quelques buttes volcaniques. Le Puy

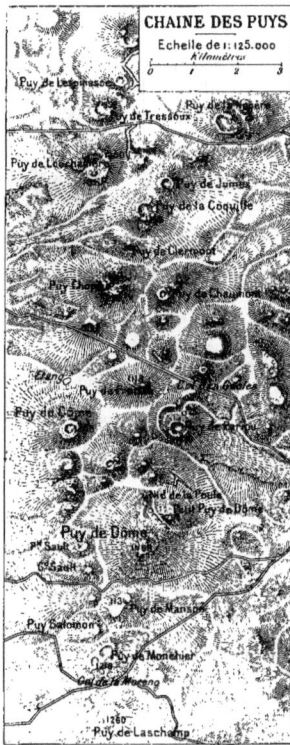

CHAINE DES PUYS
Echelle de 1 : 125.000

Le Puy de Dôme.

(20 800 hab.) est bâti sur les flancs de l'une d'elles, à peu de distance de la Loire ; il est le centre de l'industrie dentellière du Velay. La Loire coule ensuite à travers des défilés jusqu'à ce qu'elle entre dans la **plaine du Forez**, où elle reçoit le Furens, qui arrose Saint-Étienne. Cette plaine, parsemée d'étangs, n'est pas très salubre ; mais elle produit des *céréales*, du *chanvre* et de la *vigne*. *Montbrison* s'y élève sur une butte basaltique.

Le lac de Guéry.

A sa sortie du Forez, la Loire passe encore dans un étroit couloir par où elle aboutit dans la **plaine de Roanne**. Un peu moins élevée que celle du Forez, elle n'a que 250 à 280 mètres d'altitude. La Loire est accompagnée, à partir de Roanne, par un *canal* qui se continue jusqu'à Briare. A *Digoin* s'embranche le **canal du Centre**, qui suit le cours de la *Bourbince* et celui de la *Dheune*. A *Decize*, la Loire sort du Massif Central pour entrer dans le Bassin parisien.

Dans la haute vallée de l'Allier.

2° L'**Allier** est d'abord resserré entre les monts de la Margeride et les monts du Velay, dans une vallée très pittoresque, où les gorges atteignent parfois 500 m. de profondeur. Cette vallée est suivie par la *ligne du Bourbonnais de Paris à Nîmes*. L'Allier entre ensuite dans le *bassin de Brioude*, puis dans la petite plaine verdoyante d'Issoire, et enfin, après avoir traversé de nouveaux défilés, dans la **plaine de la Limagne**. Cette plaine, de 310 mètres d'altitude moyenne, est d'une remarquable fertilité, et produit en abondance les *céréales*, la *betterave*, les *fruits*, les *légumes*, la *vigne*. Des industries s'y sont développées : *industries alimentaires, textiles, papeteries, coutelleries*, etc.

Le principal centre est **Clermont-Ferrand** (52 000 hab.), qui a des distilleries, des confiseries, et qui exporte des fruits confits. C'est aussi une belle ville universitaire. Elle est bâtie au pied du Puy de Dôme, à quelque distance de l'Allier. En général, à cause des étangs qui

Thiers.

occupent le centre du bassin, les villes sont bâties sur le pourtour : *Thiers*, connue pour sa coutellerie, *Gannat, Riom ; Vichy*, sur l'Allier, a des sources minérales très célèbres. La Limagne a été la grande voie de pénétration de la France du Nord vers l'Auvergne et le Midi.

L'Allier coule ensuite dans la *plaine du Bourbonnais*, où il reçoit la *Sioule*, passe à **Moulins** (23 000 hab.) et va se réunir à la Loire un peu en aval de Nevers, au lieu dit *Bec-d'Allier*. Son débit est considérable à l'époque des crues, mais très faible à l'étiage. Entre l'Allier et la Loire s'étend une haute plaine infertile, occupée par des bois et des étangs, et qu'on appelle la *Sologne bourbonnaise*.

Clermont-Ferrand.

Rocamadour, sur un rebord des Causses.

profondes, que la roche presque à pic enferme comme entre deux murailles hautes de 400 à 600 mètres. Les vallées ne sont larges que de 30 à 500 mètres; elles rappellent les cañons des Montagnes Rocheuses. Les communications sont très difficiles d'une vallée à l'autre. La population se porte dans les vallées, tandis que les plateaux sont à peu près délaissés; cependant ils portent des *pâturages* que paissent de grands troupeaux de moutons. L'industrie des fromages de brebis est la spécialité de la région de *Saint-Affrique* et de *Roquefort*, dans l'Aveyron. Les principales vallées sont celles du **Tarn** avec *Florac* et *Millau;* de l'**Aveyron** avec **Rodez**, à la limite du plateau granitique du Ségala et des Causses; du **Lot** avec **Mende** et **Cahors**. Un chemin de fer suit la vallée du Lot depuis Mende et rejoint celle de l'Aveyron.

Les Causses sont bordés à l'ouest par le *plateau du Ségala*, de nature granitique, qui se rattache à la Montagne-Noire et aux monts de Lacaune. La principale culture y est le seigle et le châtaignier; les vallées, bien abritées, y sont assez riches. Sur le pourtour s'échelonnent les **bassins houillers** de **Carmaux**, *Aubin* et *Decazeville*.

Les gorges du Tarn.

5. *Plateaux calcaires des Causses.*

Entre les monts d'Aubrac et la Montagne-Noire s'étendent de vastes plateaux calcaires, les **Causses**, dont nous avons vu que les monts Garrigues forment le rebord oriental. Ils sont séparés par le Lot des monts de la Margeride et d'Aubrac. D'une altitude très élevée, qui dépasse parfois 1000 mètres, et constitués par un sol excessivement perméable, ils sont d'une grande sécheresse, et d'un climat très rude, très rigoureux en hiver, très chaud en été, et exposés aux vents. Les rivières les ont profondément entaillés; elles coulent dans des gorges

Le Lot à Cahors (le pont Valentré).

La rue des Bouchers, à Limoges.

6. *Plateaux du nord-ouest.*

A l'ouest des monts d'Auvergne, le plateau granitique s'abaisse progressivement sur le Bassin parisien, le seuil du Poitou et le Périgord. Le climat devient de moins en moins rude.

Le plateau de Millevaches, à l'ouest des monts Dore, dont il est séparé par la Dordogne, culmine par 954 mètres. Très abondamment arrosé par les pluies, il est un centre hydrographique important, d'où sortent la *Creuse*, la *Vienne*, la *Vézère* et la *Corrèze*. Il se continue par les **monts du Limousin**, d'où coulent aussi de nombreuses rivières vers la Creuse, la Vienne, la Charente et la Dordogne.

Dans toute la région du Limousin, les vallées sont profondes, les rivières forment de nombreuses cascades. Le pays est verdoyant, occupé par des bois, des herbages, des châtaigneraies.

La **Vienne** arrose **Limoges** (84 000 hab.), la capitale du Limousin, qui doit une grande partie de son importance à l'*industrie des* **porcelaines**, et aussi à sa situation sur la ligne d'Orléans à Bordeaux. L'industrie de la porcelaine es

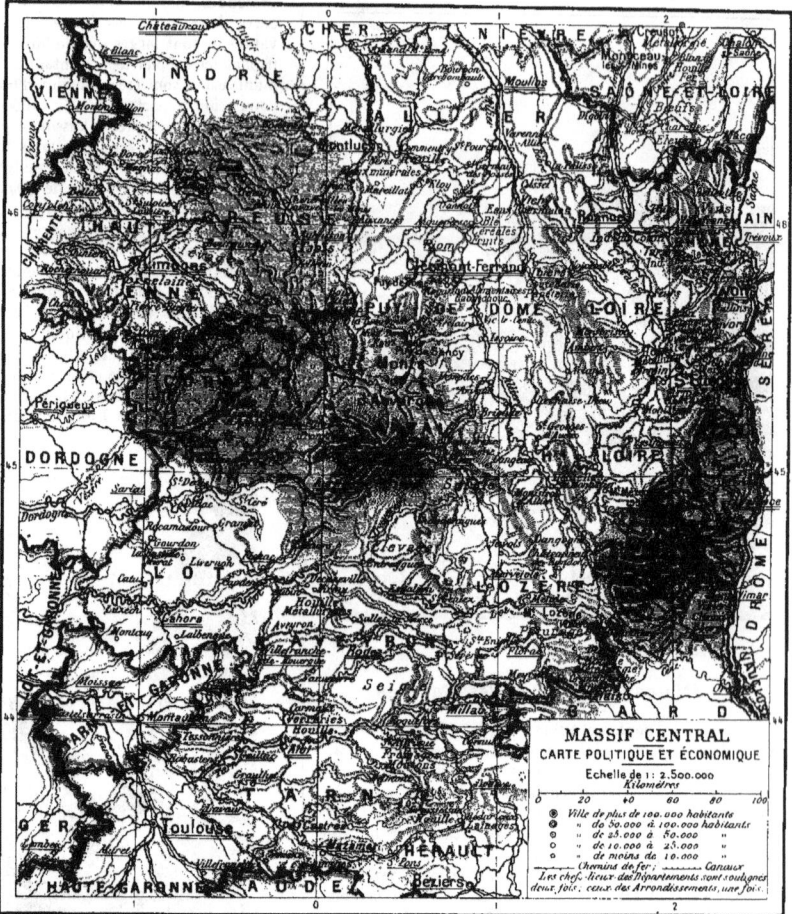

MASSIF CENTRAL
CARTE POLITIQUE ET ÉCONOMIQUE
Échelle de 1 : 2.500.000

J. Besson del.

surtout alimentée par le kaolin de *Saint-Yrieix*. Quelques villes du Limousin sont bâties sur des collines : ainsi *Rochechouart*. En général, d'ailleurs, dans tout le Massif Central, les villes et les châteaux forts avaient été bâtis autrefois sur des monticules, pour la facilité de la défense.

Au sud du Limousin, **Tulle**, sur la Corrèze, a une manufacture d'armes à feu. Dans la vallée de la Corrèze s'élève aussi **Brive-la-Gaillarde** (20 000 hab.)

Entre la Gartempe et l'Indre s'étendent les **monts de la Marche**, qui culminent par 701 mètres. Les ruisseaux y sont très nombreux ; l'**Indre** prend sa source à l'est. On y trouve des pâturages, où l'on élève des bêtes à cornes. Le sol, assez pauvre, est cependant amélioré par des amendements qui permettent la *culture du blé*. La **Creuse** passe à *Aubusson*, célèbre par son industrie de la tapisserie, et près de *Guéret*.

Uzerches, sur la Corrèze.

À l'est de la Manche et au nord des monts d'Auvergne s'étend le **plateau de Combrailles**, assez uniforme, mais coupé de vallées profondes, comme celles du **Cher** et de ses affluents. Le pays, peu fertile, est parsemé de bouquets de bois. À la limite du plateau, du côté des monts d'Auvergne, s'étendent des **bassins houillers**, qui ont favorisé le développement de la métallurgie à *Commentry* et à **Montluçon**.

III. INDUSTRIES DU MASSIF CENTRAL.

En résumé, si l'on excepte la bordure orientale, la **Limagne** et quelques vallées favorisées, le Massif central n'offre guère comme ressources végétales que ses *pâturages*, ses *châtaigneraies* et ses bois. Malheureusement, certaines régions ont été déboisées, comme la région du Velay, et ce déboisement a eu pour conséquences non seulement d'aggraver l'irrégularité des cours d'eau, mais encore d'appauvrir le sol.

Mais sur le pourtour du Massif se sont développées des **industries**, grâce aux **gisements houillers**.

Les bassins houillers se répartissent ainsi :

1° **Bassin de Graissessac.** — Dans cette région, on fabrique des **lainages** à *Mazamet, Saint-Pons, Bédarieux, Lodève*.

2° **Bassin d'Alais.** — Alais (25 000 hab.). Industries métallurgiques de la *Grand'Combe*, aciéries de *Bessèges*. Un peu plus au nord sont les forges de l'Ardèche.

3° **Bassin de Saint-Étienne.** — Dans ce bassin se sont développées des **industries très actives, métallurgiques et textiles** : hauts-fourneaux de *Firminy*, fonderie de canons d'*Unieux*, fabriques de quincaillerie, de limes, etc...; manufacture d'armes à feu de *Saint-Étienne* ; usines de *Saint-Chamond*, pour la fabrication de canons, de pièces en fer et en acier pour les navires ; fabriques de plaques de blindages, de roues, d'essieux, de chaînes, de chaudronneries, verreries à *Rive-de-Gier*. L'industrie textile est surtout représentée par les rubaneries de Saint-Étienne et de sa banlieue. **Saint-Étienne**, sur le Furens, est en effet le centre principal de cette région. Sa population s'est considérablement accrue pendant le XIXᵉ siècle : de 26 000 habitants en 1806, elle s'élève aujourd'hui à 146 000.

Cette région se rattache à la région lyonnaise et se prolonge au nord par Roanne (35 000 hab.), *Tarare* et *Villefranche*, qui ont des fabriques de tissus de coton et de mousselines.

4° **Bassin du Creusot.** — Il fournit les houilles de *Blanzy*, de **Montceau-les-Mines** (30 500 hab.), alimente de nombreuses forges et des hauts-fourneaux. **Le Creusot** (30 500 hab.) fabrique des machines, des canons, des locomotives, des pièces pour la marine. Cette région a aussi des tuileries et des fours à chaux.

5° **Bassin du Bourbonnais.** — *Commentry* est le principal centre d'extraction. **Montluçon** (35 000 hab.)

doit à la métallurgie son rapide développement. Elle est aussi un important nœud de voies ferrées. Au bassin du Bourbonnais on peut rattacher le petit bassin d'*Ahun*, dans la vallée de la Creuse.

6° **Bassins du Rouergue.** — Les gisements de *Decazeville* et d'*Aubin* alimentent la métallurgie de *Villefranche*. Celui de **Carmaux** alimente surtout des verreries et des aciéries.

Quelques villes ont conservé leurs industries traditionnelles : **Thiers** sa coutellerie, *Aubusson* ses tapisseries, **Limoges** ses porcelaines, *Tulle* ses fabriques d'armes. Enfin quelques régions ont des industries locales, toutes rurales : le Velay a ses dentelles, le Cantal sa chaudronnerie (*Saint-Flour*), le Vivarais ses magnaneries, enfin les monts d'Auvergne et les Causses leurs fromageries.

Une grande ressource pour le pays, ce sont aussi les **eaux minérales et thermales** (*Vichy*, le *Mont-Dore*, la *Bourboule, Royat, Vals, Saint-Galmier*).

La population de certaines régions pauvres du Massif central émigre vers les grandes villes : ce sont surtout les habitants du Cantal et ceux de la Marche.

Malgré les difficultés qu'offrait le relief, les **voies de communication** ont pénétré la partie la plus élevée du massif et ont apporté un peu de vie dans ces pays bien isolés jusqu'alors. Le reboisement des montagnes, les amendements du sol dans certaines régions apporteront encore des améliorations importantes.

IV. HISTORIQUE ET DÉPARTEMENTS.

Dans le Massif central sont comprises les anciennes provinces suivantes : le *Lyonnais*, le *Bourbonnais*, la *Marche*, le *Limousin*, l'*Auvergne*, le *Haut-Languedoc*, le *Rouergue* (partie de la Guyenne).

1° Le **Lyonnais** revint à la France sous Philippe le Bel. Il a pour capitale Lyon, dans la vallée du Rhône, au confluent de la Saône. Il a formé les départements du *Rhône* et de la *Loire*.

LYON. — Place Bellecour.

RHÔNE. — Chef-lieu : **Lyon**, grande ville commerçante, industrielle (soieries) et universitaire (459 000 hab.). — Sous-Préfecture : *Villefranche*. — Autres villes : *Tarare, Givors*.

LOIRE. — Chef-lieu : **Saint-Etienne** (146 000 hab.), centre du bassin houiller. — Sous-Préfectures : **Roanne** (35 000 hab.), *Montbrison*. — Villes principales : *Rive-de-Gier, Saint-Chamond, Firminy*.

12

2º Le **Bourbonnais**, réuni à la France sous François Iᵉʳ par la confiscation des biens du duc de Bourbon, a formé le département de l'*Allier*.

ALLIER. — Chef-lieu : **Moulins** (23 000 hab.). — Sous-Préfectures : **Montluçon** (35 000 hab.), *Gannat, La Palisse.* — Ville principale : *Commentry.*

3º La **Marche**, réunie également à la France sous François Iᵉʳ, a formé une partie du département de la *Haute-Vienne* et celui de la *Creuse.*

CREUSE. — Chef-lieu : **Guéret.** — Sous-Préfectures : *Aubusson, Bourganeuf, Boussac.*

4º Le **Limousin**, acquis définitivement au domaine royal après la guerre de Cent ans, a formé les départements de la *Haute-Vienne* (moins la région de la *Marche*) et de la *Corrèze.*

HAUTE-VIENNE. — Chef-lieu : **Limoges** (84 000 hab.), connue par son industrie de la porcelaine. — Sous-Préfectures : *Saint-Yrieix, Rochechouart, Bellac.*

CORRÈZE. — Chef-lieu : **Tulle.** — Sous-Préfectures : *Ussel, Brive* (20 000 hab.).

5º L'**Auvergne** fut acquise aussi sous François Iᵉʳ par la confiscation du domaine de la maison de Bourbon. Elle comprenait les départements du *Puy-de-Dôme*, du *Cantal*, et une partie de la *Haute-Loire.*

PUY-DE-DÔME. — Chef-lieu : **Clermont-Ferrand** (53 000 hab.). — Sous-Préfectures ; *Thiers* (17 000 hab.), *Riom, Ambert, Issoire.* — Villes principales : *Royat, La Bourboule.*

CANTAL. — Chef-lieu : **Aurillac** (17 000 hab.). — Sous-Préfectures : *Saint-Flour, Mauriac, Murat.* — Ville principale : *Salers.*

6º Les départements du **Languedoc** compris dans le Massif central sont :

HAUTE-LOIRE. — Chef-lieu : **Le Puy** (20 800 hab.). — Sous-Préfectures : *Yssingeaux, Brioude.*

ARDÈCHE. — Chef-lieu : **Privas.** — Sous-Préfectures : *Tournon, Largentière.* — Villes principales : *Annonay* (18 000 hab.), *Aubenas.*

LOZÈRE. — Chef-lieu : **Mende.** — Sous-Préfectures : *Marvejols, Florac.*

TARN. — Chef-lieu : **Albi** (22 500 hab.). — Sous-Préfectures : *Castres* (28 000 hab.), *Lavaur, Gaillac.* — Villes principales : *Carmaux, Mazamet.*

ALBI. — Vue générale.

Les départements du *Gard* et de l'*Hérault* ont une partie comprise aussi dans le Massif central.

7º L'*Aveyron* (Rouergue) et le département du *Lot* faisaient partie de l'ancienne **Guyenne.**

AVEYRON. — Chef-lieu : **Rodez** (16 000 hab.). — Sous-Préfectures : *Villefranche, Espalion, Millau. Saint-Affrique.* — Ville principale : *Decazeville.*

LOT. — Chef-lieu : **Cahors** (14 000 hab.). — Sous-Préfectures : *Figeac, Gourdon.*

LECTURES.

1. — Les Cévennes méridionales.

Les **Cévennes méridionales**, qui s'étendent du col de *Naurouze* au *Lozère*, encombrent de leurs masses énormes, ici sous le nom de l'*Espinouse*, plus loin sous le nom de *mont Garrigues*, tout le nord-ouest du département de l'Hérault. Entre le *pic de Caroux* dans les *monts de l'Espinouse* et le *plateau de Larzac* dans les *monts Garrigues*, se développe une succession de hautes collines appelées *monts d'Orb*, du nom de la rivière d'*Orb* qui en caresse la base, depuis *Notre-Dame-d'Antignaguet* jusqu'au hameau de la *Trévale*. La nature des monts d'Orb diffère absolument de celle des Cévennes proprement dites. Abrités du vent, d'un côté par les murailles granitiques du *Caroux*, de l'autre par les remparts graveleux du *Larzac*, ces mamelons, qui se marchent sur les pieds les uns aux autres, sont, à certains endroits, une manière de serre chaude où cuisent au soleil les fruits les plus sucrés des climats méridionaux. Ainsi, tandis que l'Espinouse recouvre des pentes abruptes de châtaigniers et de hêtres, que le Larzac prolonge jusque dans l'Aveyron ses landes sauvages clairsemées de genêts et de chênes verts rabougris, les monts d'Orb étalent orgueilleusement aux yeux leurs coteaux où verdit la vigne, leurs vallées où mûrissent la figue et l'olive, leurs petites plaines resserrées où se profilent, en ligne droite, de longues rangées d'amandiers, de mûriers et de micocouliers.

Dans les replis sinueux des *monts d'Orb*, bourdonnent, comme autant de ruches d'abeilles, de nombreux villages, dont toute la fortune dépend de leur plus ou moins bonne exposition au midi. Les vents glacés du *Caroux* sont un véritable fléau, et pour peu que quelque hameau s'avise de tourner son visage au nord, malheur à lui! S'il est posé sur les collines basses, il pourra peut-être encore, grâce à son éloignement de la grande montagne, récolter un peu de vin, de froment, de miel; mais si, comme Serviès, par exemple, il s'accroche aux chaînons mêmes de l'Espinouse, il devra se résigner à vivre de seigle, de châtaignes et surtout du commerce de ses bestiaux. Du reste, le paysan des parties hautes, soumis à une existence plus dure, plus misérable, en lutte constante avec les éléments, ne ressemble en rien, par ses mœurs, son attitude, son costume, aux paysans des mamelons voisins de la plaine. C'est surtout aux foires de *Bédarieux* et de *Saint-Gervais*, deux cantons de l'Hérault enclavés dans les *Cévennes méridionales*, qu'éclate ce singulier contraste de caractères. Tandis que les campagnards de la *vallée d'Orb*, vêtus proprement de bonne serge ou de velours vert bouteille, guillerets et bruyants, affluent à *Bédarieux* avec leurs mulets chargés de grains et de fruits, l'habitant des hautes cimes se dirige vers *Saint-Gervais*, morne, d'un pas lourd, le corps enseveli dans un vêtement étrange de toile de genêt appelé *grisaoudo*, et suivi d'interminables troupeaux de moutons, de chèvres, de bœufs bêlants et mugissants. A *Bédarieux*, on trafique, en se gouaillant, de l'amande, de l'olive, du miel, des cocons, du froment, productions naturelles d'un sol aimé du soleil; à *Saint-Gervais*, on vend du bétail; et ici, le marché est plus grave que là, car si l'homme peut abandonner sans regret les fruits de l'arbre qu'il a planté, il ne se sépare pas sans déchirement de la bête qu'il a nourrie.

(F. FABRE, *Les Courbezou*.)
(Fasquelle, éditeur.)

Vue de la ville du Puy et du Rocher Saint-Michel.

2. — Le Bassin du Puy.

Rien ne peut donner l'idée de la beauté pittoresque de ce **bassin du Puy**, et je ne connais point de site dont le caractère soit plus difficile à décrire. Ce n'est pas la Suisse, c'est moins terrible ; ce n'est pas l'Italie, c'est plus beau ; c'est la France centrale avec tous ses vésuves éteints et revêtus d'une splendide végétation ; ce n'est pourtant ni l'Auvergne ni le Limousin que tu connais. Ici, point de riche Limagne, arène vaste et tranquille de moissons et de prairies abritées au loin par un horizon de montagnes soudées ensemble ; point de plateaux fertiles fermés de fossés naturels. Non, tout est cime et ravin, et la culture ne peut s'emparer que de profondeurs resserrées et de versants rapides. Elle s'en empare, elle se glisse partout, jetant ses frais tapis de verdure, de céréales et de légumineuses avides de la cendre fertilisée des volcans, jusque dans les interstices des coulées de lave qui la rayent dans tous les sens. A chaque détour anguleux de ces coulées, on entre dans un désordre nouveau qui semble aussi infranchissable que celui que l'on quitte ; mais quand des bords élevés de cette enceinte tourmentée on peut l'embrasser d'un coup d'œil, on y retrouve les vastes proportions et les suaves harmonies qui font qu'un tableau est admirable, et que l'imagination n'y peut rien ajouter. L'horizon est grandiose. Ce sont d'abord les Cévennes : dans un lointain brumeux, on distingue le *Mézenc* avec ses longues pentes et ses brusques coupures, derrière lequel se dresse le *Gerbier-des-Joncs*, cône volcanique qui rappelle le Soracte, mais qui, partant d'une base plus imposante, fait un plus grand effet. D'autres montagnes, de formes variées, les unes imitant dans leurs formes hémisphériques les autres vosgiens, les autres plantées en murailles droites, çà et là vigoureusement ébréchées, circonscrivent un espace de ciel aussi vaste que celui de la campagne de Rome, mais profondément creusé en coupe, comme si tous les volcans qui ont labouré cette région eussent été contenus dans un cratère commun d'une dimension fabuleuse.

Au-dessus de cette magnifique ceinture, les détails du tableau se dessinent parfois avec une prodigieuse netteté. On distingue une seconde, une troisième, et, par endroits, une quatrième enceinte de montagnes également variées de formes, s'abaissant par degrés vers le niveau central des trois rivières qui sillonnent ce qu'on peut appeler la plaine ; mais cette plaine n'est qu'une apparence relative ; il n'est pas un point du sol qui n'ait été soulevé, tordu ou crevassé

par les convulsions géologiques. Des accidents de terrain énormes ont jailli du sein de cette vallée, et dénudés par l'action des eaux, ils forment aujourd'hui ces *dykes* monstrueux qu'on trouve déjà en Auvergne, mais qui se présentent ici avec d'autres formes et dans de plus vastes proportions. Ce sont des blocs d'un noir rougeâtre qu'on dirait encore brûlants, et qui, au coucher du soleil, prennent l'aspect de la braise à demi éteinte. Sur leurs vastes plates-formes, taillées à pic et dont les flancs se renflent parfois en forme de tours et de bastions, les habitants bâtirent des temples, puis des forteresses et des églises, enfin des villages et des villes. *Le Puy* est en partie dressé sur la base d'un de ces dykes, le *rocher Corneille*, une des masses homogènes les plus compactes et les plus monumentales qui existent, et dont le sommet, jadis consacré aux dieux de la Gaule, puis à ceux de Rome, porte encore les débris d'une citadelle du moyen âge, et domine les coupoles romanes d'une admirable basilique tirée de son flanc.

(G. SAND, *Le Marquis de Villemer*.)
(Calmann-Lévy et Cie, éditeurs.)

3. — Les Causses.

Il n'est pas douteux qu'à une époque antérieure de la Terre, tous ces plateaux de roches jurassiques ne formaient qu'un seul causse régulier, déposé par la mer dans le détroit méridional du massif granitique de la France. Quoique le *causse Méjean*, situé à peu près vers le milieu de la série des plateaux, soit d'une centaine de mètres plus élevé que les autres, cependant ses assises correspondent à celles des causses environnants ; elles se développaient en strates continues des rivages de l'Hérault à ceux du Lot et de l'Aveyron. Les torrents issus des anciens glaciers qui s'épanchaient des roches les plus élevées des Cévennes ont entamé peu à peu la pierre, l'ont creusée en défilés et ont fini par tailler, à travers toute l'épaisseur des assises, les formidables choses qui font aujourd'hui l'étonnement des géologues.

Si les rivières coulent d'un flot constant dans les profondes gorges, par contre l'eau manque presque complétement à la surface des plateaux. Le sol, percé de fissures, laisse filtrer l'eau de pluie comme dans un crible : elle disparaît aussitôt. En certains endroits, les fentes de la roche sont élargies, les parois intermédiaires se sont effondrées, et l'on voit de grands entonnoirs, ou *avens*, ou *tindouls*, s'ouvrir dans le calcaire jusqu'à d'effrayantes profondeurs ; mais presque partout la surface du causse est uniforme et les puits souterrains ne sont indiqués que par de simples lézardes superficielles. Nulle part ne jaillit une source. L'eau vive manque donc complétement sur les causses de la Lozère, du Rouergue et du Quercy ; les habitants n'ont pour

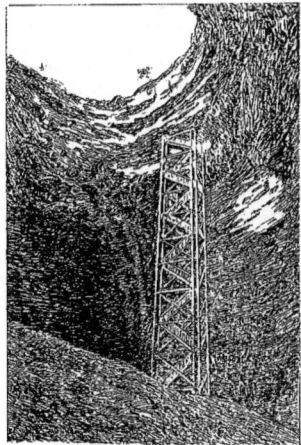

Le Gouffre de Padirac.

eux-mêmes et leurs bestiaux que l'eau de pluie recueillie dans les citernes ou *larognes*, soigneusement cimentées à l'intérieur. Encore ces larognes sont-elles presque toujours vides en été ; il faut alors faire venir l'eau, à dos de bœuf ou de cheval, des des rivières qui coulent à plusieurs kilomètres de distance dans les gorges profondes. Cette rareté des eaux sur les plateaux calcaires est compensée par une grande richesse de fontaines sur le pourtour des talus extérieurs : dans tous les cirques d'érosion dont les plateaux sont échancrés, jaillissent des sources d'eau claire, entourées de verdure et d'arbres qui contrastent de la manière la plus heureuse avec les pentes arides des environs. Une de ces sources, celle d'un sous-affluent du Tarn, a pris le nom de *sorgues*, comme la rivière de Vaucluse, et mérite en effet de lui être comparée. La Vis, plus abondante que l'Hérault, dans lequel elle perd son nom, jaillit aussi du rocher par une superbe fontaine. Nombre de sources qui s'élancent de la base des causses et qui restent presque ignorées à cause de leur situation dans une contrée presque déserte, seraient considérées comme de véritables trésors dans un pays de terres irriguées ou de manufactures.

Là où l'eau manque, manquent aussi la végétation forestière et les habitants. Sur les causses, on ne voit point d'arbres, à peine quelques broussailles dans les creux garantis du vent. La pierre n'est revêtue que d'une herbe courte, et

les habitants, peu nombreux, n'ont utilisé que de faibles surfaces pour la culture de l'orge, de l'avoine, de pommes de terre. Plusieurs communes des causses n'ont pas dix habitants par kilomètre carré ; il en est même qui ont seulement le tiers de cette population. Les trois communes réunies du *causse Méjean* n'avaient, en 1866, que 1162 habitants, soit un seul individu pour 34 hectares ; encore plusieurs familles de ces misérables communes vivent-elles, non sur le plateau, mais dans les vallons inclinés du pourtour.

(E. RECLUS, *La France.*)
(Hachette, éditeur.)

CHAPITRE IX

Les Pyrénées.

I. ASPECT GÉNÉRAL.

Le **massif des Pyrénées** s'élève entre les plaines de la Garonne et de l'Adour d'un côté, et le bassin de l'Èbre de l'autre. Il est partagé entre la France et l'Espagne ; mais la France ne possède environ qu'un tiers de la surface du massif. Les Pyrénées s'élèvent plus rapidement en France ; le contraste avec la plaine y est marqué.

Le **versant français**, exposé aux vents humides de l'Océan, a été plus altéré par l'action des eaux que le versant espagnol ; les sommets ont été dégradés. Les pics sont plus dentelés, et les eaux ont creusé entre eux des cirques. Les débris emportés par les anciens glaciers ont formé sur la rive gauche de la Garonne le *plateau de Lannemezan*.

Au contraire, sur le **versant espagnol**, les montagnes, peu arrosées, ont mieux gardé leur structure primitive ; l'élévation y est aussi plus grande, les forêts plus nombreuses.

Le soulèvement des Pyrénées appartient, comme celui des Alpes, à l'époque tertiaire. Elles ont été formées par des plissements à peu près parallèles, orientés en général de l'E.-S.-E. à l'O.-N.-O. Les terrains granitiques apparaissent au centre de la chaîne, mais sans former une ligne continue, et de chaque côté on retrouve, au nord et au sud, des bandes successives de terrains primaires, jurassiques, crétacés et tertiaires.

Les **Pyrénées n'offrent pas une ligne de faîte continue**, mais une suite de chaînons parallèles ; les principaux sommets sont groupés sur la frontière suivant deux

lignes de direction à peu près semblable, mais qui se soudent à angle aigu au *Val d'Aran*.

Les cours d'eau, au lieu de suivre des vallées longitudinales entre les chaînes, percent ces chaînes successivement, passant d'un cirque à l'autre par d'étroites brèches. C'est un trait distinctif des Pyrénées, qui les différencie des Alpes, où les cours d'eau suivent d'abord de longues vallées longitudinales, avant de percer des vallées transversales.

Malgré leur altitude inférieure et leur épaisseur moindre, **les Pyrénées sont plus difficiles à traverser que les Alpes.** C'est qu'il n'y a pas entre les massifs de dépressions profondes, et l'altitude, sauf aux deux extrémités du massif, ne s'abaisse jamais au-dessous de 2 000 mètres. De loin, les Pyrénées apparaissent à l'horizon comme une haute muraille au sommet dentelé. Elles offrent une masse importante, à cause de leur élévation brusque au-dessus de la plaine sur le versant français. La **Maladetta** (3 404 mètres) n'a d'ailleurs été gravie que depuis peu de temps. *L'altitude moyenne des Pyrénées est de 2 500 mètres.*

Dans la partie élevée des Pyrénées, on ne trouve pas de villages aussi nombreux que dans les Alpes, à cause de l'élévation constante de la chaîne. Cependant, grâce à la latitude plus méridionale, les habitations s'élèvent plus haut que dans les Alpes. Dans les hautes vallées sont des villes d'eaux. Les **eaux minérales et thermales** des Pyrénées, très fréquentées, sont depuis longtemps la principale ressource de cette région. Plus en avant de la ligne de faîte s'élèvent des villes plus importantes, marchés entre la montagne et la plaine ; enfin, à l'entrée de la plaine, les grandes villes, comme *Perpignan, Foix, Tarbes, Pau, Bayonne*.

Un guide des Pyrénées.

II. DIVISION DES PYRÉNÉES.

Pour l'étude des Pyrénées, on peut les diviser en trois parties :

1° Les **Pyrénées orientales**, depuis le *cap de Créus* jusqu'au *col de la Perche*. Elles sont encore peu élevées, avec des passages faciles ;

2° Les **Pyrénées centrales**, jusqu'au *Somport* ;

3° Les **Pyrénées occidentales**.

1. Pyrénées orientales.

Les Pyrénées s'avancent dans la Méditerranée, où elles se terminent par une côte rocheuse au-dessus d'une fosse marine profonde. Elles forment des indentations accentuées *cap de Créus, cap Cerbère*, rades de *Banyuls* et de *Port-Vendres*.

La chaîne se compose de plusieurs massifs juxtaposés :

1° Les **Albères**, jusqu'aux sources du Tech. Ce sont de longues croupes de rochers blanchâtres, aux sommets arrondis, percées au **col de Perthus** 290 mètres, où passe la route de Perpignan à Figueras. Les pentes sont verdoyantes, et, sur le versant français, de riches cultures s'élèvent assez haut. Les montagnes s'abaissent sur la vallée du **Tech**, d'une grande fertilité, et qui se termine

par la côte basse du Roussillon, malsaine et déserte. Les villes s'élèvent à quelques kilomètres de la côte.

2° Le **Canigou** est un chaînon granitique, entre les vallées du Tech et de la Têt, et qui se continue en Espagne par la Sierra del Cadi. Il est accidenté de pointes aiguës (*puigs*) et de plates-formes verdoyantes (*plas*), entre lesquelles se creusent des ravins profonds. Il doit son nom au point culminant (2 785 mètres), qui s'élève comme une grande pyramide où s'étagent toutes les variétés de végétation. À l'ouest du pic de *Castabona* (sources du Tech, 2 464 mètres), s'élève sur la crête frontière le **Puigmal** (2 909 mètres). Plus à l'ouest s'ouvre le col de la Perche (1 620 mètres), défendu par la forteresse de Montlouis, et qui met en communication la vallée de la *Sègre* (Cerdagnes) avec celle du Têt (Conflent). La *Cerdagne française*, malgré son climat froid, est un pays fertile et peuplé, où des pâturages alternent avec des cultures. En descendant la vallée du Têt, on entre dans la *plaine du Roussillon*, véritable huerta, avec des cultures méditerranéennes. **Perpignan** (36 000 hab.) est le marché agricole de cette région et la forteresse avancée, sur la ligne de Narbonne à Barcelone. *Rivesaltes*, sur l'Agly, occupe une position semblable. La côte, marécageuse et bordée d'étangs, continue à être malsaine et inhospitalière.

3° En avant de la chaîne principale s'élèvent les **Corbières**, entre l'Aude et la Têt. C'est un massif très tourmenté, formé de chaînes d'âges différents, qui a sans doute été détaché du Massif central par l'affaissement qui a donné lieu à l'ouverture du **seuil de Naurouze** (plaine du Lauraguais). Le point culminant est au *Puy de Bugarach* (1 231 mètres). Ces chaînes arides, dénudées, couvertes de pierres blanchâtres, se laissent difficilement franchir.

2. Pyrénées centrales.

1° À l'ouest du col de la Perche s'élève un plateau granitique dominé par le **pic de Carlitte** (2 921 mètres) et qui lui donne son nom. C'est un centre hydrographique important, qui distribue ses eaux vers le Têt, l'Aude, la Sègre et l'Ariège. Les eaux de l'époque glaciaire y ont déposé des lacs qui ne sont plus aujourd'hui que des marécages.

L'**Aude** coule d'abord dans un étroit cañon qui relie plusieurs petits bassins. À *Quillan*, elle n'est plus qu'à

Les défilés de l'Aude avant Quillan.

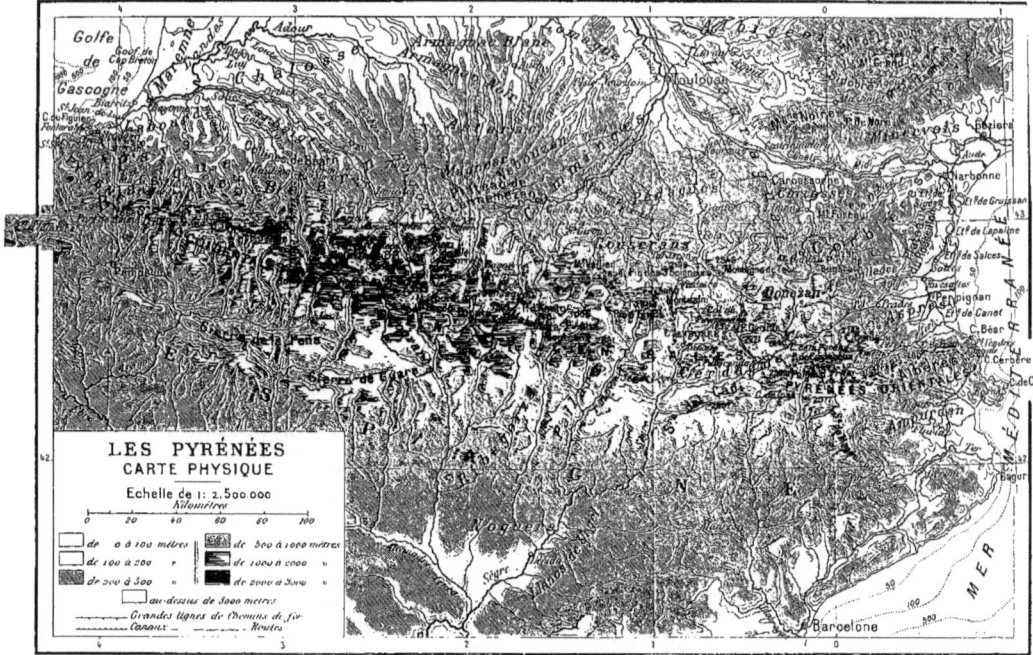

LES PYRÉNÉES
CARTE PHYSIQUE

Échelle de 1 : 2.500.000

Kilomètres

de 0 à 100 mètres | de 500 à 1000 mètres
de 100 à 200 | de 1000 à 2000
de 200 à 500 | de 2000 à 3000
au-dessus de 3000 mètres
Grandes lignes de Chemins de fer
Canaux — Routes

J. Besson del.

280 mètres, et à *Limoux* elle entre décidément en plaine.
A **Carcassonne**, elle adopte la pente du seuil de Lauraguais vers l'est. Sa vallée est couverte de vignobles.

2° Au **col de Puymorens** (1831 mètres) commencent
les Hautes Pyrénées, dont l'orientation est assez bien
marquée par la vallée de l'Ariège, tandis que les chaînes
des Pyrénées orientales suivaient la direction des tributaires de la Méditerranée. Le col de Puymorens offre la
dernière route carrossable des Pyrénées jusqu'au Somport.
La chaîne principale est toujours schisteuse et granitique.
Jusqu'au val d'Aran, ce sont les *Pyrénées ariégeoises*
avec le **Pic d'Estats** (3141 mètres), le **pic de Montcalm**
(3080 mètres) et le *mont Vallier* (2839 mètres). Les
neiges de ces montagnes alimentent l'**Ariège** et le
Salat, sujets à de redoutables inondations par suite du
déboisement des pentes.

En avant s'étendent deux chaînes parallèles, la *montagne de Tabe* et les *Petites Pyrénées*. Les cours d'eau
percent ces chaînes par des brèches pittoresques.

3° Le **val d'Aran** est la haute vallée de la **Garonne**,
comprise, en territoire espagnol, entre l'extrémité de la
chaîne des Pyrénées ariégeoises et le massif de la **Maladetta**, qui culmine au pic d'*Aneto* ou **Nethou** par 3404
mètres (en Espagne). La Maladetta renferme deux grands
glaciers qui alimentent de nombreux cours d'eau : au
nord la Garonne, au sud les *Nogueras*, affluents de la
Sègre.

La ligne de faîte rejoint ensuite la frontière. Sur le
territoire français s'élèvent le *Marboré* (3253 mètres) et

La Garonne près de sa source (Val d'Aran).

La vallée d'Aure dans les Pyrénées.

le **Vignemale** (3 298 mètres) ; sur le territoire espagnol, le *pic des Posets* (3 367 mètres) et le **mont Perdu** (3 352 mètres). Plus au nord, en avant de la ligne de faîte, sont les massifs de *Néouvielle* et de *Bigorre*, séparés par la *vallée de Bastan*, où se trouvent les sources de Barèges. Le **pic du Midi-de-Bigorre** (2 877 mètres) est un des premiers sommets qui s'élèvent au-dessus de la riche plaine de Tarbes. Enfin les Hautes Pyrénées se terminent au Somport, après le **pic du Midi-d'Ossau** (2 886 mètres). La chaîne est coupée par le *port de Venasque* (2 419 mètres) et le *port de Gavarnie* (2 282 mètres).

Le lac d'Oo, près de Bagnères-de-Luchon.

Cette région, la plus pittoresque des Pyrénées, est accidentée par des cirques, de profonds ravins, des cascades. Les sommets s'élèvent en pics aigus et sont couverts de neiges éternelles et de glaciers. De beaux lacs ornent souvent les vallées. Le cirque le plus célèbre est celui de **Gavarnie**, à une altitude de 1 640 mètres, tandis que les sommets qui l'entourent s'élèvent par gradins jusqu'à 2 750 mètres. De ces gradins tombent treize cascades, dont l'une a une chute de 422 mètres. L'une des brèches qui entaillent les parois de ce cirque est la *Brèche de Roland*, profond couloir de 40 à 60 mètres de largeur entre des rochers qui surplombent à plus de 1000 mètres.

Ces cirques sont le plus souvent couverts de pâturages. C'est la partie des Pyrénées la plus fréquentée par les

touristes et aussi par les malades qui viennent séjourner aux stations balnéaires de *Bagnères-de-Luchon, Cauterets, Barèges, Bagnères-de-Bigorre*.

De ces montagnes descendent des eaux abondantes vers la Garonne et vers l'Adour. La rivière la plus importante est le **Gave de Pau**, qui réunit les eaux du cirque de Gavarnie. Les vallées sont riantes et occupées par des pâturages.

4° Au nord, les **Pyrénées s'abaissent rapidement sur le bassin Aquitain**. Mais les débris arrachés par l'action glaciaire ont formé un plateau aride, élevé de 600 à 700 mètres, sillonné par des rivières assez maigres qui se dirigent en éventail vers la plaine de la Garonne et de l'Adour. Ces vallées forment des bandes de verdure, où se sont groupées les populations. **Tarbes** (26 000 hab.) en est le principal centre.

3. *Pyrénées occidentales.*

La chaîne s'abaisse assez brusquement au *Somport* (1 632 mètres). Cependant la ligne de faîte a encore plusieurs sommets qui dépassent 2 000 mètres ; elle atteint 2 504 mètres au **pic d'Anie**. Mais dans le Pays Basque l'altitude tombe au-dessous de 900 mètres. Les terrains sont formés de roches de transition et de couches crétacées.

Les Pyrénées occidentales sont facilement franchissables. Le *col de Roncevaux* (1 085 mètres) met en relations Saint-Jean-Pied-de-Port avec Pampelune. Le *col de Maya* (602 mètres) et celui de *Belate* (868 mètres) conduisent de Bayonne à Pampelune.

Cette partie de la chaîne est composée de petits massifs isolés que séparent les vallées des cours d'eau. Les habitants y ont longtemps conservé de vieilles coutumes locales et une vie indépendante. Ils ont encore leur langue, la langue basque. Le pays est assez pauvre. Les Basques sont une race fière, intelligente et aventureuse, qui émigre volontiers.

Les *collines de Béarn* forment transition entre les Pyrénées et la plaine de l'Adour. Elles sont plantées de vignes et de bouquets de chênes, coupées par des ravins où l'on cultive le blé, le maïs, et où s'étendent des prairies. Jusqu'à l'Adour, la campagne est plantureuse. Mais au nord, ce sont les Landes.

L'Adour réunit toutes les eaux qui descendent des Pyrénées sur le versant français depuis le cirque de Gavarnie et le pic du Midi-de-Bigorre. Il draine la partie occidentale du plateau de Lannemezan, reçoit à droite la **Midouze**, mais ne devient une rivière importante qu'à partir de son confluent avec le Gave de Pau. A Bayonne (27 000 hab.), près de son embouchure, il reçoit encore la **Nive**. La côte est aride, comme la côte landaise. *Biarritz* est une station balnéaire très fréquentée. Près de la frontière, on trouve *Saint-Jean-de-Luz* ; la mer y est agitée par de violentes tempêtes.

III. RESSOURCES.

Les Pyrénées ont pour principales ressources agricoles les **forêts**, les **pâturages**, et sur les premières pentes, les *cultures* (vigne, olivier, à l'E.; céréales, vigne, arbres

Le val d'Enfer (Bagnères-de-Luchon).

fruitiers, pomme de terre, à l'O.). Les pâturages nourrissent du gros bétail, et, sur les sommets, des moutons et des chèvres. Mais le déboisement a facilité l'érosion des eaux, et beaucoup de pentes sont aujourd'hui dénudées.

Les Pyrénées ont des **carrières de marbre**; mais la principale richesse du sol consiste en ses **sources thermales** et minérales : *Amélie-les-Bains, Bagnères-de-Luchon, Bagnères-de-Bigorre, Cauterets, Barèges, Eaux-Chaudes, Eaux-Bonnes, Salies-de-Béarn.*

L'industrie y est peu développée, sauf dans la *région de l'Ariège,* où l'on extrait le **fer,** près de *Vicdessos.*

Les habitants des côtes vivent de la pêche maritime. Mais, en général, la population est pauvre et émigre.

IV. DÉPARTEMENTS.

Les départements compris dans la région pyrénéenne sont :

1° Les *Pyrénées-Orientales,* ancien **Roussillon,** réuni à la France par le traité des Pyrénées en 1659.

PYRÉNÉES-ORIENTALES. — CHEF-LIEU : **Perpignan** (36 000 hab.). — SOUS-PRÉFECTURES : *Prades, Céret.* — VILLES PRINCIPALES : *Collioure, Port-Vendres, Banyuls, Rivesaltes.*

2° L'*Ariège* a été formé de l'ancien **comté de Foix.**

ARIÈGE. — CHEF-LIEU : Foix. — SOUS-PRÉFECTURES : *Pamiers, Saint-Girons.*

Le Château de Foix.

3° Le département de la *Haute-Garonne* est formé en partie de la **Gascogne** et du **Languedoc,** celui des *Hautes-Pyrénées* du **Languedoc.**

HAUTE-GARONNE. — CHEF-LIEU : **Toulouse,** ancienne capitale du Languedoc, dans la vallée de la Garonne (150 000 hab.). — SOUS-PRÉFECTURES : *Saint-Gaudens, Muret, Villefranche.* — VILLE PRINCIPALE : *Bagnères-de-Luchon.*

HAUTES-PYRÉNÉES. — CHEF-LIEU : **Tarbes** (26 000 hab.). — SOUS-PRÉFECTURES : *Bagnères-de-Bigorre, Argelès.* — VILLE PRINCIPALE : *Lourdes.*

4° Les *Basses-Pyrénées* ont été constituées par le **Béarn,** ancien royaume de Navarre, réuni à la France à l'avènement de Henri IV.

BASSES-PYRÉNÉES. — CHEF-LIEU : **Pau** (34 000 hab. — SOUS-PRÉFECTURES : **Bayonne** (27 000 hab.), *Oloron, Orthez, Mauléon.* — VILLES PRINCIPALES : *Biarritz* (12 800 hab.), *Saint-Jean-de-Luz.*

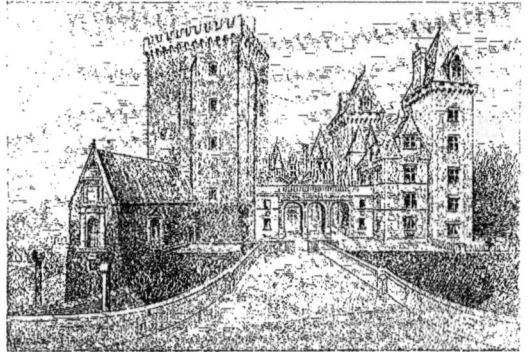

Le Château de Pau.

LECTURES.

1. — Le Canigou.

Le Canigou, l'une des plus majestueuses cimes de l'Europe, occupe, avec ses contreforts et ses chaînons avancés, tout l'espace compris entre la haute vallée du *Tech* et celle de la *Têt;* elle est complètement isolée de trois côtés et ne se relie,

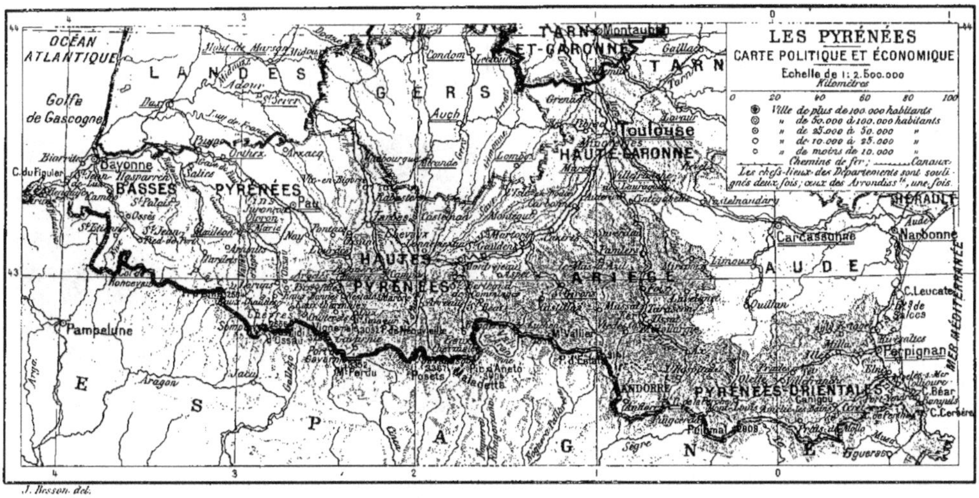

LES PYRÉNÉES
CARTE POLITIQUE ET ÉCONOMIQUE
Échelle de 1 : 2.500.000

au sud-ouest, à la chaîne maîtresse que par des sommets inférieurs en altitude. Ainsi que l'Etna, le Canigou est un de ces monts qui se dressent dans leur force comme les dominateurs de l'espace immense; d'en bas, sa pyramide grisâtre, rayée de ravins, d'éboulis et d'arêtes en saillie aux teintes diverses, n'est pas moins puissante d'aspect que celle du volcan de Sicile. Longtemps on a cru que le Canigou était le plus haut sommet des Pyrénées, quoique le *Nethou*, le *Posets*, le *mont Perdu*, le *Vignemale* et d'autres cimes de la chaîne le dépassent d'un demi-kilomètre en élévation; on l'aperçoit de si loin, en France, d'Espagne, de la Méditerranée, qu'on ne pouvait lui croire aucun rival : quand le temps est favorable, on le voit de Barcelone, de Montpellier, d'Aigues-Mortes. Fier, isolé et dominant, comme il le fait, de si vastes horizons, le Canigou est une admirable station trigonométrique et géodésique; souvent les physiciens y ont établi leur campement pour mesurer leurs triangles ou faire des études sur la physique du globe. Les pentes de la montagne, qui s'élèvent des plaines marines à la hauteur de près de 3 kilomètres, c'est-à-dire d'une température méditerranéenne de 14 à 15 degrés à un climat scandinave de 1 degré au-dessous du point de glace, sont aussi disposées de la manière la plus favorable pour que les diverses flores s'y succèdent avec régularité, et nombre de botanistes, depuis MM. Massot et Martin, en ont profité pour y faire leurs observations.

(E. RECLUS, *La France*.)
(Hachette et Cie, éditeurs.)

2. — Le Bergonz.

On n'aperçoit qu'un peuple de montagnes assises sous la coupole ombrasée du ciel. Elles sont rangées en amphithéâtre, comme un conseil d'êtres immobiles et éternels. Toutes les réflexions tombent sous la sensation de l'immense : croupes monstrueuses qui s'étalent, gigantesques échines osseuses, flancs labourés qui descendent à pic jusqu'en des fonds qu'on ne voit pas. On est là comme dans une barque au milieu de la mer. Les chaînes se heurtent comme des vagues. Les arêtes sont tranchantes et dentelées comme les crêtes des flots soulevés; ils arrivent de tous côtés, ils se croisent, ils s'entassent, hérissés, innombrables, et la houle de granit monte haut dans le ciel aux quatre coins de l'horizon. Au nord, les vallées de *Luz* et d'*Argelès* s'ouvrent dans la plaine par une percée bleuâtre, brillantes d'un éclat terne, et semblables à deux aiguières d'étain bruni. A l'ouest, la chaîne de

Paysans des Pyrénées ariégeoises.

Barèges s'allonge en scie jusqu'au pic du Midi, énorme hache ébréchée, tachée de plaques de neige; à l'est, des files de sapins penchés montent à l'assaut des cimes. Au midi, une armée de pics crénelés, d'arêtes tranchées au vif, de tours carrées, d'escarpements perpendiculaires, se dresse sous un manteau de neige; les glaciers étincellent entre les rocs sombres; les noires saillies se détachent avec un relief extraordinaire sur l'azur profond. Ces formes rudes blessent l'œil; on sent avec accablement la rigidité des masses de granit qui ont crevé la croûte de la planète, et l'invincible âpreté du roc soulevé au-dessus des nuages. Ce chaos de lignes violemment brisées annonce l'effort des puissances dont nous n'avons plus l'idée. Depuis, la nature s'est adoucie; elle arrondit et amollit les formes qu'elle façonne; elle brode dans les vallées sa robe végétale, et découpe, en artiste industrieux, les feuillages délicats de ses plantes. Ici, dans sa barbarie primitive, elle n'a su que fendre des blocs et entasser les masses brutes de ses constructions cyclopéennes. Mais son monument est sublime, digne du ciel qu'il a pour voûte, et du soleil qu'il a pour flambeau.

(TAINE, *Voyage en Espagne.*)
(Hachette et Cⁱᵉ, éditeurs.)

3. — Gavarnie.

Gavarnie est un village fort ordinaire, ayant vue sur l'amphithéâtre qu'on vient visiter. Lorsqu'on l'a quitté, il faut encore faire une lieue dans une triste plaine, à demi engravée par les débordements d'hiver; les eaux du Gave sont fangeuses et ternes; un vent froid souffle du cirque; les glaciers parsemés de boue et de pierre sont collés au versant par des plaques de plâtre sali. Les montagnes sont pelées et ravinées par les cascades; des cônes noirâtres de sapins épars y montent comme des soldats en déroute; un maigre et terne gazon habille misérablement leurs têtes tronquées. Les chevaux passent le *Gave* à gué, en trébuchant, glacés par l'eau qui sort des neiges. Dans cette solitude dévastée, on rencontre tout à coup le plus riant parterre. Un peuple de beaux iris se presse dans le lit d'un torrent desséché; le soleil traverse de ses rayons d'or leurs pétales veloutés d'un bleu tendre; c'est la moisson des panaches serpente avec les sinuosités de la berge, et l'œil suit, sur toute la plaine, les plis du ruisseau de fleurs.

Nous gravissons un dernier tertre, semé d'iris et de roches. Là est une cabane où l'on déjeune et où on laisse les chevaux. On s'arme d'un grand bâton, et l'on descend sur les glaciers du cirque.

Les glaciers sont fort laids, très sales, très inégaux, très glissants; on court, à chaque pas, le risque de tomber, et si l'on tombe, c'est sur des pierres aiguës ou dans des trous profonds.

Après les glaciers, nous trouvons une esplanade en pente; nous grimpons pendant dix minutes en nous meurtrissant les pieds sur des quartiers de roches tranchantes. Depuis la cabane, nous n'avions pas levé les yeux, afin de nous réserver la sensation tout entière. Ici enfin, nous regardons.

Une muraille de granit couronnée de neige se creuse devant en cirque gigantesque. Ce cirque a douze cents pieds de haut, près d'une lieue de tour, trois étages de murs perpendiculaires, et sur chaque étage des milliers de gradins. La vallée finit là; le mur est d'un seul bloc, inexpugnable. Les autres sommets crouleraient que ses assises ne remueraient pas. L'esprit est accablé par l'idée d'une stabilité inébranlable et d'une éternité assurée. Là est la borne de deux contrées et de deux races; c'est elle que Roland voulut rompre, lorsque d'un coup d'épée il ouvrit une brèche à la cime. Mais l'immense blessure disparaît dans l'énormité du mur invaincu.

Trois nappes de neige s'étalent sur les trois étages d'assises. Le soleil tombe de toute sa force sur cette robe virginale, sans pouvoir la faire resplendir. Elle garde sa blancheur mate. Tout ce grandiose est austère; l'air est glacé sous les rayons du midi; de grandes ombres humides rampent au

Le Cirque de Gavarnie.

pied des murailles. C'est l'hiver éternel, et la nudité du désert. Les seuls habitants sont les cascades assemblées pour former le Gave. Les filets d'eau arrivent par milliers de la plus haute assise, bondissent de gradin en gradin, croisent leurs raies d'écume, serpentent, s'unissent et tombent par douze ruisseaux qui glissent de la dernière assise en traînées floconneuses pour se perdre dans les glaciers du sol. La treizième cascade sur la gauche a douze cent soixante-six pieds de haut. Elle tombe lentement comme un nuage qui descend, ou comme un voile de mousseline que l'on déploie; l'air adoucit sa chute; l'œil suit avec complaisance la gracieuse ondulation du beau voile aérien. Elle glisse le long du rocher, et semble plutôt flotter que couler. Le soleil luit, à travers son panache, de l'éclat le plus doux et le plus aimable. Elle arrive en bas comme un bouquet de plumes fines et ondoyantes, et rejaillit en poussière d'argent; la fraîche et transparente vapeur se balance autour de la pierre trempée, et sa traînée, qui rebondit, monte légèrement le long des assises. L'air est immobile; nul bruit, nul être vivant dans cette solitude. On n'entend que le murmure monotone des cascades, semblable au bruissement des feuilles que le vent froisse dans dans une forêt.

(TAINE, *Voyage aux Pyrénées.*)
(Hachette et Cⁱᵉ, éditeurs.)

4. — Biarritz.

La grande beauté de **Biarritz** est la mer, non seulement à cause de l'amplitude de la houle et de la puissance des vagues, mais surtout par l'extrême déchiquètement des rivages. Des promontoires, d'étroites presqu'îles, des îlots sur lesquels la mer fuse sans cesse, de petites plages, des anses minuscules, font de la pointe de Biarritz un des plus beaux tableaux maritimes de France. Ce décor des Pyrénées océaniques est incomparable : les monts bien découpés, isolés, reliés par des arêtes boisées, se détachent, d'un bleu vaporeux, sur le bleu doux du ciel, au bord du bleu éclatant de la mer frangée par l'or fauve des plages.

Vers le nord s'étend mollement la « grande plage »; au sud, une plage plus vaste encore — la côte des Basques — va former le fond du golfe de Gascogne en s'infléchissant mollement. En France la *Rhune*, en Espagne le *Jaïzquibel* et d'autres montagnes encadrent merveilleusement ce panorama grandiose. Les pointes de rochers ont été réunies aux boulevards riverains par des jetées conduisant sur des plates-formes, ou, par des sentiers bordés de tamaris, jusqu'à des belvédères dominant les flots toujours agités.

La mode fut heureusement inspirée en choisissant Biarritz : non seulement le paysage est superbe, mais le climat est d'une douceur parfaite, aussi la saison ne cesse-t-elle guère ; à la clientèle d'été, composée surtout d'Espagnols et de Français, succède, dès novembre, la clientèle d'hiver, dans laquelle dominent les Anglais.

(ARDOUIN-DUMAZET, *Voyage en France*, t. IV.)
(Berger-Levrault, éditeur.)

5. — Le peuple basque.

L'influence ethnique est d'autant plus impérieuse dans la **région basque**, que l'existence de ce peuple est tout le contraire de celle des populations voisines. Il n'y a pas de villages, moins encore de bourgs ; ce que l'on appelle des villes est bien souvent une file de maisons très espacées. Chaque famille s'installe sur son domaine, occupant le logis des aïeux, dont elle entretient pieusement le crépi bien blanc masquant le torchis, les poutres brunes ou rouges et le toit de tuiles ardentes. Les habitants, ainsi isolés les uns des autres, ne se rassemblent que pour des jeux où l'agilité physique a plus de part que les échanges d'idées. Quelques-uns même le quittent presque jamais ces métairies lointaines, ces *cayolars* perdues dans les landes ou les montagnes.

Aussi n'y a-t-il pas de contact avec d'autres éléments; les idées du dehors, n'étant pas discutées, font peu de prosélytes. Le Basque s'attache à sa demeure, où le premier constructeur a inscrit son nom et le surnom qu'on lui donna. Des champs de maïs et de froment, des prés, des pommeraies, séparent ces maisons entourées de fleurs et dont la porte est souvent gardée par les grands thyrses des roses trémières. Ainsi le Basque sur sa famille mènent à l'écart une sorte de vie patriarcale. Et pourtant le pays est vivant, aucun ne donne moins l'impression d'une solitude, tant sont innombrables les maisons blanches ou peintes au revers des coteaux, au long des riviérettes claires, ourlées d'aunes et de saules.

Petit peuple admirable par la finesse des traits, l'élégance de la démarche, la souplesse du corps, la franchise du regard. Hier, en Espagne, au marché d'Irun, où les Basques affluaient, c'était la joie des yeux que cette foule alerte et vive, si différente des attitudes lourdes de tant de nos populations rurales.

Pourtant ce pays se dépeuple. Une force invincible qui donnerait raison à la théorie d'une origine atlantide des Basques, attire les enfants de cette riante contrée vers « les

La pelote basque.

Amériques », surtout dans les plaines de l'Argentine, si différentes du pays basque par la monotonie des horizons, l'absence de collines et de ruisseaux clairs. La plupart ne reviennent plus, mais ceux qui ont fait fortune retournent sur les bords de la Nive et de la Nivelle ; ils y construisent des demeures somptueuses, y mènent une existence de luxe et, par cet exemple de la richesse acquise, déterminent un nouveau courant. L'émigration s'est un peu calmée ; mais il fut un temps où l'on pouvait craindre de voir le pays se dépeupler.

(ARDOUIN-DUMAZET, *Voyage en France*.)
(Berger-Levrault, éditeur.)

QUESTIONS.

1. *Les Pyrénées forment-elles une ligne de faîte continue ? — Pourquoi les considère-t-on généralement comme une chaîne ? — Les opposer à ce point de vue aux Alpes.*
2. *Comparer le versant français et le versant espagnol des Pyrénées.*
3. *Les cols pyrénéens.*
4. *La vie dans les Pyrénées : industries — les villes d'eaux, — excursions.*

CHAPITRE X

Le Bassin Aquitain.

I. SITUATION ET ASPECT.

(Voir les Cartes physiques, page 7 (Carte générale de la France), et page 94 (Pyrénées).

Le **Bassin Aquitain** est une région de formation sédimentaire au sud des montagnes et des plateaux anciens du Massif central. On a remarqué son analogie avec le Bassin parisien. Mais, *compris entre le Massif central au nord et les plissements pyrénéens au sud*, il offre moins de régularité dans sa structure géologique que le Bassin parisien, et il n'a pas un centre unique à mettre en com-

paraison avec Paris. Au sud de la Garonne, les matières d'érosion arrachées aux Pyrénées et charriées par les eaux ont formé les *plateaux de Lannemezan* et de la *Chalosse*, qui ont rétréci peu à peu la plaine aquitaine. Au nord, la bande de terrains jurassiques a été relevée par un plissement et a reproduit l'aspect général des *Causses*, avec une altitude inférieure et plus de richesse.

Entre Moissac et Agen, la plaine est resserrée, ne formant plus qu'un large couloir bordé de coteaux, mettant en communication le **bassin de Toulouse** et le **bassin de Bordeaux**. De ces deux bassins, l'un est attiré vers la Méditerranée par le *seuil du Lauraguais*, l'autre vers l'Atlantique et vers la région de la Loire par le *seuil du Poitou*.

Jusqu'à l'époque tertiaire, le golfe aquitain communiquait largement avec la mer du Bassin parisien par le *détroit du Poitou*, et avec la mer rhodanienne par le *détroit du Lauraguais*. Un soulèvement du sol exhaussa la région du Poitou et celle du Lauraguais, et le Bassin aquitain fut ainsi isolé.

La **région de la Charente**, au nord de l'estuaire de la Gironde, forme la transition entre les terrains granitiques de la Vendée et la plaine tertiaire de la Garonne. Elle comprend les terrains jurassiques de l'Aunis, les terrains crétacés de la Saintonge, de la Champagne charentaise et de l'Angoumois, qui se rattachent au Poitou.

Au sud de Bordeaux, la **région des Landes**, plateau sableux, isole les dunes et les marécages de la côte océanique.

Église Saint-Cernin, à Toulouse.

II. CLIMAT ET PRODUCTIONS.

Le **climat**, soumis à *l'influence océanique*, est *moins régulier* que celui de la Bretagne ; il y a un grand écart entre la température d'hiver (moyenne : 5 à 6°) et celle de l'été (moyenne : 21 à 22°). L'écart augmente à mesure qu'on s'éloigne de la côte. C'est que le climat subit l'influence du voisinage des neiges pyrénéennes et que la péninsule ibérique arrête les vents doux du S. et du S.-O. Les vents dominants sont les vents de l'O. et du N.-O., qui apportent beaucoup d'humidité.

Toute cette région est très arrosée ; mais, sauf dans le pays charentais et dans les Landes, la plupart des cours d'eau descendent de terrains imperméables et sont soumis à des crues subites. Les *Landes* et l'estuaire de la *Gironde*, ainsi que la *Double* (entre la Dordogne et l'Isle), formés de sables reposant sur un sous-sol imperméable, sont couverts d'étangs et de marécages.

Le **Bassin aquitain est très riche** dans les *vallées d'alluvions de la Garonne et de la Dordogne* : céréales, *fruits, vigne* ; mais les terrains jurassiques qui bordent le Massif central (*Quercy, Périgord*) sont assez pauvres : ils sont occupés par des *pâturages*, des *châtaigneraies* ; les vallées seules ont des céréales et des arbres fruitiers. Les collines qui bordent la Garonne, la Gironde et la Dordogne sont plantées de vignes ; ce sont les **vignobles du Bordelais**. Enfin les marécages des *Landes*, aujourd'hui asséchés, sont plantés de *pins résineux* et de *chênes*.

III. LA GARONNE.

La **Garonne** s'alimente aux Pyrénées et au Massif central ; elle reçoit aussi les eaux du plateau de Lannemezan, mais qui ne forment que de maigres rivières. La fonte des neiges dans les Pyrénées maintient, même en été, un débit normal, tandis que la Loire est réduite à un débit très maigre pendant les sécheresses. Mais les pluies du printemps ou du commencement de l'été déterminent quelquefois dans le régime de la Garonne de terribles inondations (inondation de 1875, qui fit dans la région de Toulouse plus de 500 victimes).

Le principal affluent de la Garonne est la **Dordogne**, dont le cours est presque aussi long que celui du fleuve lui-même, mais dont le débit est moins abondant.

I. La **Garonne**, sortie du Val d'Aran, en Espagne, entre en plaine en amont de Toulouse, après avoir reçu le **Salat** et l'**Ariége**. Elle arrose le bassin toulousain en contournant le plateau de Lannemezan. Son cours se ralentit. Dans cette même région coule le **Tarn**, où viennent aboutir l'**Agout** et l'**Aveyron**. C'est une plaine très fertile, bien abritée, cultivée en *blé, maïs, lin, chanvre, colza, vigne*, arbres fruitiers. Elle s'ouvre sur la côte méditerranéenne par le seuil du Lauraguais. **Toulouse** (150 000 hab.), au sommet de la courbe que fait la Garonne, en face de la trouée de Naurouze, commande la route qui joint la Garonne à la région de la Méditerranée. C'est là que passe le **Canal du Midi**, qui suit le cours de l'*Hers* jusqu'à *Villefranche*, d'où il rejoint un affluent de l'Aude. Vers Toulouse convergent en outre les routes qui vont vers le Massif central et vers les Pyrénées. C'est une vieille ville gauloise qui a été pendant tout le moyen âge un centre très actif de vie intellectuelle. Sa principale industrie est la *minoterie*. **Montauban** (30 000 hab.), sur le Tarn, est la seconde ville de cette région ; elle est à l'extrémité d'une seconde route qui, remontant le Tarn et l'Agout, aboutit à Béziers.

La **Garonne**, à partir de *Moissac* (sur le Tarn), est

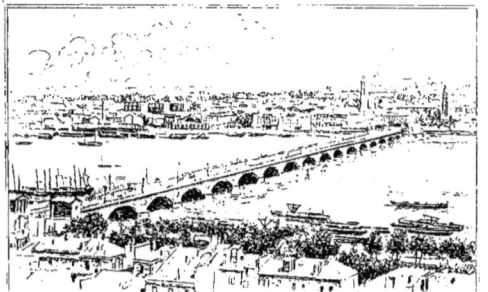

Vue de Bordeaux.

resserrée entre des collines plantées de *vignobles* et de *vergers* (prunes d'Agen). La vallée a des cultures de céréales, de tabac. Depuis Toulouse, toutes les villes (*Castelsarrasin, Moissac, Agen* sont bâties à quelque distance du fleuve, sur sa rive droite, afin d'être à l'abri des inondations. **Agen** (22 000 hab. est à l'entrée de la région bordelaise.

La Garonne reçoit ensuite le **Lot**, qui entre en plaine à partir de *Villeneuve*, et qui est, comme le Tarn, soumis à des crues considérables.

La rive gauche du fleuve borde le plateau d'*Armagnac*, sur lequel s'abaisse la région de Lannemezan. L'Armagnac est arrosé par le **Gers**, la **Baïse**, affluents de la Garonne. Ces rivières coulent entre des lignes de coteaux plantés de bois, de vignes et de céréales. Les vignobles produisent les *eaux-de-vie* d'Armagnac. Les principales villes sont : **Auch** 11 000 hab.., *Lectoure*, toutes deux sur le Gers, *Condom* et *Nérac*

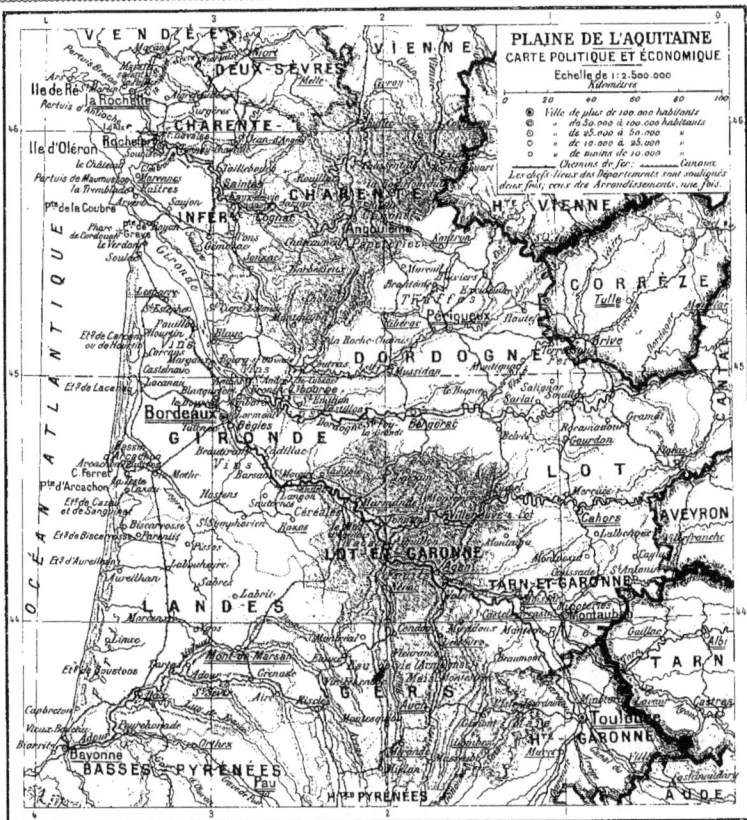

sur la Baïse; elles ont été tour à tour les capitales de la Gascogne.

A *Castets* se termine le canal latéral de la Garonne; déjà la marée s'y fait sentir. Le fleuve entre dans la **région du Bordelais**, célèbre par ses **vignobles**, qui comprend aussi la vallée de la Basse-Dordogne, et se continue sur la rive gauche de la Gironde par le *Médoc*. **Bordeaux** 257 000 hab.) en est le centre. C'est une ville de commerce, au croisement de la route qui unit le Bassin parisien aux Pyrénées et de la route qui suit la vallée de la Garonne. Elle est aussi un centre de vie maritime, en communication avec l'Amérique du Sud et la côte occidentale de l'Afrique. Cependant les gros navires s'arrêtent à *Pauillac*, qui sert d'avant-port. Bordeaux est une ville industrielle (constructions pour la marine, machines, fonderies, filatures, minoteries, distilleries et un centre intellectuel.

II. Au **Bec d'Ambez** aboutit la Dordogne et commence l'estuaire de la **Gironde**. Large de 4 kilomètres à *Blaye*, il s'élargit encore jusqu'à 10 kilomètres, pour se resserrer à son embouchure entre *Royan* et la *pointe de Grave*. A

La Dordogne à Libourne.

certains endroits il est envasé ou encombré de bancs de sables. En face de l'embouchure est l'îlot de *Cordouan* que domine un phare.

Au nord-ouest de la plaine de la Garonne sont les régions jurassiques du *Quercy* et du *Périgord*, que tra-

ESTUAIRE
DE LA GIRONDE
Échelle de 1:1.200.000

versent le **Lot**, la **Dordogne** et l'**Isle**. Ce sont des pays verdoyants, accidentés et pittoresques, mais peu riches. Quelques vignes, mais surtout des pâturages; une des ressources du Périgord est l'élevage des chèvres et des porcs, et surtout l'exploitation des **truffes**. Sur les coteaux s'élèvent d'anciennes forteresses.

Les principales villes sont **Périgueux** (32 000 hab.), sur l'Isle, et *Bergerac*, sur la Dordogne. Le Périgord a quelques forges.

IV. RÉGION DE LA CHARENTE.

La région calcaire de la Charente est un pays accidenté, parsemé de bois et cultivé en céréales. La **Charente** prend sa source dans le Limousin, où un faible renflement de terrain la sépare de cours d'eau divergeant vers la Vienne et le Clain. A partir d'**Angoulême** (37 000 hab.), elle suit un sillon qui marque la limite entre

LA ROCHELLE. — Entrée du port.

les dépôts jurassiques de l'Angoumois et les terrains crétacés de la Champagne charentaise. C'est là que s'étendaient les vignobles, aujourd'hui ravagés par le phylloxera, qui produisaient les célèbres eaux-de-vie de Cognac. Cognac (20 000 hab.) et **Saintes** (18 000 hab.) s'élèvent sur les bords de la Charente. Le fleuve se termine près de **Rochefort** (36 000 hab.), port militaire, aujourd'hui déchu de son ancienne importance. Angoulême a des papeteries, Rochefort des constructions navales.

La **côte charentaise** est formée de terrains vaseux depuis le *marais poitevin* (embouchure de la Sèvre-Niortaise) jusqu'à *Royan*. Seule la ville de **La Rochelle** (31 000 hab.), autrefois centre maritime très actif, est bâtie sur une pointe de calcaire jurassique qui avance dans la mer. Les marécages asséchés de la Saintonge et de l'Aunis sont occupés par des pâturages. Une industrie de la région est celle des *marais salants*. *Marennes* est célèbre pour ses parcs à **huîtres**.

V. LES LANDES.

La **région des Landes** est un plateau marécageux de 100 mètres environ d'altitude, et compris entre l'Armagnac, le Bordelais et l'Adour; il s'avance en pointe jusque vers le Bas-Médoc. Il est bordé par des dunes sablonneuses entrecoupées d'**étangs** qui s'alignent, sur toute la côte de l'Océan, depuis la *pointe de Grave* jusqu'à *l'embouchure de l'Adour*. Le principal de ces étangs est le bassin d'Arcachon, qui s'ouvre sur la mer.

Les Landes.

Ce pays autrefois était pauvre et désert, animé seulement par quelques troupeaux de moutons, dont le berger était monté sur des échasses. Aujourd'hui les dunes sont fixées et les marécages assainis par des plantations de *pins résineux* et de *chênes*. Dans les prairies, on commence à élever des vaches et des chevaux.

La population est encore rare. **Mont-de-Marsan**, la principale ville, n'a que 12 000 habitants. *Arcachon* est une station d'hiver très fréquentée.

VI. HISTORIQUE
ET DÉPARTEMENTS.

1° *Toulouse* est le chef-lieu du département de la **Haute-Garonne**, capitale de l'ancien **Languedoc** (voir le chapitre IX).

2° Les départements de *Tarn-et-Garonne*, *Lot-et-Garonne*, *Dordogne*, *Gironde*, *Gers*, *Landes*, faisaient partie de l'ancienne **Guyenne** et **Gascogne** (voir le chapitre VIII pour les départements du *Lot* et de *l'Aveyron*).

La **Guyenne** et la **Gascogne**, réunies par Philippe-

Les quais de Bordeaux.

Auguste au domaine royal, furent définitivement acquises à la France après la guerre de Cent ans.

GIRONDE. — CHEF-LIEU : **Bordeaux** (257 000 hab.), ancienne capitale de la Guyenne. — SOUS-PRÉFECTURES : *Libourne* (19 000 hab.), sur la Dordogne; *Bazas, Blaye, La Réole, Lesparre.*

DORDOGNE. — CHEF-LIEU : **Périgueux** (32 000 hab.). — SOUS-PRÉFECTURES : *Bergerac* (16 000 hab.), *Sarlat, Ribérac, Nontron.*

LOT-ET-GARONNE. — CHEF-LIEU : **Agen** (22 000 hab.). — SOUS-PRÉFECTURES : *Villeneuve-sur-Lot, Marmande, Nérac.*

TARN-ET-GARONNE. — CHEF-LIEU : **Montauban** (30 000 hab. — SOUS-PRÉFECTURES : *Moissac, Castelsarrasin.*

GERS. — CHEF-LIEU : **Auch** (14 000 hab.). — SOUS-PRÉFECTURES : *Condom, Lectoure, Mirande, Lombez.*

LANDES. — CHEF-LIEU : **Mont-de-Marsan** (12 000 hab.). — SOUS-PRÉFECTURES : *Dax, Saint-Sever.*

3° Le département de la *Charente* a été formé par l'**Angoumois,** réuni au domaine royal à l'avènement de François Ier.

CHARENTE. — CHEF-LIEU : **Angoulême** (37 000 hab.). — SOUS-PRÉFECTURES : **Cognac** (20 000 hab.), *Barbézieux, Ruffec, Confolens.*

4° Le département de la *Charente-Inférieure* se compose des provinces d'**Aunis** et de **Saintonge,** réunies à la France sous Louis IX.

CHARENTE-INFÉRIEURE. — CHEF-LIEU : **La Rochelle** (31 000 hab.). — SOUS-PRÉFECTURES : **Rochefort** (36 000 hab.), *Saintes* (18 000 hab.), *Saint-Jean-d'Angély, Marennes, Jonzac.*

LECTURES.

1. — Les Landes.

Autour de Bordeaux, des collines riantes, des horizons variés, de fraîches vallées, une rivière peuplée par la navigation incessante, une suite de villes et de villages harmonieusement posés sur les coteaux ou dans les plaines, partout la plus riche verdure, le luxe de la nature et de la civilisation, la terre et l'homme travaillant à l'envi pour enrichir et décorer la plus heureuse vallée de la France. Au-dessous de Bordeaux, un sol plat, des marécages, des sables, une terre qui va s'appauvrissant, des villages de plus en plus rares, bientôt le désert. J'aime autant le désert.

Des bois de pins passent à gauche et à droite, silencieux et ternes. Chaque arbre porte au flanc la cicatrice des blessures par où les bûcherons ont fait couler le sang résineux qui le gorge; la puissante liqueur monte encore dans ses membres avec la sève, transpire par ses flèches visqueuses et par sa peau fendue; une âpre odeur aromatique emplit l'air.

Plus loin, la plaine monotone des fougères s'étend à perte de vue, baignée de lumière. Leurs éventails verts s'ouvrent sous le soleil, qui les colore sans les flétrir. Quelques arbres, çà et là, lèvent sur l'horizon leurs colonnettes grêles. De temps en temps on aperçoit la silhouette d'un pâtre sur ses échasses, inerte et debout comme un héron malade. Des chevaux libres paissent à demi cachés dans les herbes. Au passage du convoi, ils relèvent brusquement leurs grands yeux effarouchés et restent immobiles, inquiets du bruit qui a troublé leur solitude. L'homme n'est pas bien ici, il y meurt ou dégénère; mais c'est la patrie des animaux et surtout des plantes. Elles foisonnent dans ce désert, libres, sûres de vivre. Nos jolies vallées bien découpées sont mesquines auprès de ces espaces immenses, lieues après lieues d'herbes marécageuses ou sèches, plages uniformes où la nature, troublée ailleurs et tourmentée par les hommes, végète encore, ainsi qu'aux temps primitifs, avec un calme égal à sa grandeur. Le soleil a besoin de ces savanes pour déployer sa lumière; aux exhalaisons qui montent, on sent que la plaine entière fermente sous son effort; et les yeux remplis par les horizons sans limites devinent le sourd travail par lequel cet océan de verdure pullulante se renouvelle et se nourrit.

(TAINE, *Voyage aux Pyrénées.*)
(Hachette et Cie, éditeurs.)

2. — Région des Charentes.

La région naturelle où se fait la transition des climats, des peuples, de l'histoire elle-même, entre le bassin de la Loire et celui de la Garonne, est d'une étendue peu considérable. Elle ne comprend que les trois départements du Poitou et les deux Charentes; encore la nature géologique de ses roches devrait-elle faire attribuer une grande partie du Poitou à la péninsule de Bretagne, si les deux pays n'avaient été séparés par les eaux de la Loire : strictement, la zone géographique intermédiaire entre le nord et le midi de la France occidentale n'est formée que par l'ancien détroit ouvert, à l'époque des mers jurassiques, à l'ouest du Plateau central. Un seul cours d'eau important, la Charente, appartient en entier à la zone de transition; quant à la Sèvre-Niortaise, et surtout à la Seudre, elles n'auraient droit qu'au titre de ruisseaux, si elles n'étaient gonflées à leurs estuaires par les eaux de la marée.

Pourtant cette région de la France, si faibles qu'en soient les dimensions, est l'une des plus intéressantes par les curiosités de la nature et les souvenirs de l'histoire. Le cours souterrain de ses rivières, les changements de formes qu'a subis son littoral, les empiétements réciproques de ses rivages et de ses golfes sont parmi les phénomènes les plus remarquables de ce genre qu'on puisse citer. La transition naturelle des climats entre le Nord et le Midi s'y révèle par l'aspect de la végétation, les jeux de la lumière, le climat, et le voyageur qui passe des vallées de la Vienne et du Clain dans celle de la Charente, s'aperçoit bientôt du changement, comme s'il respirait dans une autre atmosphère. De la Charente à la Garonne, le passage se fait aussi entre les races et naguère se faisait entre les langues; le finissait jadis la zone de la langue d'oïl, qui s'étend maintenant sur la France entière. C'est dans le détroit du Poitou et de l'Angoumois que se portaient alternativement, de côté ou d'autre, le flux et le reflux des hommes du Nord et du Midi luttant pour la suprématie... Par la lutte des diverses opinions, ces départements de l'ouest peuvent encore être considérés comme une sorte de région moyenne où s'établit l'équilibre de la France.

(E. RECLUS, *La France.*)
(Hachette et Cⁱᵉ, éditeurs.)

QUESTIONS.

1. *Comparer la région de Toulouse et la région de Bordeaux au point de vue des productions et au point de vue des relations avec les régions environnantes.*

2. *Le seuil de Poitou et le seuil de Naurouze.*

CHAPITRE XI

Le Jura et la Saône.

Au sud-est du Bassin Parisien, entre le Morvan et l'extrémité des Cévennes d'une part, et les Vosges d'autre part, s'étendent dans la direction générale du S.-O. au N.-E. les **plateaux et les chaînes du Jura**. Mais dans l'intervalle s'ouvre une **plaine** où convergent les eaux du Jura et du versant méridional de l'arête jurassique du Bassin Parisien. Cette plaine, où coule la **Saône**, est une zone de contact entre les régions de la Loire et de la Seine et les systèmes extérieurs du Jura et des Alpes. Continuée vers le sud par le **sillon du Rhône** à partir de Lyon, elle est la grande voie naturelle entre la France du Nord et la France méditerranéenne; enfin, par la **trouée de Belfort**, elle ouvre une communication entre le Rhône et le Rhin.

I. JURA.

I. Le **Jura** est constitué par une série de **plissements parallèles** s'étendant du S.-O. au N.-E. entre les massifs alpestres et les massifs anciens des Vosges et de la Forêt-Noire. Il est dû à une poussée orogénique qui s'est propagée vers le nord à la suite du soulèvement alpin, à **l'époque tertiaire**, et qui a été arrêtée par les masses des Vosges, de la Forêt-Noire et du massif bohémien. Sur la rive droite du Rhin, le Jura allemand est très faiblement plissé, ce qui le distingue du Jura franco-suisse. Les terrains qui dominent dans le Jura sont d'**âge jurassique** (c'est l'abondance de ces terrains, dans le Jura, qui leur a valu cette dénomination).

Le **Jura franco-suisse** forme un grand arc de cercle se développant sur une longueur d'environ 250 kilomètres, et dont la plus grande largeur est, vers le centre, de 80 kilomètres. Il se termine au sud, au delà de la faille du Rhône, où il est limité par la *faille de Voreppe*, parallèle à la Grande-Chartreuse; au nord, on peut considérer le Rhin, à l'est du confluent de l'Aar, comme sa limite extrême, en territoire suisse.

On peut diviser l'étude du Jura en trois parties d'après la direction des chaînons : le **Jura septentrional**, le **Jura central**, le **Jura méridional**. Les points culminants se trouvent dans le Jura central, aux abords du lac de Genève : le **Reculet** culmine par 1723 mètres.

LE JURA
CARTE PHYSIQUE
Échelle de 1 : 2.500.000
Kilomètres

J. Besson del.

Une cluse du Jura.

Les plissements et surtout les érosions ont créé, dans le Jura, des formes caractéristiques de relief : les sillons

La source de la Loue.

longitudinaux séparant les chaînes entre elles s'appellent *vals;* quand les plis ont conservé la couche supérieure primitive, ils portent le nom de *voûtes;* quand cette couche s'est affaissée et fracturée en longueur, la faille, ainsi déterminée, est nommée *combe* (sur les flancs, on voit apparaître des terrains plus anciens); on appelle *crêts* les parois qui dominent la combe; enfin quand une vallée d'érosion a complètement coupé transversalement un chaînon, on a une *cluse*. Le Jura, formé de terrains calcaires, a des *sources* nombreuses qui apparaissent en belles nappes entre les roches. Souvent aussi les rivières ont des *pertes* dans les fissures ou les anfractuosités.

1° Jura méridional. — Les chaînons sont orientés du sud au nord.

La limite nord-est est marquée par le *sillon de Nantua*, qui laisse passage au chemin de fer de Bourg à Bellegarde. Le Rhône se fraye un couloir à travers les chaînons par des cluses. Un peu au-dessus de Bellegarde se trouve la *perte du Rhône*. Au sud du Rhône, les beaux **lacs du Bourget** et d'*Aiguebelette* occupent le fond des sillons longitudinaux. *Aix-les-Bains*, que domine le *mont du Chat* (1497 mètres), s'élève près du lac du Bourget. Au nord du fleuve, la chaîne principale est celle du **Grand-Colombier**, qui atteint 1534 mètres, tandis que le *Revermont*, à l'ouest, ne dépasse pas 600 mètres. La voie ferrée de Lyon à Culoz suit une série de défilés et passe au pied du Grand-Colombier. Le plateau s'abaisse à l'ouest vers le *Bugey* au nord du Rhône, et l'*île de Crémieu* au sud.

Quelques vallées sont assez larges : ainsi le *Valromey*.

2° Jura central. — La direction des plissements est celle du S.-O. au N.-E. C'est la région la plus large et la plus élevée du Jura. Elle est limitée au nord par le sillon qui joint le Doubs au lac de Bienne. De l'est à l'ouest, les chaînes se succèdent en gradins, laissant entre eux des vals parsemés de lacs, et qui se rétrécissent à l'endroit où le chaînon se termine vers la plaine. A l'ouest,

elles sont bordées par des plateaux qui s'abaissent sur la vallée de la Saône. La progression des altitudes est marquée par la végétation. Sur la lisière occidentale des plateaux s'étagent les **vignobles** (vignobles d'*Arbois*, de *Poligny*, de *Salins*). Les *vallées* jurassiques ont leurs arbres fruitiers, leurs prairies, quelques cultures de céréales; les montagnes ont, de 700 à 1300 mètres, des pâturages, des hêtraies et des sapinières, et à partir de 1300 mètres, seulement des pâturages analogues aux pâturages alpins.

Les principales chaînes sont : le **Reculet**, qui culmine au **Crêt de la Neige** par 1723 mètres, au sommet du **Reculet** (1720 mètres), et au **Crêt d'Eau** (1624 mètres). Plusieurs autres sommets, de 1400 à 1680 mètres, sont sur le territoire suisse : le *mont Tendre* (1680 mètres); le **Larmont**, au pied duquel coule le Doubs depuis Pontarlier. La frontière suisse chevauche d'un chaînon à l'autre. Quelques lacs sont renommés pour leur beauté : le *lac de Joux*, dans le val de Joux en Suisse, le lac de *Saint-Point*, sur le territoire français. Le lac de **Neuchâtel** (sur lequel débouche le *Val Travers*) et le *lac de Bienne* s'allongent au pied des derniers chaînons. Les passages sont peu nombreux dans cette partie du massif : le plus important est la route utilisée par le chemin de fer de Pontarlier à Lausanne, qui traverse le *Suchet* à 1100 mètres d'altitude; plus au sud sont la route de Morez à Nyon par le *col de Saint-Cergues* (1263 mètres) et celle de Saint-Claude à Gex par le **col de la Faucille** (1323 mètres).

Les plateaux sont très étendus, mais ils sont divisés par trois grandes failles qui les séparent en gradins successifs. On distingue le *plateau d'Ornans*, le *plateau de Nozeroy*, le plateau de *Lons-le-Saunier* et le *plateau de Champagnole*. Le rebord de ces plateaux tombe en falaise sur la plaine de la Bresse, où il s'élève jusqu'à 700 mètres dans le *Revermont*.

Forts de Larmont et de Joux, près Pontarlier.
(Ligne de Pontarlier à Lausanne).

3° Jura septentrional. — La direction des crêtes est en général de l'ouest à l'est. Les principaux chaînons sont le **Weissenstein** (1450 mètres) en Suisse, et le **Lomont** (*mont Terrible* : 1000 mètres). De profondes vallées, où coulent des affluents du Doubs et du Rhin, sillonnent le plateau et les chaînes septentrionales. Au nord, s'étendent des plateaux ondulés, qui se terminent

Le saut du Doubs.

par une falaise abrupte en face des Vosges. Là s'ouvre la *porte de Bourgogne*, appelée aussi *trouée de Belfort*, qui met en communication la vallée de la Saône avec la vallée alsacienne, et par où passe le **canal du Rhône au Rhin**. **Belfort** (32 000 hab.), place forte importante, possède des filatures et des fonderies.

II. **Hydrographie.** — Le Jura est une région très arrosée. Les pluies alimentent d'abondantes et fortes sources. Les cours d'eau suivent les vals, puis passent d'un val à l'autre par les cluses, souvent en formant des cascades ou des pertes. Les plus importants sont le **Rhône**, qui pénètre dans la région jurassique au-dessus de Bellegarde, et y demeure jusqu'à son confluent avec l'Ain ; la **Valserine**, affluent du Rhône, qui passe au pied du Reculet ; l'**Ain**, qui traverse le plateau du Jura central, et sort du Jura en aval de *Pont-d'Ain* ; le **Doubs**, qui est la rivière jurassique par excellence.

Le **Doubs** sort du Jura par 937 mètres d'altitude ; il traverse le *lac de Saint-Point*, passe à **Pontarlier**, où il s'engage dans un étroit et long défilé. Son cours, à partir de *Morteau*, est très accidenté et très pittoresque, tantôt resserré, tantôt s'élargissant en lacs ; il forme le *Saut du Doubs*, cascade de 27 mètres de hauteur. Il se heurte au mont Terrible, qui le fait dévier vers l'ouest (sur territoire suisse) ; puis il coule au pied du Lomont, qu'il perce à *Pont-de-Roide*. Il reçoit l'*Allaine*, qui lui apporte les eaux de la région de Belfort ; il suit une faille du plateau septentrional, et sa vallée est empruntée par le *canal du Rhône au Rhin*. Entre Besançon, qui est bâti dans un

élargissement de la vallée, au pied d'un rocher escarpé, et *Dôle*, le Doubs sort du Jura pour entrer dans la plaine de la Saône. Il est grossi de la *Loue*, belle rivière dont les sources sont très visitées, et qui est séparée du Doubs, dans sa vallée inférieure, par l'immense et magnifique *forêt de Chaux*.

III. **La vie dans le Jura. Productions.** — L'extrême morcellement du Jura a favorisé l'isolement de petites régions, comme les **vals**, qui ont leur vie indépendante. Dans ces cantons isolés se sont développées des industries locales sous le mode de petites associations : ainsi l'**horlogerie** et la **fromagerie**. D'autre part, le long des cours d'eau se sont échelonnés les centres industriels, principalement dans la vallée du Doubs.

La **vie agricole** est surtout développée dans les vallées méridionales et sur le rebord occidental des plateaux, où l'on cultive les *céréales* (blé, maïs, orge, avoine) et la *vigne*. La surface des plateaux est couverte de céréales assez maigres, de pâturages et de bois. L'*élevage* et les *forêts de pins* sont des ressources importantes de la région des chaînes. On y fabrique le *fromage de Gruyère*, dans des *fruiteries* où chaque propriétaire apporte son lait.

Le Jura fournit des pierres de taille, des marbres, du sel gemme et surtout du *minerai de fer. Salins* a des sources minérales. Les cours d'eau procurent leur force motrice à de nombreuses usines.

L'**industrie métallurgique** est surtout développée dans la région du Doubs : à *Montbéliard, Pont-de-Roide, Audincourt*.

Le principal centre de l'industrie horlogère est **Besançon** (55 000 hab.). **Lons-le-Saunier** a des mines de sel gemme. *Arbois, Poligny, Salins* sont des centres du commerce des vins. A **Saint-Claude**, on taille des pierres précieuses, et l'on fabrique de la tabletterie, et divers articles en bois. La région de **Pontarlier** a des distilleries, des manufactures et des usines. Par son activité industrielle, la région du Jura rappelle celle des Vosges.

II. VALLÉE DE LA SAÔNE.

La **vallée de la Saône** marque une *dépression ancienne*, qui fut comblée par des dépôts lacustres et les alluvions des rivières. Elle offre une grande variété, et la Saône établit un lien entre des régions différentes.

C'est d'abord la **haute plaine de la Saône**, formée de terrains jurassiques, s'appuyant au plateau de Langres et à la Côte d'Or à l'ouest, et au Jura à l'est.

La **Saône** naît sur le rebord méridional des monts Faucilles, sur des plateaux de grès argileux, qu'elle draine ; de nombreux cours d'eau lui viennent du revers méridional des Vosges. Dans cette région, le plateau est souvent surmonté d'îlots montueux, comme celui qui surplombe **Vesoul**. En amont de *Gray*, la Saône entre dans la plaine jurassique ; les cours d'eau qu'elle reçoit sont moins nombreux, mais plus importants : l'**Oignon**, venu des Vosges, et qui passe à *Lure* ; l'**Ouche**, qui descend de la Côte d'Or et ouvre un passage vers la vallée de la Seine, par *Dijon*. A partir d'*Auxonne*, la vallée s'élargit jusqu'à **Chalon-sur-Saône**, et prend le nom de *Pays-Bas*. Là se terminent le *Doubs* et en face la *Dheune*. Le climat de la plaine est chaud et permet la culture du maïs. **Dijon** (71 000 hab.), au pied de la Côte d'Or, est un centre de communications entre la plaine de la Saône, le Bassin parisien, le plateau lorrain et la vallée alsacienne. C'est une ville de commerce (vins) et une vieille cité judiciaire et universitaire, l'ancienne capitale de la Bourgogne. Entre Gray et Chalon-sur-Saône, s'échelonnent, sur le revers de la Côte d'Or, les centres de production du vin : *Gevrey-Chambertin, Vougeot*, **Nuits, Beaune**, *Pommard*.

Au sud de Chalon, la Saône entre dans la **plaine de la Bresse**, qui affecte la disposition d'une cuvette, au centre de laquelle est *Louhans*, sur la **Seille**. C'est un pays argileux, parsemé d'étangs, auquel les habitations en brique et en pisé donnent un aspect assez pauvre, mais qui est riche en réalité ; on y élève des *volailles*, du bétail ; on y cultive le blé et le maïs. Sur la rive droite de la Saône, s'étagent les *vignobles* du *Mâconnais* et du *Beaujolais*. **Bourg** (19 000 hab.), *Louhans*, **Chalon-sur-Saône** (29 000 hab.) sont les principaux marchés agricoles de la région. **Mâcon** (19 000 hab.) et *Villefranche*, sur la rive droite, sont des centres du commerce des vins.

La **Veyle**, qui se jette dans la Saône au sud de Mâcon, marque la limite entre la Bresse et la *Dombes*. La **Dombes** est un plateau marécageux où se sont déposés des débris de l'époque glaciaire, pays malsain, qu'on commence à dessécher et à assainir ; on y plante des bois de chênes et de bouleaux, et les prairies nourrissent du bétail et des chevaux. Près de Lyon, la vallée se resserre entre le plateau de la Dombes et les Cévennes.

La Saône est reliée au Rhin par le **canal du Rhône au Rhin**, à la Moselle par le **canal de l'Est**, à l'Armançon et à la Seine par le **canal de Bourgogne**, à la Loire par le **canal du Centre**.

III. HISTORIQUE ET DÉPARTEMENTS.

1° Les départements de la *Haute-Saône*, du *Doubs* et du *Jura* appartiennent à l'ancienne province de **Franche-Comté**, reprise à l'Espagne au traité de Nimègue (1678).

- **HAUTE-SAÔNE**. — CHEF-LIEU : **Vesoul** (10 000 hab.). — SOUS-PRÉFECTURES : *Gray, Lure*.
- **DOUBS**. — CHEF-LIEU : **Besançon** (55 000 hab.). — SOUS-PRÉFECTURES : *Montbéliard, Pontarlier, Baume-les-Dames*.
- **JURA**. — CHEF-LIEU : **Lons-le-Saunier** (13 000 hab.). — SOUS-PRÉFECTURES : *Dôle* (15 000 hab.), *Poligny, Saint-Claude*.

2° Les départements de l'*Ain* et de *Saône-et-Loire* faisaient partie de la province de **Bourgogne**, dont la capitale était Dijon, aujourd'hui chef-lieu du département de la *Côte-d'Or*

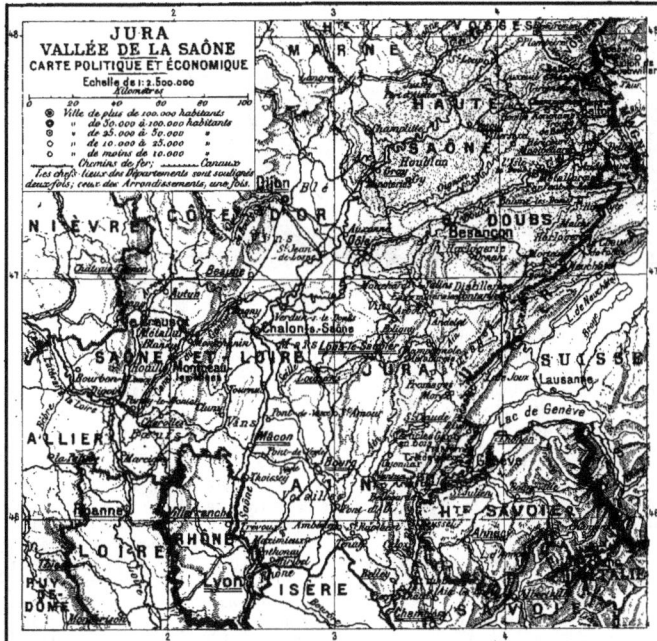

(voir le chapitre IV). Le **Bugey** et le **Valromey**, qui formaient avec le **pays de Gex** la **Haute-Bourgogne** (département de l'*Ain*), n'ont été réunis à la France que sous le règne de Henri IV, qui les enleva à la Savoie.

- **SAÔNE-ET-LOIRE**. — CHEF-LIEU : **Mâcon** (19 000 hab.). — SOUS-PRÉFECTURES : **Chalon-sur-Saône** (29 000 hab.), *Autun, Louhans, Charolles*. — VILLES PRINCIPALES : **Le Creusot** (30 500 hab.), **Montceau-les-Mines** (29 000 hab.).
- **AIN**. — CHEF-LIEU : **Bourg** (19 000 hab.). — SOUS-PRÉFECTURES : *Belley, Nantua, Gex, Trévoux*.

LECTURES.

1. — La Franche-Comté.

Par les plaines humides de la *Bresse*, des prairies noyées de brouillards, — une petite Hollande fiévreuse, — nous gagnerons l'air pur des montagnes de la **Franche-Comté**. Celles-ci ne sont pas, comme les Alpes de Savoie, un massif, une forteresse grandiose bâtie des mains de la nature. Vues de loin, de Lausanne par exemple, elles apparaissent comme un sombre rideau uniformément tiré entre la Suisse et la France.

En réalité, une succession de murailles étagées de la base au sommet, laissant entre elles des tranches profondes que barrent des mornes, que relient des plateaux servant de de degrés pour atteindre le faîte de la montagne, voilà le **Jura**. Tout cela est bien sérieux, bien austère. C'est, si vous voulez, une petite Suisse en miniature avec ses lacs (*Nantua, Saint-Point*, etc.), ses champs de neige à défaut de glaciers. Mais ce qui fait la vie de la Suisse, sa gaieté alpestre, manque au Jura. Il n'a pas, comme elle, de tous côtés et sous mille formes, des eaux qui coulent et qui parlent. A part la grande

Un lac du Jura.

voie des torrents qu'alimente la fonte des neiges, le Jura est silencieux. L'homme ayant imprudemment détruit les forêts intermédiaires, avec elles ont disparu les sources vives qui font gazouiller les ruisseaux et jaser, à petit bruit, les fontaines. Les pluies tombent, mais elles ne s'arrêtent plus.

Dans notre Franche-Comté, plus agricole qu'industrielle, tout est précaire. La zone la mieux protégée n'est pas moins frappée par des gelées tardives. La vigne, qui vient volontiers dans les terres salées, — le sel est répandu partout sur cette région de la France, — ne donne qu'une récolte en trois ou quatre ans. Le vigneron s'obstine pourtant, il patiente, il *attend mieux*[1].

Si vous atteignez la région des plateaux, vous ne rencontrez guère plus qu'une terre indigente. Des prairies de lichen sur le roc, des landes où se dressent des touffes de buis, végétation rigide et triste, malgré le vernis dont se lustre le feuillage, quelques labours ingrats : voilà le maigre tapis qui a remplacé le riche manteau des chênes et des hêtres. Le haut Jura, seul, a conservé ses forêts. Les courageux lutteurs qui se sont accrochés, comme ils ont pu, aux pentes croulantes, pour en arrêter la ruine, y tiennent encore. Ce n'est plus le grand sapin blanc dont

Le retour du troupeau.

les longs bras, les longs peignes sombres et retombants semblent couler au fond des ravins comme des larmes de bronze. Un autre montagnard plus robuste, le dur lutteur des Alpes, le picéa, l'a remplacé.

1. « *Mieux j'attends* », devise franc-comtoise.

Les associations fromagères du Jura se sont établies avec les troupeaux dans les clairières de la forêt. Chacun apporte son lait au fromage commun, associant la mise et le profit. Cette propriété collective, administrée par tous avec une défiante âpreté, mérite à peine le nom d'association. La race montagnarde, qui s'est peu mêlée aux autres races, garde encore son caractère primitif : grande circonspection, et grande défiance de l'homme pour l'homme.

(MICHELET, *Notre France*.)
(Armand Colin, éditeur.)

2. — Les industries de Saint-Claude.

L'origine de ces industries ouvrières est due à l'abbaye même ; le pèlerinage fait aux reliques de saint Claude avait naturellement amené le commerce d'objets de piété ; les habitants taillaient, dans les troncs de buis coupés aux environs, des chapelets et des statuettes vendus aux pèlerins ; il y eut tant d'*ymagiers* qu'il existait, il y a plus de trois cents ans, une corporation de ces artistes. De nos jours, la sculpture s'est prodigieusement développée, elle s'est industrialisée aussi, et les pieuses images ont fait place aux pipes taillées par milliers dans les souches de bruyères envoyées à **Saint-Claude** par les Landes, les Pyrénées et la Corse.

Vue de Saint-Claude.

Le bois, l'os, l'ivoire, le corrozo (noix de coco) sont travaillés à Saint-Claude, mais la racine de bruyère, surtout, joue un grand rôle dans les ateliers ; j'ai vu, en Corse, les usines assez primitives où les souches des hautes bruyères du maquis sont préparées en *ébauchon*; j'ai retrouvé, ici, ces ébauchons, semblables à de la brique bien cuite, et il m'est revenu soudain comme un parfum des grands fourrés de myrtes et de cystes. Il en arrive ici des quantités invraisemblables; tant dans Saint-Claude que dans le canton et les cantons voisins, 4 000 ouvriers et ouvrières se livrent à cette fabrication ; Saint-Claude, seul, compte soixante établissements. Dans les grands ateliers l'activité est extrême, grâce à la division du travail. L'ébauchon est râpé, tourné, poli, creusé avec une rapidité extraordinaire. La plupart des pipes sont d'une seule pièce ; d'autres reçoivent un tuyau tourné et foré à part.

A côté des fabriques de pipes, dans les innombrables ateliers échelonnés au bord des deux torrents, d'autres industriels font de la boissellerie, des chapelets, des boîtes d'allumettes, des étuis à lunettes, des objets en corne, etc., des mesures linéaires.

Cette ville est, en France, le plus grand centre pour la taille des diamants et des pierres précieuses ; la ville, les bourgs, jusqu'au moindre hameau de la montagne, sont occupés à transformer les gemmes brutes en foyers de lumière. Depuis cent ans déjà, ce pays taillait les pierres précieuses ; c'était une grande ressource pour la population, quand, il y a une quinzaine d'années, des industriels, frappés de l'existence de ce centre ouvrier, ont voulu enlever à la Hollande son monopole de la taille du diamant ; ils sont venus s'installer dans le Jura, où l'on possédait une main-d'œuvre experte.

(ARDOUIN-DUMAZET, *Voyage en France*, t. XXIII.)
(Berger-Levrault, éditeur.)

3. — Caractères du paysage bourguignon.

La brèche dijonnaise a un aspect imposant. Ruisselant avec impétuosité sur les pentes imperméables de l'*Auxois*, les eaux ont entamé au plus épais de sa masse le plateau calcaire... On sent qu'une force puissante a séparé ici les tranches du plateau, en a moulé les lambeaux, et que, comme d'habitude, l'action mécanique des eaux a frayé la voie aux hommes. Dans l'intervalle de ces échancrures, le bord oriental du plateau se déroule rectiligne ; pendant 50 kilomètres, de *Dijon à Chagny*, les mêmes croupes roussâtres ou grises, vignobles jusqu'à mi-côte, taillis ou bois sur les côtes, bornent la vue. Mais à leur pied, une succession de bourgs, villages et petites villes, où d'un clocher à l'autre il n'y a jamais plus d'une demi-lieue, se déroule en bande non moins régulière que celle des bois qui la dominent, des vignes qui l'entourent et des champs qui la bordent jusqu'à 4 ou 5 kilomètres du pied de la côte. A cette distance, en effet, commence encore un autre pays ; ce sont maintenant les prairies sur l'alluvion et les forêts sur les sables qui prennent le dessus. Entre cette zone contiguë à la Saône et la Côte d'Or s'allongent parallèlement la voie romaine, la route, le chemin de fer. Un groupe d'une quarantaine de mille habitants se ramasse comme une sorte de bourg continu que relierait une rue principale.

Arrêtons-nous sur ces traits ; ils nous fournissent des éléments caractéristiques. Nulle part ne se concentre mieux l'aspect net et réglé de ce qu'on peut appeler le paysage bourguignon. Il se compose de bandes minces, mais distinctes, communiquant aux habitants des vallées, des coteaux, des plateaux des caractères bien reconnaissables et bien connus les uns des autres. Entre les vallées, entre les versants et les plateaux, les bois font de vastes taches d'isolement, de sorte que l'ensemble se compose de groupes séparés les uns des autres, mais étroitement agglomérés entre eux. Tout concourt à favoriser ce mode de groupement : l'hydrographie, très concentrée en doux ou fontaines, les cultures de la vigne et d'arbres fruitiers. C'est comme l'avant-coureur de conditions que nous trouverons exagérées, aux bords de la Méditerranée, dans le Bas-Languedoc. A l'exception des parties trop arides pour que des populations puissent s'y établir, l'homme trouve en abondance, presque sous la main, la pierre et le bois. Il a ainsi facilement pour ses constructions et ses routes les matériaux nécessaires. La pierre blanche et tendre signale au loin les villages ; elle forme les gradins sur lesquels la terre est artificiellement retenue. Les routes, faciles à établir sur ce sol sec et presque naturellement empierré, percent les massifs de forêts. Une vie concentrée sur des espaces restreints, mais entre lesquels la liaison est facile, résulte de ces dispositions du sol. Si à ces avantages s'ajoutent ceux du climat plus sec et plus ensoleillé du versant oriental, on s'explique comment la Côte d'Or est devenue comme le point lumineux où s'est manifesté le génie bourguignon. Là se trouvait mieux qu'une aisance moyenne : quelque chose de ce superflu qni est nécessaire pour l'épanouissement d'un génie local.

(VIDAL DE LA BLACHE, *Tableau de la Géographie de la France*, Introduction à l'*Histoire de France* de Lavisse.) (Hachette et Cie, éditeurs.)

4. — La Dombes reconquise à l'agriculture.

La région de la **Dombes** est constituée par un plateau aux innombrables vasques argileuses emplies par les eaux dormantes. Des buttes de quelques mètres de hauteur, connues dans le pays sous le nom de « poipes », s'élèvent çà et là entre les nappes lacustres et y reflètent leurs bouquets de verdure. La plupart des étangs sont de création moderne, il est vrai, et même la région du pays où ils sont les plus nombreux aujourd'hui était couverte de cultures au XIVe siècle. Des guerres féodales firent disparaître la population de villages entiers ; les eaux s'amassèrent dans les bas-fonds ; les ruisseaux s'obstruèrent ; l'aspect de la contrée changea peu à peu. Il fallut abandonner l'ancien système de culture et remplacer les labours par la pêche. A la fin, l'usage de laisser les terres épuisées en « jachères d'eau » devint universel. Tout particulier avait le droit, moyennant certaines charges, de construire une chaussée à la partie inférieure de son fonds et d'inonder les terrains plus élevés ; puis, quand les champs inondés avaient repris leur fertilité première, après deux années de repos ou davantage, on vidait l'étang pour le soumettre pendant un an aux cultures ordinaires : tel était le système de rotation adopté dans le pays. Les récoltes étaient pauvres et incertaines ; les chemins, mauvais, fangeux, bizarrement contournés, se prêtaient difficilement aux charrois ; les vieilles routines gardaient leur empire ; la misère régnait dans tous les villages, et la fièvre, émanée des étangs marécageux, décimait les habitants.

Vers le milieu du siècle, les terres de la Dombes, alternativement noyées et asséchées, occupaient une superficie de près de 20 000 hectares, dont les deux tiers environ étaient sous l'eau. Mais, grâce à la construction d'un chemin de fer et de nombreuses routes carrossables, grâce aux engrais et à l'emploi d'amendements par la marne et la chaux, on a pu entreprendre avec succès la conquête du sol. En 1870, la moitié de l'espace marécageux était transformée en campagnes fertiles ; la culture du seigle et de l'avoine avait fait place à celle du blé ; la vigne même commençait à faire son apparition ; partout se montraient de belles prairies ; la valeur du terrain avait doublé, et, fait plus important, la misère et la maladie avaient reculé devant l'aisance et la santé. En vingt années, la population s'était accrue d'un tiers, et la mortalité avait diminué d'autant. De vingt-cinq ans, la vie moyenne s'était élevée à trente-cinq, et les fils des fébricitants sont devenus des hommes sains et vigoureux.

(E. RECLUS, *La France*.)
(Hachette et Cie, éditeurs.)

QUESTIONS.

1. *Montrer que la constitution géologique du Jura est la principale cause de l'originalité de ce massif : relief aspect général, hydrographie, vie des habitants.*

2. *L'agriculture et l'industrie du Jura.*

3. *Vignobles de la Saône.*

CHAPITRE XII

Les Alpes.

I. OROGÉNIE. — LIMITES. DIVISIONS.

(Voir la Carte de la France Géologique, page 3.)

Les **Alpes françaises** sont une partie du grand massif alpestre qui constitue le noyau du relief de l'Europe centrale.

Le **Massif alpestre** est dû à une suite de poussées qui se sont propagées, dès la fin de l'époque secondaire, pendant les premiers âges de l'époque tertiaire. Ces poussées ont fait surgir, au centre du massif, les roches primitives; cette zone de terrains primitifs et primaires est, en général, comprise entre deux zones de massifs calcaires, secondaires et tertiaires. Mais dans les *Alpes occidentales*, dont les Alpes françaises sont une portion, la *zone orientale de terrains calcaires s'est effondrée*. En outre, cette région des Alpes, resserrée entre les terrains anciens de Provence, du Massif Central et des Vosges, fut plus fortement convulsée; les masses sont plus compliquées, les sommets plus élevés. Enfin, l'érosion a encore arraché des couches sédimentaires et mis à nu dans la zone calcaire extérieure des roches primaires et primitives. Les massifs présentent donc des aspects très variés : plis en éventail, plis couchés, chaînes, sommets dentelés ou en aiguilles, etc. Ils sont séparés par des failles longitudinales et transversales, comme dans le reste des Alpes; mais ces failles n'offrent pas la même régularité que dans les Alpes suisses et autrichiennes. Aussi la classification des massifs, qui repose sur l'observation des vallées, est-elle plus difficile à établir.

Les Alpes s'appuient, au sud, aux *massifs granitiques des Maures* et de l'*Estérel*; à l'ouest, à des chaînes jurassiques et crétacées, plissées en voûtes régulières ou s'étalant en plateaux, offrant quelque analogie avec le Jura : ce sont les **chaînes subalpines**, dont la limite est marquée par une suite de dépressions, depuis *Sixt*, par *Sallanches*, *Albertville*, le *Graisivaudan* et le *cours du Drac*. Le cours de l'*Eygues* limite au sud les chaînes subalpines et les sépare de chaînes, également de nature calcaire, qu'on nomme les *Préalpes* ou les Alpes de Provence, et qui affectent la forme de crêtes allongées de l'E. à l'O. et en général peu élevées. A l'est, les Alpes tombent brusquement sur la plaine du Pô. Les Alpes de la zone cristalline centrale sont comprises en dehors de nos frontières : ce sont les massifs du *mont Rose*, du *Grand-Paradis*, du *mont Viso*. Sur territoire français, n'appartient à cette zone qu'une bande de terrains schisteux où se trouvent les sources de l'Isère, de l'Arc, et du Guil, affluent de la Durance; ces schistes sont parsemés de roches éruptives; es pentes y sont couvertes de mélèzes et de prairies. Mais **aux Alpes cristallines se rattachent des massifs enclavés dans la zone calcaire** et laissés à découvert par les érosions : le **mont Blanc** et le **Pelvoux**.

LE MONT BLANC — Echelle de 1 : 350.000

II. TRAITS GÉNÉRAUX DE LA GÉOGRAPHIE ALPESTRE.

1° Le *nombre et la longueur des vallées* des Alpes françaises permettent l'établissement de **nombreuses routes**. Les cols, relativement peu élevés, permettent de pénétrer facilement en Italie, où le versant est très étroit; mais la pénétration des armées italiennes a toujours été difficile pour la raison inverse.

2° **Chaque vallée a sa vie propre,** son caractère individuel; les plus importantes sont la *Tarentaise*, le *Graisivaudan*, le *Briançonnais*, la *vallée de Barcelonnette*.

3° **Le climat est très différent du nord au midi** : humide au nord, il est sec et chaud au sud; il varie d'ailleurs selon l'altitude, la nature du sol et l'exposition.

4° **La végétation est très variée selon l'altitude et le climat** : culture de la vigne au sud, des céréales au nord jusqu'à 900 et 1000 mètres; on trouve même de l'orge et du seigle jusqu'à 1200 mètres. Mais ce sont les pâturages et les bois qui dominent dans les Alpes. De 1200 à 1600 ou 1700 mètres, c'est la *forêt* (hêtres, sapins, épicéas); au-dessus, ce sont les pâturages d'été. Des *fromageries* (*fruitières*) se sont développées dans les Alpes comme dans le Jura, notamment dans la région de la Savoie et de l'Isère. Partout où les habitants ont déboisé afin de pousser plus haut les cultures, les montagnes se

sont dégradées et le pays s'est dé-
peuplé (Basses-Alpes et Hautes-
Alpes).

III. ÉTUDE DES ALPES.

1. Alpes cristallines.

Les Alpes cristallines françaises ont été en général mises à
découvert par l'érosion, qui y a
laissé par places des débris de la
couverture sédimentaire. Elles
comprennent :

1° Le **massif du Mont
Blanc** entre l'**Arve** (vallée de
Chamonix), la Doire-Baltée et la
Dranse; il ouvre plusieurs passages : **col de Balme, col du
Bonhomme**; il culmine par
4810 mètres et il est couvert
par de grands glaciers (Mer de
Glace, glacier des Bossons), qui
descendent très bas, presque
jusqu'au village de Chamonix
(1050 mètres);

2° Le **massif de Beau-
fort** entre l'Arly, l'Isère et la
route du Petit-Saint-Bernard.
D'une altitude qui ne dépasse
pas 3000 mètres, il est divisé
en croupes par le lit des torrents; la principale ressource
des habitants est, avec les bois de
sapins, les pâturages d'été; ils
émigrent pendant l'hiver. Les
villes s'élèvent à l'extrémité des
vallées : Albertville, au confluent
de l'Arly et de l'Isère; Moutiers,
sur l'Isère, dans la **Tarentaise**;
Saint-Jean-de-Maurienne, sur
l'Arc, dans la **Maurienne**;

3° La **chaîne de Belle-
donne**, séparée de la Grande-
Chartreuse par la vallée du
Graisivaudan. Elle n'atteint pas 3000 mètres, mais elle
domine la vallée de l'Isère, et les torrents qui en descendent alimentent de nombreuses industries. Le Graisivaudan est une des plus belles et des plus riches vallées
alpestres; c'est un ancien bassin lacustre comblé par des
alluvions. On y cultive la vigne, les arbres fruitiers, le
tabac, les céréales. Dans la papeterie, on emploie la pâte
de bois de sapins. Allevard exploite d'excellents minerais
de fer qui alimentent les forges du Creusot. **Grenoble**
(68 000 hab.), à l'extrémité du Graisivaudan, est un
centre agricole et industriel, renommé surtout par sa
ganterie et sa mégisserie. C'est une ville intellectuelle et
judiciaire, et une place militaire;

4° Le **massif des Grandes-Rousses**, à l'est de
la chaîne de Belledone, entre l'Arc et la Romanche. Ce

LES ALPES
CARTE PHYSIQUE
Echelle de 1 : 2.500.000

Un village de la Haute-Maurienne (Bonneval).

Un torrent des Alpes.

massif, qui atteint 3473 mètres, a des glaciers; il s'ouvre vers Briançon par le **col du Lautaret** (2057 mètres);

5° Le **Pelvoux**, entre la *Romanche* et le *Drac*, qui culmine à la **Barre des Écrins** par 4103 mètres. De nombreux glaciers en couvrent les pentes et alimentent le Drac et la Durance. Les vallées y sont très encaissées, très pittoresques, mais pauvres, sauf la haute vallée du Drac, appelée le *Champsaur*.

2. Alpes calcaires du sud-est.

1° Presque toutes les hautes vallées de la Savoie, la Tarentaise, la Maurienne, prennent leur origine dans cette zone. Elles s'ouvrent sur l'Italie par les **cols du Petit-Saint-Bernard**, du **mont Iseran**, du **mont Cenis**, de **Fréjus** (chemin de fer de Modane à Turin). Entre le Tarentaise et la Maurienne s'élève, à l'est, le **massif de la Vanoise**, très pittoresque avec ses nombreux et vastes glaciers et ses gorges encaissées. La haute vallée de la Maurienne est très encaissée, exposée aux avalanches, d'un climat rude et d'un sol très pauvre;

2° Les **Alpes Cottiennes** comprennent des massifs calcaires bordés, sur la frontière italienne, par des schistes primaires. La crête frontière forme un arc de cercle depuis le **mont Thabor** jusqu'au *col de Largentière*; le **mont Viso** est un peu en avant de la chaîne, sur territoire italien. Sur Briançon s'ouvre le col **du Genèvre** (1854 mètres) entre la Durance et la Doire Ripaire. *Briançon*, à 1321 mètres d'altitude, commande cette route;

Briançon.

3° Les **Alpes Maritimes** s'étendent du col de Largentière au col de Tende, ce dernier en Italie, et se trouvent comprises à l'est du Var. Elles sont profondément découpées par les rivières, affluents du Var, et par la Roya. Elles envoient des chaînons jusqu'au rivage, où elles forment une bordure pittoresque à la *Côte d'Azur*, qu'elles abritent des vents du nord. Sur cette côte s'alignent des villes très fréquentées comme stations d'hiver : **Nice** (105000 hab.), *Villefranche, Beaulieu,* **Monaco** (principauté indépendante), *Menton*. Cette région a des cultures d'oliviers, d'orangers et surtout de *fleurs*.

Un jardin près de Nice.

3. Alpes calcaires de l'ouest.

Ces chaînes sont en général arides, dénudées, brûlées par le soleil.

1° Le **Dévoluy** est un massif désolé, que l'on a déboisé maladroitement, et qu'il est difficile de reboiser, à cause des éboulis et de la sécheresse du sol résultant de sa perméabilité. La hauteur moyenne de ce massif est assez élevée;

2° Le **Gapençais**, moins élevé, est profondément sillonné par la Durance. Des irrigations, amenant les eaux du Drac, ont amélioré une partie du massif. Au centre, s'élève **Gap**;

Vallée des Hautes Alpes.

3° Les **Hautes Alpes de Provence**, comprises entre la *Durance* et le *Var*. Les chaînes sont plus confuses; leur direction change à mesure que l'altitude diminue. Le **pic Brun**, au nord d'Embrun, est à 3120 m., le pic d'**Enchastraye** à 2956 mètres, le **mont Pelat** à 3050 mètres. Mais l'altitude, dans la chaîne du *Cheiron*, au nord de Grasse, tombe au-dessous de 2000 mètres.

Ces montagnes sont dégradées par les pluies d'orage et les torrents, découpées en gorges profondes par la **Durance** (vallée d'*Embrun*), l'**Ubaye** (vallée de *Barcelonnette*), la **Bléone (Digne)** et le **Verdon** (*Castellane*). Dans la vallée de Barcelonnette, les tentatives de reboisement ont donné quelques résultats.

4. Chaines subalpines.

Elles comprennent :

1° Les **Alpes du Chablais**, entre le *Rhône*, le *Léman* et l'*Arve*, dont le point culminant est, en Suisse, la **Dent du Midi** (3285 mètres). C'est un massif pittoresque, avec de belles et riches vallées, la *Dranse* et le *Faucigny*. Sur les bords du *lac Léman*, s'échelonnent *Évian, Meillerie, Thonon;* sur l'Arve, *Sallanches, Anses, Bonneville;* c'est le centre de l'**industrie horlogère** ;

2° Les **Alpes de Savoie**, entre l'*Arve* et l'*Isère*, dont les principaux groupes sont les **Bauges** et la **Grande-Chartreuse**. Ces montagnes ont des vallées verdoyantes, de bons pâturages et des forêts de hêtres et de sapins, mais peu de cultures; les habitants émigrent en hiver. Les cours d'eau, tels que le *Fier*, ont de belles gorges. Le Fier reçoit les eaux du **lac d'Annecy**, qui correspond au lac du Bourget, dans la région du Jura. **Chambéry** (22 000 hab.), à la limite du Jura et des Alpes de Savoie, est sur la voie ferrée qui vient de Lyon par Culoz et rejoint Modane, puis Turin, par la Maurienne. La prin-

Dans les Alpes de Savoie. — Environs d'Aix-les-Bains.

cipale industrie du massif de la Grande-Chartreuse est la distillerie ;

3° Le **massif de Vercors**, de l'*Isère* à la *vallée de la Drôme*. Ce massif, assez compact, dominé par des crêtes boisées, offre déjà l'aspect de sécheresse des chaînes méridionales ;

4° Le **Diois**, entre la *Drôme* et l'*Eygues*, plus découpé que le précédent, moins calcaire et mieux perméable.

5. Les Alpes de Basse-Provence.

Les **Alpes de Basse-Provence** affectent la forme de crêtes longues et étroites, allongées de l'O. à l'E. Les pentes sont presque partout déboisées; les pâturages, où abondent les plantes aromatiques, telles que la lavande, nourrissent des troupeaux de moutons. Le massif est sillonné par des torrents qui alimentent la Durance ou qui descendent vers la Méditerranée. Les principales chaînes sont le **Ventoux** (1912 mètres), et, plus au sud, le **Léberon** (1125 mètres). Une voie ferrée de Grenoble à Marseille suit la vallée du Drac, du Buech et de la Durance.

IV. LA VALLÉE DU RHÔNE.

Le **Rhône** vient du *massif du Saint-Gothard* et descend par une vallée longitudinale jusqu'à *Martigny*, entre les Alpes Pennines et les Alpes Bernoises. A *Martigny*, il pénètre dans une vallée transversale et se jette dans le **lac de Genève**, où il s'épure. Nous l'avons vu, à sa

Les Grands-Goulets (Vercors).

sortie du lac de Genève, traverser les défilés du Jura par *Bellegarde, Seyssel, Culoz*. A Seyssel, il devient navigable. Il se creuse un lit dans le plateau méridional du Jura et en détache l'*île de Crémieu*, puis il coule entre la plaine élevée de la Dombes et les *plateaux du Bas-Dauphiné*. A **Lyon**, il rencontre la *Saône* et se heurte contre une chaîne du Massif Central qui l'oblige à prendre la direction du sud. Dès lors il coule, presque jusqu'à son embouchure, au pied du Massif Central, utilisant le couloir qui marque encore aujourd'hui la trace d'un ancien golfe méditerranéen que le fleuve a convert de ses alluvions : tantôt sa vallée est resserrée entre les dernières pentes des chaînes subalpines et le Massif Central, tantôt elle s'élargit en petits bassins. De Lyon à *Tournon*, elle n'est qu'un couloir assez étroit entre les plateaux du Dauphiné qu'il contourne, et les monts du Lyonnais. Il reçoit l'Isère, et à partir de **Valence** sa vallée devient plus large : elle forme la plaine de *Montélimar*, puis les *plaines de Vaucluse*, où il arrose **Avignon**, près du confluent de la Durance. Le Rhône passe ensuite entre *Beaucaire* et *Tarascon*; à *Arles*, il se divise en deux bras entre lesquels s'est étendu son delta.

Le **Rhône** a trois principales sources d'alimentation : les *Alpes*, la *Saône* et le *Massif Central*.

Les **Alpes** fournissent au Rhône des eaux abondantes, mais qui grossissent surtout en été, pendant la fonte des neiges. C'est d'abord le Rhône lui-même, puis l'**Arve**, le **Fier** (lac d'Annecy), l'**Isère** (Grenoble), grossi de l'*Arc* et du *Drac*, la **Drôme** (Die), l'**Eygues** (Nyons), la **Durance**, grossie de la *Bléone* et du *Verdon*.

LES ALPES
CARTE POLITIQUE ET ÉCONOMIQUE
Echelle de 1 : 2.500.000

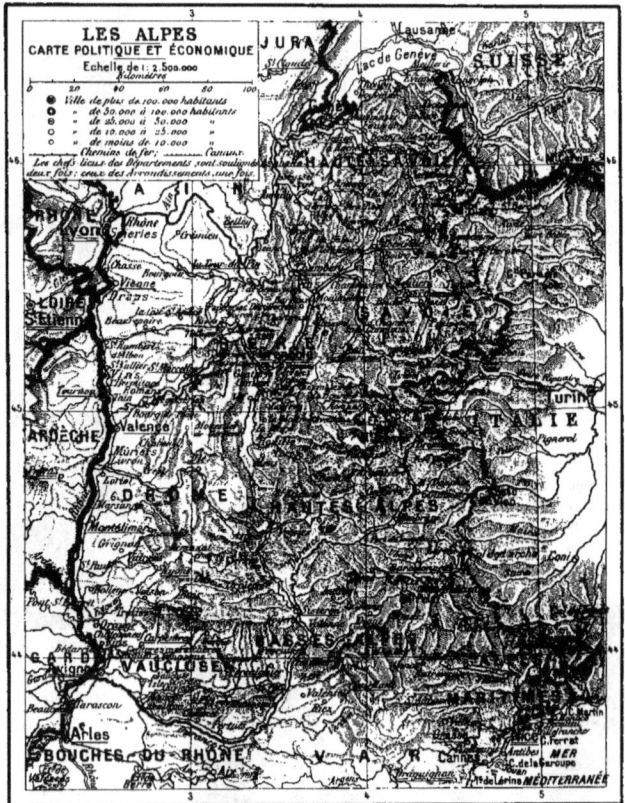

La Saône à Lyon.

La **Saône** a son débit le plus considérable en hiver ; c'est elle qui soutient le Rhône lorsque les rivières alpestres sont le plus maigres. Avec la Saône, il faut rappeler son affluent le **Doubs**, et deux autres rivières jurassiques, la **Valserine** et l'**Ain**.

Les affluents qui viennent du **Massif Central** sont en général de courts torrents, mais qui au moment des crues roulent des quantités énormes d'eau ; ce sont : l'**Ardèche**, la **Cèze**, le **Gard**. Les crues des rivières cévenoles ont surtout lieu au printemps.

Le **Rhône** a toujours un débit considérable ; c'est de tous les fleuves français celui qui roule le plus d'eau, et grâce aux origines diverses de ses affluents, son débit est assez régulier. Mais la rapidité de son cours et les défilés étroits qu'il est obligé de traverser, en rendaient la navigation assez difficile. On a fait d'importants travaux pour le régulariser, et aujourd'hui il est utilisé assez activement par la batellerie.

La vallée du Rhône, prolongée par celle de la Saône, est une voie de communication de première importance. C'est la route naturelle entre la Méditerranée et les mers du nord : la Manche, d'une part, par la Seine ; la mer du Nord, d'autre part, par la vallée du Rhin. Elle est suivie par une grande voie ferrée, la ligne de Paris à Marseille par Dijon. A Lyon aboutissent en outre les lignes qui viennent du plateau lorrain, de la vallée alsacienne, du Jura et des

Alpes. De Marseille partent les lignes qui traversent le Massif Central (ligne du Bourbonnais) et les Alpes françaises (ligne de Chambéry à Marseille par Grenoble), enfin celles qui longent la côte de la Méditerranée, se dirigeant l'une vers l'Italie, l'autre vers la Garonne et vers l'Espagne.

Lyon est le principal centre commercial de cette région, au point de croisement de routes importantes. C'est le lien entre la France du Nord et la France du Midi. Cette position, au confluent de la Saône et du Rhône, en a fait de tout temps une place de premier ordre. Mais elle doit encore davantage sa prospérité à **l'industrie de la soie,** qui y a été importée d'Italie dès le XVe siècle. Cette industrie compte plus de 25 000 métiers, répartis sur toute la région environnante. Beaucoup d'ouvriers travaillent à domicile. La ville de Lyon a une population de 459 000 hab. ; elle est aujourd'hui un peu dépassée par Marseille. C'est une ville universitaire, littéraire et artistique, qui a de beaux monuments modernes et des restes de constructions romaines.

Le Château des Papes, à Avignon.

V. CLIMAT ET PRODUCTIONS.

La **vallée du Rhône** présente de grands contrastes de **climat.** Humide et brumeuse, dans la région de Lyon, elle devient chaude et ensoleillée à partir de Valence. Tandis que les plateaux du Bas-Dauphiné sont couverts de jardins et de prairies, dans les plaines de Montélimar et de Vaucluse, on trouve les cultures méditerranéennes : *mûrier, vigne, figuier* et, plus au sud, *l'olivier.* Cependant l'altitude et l'exposition des pentes introduisent en outre une grande variété de climats. Les villes, centres agricoles ou industriels de ces régions, se sont échelonnées sur les deux rives du Rhône, à l'issue des principaux défilés du fleuve; souvent deux villes se sont placées l'une en face de l'autre (*Tournon-l'Ermitage; Villeneuve-Avignon; Tarascon-Beaucaire*). Les principales sont : **Vienne** (24 000 hab.), au centre d'une région industrielle très active, qui fabrique des draps; plus au sud, *Romans,* sur l'Isère, qui a des mégisseries; **Valence** (27 000 hab.), *Montélimar, Pont-Saint-Esprit, Orange,* dans une riche plaine, et qui a de célèbres monuments romains; **Avignon** (47 000 hab.), autour de laquelle se sont développées de riches cultures, grâce à des irrigations. On a

L'Arc de Triomphe d'Orange.

capté les nombreuses sources de la plaine de Vaucluse (la plus célèbre est la *fontaine de Vaucluse*) et l'on a amené les eaux de la Durance jusqu'à **Carpentras,** afin de fertiliser le sol.

A partir de Tarascon commence la *plaine de la Basse-Provence.*

Annecy.

VI. HISTORIQUE ET DÉPARTEMENTS.

1° La province de **Savoie,** comprenant les départements de *Savoie* et de *Haute-Savoie,* a été réunie à la France en 1860, en même temps que le **comté de Nice,** qui a formé les *Alpes-Maritimes.*

SAVOIE. — CHEF-LIEU : **Chambéry** (22 000 hab.). — SOUS-PRÉFECTURES : *Albertville, Moûtiers, Saint-Jean-de-Maurienne.* — VILLE PRINCIPALE : *Aix-les-Bains.*

HAUTE-SAVOIE. — CHEF-LIEU : **Annecy** (13 000 hab.). — SOUS-PRÉFECTURES : *Thonon, Bonneville, Saint-Julien.*— VILLES PRINCIPALES : *Évian, Chamonix, Cluses.*

ALPES-MARITIMES. — CHEF-LIEU : **Nice** (105 000 hab.). — SOUS-PRÉFECTURES : *Grasse* (15 000 hab.), *Puget-Théniers.* — VILLES PRINCIPALES : *Menton, Antibes,* **Canne** (30 000 hab.). En face de Cannes sont les *îles de Lérins.*

Grenoble.

2° La province de **Dauphiné**, réunie à la France par Philippe VI (1349), a formé les départements de l'*Isère*, de la *Drôme* et des *Hautes-Alpes*.

ISÈRE. — Chef-lieu : **Grenoble** (68 000 hab.). — Sous-Préfectures : *Vienne* (24 000 hab.), *La Tour-du-Pin. Saint-Marcellin*. — Ville principale : *Voiron*.

DRÔME. — Chef-lieu : **Valence** (27 000 hab.). — Sous-Préfectures : *Die, Nyons, Montélimar*. — Ville principale : *Romans*.

HAUTES-ALPES. — Chef-lieu : **Gap** (11 000 hab.). — Sous-Préfectures : *Briançon, Embrun*.

3° Le département des *Basses-Alpes* formait la **Haute-Provence**.

BASSES-ALPES. — Chef-lieu : **Digne**. — Sous-Préfectures : *Barcelonnette, Sisteron, Forcalquier, Castellane*.

4° Le département de *Vaucluse* comprend l'ancien **Comtat Venaissin**, réuni à la France par Philippe le Bel, la **principauté d'Orange** et une petite région de la **Provence**.

VAUCLUSE. — Chef-lieu : **Avignon** (47 000 hab.). — Sous-Préfectures : *Orange, Apt, Carpentras*.

LECTURES.

1. — La vallée de Chamonix.

(Voir la Carte, page 110.)

C'est sur les rochers qui bordent la route de **Chamonix** que croissent les premières plantes vraiment alpines.

J'aime à revoir le Rhododendron ferrugineux, cet arbrisseau charmant, dont les rameaux, toujours verts, sont couronnés de fleurs purpurines, qui exhalent une odeur aussi douce que leur couleur est fine ; l'Auricule des Alpes, qui a gagné dans nos jardins des couleurs plus riches, mais qui n'y a plus la suavité du parfum qu'elle répand sur ces rochers ; l'Astrantia alpina, la Saxifraga cotyledon, etc...

Ce ne sont pas les plantes seules qui donnent à cette route un caractère alpestre. Les rochers primitifs sur lesquels elle passe ; l'*Arve* serrée dans un passage étroit et profond, son écume que l'on voit blanchir au travers des cimes des sapins qui sont fort au-dessous des pieds du voyageur ; et de l'autre côté, un rocher noir, taillé presque à pic, teint çà et là de couleurs métalliques, et portant de place en place, comme sur des étagères, de grands sapins, dont le vert obscur contraste avec la blancheur des bouleaux : tels sont les objets qui caractérisent l'avenue, vraiment alpine, de la vallée de Chamonix...

En sortant de ce défilé étroit et sauvage, on tourne à gauche et l'on entre dans la vallée de Chamonix, dont l'aspect est, au contraire, infiniment doux et riant. Le fond de la vallée, en forme de berceau, est couvert de prairies, au milieu desquelles passe le chemin bordé de petites palissades. On découvre successivement les différents glaciers qui descendent dans cette vallée. On ne voit d'abord que celui de *Taconay*, qui est presque suspendu sur la pente d'une petite ravine, dont il occupe le fond. Mais bientôt les yeux se fixent sur celui des *Bossons*, qu'on voit descendre du haut des sommités voisines du **Mont Blanc** : ses glaces, d'une blancheur éblouissante, dressées en forme de hautes pyramides, font un effet étonnant au milieu des forêts de sapins qu'elles traversent et qu'elles surpassent. On voit enfin de loin le grand *glacier des Bois*, qui, en descendant, se recourbe contre la vallée de Chamonix ; on distingue ses murs de glace qui dominent des rocs jaunes, taillés à pic.

Ces glaciers majestueux, séparés par de grandes forêts, couronnés par des rocs de granit d'une hauteur étonnante, qui sont taillés en forme de grands obélisques, et entremêlés de neiges et de glaces, présentent un des plus grands et des plus singuliers spectacles qu'il soit possible d'imaginer. L'air pur et frais qu'on respire, si différent de l'air étouffé des vallées de *Sallanches* et de *Servoz*, la belle culture de la vallée, les jolis hameaux que l'on rencontre à chaque pas, donnent, par un beau jour, l'idée d'un monde nouveau, d'une espèce de Paradis terrestre, renfermé par une Divinité bienfaisante dans l'enceinte de ces montagnes. La route, partout belle et facile, permet de se livrer à la délicieuse rêverie et aux idées douces, variées et nouvelles, qui se présentent en foule à l'esprit.

La vallée de Chamonix et le Mont Blanc.

Quelquefois de grands éclats, semblables à des coups de tonnerre, et suivis comme eux par de longs roulements, interrompent cette rêverie, causent une espèce d'effroi quand on ignore leur cause, et montrent, quand on la connaît, combien est grande la masse des glaçons, dont la chute produit un si terrible fracas.

(H. DE SAUSSURE, *Voyage dans les Alpes*.)
(Fischbacher, éditeur.)

2. — Ascension du Mont Blanc.

Au matin du second jour, nous entrâmes sur le glacier, vis-à-vis des blocs de granit à l'abri desquels nous avions dormi ; l'entrée en est très facile, mais bientôt après l'on s'engage dans un labyrinthe de rochers de glace séparés par de larges crevasses, ici entièrement ouvertes, là comblées en tout ou en partie par des neiges, qui souvent forment des espèces d'arches, évidées par-dessous, et qui cependant sont

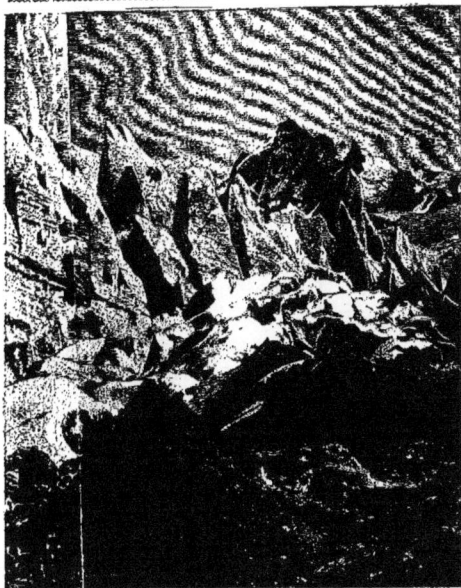

Séracs du Glacier des Bossons (Massif du Mont Blanc).

quelquefois les seules ressources que l'on ait pour traverser ces crevasses; ailleurs, c'est une arête tranchante de glace, qui sert de pont pour les traverser. Dans quelques endroits où les crevasses sont absolument vides, on est réduit à descendre jusqu'au fond, et à remonter ensuite le mur opposé par des escaliers taillés avec la hache dans la glace vive. Mais nulle part on n'atteint, ni ne voit même le roc; le fond est toujours neige ou glace; et il y a des moments où, après être descendu dans ces abîmes, entourés de murs de glace presque verticaux, on ne peut pas se figurer par où l'on en sortira. Cependant, tant qu'on marche sur la glace vive, quelque étroites que soient les arêtes, quelque rapides que soient les pentes, ces intrépides Chamouniards, dont la tête et le pied sont également fermes, ne paraissent ni effrayés ni inquiets; ils causent, rient, se défient les uns les autres; mais quand on passe sur ces voûtes minces suspendues au-dessus des abîmes, on les voit marcher dans le plus profond silence : les trois premiers liés ensemble par des cordes à cinq ou six pieds de distance l'un de l'autre; les autres se tenant deux à deux par leurs bâtons, les yeux fixés sur leurs pieds, chacun s'efforçant de poser exactement et légèrement le pied dans la trace de celui qui le précède. Ce fut surtout quand nous eûmes vu la place où Marie Coutet s'était enfoncé, que ce genre de crainte augmenta... Aussi, lorsque après avoir franchi quelqu'une de ces neiges suspectes, la caravane se retrouvait sur un rocher de glace vive, l'expression de la joie et de la sérénité éclaircissait toutes les physionomies; le babil et les jactances recommençaient, puis on tenait conseil sur la route qu'il fallait suivre, et, rassurés par le succès, on s'exposait avec plus de confiance à de nouveaux dangers. Nous mîmes ainsi près de trois heures à traverser ce redoutable glacier, quoiqu'il ait à peine un quart de lieue de largeur...

Nous atteignîmes (à la fin de cette même journée) le premier grand plateau de neige qui se présente sur cette route.

La pente de ce plateau est bien encore de 10 à 12°, mais c'était une plaine en comparaison des pentes que nous avions gravies. A notre gauche était l'*Aiguille du Midi*, qui commençait à s'abaisser sensiblement; à notre droite, le *Dôme du Goûter*. La sommité de ce dôme, coupée presque à pic de notre côté, couverte d'une voûte de neige demi-circulaire, comme l'arche d'un pont, et couronnée par une suite de ces énormes blocs de neige de forme cubique que j'ai nommés *séracs*, présentait le plus singulier et le plus magnifique spectacle. Devant nous était la **cime du mont Blanc**, le but de notre voyage, encore prodigieusement élevée à nos yeux; à sa gauche, les rocs que nous nommons les escaliers, et de superbes coupures de neiges vives qui, éclairées par le soleil, paraissaient d'un éclat et d'une vivacité singulière...

Le troisième jour, nous traversâmes d'abord le deuxième plateau, à l'entrée duquel nous avions passé la nuit; de là, nous montâmes au troisième et dernier plateau, puis nous tirâmes à gauche pour arriver sur le rocher le plus élevé, à l'est de la cime. La pente est extrêmement rapide, de 39 degrés en quelques endroits; partout elle aboutit à des précipices, et la surface de la neige était si dure que ceux qui marchaient les premiers ne pouvaient pas assurer leurs pas sans la rompre avec une hache. Nous mîmes deux heures à gravir cette pente, qui a environ 250 toises de hauteur (la toise vaut un peu moins de 2 mètres). Parvenus au dernier rocher, nous reprîmes à droite, à l'ouest, pour gravir la dernière pente. Cette pente n'est inclinée que de 28 à 29 degrés, et ne présente aucun danger; mais l'air y est si rare que les forces s'épuisent avec la plus grande promptitude; près de la cime, je ne pouvais faire que quinze ou seize pas sans reprendre haleine, j'éprouvais même de temps en temps un commencement de défaillance qui me forçait à m'asseoir; mais, à mesure que la respiration se rétablissait, je sentais renaître mes forces; il me semblait, en me remettant en marche, que je pourrais monter tout d'une traite jusqu'au sommet de la montagne. Nous mîmes deux heures depuis le dernier rocher jusqu'à la cime, et il en était onze quand nous y parvînmes.

Je pus alors jouir du grand spectacle que j'avais sous les yeux. Une légère vapeur suspendue dans les régions inférieures de l'air me dérobait à la vue des objets les plus bas et les plus éloignés, tels que les plaines de la France et de la Lombardie; mais je ne regrettai pas beaucoup cette perte; ce que je venais voir et ce que je vis avec la plus grande clarté, c'est l'ensemble de toutes les hautes cimes dont je désirais depuis si longtemps de connaître l'organisation. Je n'en croyais pas mes yeux, il me semblait que c'était un rêve, lorsque je voyais sous mes pieds ces cimes majestueuses, ces redoutables aiguilles, le *Midi*, l'*Argentière*, le *Géant*, dont les bases mêmes avaient été pour moi d'un accès si difficile et si dangereux. Je saisissais leurs rapports, leur liaison, leur structure, et un seul regard levait des doutes que des années de travail n'avaient pu éclaircir.

La première chose qui me frappa dans le spectacle des hautes sommités que j'avais sous les yeux du haut de la plus élevée d'entre elles, c'est l'espèce de désordre qui règne dans leur disposition.

Lorsque de nos plaines, ou même du haut des cimes voisines du mont Blanc, on considère la chaîne dont le mont Blanc fait partie, il semble que tous ces colosses sont rangés sur une même ligne, et c'est de cette apparence que vient la dénomination de chaîne. Mais quand on les observe à vol d'oiseau, cette apparence trompeuse s'évanouit. A la vérité, les montagnes, surtout celles au nord du mont Blanc, dans la Savoie et dans la Suisse, paraissent assez bien liées entre elles et former des espèces de chaînes. Mais les primitives ne se montrent point sous cette apparence; elles paraissent distribuées en grandes masses ou en groupes de formes variées et bizarres, détachés les uns des autres ou qui, du moins, ne paraissent liés qu'accidentellement et sans aucune régularité.

(H. de SAUSSURE, *Voyage dans les Alpes*.)
(Fischbacher, éditeur.)

3. — La Grande-Chartreuse.

Il est peu de touristes qui ne connaissent l'imposant massif de la **Grande-Chartreuse**. Ces montagnes, antres presque inaccessibles, dépourvues de routes, dans lesquelles on ne pouvait pénétrer que par des défilés étroits, dont quelques-unes même étaient fermées par des portes, appartenaient, avant la Révolution, à l'ordre des Chartreux, qui avaient conservé avec soin les belles forêts qui les couvraient. Devenues, à cette époque, propriété nationale, ces forêts ont été jusqu'ici préservées de la dent du bétail et exploitées avec méthode par les soins de l'administration forestière. Aussi présentent-elles les aspects les plus pittoresques et les plus grandioses. Quand, du sommet du *Grand-Som* ou du haut du *Grand-Couloir*, on promène ses regards sur les cimes qu'on a sous ses pieds et qu'entoure en demi-cercle la riante et fertile vallée du *Graisivaudan*, au milieu de laquelle coule l'*Isère*, on aperçoit une mer de verdure qui s'étale sur les flancs des montagnes. Partout où les détritus des plantes ont fourni quelques centimètres de terre végétale, une forêt de hêtres, de sapins et de mélèzes, a pris possession du terrain; elle pénètre dans toutes les fissures, dentèle le ciel avec les flèches des arbres qui se profilent sur les sommets les plus élevés, s'accroche aux moindres saillies et court sur les corniches du rocher en traçant une raie verte sur le fond grisâtre de la muraille à pic. Sous le couvert des sapins et des mélèzes végète un fouillis de sorbiers, d'aunes rampantes, de viornes, de sureaux, d'airelles et de toute cette multitude d'arbustes et d'arbrisseaux dont la flore alpestre est si bien pourvue. Parfois, des

L'entrée du désert de la Grande-Chartreuse.

taches d'un vert moins sombre trouent le massif ou frangent la lisière supérieure de la forêt jusqu'au pied de l'escarpement rocheux : ce sont des prairies pourvues d'un chalet, où, pendant l'été, vont pâturer les vaches du couvent. Partout la végétation maîtresse étreint le sol sous sa puissance; des sources jaillissent dans toutes les dépressions, donnant naissance à des ruisseaux, qui coulent limpides et purs, sans entraîner jamais ni terre, ni rochers. C'est un paysage splendide, qui ne le cède en rien aux plus beaux que la Suisse peut offrir.

(Jules CLAVÉ, *Le Reboisement des Alpes*.)
(*Revue des Deux-Mondes*, 1881.)

Paysans de la Haute-Maurienne.

4. — Le village de Tignes.

Les glaciers du *Pourri* disparaissent à hauteur des *Brévières*, misérable hameau bâti au nord de l'Isère, dont le lit est maintenant au niveau de la route; ils font place à d'âpres montagnes servant de piédestal au grand massif glaciaire de la *Vanoise*. Vers le S.-E., par l'ouverture de la vallée de l'Isère, d'autres glaciers, d'autres champs de neige semblent barrer l'horizon. C'est la puissante chaîne de l'*Iseran*, qui nous sépare de la Haute-Maurienne.

Les alentours de Brévières sont tristes et nus. Un moment on traverse un ancien lit de l'Isère, devenu laquet cristallin, puis on pénètre dans une nouvelle gorge, celle des Bossières, où la route est tracée au flanc de la roche; au-dessous, le torrent roule à grand fracas des eaux bleues blanchies par l'écume. C'est un des plus grandioses spectacles de cette admirable vallée.

Au débouché de la gorge, on franchit l'Isère et l'on pénètre dans le bassin de **Tignes**, immense pelouse fermée par de hautes montagnes décharnées, où s'accrochent des mélèzes en bouquets sombres. Des eaux tombent de ces roches. Au fond, la chaîne blanche des glaciers se dresse au-dessus des monts dans lesquels dort le *lac de Tignes*.

Le village qui porte ce nom est un triste séjour, même en cette saison. Les montagnes voisines ont leur pied tapissé d'éboulis, au milieu desquels les habitants ont créé des champs d'orge et de seigle entourés de pierres. Le pays est assez riche cependant; il le doit aux pâturages qui couvrent les hauts vallons et les terrasses jusqu'aux abords des glaciers. Le lait de ces troupeaux sert à fabriquer une variété de fromage bleu appelé *persillé*, produit, du reste, par toute la vallée, depuis *Sainte-Foy*.

L'hiver est long dans ce bassin ouvert à 1659 mètres. Les habitants sont bloqués pendant des mois dans la neige. On se réfugie dans les étables, où les femmes travaillent à faire une dentelle assez commune, connue sous le nom de dentelle de Tignes; l'été, elles vont vendre ces produits dans les villages, jusque dans la plaine de Savoie.

Tignes n'est pas le dernier centre habité de la vallée de l'Isère. A 190 mètres plus haut est une commune importante, *Val-d'Isère; même un de ses hameaux, le Fornet, est à 1936 mètres. L'aspect de cette partie de la vallée est bien moins farouche. C'est une surprise que ce bassin vert, lorsqu'on a suivi, depuis Tignes, le défilé profond et tragique, bordé de rochers désagrégés, où l'*Isère*, sans cesse accrue par des cascades tombées des parois, bondit avec des grondements terribles.

(ARDOUIN-DUMAZET, *Voyage en France*, t. X.)
(Berger-Levrault, éditeur.)

5. — Lyon.

Parmi les villes de la vieille France, l'antique cité était une de celles qui avaient gardé une vie locale intense; rarement visitée par les rois, ne subissant que l'impression de Paris comme les grandes communes riveraines de la Loire et de la Seine, livrée tout entière à l'industrie et au négoce que lui avaient apportés les Lombards et les Florentins, elle avait plutôt obéi à l'influence de l'Italie voisine. Elle constitua au sein de la France un foyer de richesse, de littérature et d'art dont on ne se fait pas exactement une idée si l'on se borne à traverser la ville en touriste pressé. Mais un séjour un peu prolongé démontre bientôt, dans le passé et jusque dans le présent, une sorte de société, on pourrait dire de civilisation bien à part.

Mais la double ville du travail et de la prière, décrite par Michelet, n'est plus. Lorsque la vapeur est apparue, elle a, dès les premiers jours, amené une transformation prodigieuse, qui se poursuivra longtemps encore. La *Croix-Rousse* a perdu son autonomie, et je n'entends pas dire seulement son autonomie communale, mais surtout son autonomie industrielle et sociale; la soierie étend aujourd'hui son domaine jusqu'aux lointaines montagnes des Alpes et du Bugey, aux Cévennes, et aux monts du Mâconnais. Le développement de l'industrie sous l'influence des capitaux lyonnais a été prodigieux. Pour cette colossale ville d'affaires, la Croix-Rousse n'est plus qu'un atelier. Au loin, dans les campagnes du Dauphiné, de la Savoie et de l'Ardèche, se tissent les tissus qui ont fait la réputation de la grande ville.

En même temps, Lyon reprenait le rôle assigné depuis longtemps à ce confluent du *Rhône* et de la *Saône*, où affluent toutes les routes entre les pays du nord et de la Méditerranée. Les chemins de fer y sont venus, non seulement pour desservir un grand centre, mais parce que c'était un lieu de passage obligé, ils s'y sont naturellement soudés; de là ils ont rayonné sur la France centrale, vers la Suisse, l'Italie, la Provence et le Jura. Et toutes ces provinces, tous ces pays y ont été attirés; le voisinage d'un puissant bassin houiller a

développé les industries nouvelles : la cité vivait uniquement par la soierie et la banque, elle est devenue une gigantesque usine où toutes les productions se rencontrent. Si l'on faisait la balance entre la soierie et les autres industries lyonnaises, peut-être celles-ci auraient-elles la suprématie. Mais si elles sont nées, si elles se développent, c'est qu'elles ont trouvé là, grâce à la soie et aux fortunes accumulées par elle, des capitaux et des débouchés presque illimités. Le peuple de commerçants et de tisseurs établis entre la Saône et le Rhône ne pouvait suffire à peupler les nouveaux ateliers et les nouveaux comptoirs; il a fallu faire appel au dehors; depuis quarante ans un flot continu de Savoyards, de Dauphinois, de Vivarais, de Foréziens, d'Auvergnats, de Charollais, de Mâconnais, de Bressans, de Bugeysiens, de Suisses et d'Italiens se porte sur Lyon, noyant les autochtones dans leur masse sans cesse croissante. Le caractère lyonnais s'en est trouvé profondément modifié, moins cependant qu'on ne le pourrait croire, tant sa vitalité est puissante. Lyon a surtout la bonne fortune d'être entouré de populations ardentes au travail, réfléchies, profondément imbues d'indépendance morale. Depuis quarante ans, plus de 300 000 individus sont venus se mêler à la population primitive, apportant dans ce milieu un flot d'idées nouvelles et de jeunes ambitions. Une ville américaine s'est créée de toutes pièces au delà du grand fleuve où la plaine dauphinoise offre à son développement des espaces illimités.

(ARDOUIN-DUMAZET, *Voyage en France*, t. XI.)
(Berger-Levrault, éditeur.)

6. — La Côte d'Azur et la Corniche.

La **côte méditerranéenne**, dans les limites du cadre où nous nous renfermons, revêt les aspects les plus variés et les plus captivants. Ici, les montagnes dressent, au-dessus du rivage, de gigantesques murailles de roc nu, où se précipitent en pentes abruptes ne laissant à leurs pieds, que par endroits, d'étroites bandes de terrain accessible; là, elles prennent la forme de collines allongées, dont les derniers épanouissements viennent mourir dans des fonds de verdure à peine inclinés vers la mer. Rien de plus pittoresque que la succession des petites anses de sable, des riants promontoires, des criques finement découpées, des rochers à fleur d'eau, on bordure en hautes falaises. Une végétation luxuriante dispute au roc sa place dans toute l'étendue de cette zone, où se pressent d'innombrables habitations, les unes compactes et formant des villes et des villages, les autres éparpillées sur les crêtes et les flancs des collines et dans les plis des déclivités, ou assises sur le rivage tout près du flot qui écume. Ces paysages, à chaque pas renouvelés, où les montagnes et la mer se rejoignent, se pénètrent et s'étreignent dans le resplendissement d'une lumière incomparable, ont enchaîné, là, bien des existences, et y attirent, chaque jour, des milliers de voyageurs et de touristes de tous les pays du monde. La grande enchanteresse, la mer, est à leurs pieds, la mer immense noyée dans le ciel ou rayant l'horizon, reposée ou tumultueuse, murmurante ou pleine de grondements.

Bien que la Méditerranée ait, comme l'Océan, ses harmonies, ses palpitations et ses colères qui en font, selon l'expression de Byron, « le glorieux miroir où la face du Tout-Puissant se réfléchit dans la tempête », c'est surtout par les caprices de la couleur qu'elle nous enchante et nous subjugue. Elle épuise tous les tons de la gamme du bleu, depuis le bleu clair qui efface la ligne d'horizon pour se fondre avec l'azur du ciel, jusqu'au bleu intense, implacable, qui enchaîne les regards; au vert, elle emprunte des nuances variées allant du pâle au sombre; le vert transparent, en se mêlant au bleu indigo, rappelle l'admirable teinte des torrents descendant des glaciers. Le nom de mer de lait qu'on lui donne quelquefois répond très bien à la teinte qu'elle revêt par un temps calme et une atmosphère légèrement brumeuse. Parfois, elle s'argente sous les rayons du soleil tamisés par les nuages, ou reflète le gris cendré du ciel, ou encore prend une teinte opaline délicieuse. Plus souvent, elle étincelle comme un miroir. A son lever et à son coucher, le soleil la rougit et la dore superbement.

Grâce aux vents du nord qui prédominent pendant l'hiver et, en dissipant l'humidité et les nuages, contribuent à donner à l'air sa transparence et au soleil un vif éclat, l'aspect de la mer, dans la partie du littoral qui nous occupe, fait naître souvent l'illusion d'un jour d'été pur et radieux. Le bleu uniforme de la masse liquide, assez semblable à celui du bleuet, si reposant pour les yeux, tranche sur le bleu clair du ciel, qui se décolore par des dégradations insensibles jusqu'à la ligne d'horizon. La lame ondule au loin et déferle sur la rive.... Un des attraits de ce tableau, c'est de sentir qu'on en fait partie, qu'on est plongé dans la même atmosphère sereine, dans le même bain de lumière, qu'on peut s'y mouvoir, et que, si l'on se déplace, le spectacle n'en est pas changé; les regards planent sans se lasser sur l'immensité bleue, comme si, en se prolongeant, ils devaient rencontrer, au delà de l'horizon visible, quelque lueur en annonçant un autre plus éloigné. Ainsi naît, dans notre âme, absorbée par cette muette contemplation, la vision de l'infini.

La route de la Corniche a son point de départ à Nice, sur la place du Risso, près de la rive gauche du Paillon. Elle laisse à gauche la route de Turin, se dirige de l'ouest à l'est, passe sous la voie ferrée de Menton, traverse le quartier Saint-Roch, et tourne brusquement au nord pour monter à revers les pentes du mont Vinaigrier et du mont Gros.

Aux abords du col d'Eze (505 mètres), les regards, appelés de tous les côtés à la fois, se fixent d'abord sur le tableau le plus rapproché, celui qui vous enveloppe. On dirait que quelque Titan vient de soulever ce coin de terre au-dessus du rivage pour le mettre à la meilleure portée des yeux dans sa beauté animée, dans toute sa splendeur. La mer s'entrevoit au pied des falaises, entre des avancées rocheuses, tantôt bleue comme un saphir, tantôt argentée par le miroitement; la grève, la verdure ou le roc accusent avec force ses contours. Au-dessous des cimes grises baignées de soleil règnent les grands massifs boisés plongeant au-dessus des ravins pleins d'ombres; çà et là, sur les crêtes et les versants, des plateaux émergent des quartiers ou des barres de rochers nus; des chemins et des sentiers sillonnent, comme de fines moulures, ce puissant et lumineux relief sur lequel se détachent des maisons isolées ou groupées, accrochées aux pentes ou cachées dans des fonds verdoyants. Au delà de ce paysage éblouissant, dont la transparence de l'air fait ressortir toutes les parties avec la netteté d'une projection topographique, un panorama, sur des plans échelonnés; ici, c'est le long ruban de la côte avec ses dentelures s'effaçant graduellement jusqu'à se noyer dans les vapeurs où viennent se fondre la terre, la mer et le ciel; là, ce sont des chaînes neigeuses, se dessinant au fond d'une embrasure entre deux déclivités ou se développant sur un large espace jusqu'aux confins de l'horizon.

(Général BOURRELLY, Les Perles de la Côte d'Azur.)
(Henri Laurens, éditeur.)

QUESTIONS.

1. La vie dans les Alpes : végétation et cultures, — industries.
2. Comparer les Alpes aux Pyrénées.
3. Quelles sont les causes qui contribuent à donner au Rhône son originalité parmi les fleuves français?
4. La végétation dans la vallée du Rhône au sud de Lyon.

CHAPITRE XIII

La Région Méditerranéenne. — Languedoc et Basse-Provence.

I. RÉGION MÉDITERRANÉENNE.

(Voir les Cartes physiques, pages 7 et 111.)

Le Midi méditerranéen offre un aspect original, très différent des autres régions de la France, même les plus rapprochées. Jamais contraste ne fut plus grand, par exemple, qu'entre la contrée cévenole et la plaine de la Basse-Provence. Ce qui détermine le caractère de cette région, c'est avant tout le climat : ciel pur, douceur de l'hiver, chaleur de l'été, longues périodes de sécheresse alternant avec de violents orages, vents dominants, froids (mistral) ou chauds (sirocco). C'est le climat et la végétation méditerranéenne (olivier, chêne-vert, cyprès, vigne) qui créent l'unité de cette région, pourtant si variée de relief et de sol. La partie méridionale de la vallée du Rhône, avec les plaines de Montélimar et de Vaucluse, de même que les pentes montagneuses de la Haute-Provence annonçaient déjà ce climat méditerranéen, et faisaient transition entre le nord et le midi.

La région méditerranéenne comprend : 1° les massifs des Maures et de l'Estérel et la côte des Alpes-Maritimes; 2° la côte de la Basse-Provence, rocheuse de Toulon à l'étang de Berre, basse et marécageuse le long de la plaine du Bas-Rhône et du delta; 3° la plaine du Bas-Languedoc.

1° L'Estérel et les montagnes des Maures sont des massifs anciens de nature granitique, dont l'altitude n'atteint pas 800 mètres, mais qui sont profondément entaillés par les torrents et qui présentent jusqu'au bord même de la mer des escarpements pittoresques de porphyre rouge, avec des pentes couronnées de la verdure sombre des pins, des châtaigniers et des chênes-lièges, ou du feuillage ardoisé des oliviers. Ces massifs, où les Maures eurent longtemps des forteresses au moyen âge, opposent une barrière entre l'Italie et la côte française de la Méditerranée. La côte est très découpée[1]; les deux principales rades sont celles d'Hyères et de Toulon. Mais un grand nombre de villes et de stations s'échelonnent sur cette côte, assez bien abritée du mistral, et font suite aux stations des Alpes-Maritimes (voir le chapitre XII) : Antibes, Cannes (30000 hab.), Fréjus (cette dernière ville éloignée aujourd'hui de la mer par les alluvions de l'Argens), Saint-Tropez, Hyères (17 700 hab.), Toulon (101 000 hab.), La Seyne (21 000 hab.). La pres-

1. Voir aussi la Carte des Côtes méditerranéennes, page 17.

Une Arlésienne.

DELTA DU RHÔNE
Echelle de 1 : 500.000
Kilomètres
0 2 4 6 8 10

qu'île de Giens est une ancienne île soudée à la côte par des alluvions. Toulon et La Seyne sont établis dans la belle rade de Toulon; le premier est à la fois port militaire et port de commerce; le second a des chantiers de constructions maritimes. Hyères est renommée comme station d'hiver, et possède des salines. Les ressources les plus importantes de cette région sont les bois, l'**olivier** et, autour de Grasse, les **fleurs**. *Grasse* est un centre de distillerie pour les essences et les parfums.

2ª **Basse-Provence**. — La côte, de Toulon à Marseille, est encore accidentée par les chaînons des *Préalpes*; elle offre encore quelques baies, mais moins bien abritées, sauf celle de Marseille. *La Ciotat* est un port de cabotage. **Marseille** (191 000 hab.) est le débouché de la vallée du Rhône, à l'abri des alluvions du fleuve. Il manque à Marseille un canal assez profond qui le relie au Rhône; en outre, quoique cette ville soit en communication avec les principales régions de la France, avec l'Italie et avec l'Espagne, les voies ferrées ne sont pas encore assez nombreuses. Mais c'est un port très actif, en relation avec l'Afrique orientale et Madagascar, avec l'Asie et l'Extrême-Orient. Il a pris un grand accroissement depuis le percement de l'isthme de Suez et depuis que l'Algérie et la Tunisie appartiennent à la France. Marseille est aussi une grande ville industrielle (*huiles, savons, fonderies, tanneries*, etc.). **Aix** (29 000 hab.), ancienne capitale de la Provence, est au centre d'un bassin agricole entre deux chaînes de collines, en *arrière* de *l'étang de Berre*.

A l'ouest de l'étang de Berre, commence la **plaine de la Crau**, entre la Durance et l'un des bras du Rhône; c'est une terre fine, couverte de cailloux roulés, très desséchée, mais que l'on améliore par des irrigations; on y trouve des pâturages d'hiver pour les moutons, et sur plusieurs points la culture de la vigne, des arbres fruitiers a été introduite. **Arles** (29 000 h.),

Les Baux, sur un contrefort des Alpines dominant la Crau

sur le Rhône, est au point de contact de la Crau et de la Camargue. **L'île de la Camargue** a été formée par les dépôts du Rhône accumulés depuis des siècles; mais seules les terres les plus anciennes, aujourd'hui asséchées, sont cultivables; elles comprennent à peu près le cinquième de l'île. Elles sont occupées par des *mas* ou métairies, entourées de bouquets d'arbres et d'oliviers; on y cultive

LANGUEDOC ET PROVENCE
CARTE POLITIQUE ET ÉCONOMIQUE
Échelle de 1: 2.500.000

les céréales et les primeurs. Les autres parties forment des pâturages, où paissent des chevaux, des bœufs et des moutons. Dans l'intérieur se trouve le grand *étang de Valcarès*. Le long de la côte, des dunes sablonneuses sont plantées de pins.

3° Plaine du Bas-Languedoc. — Bien que les Cévennes, les Corbières et les Pyrénées descendent non loin du rivage, la côte du Languedoc, à l'opposé de celle de la Provence, est basse, marécageuse, bordée d'étangs, peu découpée. C'est que les alluvions du Rhône, portées par un courant côtier, se sont déposées sur tout le littoral, et les apports des rivières languedociennes s'y sont ajoutés. *Aigues-Mortes* est aujourd'hui à 8 kilomètres de la côte. *Cette* et *La Nouvelle* ne se maintiennent comme ports que grâce à d'importants dragages. Les *étangs* (de *Thau*, de *Sigean*, de *Leucate*) se retranchent derrière une ligne de lagunes. **Cette** (33 000 hab.) est le seul port important de la région, et c'est d'ailleurs un port artificiel. **Narbonne** (29 000 hab.), au centre de riches

vignobles, ne communique avec la mer que par un canal aboutissant au port de *La Nouvelle*.

Vignobles du Languedoc.

Le Bas-Languedoc est une plaine accidentée et salubre où prospère surtout la culture de la vigne. **Nîmes** (80 000 hab.), célèbre par ses monuments romains, est un centre industriel important, principalement pour la soierie; elle fait aussi le commerce des vins; elle est en relations avec la bassin houiller d'Alais. Sur les pentes des montagnes (*garrigues*) croissent l'olivier et le mûrier. **Montpellier** (76 000 hab.) est une ville universitaire, connue surtout pour sa Faculté de Médecine. **Béziers** (52 000 hab.) fait un grand commerce de vins.

Les principales rivières côtières sont l'**Hérault**, l'**Orb** (Béziers) et l'**Aude** (Carcassonne). L'Aude vient des Pyrénées (voir le chapitre IX) et charrie une quantité énorme d'alluvions qui ont déplacé son cours et reculé le littoral.

II. LA CORSE.

(Voir aussi les Cartes, pages 7 et 17.)

Acquise par la France en 1769, l'**île de Corse** forme aujourd'hui un de nos départements. C'est

Le cloître de Saint-Trophime, à Arles.

une île montagneuse, en grande partie granitique, dominée par les monts Rotondo (2625 mètres) et Cinto (2710 mètres). La côte occidentale, rocheuse et découpée, offre deux ports : *Calvi* et Ajaccio (21000 hab.). La côte orientale, au contraire, est plate, unie, bordée de lagunes ; on n'y trouve de ports qu'au nord : Bastia (25400 hab.) et, au sud, *Bonifacio*.

Le climat corse est doux en hiver et très chaud en été sur la côte ; l'humidité y rend la chaleur accablante et malsaine. Mais le climat est tempéré dans la région montagneuse. Les cours d'eau n'y sont que des torrents. La végétation s'étage selon l'altitude : cultures méditerranéennes sur la côte, forêts et pâturages sur les pentes ; brousse sur les sommets (*maquis*).

La population n'est pas très laborieuse ; l'*agriculture* est confiée à des ouvriers lucquois ; l'*industrie* n'est pas développée. Cependant des travaux ont assaini le climat, et l'on a créé des voies de communication.

CORSE
Echelle de 1:2.500.000
Kilomètres

III. HISTORIQUE ET DÉPARTEMENTS.

1° L'ancienne **Provence**, réunie à la France sous Louis XI, comprenait les départements actuels des *Bouches-du-Rhône*, du *Var*, des *Basses-Alpes*, la région de Grasse dans les *Alpes-Maritimes*, et celle d'Apt dans le *Vaucluse*.

VAR. — Chef-lieu : **Draguignan**. — Sous-Préfectures : **Toulon** (101000 hab.), *Brignoles*. — Villes principales : **La Seyne** (21000 hab.), *Hyères* (17700 hab.), *Fréjus*.

BOUCHES-DU-RHÔNE. — Chef-lieu : **Marseille** (491000 hab.). — Sous-Préfectures : **Aix** (29000 hab.), **Arles** (29000 hab.). — Villes principales : *Tarascon*, *La Ciotat*.

2° Le **Bas-Languedoc** faisait partie de la province de **Languedoc**, réunie à la France sous Philippe III le Hardi.

Carcassonne.

Il comprend les départements du *Gard*, de l'*Hérault* et de l'*Aude*.

GARD. — Chef-lieu : **Nîmes** (80000 hab.). — Sous-Préfectures : **Alais** (25000 hab.), *Uzès*, *Le Vigan*. — Villes principales : *Bessèges*, *La Grand'Combe*, *Beaucaire*.

HÉRAULT. — Chef-lieu : **Montpellier** (76000 hab.). — Sous-Préfectures : *Lodève*, *Saint-Pons*, **Béziers** (52000 hab.). — Ville principale : **Cette** (33000 hab.).

AUDE — Chef-lieu : **Carcassonne** (30000 hab.). — Sous-Préfectures : **Narbonne** (29000 hab.), *Castelnaudary*, *Limoux*.

3° L'île de **Corse** a formé le département de la *Corse*.

CORSE. — Chef-lieu : **Ajaccio** (21000 hab.). — Sous-Préfectures : *Bastia* (25400 hab.), *Calvi*, *Corte*. *Sartène*.

Ajaccio.

LECTURES.

1. — L'étang de Valcarès.

Ce qu'il y a de plus beau en *Camargue*, c'est le **Valcarès**. Souvent, abandonnant la chasse, je viens m'asseoir au bord de ce lac salé, une petite mer qui semble un morceau de la grande, enfermée dans les terres et devenu familier par sa captivité même. Au lieu de ce dessèchement, de cette aridité qui attristent d'ordinaire les côtes, le Valcarès, sur son rivage un peu haut, tout vert d'herbe fine, veloutée, étale une flore originale et charmante : des centaurées, des trèfles d'eau, des gentianes, et ces jolies *saladelles*, bleues en hiver, rouges en été, qui transforment leur couleur au changement d'atmosphère, et dans une floraison ininterrompue marquent les saisons de leurs tons divers.

Vers cinq heures du soir, à l'heure où le soleil décline, ces trois lieues d'eau sans une barque, sans une voile pour limiter leur étendue, ont un aspect admirable. Ce n'est plus le charme intime des *clairs*, des *roubines*, apparaissant de distance en distance entre les plis d'un terrain marneux sous lequel on sent l'eau filtrer partout, prête à se montrer à la moindre dépression du

En Camargue.

sol. Ici, l'impression est grande, large. De loin, ce rayonnement de vagues attire des troupes de macreuses, des hérons,
des butors, des flamants au ventre blanc, aux ailes roses,
s'alignant pour pêcher tout le long du rivage, de façon à
disposer leurs teintes diverses en une longue bande égale;
et puis des ibis, de vrais ibis d'Égypte, bien chez eux dans
ce soleil splendide et ce paysage muet.

Plus loin, toujours sur la même rive, se trouve une grande
manado (troupeau) de bœufs paissant en liberté comme les
chevaux. De temps en temps, j'aperçois, au-dessus d'un
bouquet de tamaris, l'arête de leurs dos courbés, et leurs
petites cornes en croissant qui se dressent. La plupart de ces
bœufs de Camargue sont élevés pour courir dans les *ferrades*,
les fêtes de villages; et quelques-uns ont des noms déjà
célèbres par tous les cirques de Provence et de Languedoc.

Quand un ouragan tombe sur la Camargue, terrible dans
cette grande plaine où rien ne le détourne, ne l'arrête, il
faut voir la *manado* se serrer derrière son chef, toutes les
têtes baissées tournant du côté du vent ces larges fronts où
la force du bœuf se condense. Nos bergers provençaux
appellent cette manœuvre: *vira la bano au giscle* (« tourner
la corne au vent »). Et malheur aux troupeaux qui ne s'y
conforment pas! Aveuglée par la pluie, entraînée par l'ouragan, la *manado* en déroute tourne sur elle-même, s'effare, se
disperse, et les bœufs, éperdus, courant devant eux pour
échapper à la tempête, se précipitent dans le Rhône, dans le
Valcarès ou dans la mer.

(A. DAUDET, *Lettres de mon Moulin*.)
(Fasquelle, éditeur.)

2. — Le port de Marseille.

C'était à perte de vue un fouillis de mâts, de vergues, se
croisant dans tous les sens. Pavillons de tous les pays, russes,
grecs, suédois, tunisiens, américains...., Les navires au ras
du quai, les beauprés arrivant sur la berge comme des
rangées de baïonnettes. Au-dessous, les naïades, les déesses,
les saintes vierges et autres sculptures de bois peint qui
donnent le nom au vaisseau; tout cela mangé par l'eau de
mer, dévoré, ruisselant, moisi..... De temps en temps, entre
les navires, un morceau de mer, comme une grande moire
tachée d'huile..... Dans l'enchevêtrement des vergues, des
nuées de mouettes faisant de jolies taches sur le ciel bleu, des
mousses qui s'appelaient dans toutes les langues.

Sur le quai, au milieu des ruisseaux qui venaient des
savonneries, verts, épais, noirâtres, chargés d'huile et de

soude, tout un peuple de douaniers, de commissionnaires, de
portefaix avec leurs *bogheys* attelés de petits chevaux corses.

Des magasins de confections bizarres, des baraques en-
fumées où les matelots faisaient leur cuisine, des marchands
de pipes, des marchands de singes, de perroquets, de cordes,
de toiles à voiles, des bric-à-brac fantastiques où s'étalaient,
pêle-mêle de vieilles couleuvrines, de grosses lanternes dorées,
de vieux palans, de vieilles ancres éventées, vieux cor-
dages, vieilles poulies, vieux porte-voix, lunettes marines du
temps de Jean-Bart et de Duguay-Trouin. Des vendeuses
de moules et de clovisses, accroupies et piaillant à côté de
leurs coquillages. Des matelots passant avec des pots de
goudron, des marmites fumantes, de grands paniers pleins
de poulpes, qu'ils allaient laver dans l'eau blanchâtre des
fontaines.

Partout, un encombrement prodigieux de marchandises de
de toute espèce: soieries, minerais, trains de bois, saumons
de plomb, draps, sucres, caroubes, colzas, réglisses, cannes à
sucre. L'Orient et l'Occident pêle-mêle. De grands tas de
fromages de Hollande, que les Génoises teignaient en rouge
avec leurs mains.

Là-bas, le quai au blé; les portefaix déchargeant leurs sacs
sur la berge du haut de grands échafaudages. Le blé, torrent
d'or, qui roulait au milieu d'une fumée blonde. Des hommes en
fez rouge, le criblant à mesure dans de grands tamis de peau
d'âne, et le chargeant sur des charrettes qui s'éloignaient,
suivies d'un régiment de femmes et d'enfants avec des
balayettes et des paniers à glanes.... Plus loin, le bassin de
carénage, les grands vaisseaux couchés sur le flanc et qu'on
flambait avec des broussailles pour les débarrasser des herbes
de la mer, les vergues trempant dans l'eau, l'odeur de la
résine, le bruit assourdissant des charpentiers doublant la
coque des navires avec de grandes plaques de cuivre.

Parfois, entre les mâts, une éclaircie. Alors Tartarin
voyait l'entrée du port, le grand va-et-vient des navires, une
frégate anglaise partant pour Malte, pimpante et bien lavée,
avec des officiers en gants jaunes, ou bien un grand brick
marseillais démarrant au milieu des cris, des jurons, et, à
l'arrière, un gros capitaine en redingote et chapeau de soie,
commandant la manœuvre en provençal. Des navires qui s'en
allaient en courant, toutes voiles dehors. D'autres, là-bas,
bien loin, qui arrivaient lentement, dans le soleil, comme en
l'air.

Et puis, tout le temps, un tapage effroyable, roulement
de charrettes, « oh! hisse! » des matelots, jurons, chants,
sifflets de bateaux à vapeur, les tambours et les clairons du
fort Saint-Jean, du fort Saint-Nicolas, les cloches de la
Major, des Accoules, de Saint-Victor; par là-dessus, le mistral, qui prenait tous ces bruits, toutes ces clameurs, les roulait, les secouait, les confondait avec sa propre voix et en
faisait une musique folle, sauvage, héroïque comme la grande
fanfare du voyage, fanfare qui donnait envie de partir,
d'aller loin, d'avoir des ailes.

(A. DAUDET, *Tartarin de Tarascon*.)
(Flammarion, éditeur.)

QUESTIONS.

1. *Caractériser la région méditerranéenne française.*

2. *Opposer la Provence au Languedoc (côtes).*

3. *Importance commerciale et industrielle de Marseille.*

3e PARTIE — LA FRANCE ÉCONOMIQUE

Nous avons vu quelles sont pour la France les conditions naturelles générales de climat, de situation, de sol, de relief et d'hydrographie. Nous avons ensuite donné un aperçu de la géographie physique, de l'activité humaine et du mode d'existence propres à chacune des grandes régions de la France. Il nous reste à présenter un tableau d'ensemble de la **vie économique de notre pays**, en indiquant le parti que l'homme a tiré des conditions naturelles, les améliorations que son travail y a apportées, les résultats obtenus au point de vue de la richesse générale.

La France est essentiellement un pays agricole. Sa situation en latitude, au point de contact des régions tempérées océaniques et de la région méditerranéenne;

son climat favorable, la variété de son relief et de son sol, l'abondance de ses cours d'eau, les qualités mêmes de sa race, laborieuse et économe, enfin la protection persévérante accordée à l'agriculture par les rois sous l'ancien régime : tout concourait à développer dans notre pays ce mode de l'activité humaine. Cependant la France est devenue aussi, surtout en ce siècle, une **grande puissance industrielle**. Outre les conditions naturelles, il faut donc considérer, quand on étudie la géographie économique d'un pays, les transformations apportées par le travail humain, par la science, par le régime politique et social. Parmi les causes qui modifient les conditions naturelles, il faut citer au premier rang les **voies de communication**.

CHAPITRE PREMIER

Voies de communication.

La disposition du relief permet d'établir facilement des **voies de communication entre les différentes parties de la France**. Aucune chaîne de montagnes n'offre de résistance à la pénétration des routes et des chemins de fer ; le Massif Central lui-même est pénétré par de grandes voies ferrées. Sur les frontières, des routes et des chemins de fer permettent de passer dans les pays voisins, soit en contournant les massifs (Jura, Alpes, Pyrénées), soit même en les traversant, comme la ligne de Pontarlier à Neuchâtel (Jura) et celle du mont Cenis (Alpes). Enfin, beaucoup de ces grandes lignes aboutissent à la mer (Océan et Méditerranée), **dans nos ports**, qui sont les points de départ des navires vers toutes les parties du monde.

I. ROUTES.

Les premières **routes** ont été construites en France par les Romains. La France est le pays qui possède le réseau de routes le plus complet et le mieux entretenu. Il comprend les **grandes routes nationales**, aux frais de l'État; les **routes départementales**, aux frais des départements; les **chemins vicinaux**, entretenus par les communes. Ceux-ci représentent une longueur de 600 000 kilom., tandis que le développement total des

routes nationales est de 38 000 kilom. et celui des routes départementales de 45 000 kilom.

Depuis l'établissement des chemins de fer, les routes ne servent plus que pour les transports à petites distances. Elles amènent au marché, aux foires, à la gare, les marchandises et les denrées agricoles. Ce sont les chemins vicinaux qui sont le plus utilisés.

II. VOIES FERRÉES.

Le premier chemin de fer français a été construit en 1828, entre *Saint-Étienne* et *Andrézieux*, sur la Loire. Mais il a fallu près de quinze ans avant que l'établissement du réseau français ait été voté et réglé par une loi.

Paris est le centre commun de tous les réseaux, sauf celui du Midi. Ces réseaux sont reliés par le chemin de fer de *Ceinture* en deçà des fortifications, et au delà par la *Grande Ceinture*.

Actuellement les chemins de fer français sont exploités par **six grandes Compagnies** et par l'**État**. Quelques lignes secondaires appartiennent à de petites sociétés. C'est la région du Nord qui est le mieux pourvue de voies ferrées ; c'est aussi celle où les transports sont le plus

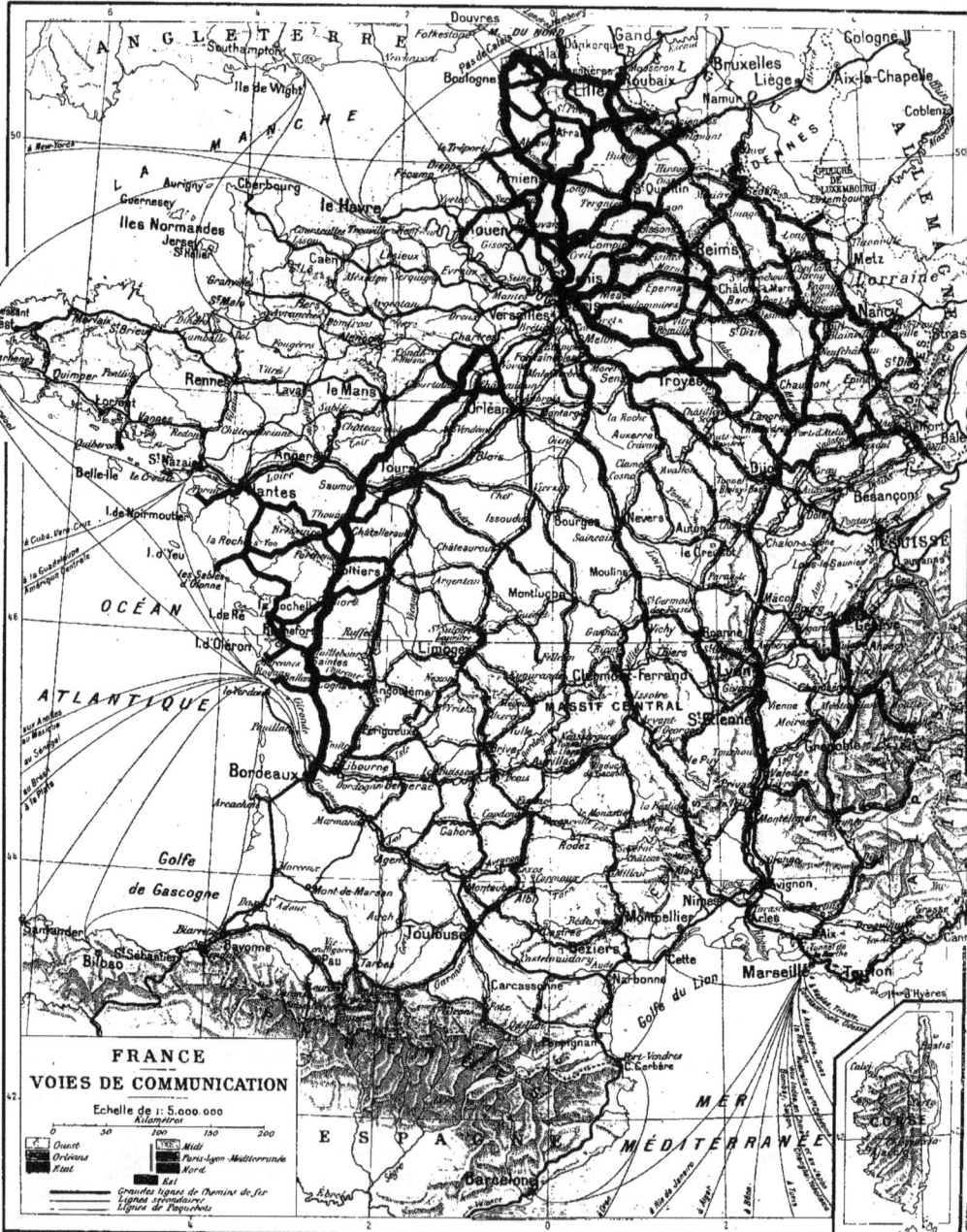

FRANCE
VOIES DE COMMUNICATION

Echelle de 1: 5.000.000

Ouest   Midi
Orléans   Paris-Lyon-Méditerranée
État   Nord
Est

Grandes lignes de chemins de fer
Lignes secondaires
Lignes de Paquebots

J. Besson del.

rapides; on y fait un trafic considérable de marchandises, et le transport des voyageurs est aussi très important.

I. Compagnie du Nord. — Les principales lignes sont :

1. Paris au Tréport, par Beauvais.
2. Paris à Calais, par Creil, Amiens et Boulogne.
3. Paris à Lille, par Creil, Amiens, Arras et Douai.
4. Paris à Dunkerque, par Creil, Amiens et Arras.
5. Paris à Maubeuge, par Creil, Tergnier et Saint-Quentin.
6. Paris à Hirson, par Soissons et Laon.

La plupart de ces lignes ont une **importance internationale**, pour les relations avec l'*Angleterre*, la *Belgique* et l'*Europe septentrionale*.

II. Compagnie de l'Est. — Trois grandes lignes :

1. Paris à Givet, par Meaux, Fismes, Reims et Mézières.
2. Paris à Avricourt et Strasbourg, par Épernay, Châlons-sur-Marne, Bar-le-Duc, Toul et Nancy.
3. Paris à Belfort et Mulhouse, par Troyes, Chaumont, Langres et Vesoul.

Un grand nombre de lignes secondaires relient les grandes lignes entre elles. La ligne de Paris à Strasbourg est suivie par l'**express d'Orient**, qui passe par l'*Allemagne du Sud* (Stuttgart, Munich), l'*Autriche-Hongrie* (Vienne, Budapesth), la *Serbie*, la *Bulgarie*, et aboutit à *Constantinople*. — Celle de Paris à Belfort est reliée aux voies ferrées de *Suisse* et d'*Autriche*.

De nombreuses lignes servent de voies stratégiques.

III. Compagnie de Paris-Lyon-Méditerranée. — Deux grandes lignes :

1. Paris à Marseille et Nice (*Ligne de Bourgogne*), par Moret, La Roche, Dijon, Mâcon, Lyon, Avignon, Marseille, Toulon et Nice.
2. Paris à Nîmes (*Ligne du Bourbonnais*), par Moret, Nevers, Moulins, Saint-Germain-des-Fossés, Clermont-Ferrand, Arvant et Alais.

Elle est prolongée jusqu'à *Cette* par Montpellier.

Des voies secondaires unissent ces deux grandes lignes.

En outre, de la ligne de Bourgogne se détachent trois voies importantes vers la *Suisse* et l'*Italie* :

1. Dijon à Neuchâtel, par Pontarlier.
2. Mâcon à Turin, par Bourg, Ambérieu, Culoz, Chambéry, Modane et le Mont-Cenis (tunnel du Fréjus).
3. Lyon à Genève, par Ambérieu et Culoz.

IV. Compagnie de l'Ouest. — Cinq lignes principales :

1. Paris à Brest, par Versailles, Chartres, le Mans, Laval, Rennes, Saint-Brieuc et Morlaix.
2. Paris à Granville, par Versailles, Dreux, Argentan et Flers.
3. Paris à Cherbourg, par Mantes, Évreux et Caen.
4. Paris au Havre, par Mantes et Rouen.
5. Paris à Dieppe, par Pontoise, Gisors et Serqueux.

V. Compagnie d'Orléans. — Trois grandes lignes :

1. Paris à Toulouse, par Orléans, Vierzon, Limoges, Brive, Cahors et Montauban, avec embranchements de *Limoges à Agen* par Périgueux, de *Brive à Albi* par Figeac.
2. Paris à Bordeaux, par Orléans, Blois, Tours, Poitiers, Angoulême et Libourne.
3. Paris à Saint-Nazaire, par Orléans, Tours, Angers, Nantes, avec prolongement sur *Quimper*, par Vannes et Lorient.

VI. Compagnie du Midi. — Trois grandes lignes :

1. Bordeaux à Bayonne et en *Espagne*.
2. Bordeaux à Cette, par Agen, Montauban, Toulouse et Narbonne.
3. Arvant à Béziers, par Millau, et à *Barcelone*, par Narbonne et Port-Vendres.

VII. Réseau de l'État. — Deux lignes principales :

1. Paris à Bordeaux, par Chartres, Saumur, Niort et Saintes.
2. Nantes à Bordeaux, par la Rochelle, Rochefort et Saintes.

Les Compagnies se sont entendues pour créer des trains directs pour quelques trajets qui doivent s'exécuter sur plusieurs réseaux, en particulier pour les communications avec l'étranger : par exemple, de *Paris à Turin* et l'Italie méridionale ; de *Paris à Madrid* ; de *Paris à Barcelone* ; de *Paris à Bâle*, la Suisse et l'Autriche ; de *Paris à Cologne*, etc. L'express de *Calais-Bâle* fait concurrence aux lignes de Belgique en Italie par l'Allemagne et le Saint-Gothard.

Les Compagnies qui font le trafic le plus important sont le Nord et Paris-Lyon. Cependant le commerce demande la multiplication des lignes secondaires et l'abaissement des tarifs. C'est en vue de ces améliorations que le Gouvernement a étudié le projet de rachat des grandes Compagnies.

La plupart des voies ferrées ont pu être établies assez facilement en pays de plaine ou le long des vallées. Cependant quelques-unes ont nécessité de grands **travaux d'art**, en particulier les lignes du Massif Central et des Alpes (*tunnel du Lioran* dans le Cantal ; *viaducs* des vallées de la Creuse, de la Vienne, de la Corrèze, de la Dor-

La ligne de La Mure dans les Alpes.

dogne et du Lot ; *tunnel du mont Cenis ou du Fréjus; viaduc de Garabit*, etc.). La France possède aujourd'hui environ 41 000 kilom. de voies ferrées.

III. CANAUX ET VOIES FLUVIALES.

Aucun des cours d'eau français, sauf la Durance, n'est impropre à la navigation. Mais la plupart ont dû recevoir des aménagements. Les meilleures voies navigables sont les rivières du Nord (Escaut, Lys, Somme), la Seine et ses grands affluents (sauf l'Yonne), la Saône, la Charente. Les autres cours d'eau ont été canalisés ou suivis de **canaux latéraux**. Les fleuves et les rivières de régions voisines ou de versants opposés ont pu être réunis par des *canaux de jonction*, au moyen d'écluses et de bassins d'alimentation. Toutes les régions de la France sont ainsi réunies par des voies de navigation. Mais celles qui sont le mieux pourvues sont le Nord et l'Est.

I. **Principaux canaux latéraux.** — Ce sont ceux : de l'**Oise**, de la **Haute-Marne**, de l'**Yonne**, du **Loing**, de la **Loire** (de Roanne à Briare), de la **Garonne**.

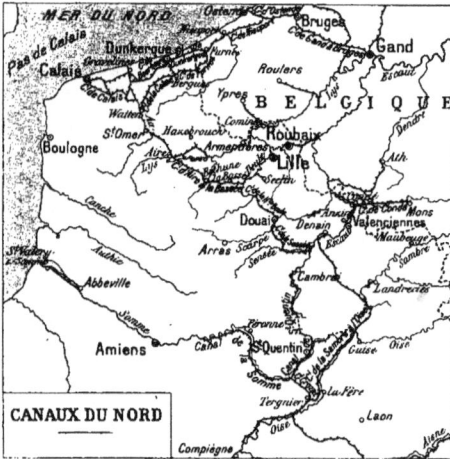

CANAUX DU NORD

II. **Principaux canaux de jonction.**

1. **Canaux du Nord :**

de *Saint-Omer à Aire* (entre l'Aa et la Lys);
d'*Aire à la Bassée* (entre la Lys et la Deule);
de la *Haute-Deule* (entre la Deule et la Scarpe);
de la *Sensée* (entre la Scarpe et l'Escaut);
de *Saint-Quentin, du Crozat et des Ardennes* (entre l'Escaut, la Somme, l'Oise et l'Aisne).

2. **Canaux de l'Est :**

de la *Haute-Marne* (entre la Marne et la Saône);
de l'*Est* (entre la Saône et la Moselle);
du *Rhône au Rhin* (entre le Doubs et l'Ill);
de la *Marne au Rhin* (entre la Marne, la Meuse, la Moselle, la Meurthe et le Rhin).

3. **Canaux de Bourgogne :**

Canal du Nivernais (entre l'Yonne et la Loire);
Canal de Bourgogne (entre l'Yonne et la Saône par la Côte-d'Or).

La Seine est encore unie à la Loire par le *canal du Loing* et les *canaux d'Orléans et de Briare*.

4. **Réseau de Bretagne :**

Canal d'Ille-et-Rance (entre l'Ille et la Rance);
Canal de Nantes à Brest (entre l'Erdre, la Vilaine, l'Oust, le Blavet et l'Aulne).

5. **Canaux du Centre :**

Canal du Berry (entre le Cher et la Loire);
Canal du Centre (entre la Loire et la Saône).

6. **Réseau du Midi :**

Canal du Midi, des Étangs et de Beaucaire (qui relie la Garonne aux fleuves côtiers de la Méditerranée et au Rhône).

BÉZIERS. — Canal du Midi.

On a projeté d'approfondir ce canal pour en faire le **Canal entre-Deux-Mers**, qui serait rendu accessible aux gros navires.

La longueur des voies navigables est de 13 000 kilom. Mais quelques-uns de ces canaux auraient besoin d'être approfondis et améliorés. La *Loire*, entre Orléans et Nantes, ne peut servir à la navigation, parce qu'en été elle manque d'eau et qu'elle est encombrée de bancs de sable ; il faudrait creuser un canal latéral. La Loire, la Sèvre-Niortaise, la Charente et la Gironde ne sont pas reliées. La navigation du Rhône est souvent difficile à cause des courants.

Le développement des lignes de navigation est surtout important pour les régions qui fournissent des productions encombrantes et lourdes, et dont le transport peut s'effectuer lentement sans dommage, et aussi pour les régions industrielles qui ne trouvent pas sur place les matières premières ou le combustible. L'agriculture peut utiliser les canaux pour le transport des amendements et des engrais, de certaines denrées, comme les céréales, le vin et la bière (à des époques favorables), la pomme de terre, les racines fourragères, etc. Les bois sont surtout expédiés par le flottage. — Les canaux du Nord, de la région de la Seine, qui aboutissent à nos grands ports,

ANGLETERRE

M. DU NORD

BELGIQUE

ALLEMAGNE

LA MANCHE

Pas de Calais Dunkerque
Calais
St Omer
Aire
Lille
Bruxelles
Liège

Cherbourg
Aurigny
Iles
Guernesey
Normandes
Jersey

Soissons
Arras
Amiens
Compiègne Reims
Aisne
Verdun
St Mihiel

le Havre
Rouen
Caen
Lisieux
Louviers

St Malo
Dinan
Mayenne
Rennes

Paris
Melun
Marne
Troyes
Nancy
Strasbourg
Rhin

Brest
St Brieuc
Quimper
Pontivy
Nantes

le Mans
Orléans
Blois
Tours
Angers
Loire

Belle-Ile

Auxerre
Dijon
Besançon
SUISSE

I. de Noirmoutier
I. d'Yeu

Poitiers
Châtellerault

Nevers

OCÉAN

I. de Ré
La Rochelle
Rochefort
I. d'Oléron

Limoges
Clermont
St Étienne

ATLANTIQUE

MASSIF CENTRAL

Bordeaux
Libourne
Dordogne
St Macaire

Rivers
Nice

Golfe
de Gascogne

Mont de Marsan
St Sever
Peyrehorade
Bayonne

Agen
Cahors

Montauban
Albi
Nîmes
Avignon
Arles
Marseille
Toulon
I. d'Hyères

Toulouse
Canal du Midi
Narbonne

Perpignan
Port-Vendres

Golfe du Lion

MER

MÉDITERRANÉE

ESPAGNE

Barcelone

FRANCE _ VOIES NAVIGABLES

Echelle de 1 : 5.000.000
Kilomètres
0   50   100   150   200

——— Cours d'eau navigables
——— Canaux
• Point où les cours d'eau deviennent navigables

CORSE

J. Hasson del.

en particulier au Havre, les canaux de l'Est qui desservent d'importantes régions industrielles, transportent principalement les charbons, les minerais, les laines, les balles de coton utilisés pour l'industrie, et les produits des hauts-fourneaux, fonderies, aciéries, etc. Les pierres, ciments, briques, et en général les matériaux de construction sont aussi expédiés par voie d'eau. L'avantage des transports par eau est qu'ils sont peu coûteux.

IV. POSTES ET TÉLÉGRAPHES.

Le commerce et l'industrie tirent un grand parti des **relations postales, télégraphiques et téléphoniques**. Ces services sont le monopole de l'État. Malgré de grands perfectionnements apportés à ces services, ils ne sont pas encore comparables, au point de vue de la rapidité, à ceux de l'Angleterre, de l'Allemagne et des États-Unis. Le réseau télégraphique a une longueur de plus de 100 000 kilom. Un réseau téléphonique relie les principales villes de la France. L'un et l'autre sont reliés à ceux de l'étranger.

LECTURES.

1. — Lien et cohésion du système des voies ferrées.

On ne comprendra la géographie de la France qu'en la replaçant en regard des pays qui l'environnent. De même, son **système de voies ferrées** ne sera qu'une fantaisie géométrique, si l'on ne prend soin d'en étudier les soudures, non seulement sur notre territoire, mais dans ses relations avec les artères de circulation des pays qui commercent sur nos marchés.

On saisira bien, en employant cette méthode, la cohésion de nos grandes compagnies et leur solidarité : chaque réseau, réduit au trafic de la région où sont posés ses rails, ne recouvrerait sans doute pas de gros bénéfices, tous frais d'exploitation payés. Aux yeux d'un Anglais qui revient des Indes et du Levant et veut abréger ses voyages de mer, la ligne *Marseille-Lyon-Paris-Calais* représente une unité géographique. Pour le négociant alsacien ou suisse, pour l'émigrant de ces mêmes pays qui veut gagner l'Amérique, le trajet *Bâle-Belfort-Paris-Le Havre* est fait sur le même réseau, et le paquebot transatlantique qui les emporte à New-York est la suite naturelle du train qui les a enlevés de leur pays.

La coopération des lignes françaises à la même œuvre que poursuivent les lignes étrangères des États voisins n'est pas moins importante. Les voies ferrées de l'Allemagne et de l'Autriche sont solidaires des voies françaises pour les trajets de Calais à Vienne ou à Salonique, pour celui de Paris à Berlin et Saint-Pétersbourg.

Le viaduc de Chaumont.

Ce mélange d'intérêts fait de la conduite d'un réseau de chemins de fer une véritable question de délicate diplomatie. La moindre faute dans la combinaison des itinéraires et des tarifs peut entraîner de graves conséquences.

(MARCEL DUBOIS, *Géographie économique*.)
(Masson, éditeur.)

2. — Travaux d'art pour la construction des voies ferrées.

Par la beauté de leurs constructions, l'élégance et la solidité de leurs travaux d'art, **les chemins de fer français** ne le cèdent à ceux d'aucun autre pays, et c'est même en grande partie à la perfection de la voie, des remblais, des viaducs qu'il faut attribuer le coût proportionnellement si considérable du réseau : il a coûté au public, en tenant compte des travaux non encore terminés, plus de 10 milliards de francs (en 1877), employés soit par les compagnies, soit par l'État. L'Angleterre est la seule contrée d'Europe où le prix du kilomètre de chemin de fer se soit élevé à une somme plus forte, à cause de la cherté du sol et de la main-d'œuvre et des nombreuses lignes urbaines qu'on y a construites. En France, les dépenses les plus fortes ont été faites au passage des plateaux et des montagnes : parmi les travaux les plus remarquables, on peut citer en première ligne la traversée de la Côte d'Or par le *tunnel de Blaisy*; le *tunnel de la Nerthe*, entre Rognac et Marseille, par un souterrain de 4 638 mètres, qui fut, jusqu'à l'ouverture du tunnel de Fréjus, le plus long du monde entier ; le passage du Cantal par le *tunnel du Lioran*, entre Aurillac et Murat ; la percée des roches porphyriques de Saint-Martin-d'Estréaux, entre la Loire et l'Allier ; la montée

Le viaduc de Garabit.

du plateau de Lannemezan, à l'est de Tarbes ; la traversée des Cévennes, entre Nîmes et Brioude. Le grand tunnel des Alpes, entre Modane et le bourg italien de Bardonnèche, est même en partie une œuvre française, puisque les ingénieurs en ont foré la moitié grâce à l'argent de la France. D'ailleurs les chemins de fer n'offrent pas seulement des ouvrages remarquables par l'énorme labeur qu'on y a dépensé ; quelques-uns de leurs ponts et de leurs viaducs, comme ceux de *Chaumont* et de *Morlaix*, sont autre chose que des masses puissantes faites pour étonner le spectateur, ce sont aussi des œuvres d'art.

(ÉLISÉE RECLUS, *La France*.)
(Hachette, éditeur.)

La Seine à Paris (l'écluse de la Monnaie).

3. — Voies navigables.

Il serait relativement facile de corriger ce que **notre réseau fluvial** peut avoir de défectueux. On s'est déjà résolu à entreprendre les travaux indispensables pour rendre la Loire navigable entre Nantes et Orléans. Il est à souhaiter que d'autres cours d'eau éveillent la même sollicitude. Si les 9 000 kilomètres enregistrés par la statistique pouvaient être aisément fréquentés, chacune de nos grandes régions agricoles serait traversée en son milieu par une artère fluviale et ainsi pourvue d'une voie de transport très économique pour tous les produits qu'il n'est pas nécessaire de transporter à grande vitesse.

En lui-même, en effet, le réseau de nos fleuves et de nos rivières est avantageusement distribué... Il y a là tout un ensemble de voies commerciales qui pénètrent de toutes parts et qui seraient ainsi précieuses pour l'agriculture si elles étaient mieux ménagées. Beaucoup mieux qu'elles, notre réseau de canalisation a été entretenu et développé. Nos différents bassins communiquent entre eux, et un certain nombre de fleuves, insuffisants pour la navigation, ont été doublés de canaux latéraux.

Cet ensemble de canaux, pour imposant qu'il puisse paraître, est loin, pourtant, de rendre à l'agriculture tous les services désirables. On paraît s'être beaucoup moins occupé d'elle, en le créant, que de l'industrie. Là même où elle serait le mieux en mesure de profiter de ces voies commerciales,

l'accès ne lui en est que très insuffisamment ouvert. Prenons, par exemple, le canal du Midi ; ajoutons-y, d'une part, ceux des Étangs, de Lunel, de la Radelle, d'Aigues-Mortes et de Beaucaire ; d'autre part, le canal latéral à la Garonne : nous obtenons une ligne qui réalise assez bien un type de canal agricole. Elle traverse, en effet, et elle unit des contrées capables, grâce à l'abondance et à la variété de leurs produits, d'alimenter un trafic considérable. Elle fait communiquer deux de nos plus grands bassins et possède à chacune de ses extrémités un de nos plus grands ports de commerce : ici, Bordeaux ; là, Marseille, ou du moins Cette. Cependant cette longue artère d'environ 500 kilomètres n'a qu'un trafic de 4 millions de tonnes kilométriques, en marchandises de toute nature. Il est à cela sans doute plusieurs causes ; mais il faut assurément mettre au nombre des principales la concession du canal du Midi à la compagnie de chemins de fer concurrente.

(J. DU PLESSIS DE GRENÉDAN, *Géographie agricole*.)
(Masson, éditeur.)

Une rivière navigable (chemin de halage et remorqueur).

QUESTIONS.

1. *Nommer les grandes voies ferrées internationales qui aboutissent à la France ou qui la traversent.*

2. *Quels sont les avantages de la France au point de vue du réseau de navigation ? Quelles sont encore ses causes d'infériorité ? Améliorations possibles.*

CHAPITRE II

Agriculture.

L'ensemble du sol français est de qualité moyenne, suffisamment arrosé, et il y a relativement peu de régions que le relief rende absolument improductives. Les contrées de sol pauvre sont : la *Champagne pouilleuse*, la *Sologne*, les *landes bretonnes*, les *Landes*, quelques parties des *Causses*, la *Dombes* ; mais ils ont été presque tous améliorés. Sauf les sommets des *hautes Alpes*, occupés par des neiges et des glaciers, les pentes montagneuses sont couvertes de forêts ou de pâturages, parfois même cultivées à des altitudes assez élevées.

Le régime de la propriété, qui est en France le **morcellement**, a eu une grande influence sur la mise en valeur du sol. Le paysan, très attaché à sa terre, même si elle est pauvre, fait de grands sacrifices pour la rendre productive ; on le voit en certains pays, comme en Languedoc, transporter sur son dos dans des hottes la terre que les torrents ont entraînée. Cependant ce système a un inconvénient, c'est qu'il présente une force de résistance au progrès de la culture et au perfectionnement de l'outillage, d'abord par suite de l'ignorance du paysan, ensuite par l'insuffisance des capitaux.

Mais à ces inconvénients on s'efforce de remédier : 1° par la diffusion de l'**enseignement agricole** (l'État a créé un *Institut agronomique*, où se donne l'enseignement supérieur; des *Écoles nationales d'agriculture*, Grignon, Montpellier et Rennes, pour l'enseignement secondaire agricole; des écoles pratiques d'agriculture et des fermes-écoles, pour l'enseignement élémentaire; il a fondé en outre des chaires départementales d'agriculture, en vue de vulgariser dans les campagnes les méthodes rationnelles de culture); — 2° par le développement des **syndicats** et des **coopératives**, les agriculteurs syndiqués achetant à frais communs des machines agricoles, et les coopérateurs ouvrant des débouchés à leurs produits, sans avoir besoin de recourir à des intermédiaires onéreux.

I. AMÉLIORATIONS AGRICOLES.

Des terrains nouveaux ont été conquis à la culture: rappelons les *moëres*, les *wateringues* de la Flandre et de l'Artois, le *Marquenterre*, les *polders* de Bretagne et de Vendée. Plus récemment, de grandes surfaces des *étangs du Languedoc* ont été asséchées et remplacées par des vignobles. *La Crau* est aujourd'hui une plaine d'herbages et de cultures, grâce aux canaux d'assèchement de Craponne et de Langlade; au contraire, la région des *Alpines* a été fertilisée par des canaux d'irrigation. Les *Landes* se sont couvertes de forêts de pins très productives (liège, résine et bois), qui ont arrêté les dunes et

Forêt de pins dans les Landes.

protégé les campagnes de l'intérieur, mieux aménagées pour la culture. La *Dombes*, la *Sologne* et la *Brenne* ont été asséchées et assainies. Dans la *Champagne pouilleuse* s'établissent des fermes, et le cultivateur y améliore le sol par des amendements, des engrais et la création de prairies artificielles. Ailleurs, comme dans les *Alpes* et dans certaines régions du *Massif central*, il s'agissait d'arrêter les ravages des torrents par le reboisement. Des efforts ont été faits en ce sens; mais ils rencontrent de grandes difficultés, et il reste beaucoup à faire.

L'outillage se perfectionne, et de plus en plus on remplace les instruments à bras par les machines, dont un grand nombre sont maintenant mues à la vapeur.

Enfin le perfectionnement des *voies de communication*, le développement de l'*industrie*, qui utilise les matières premières fournies par l'agriculture, ont contribué au progrès agricole. Cependant certaines cultures qui prospéraient autrefois en France, comme la garance et le safran, ont aujourd'hui presque totalement disparu devant les

progrès de la chimie, à qui l'on doit la production de matières tinctoriales par d'autres moyens. Des maladies qui sévissent sur quelques plantes, telles que le mûrier, la vigne et la pomme de terre, apportent aussi des perturbations dans l'agriculture.

II. PRINCIPALES CULTURES.

La **vigne** et les **céréales** sont les cultures les plus importantes en France. La vigne était au premier rang avant les maladies qui ont ravagé des vignobles entiers. Aujourd'hui elle donne environ une production moyenne de 1 milliard, tandis que le blé fournit en moyenne 2 milliards. Après viennent les **prairies**, naturelles et artificielles; puis les **légumes** et les **fruits**; ensuite les **plantes industrielles**, et au premier rang, la *betterave*; enfin les **forêts**. L'élevage est très développé en France. La *pêche* donne aussi des produits très importants.

III. RÉGIONS AGRICOLES.

On peut diviser la France, au point de vue agricole, en quatre grandes régions:

1° **Les régions de cultures**: ce sont surtout les plaines, les vallées et certaines côtes. Les régions les plus riches sont: la plaine de Flandre, le bassin tertiaire de Paris, la vallée de la Loire d'Orléans à Tours, la plaine de la Garonne, la plaine du Languedoc, les plaines du Vaucluse et de la Charente, la vallée de la Saône, les vallées de la Limagne et du Forez.

Au Nord dominent les céréales et les plantes industrielles; — dans les vallées de la Loire et de la Garonne, les fruits et la vigne se développent concurremment avec les céréales; — dans le Midi, la vigne et le mûrier sont les cultures les plus importantes; — dans une partie de la vallée de la Saône, c'est la vigne;

2° **Les régions semi-pastorales**, où les cultures alternent avec les prairies; ce sont les contrées appelées Bocages: Bocages normand, breton, vendéen, berrichon; - les plateaux du Jura, la région du Morvan et celle des Vosges. L'élevage est très important dans la Bretagne, la Mayenne, le Morvan, le Jura;

3° **Les régions pastorales**: Normandie, Boulonnais, Massif Central, Bretagne méridionale, Alpes, Pyrénées et Jura. La Normandie, le Perche, le Boulonnais, le Limousin et une partie de l'Auvergne, le Beaujolais et le Nivernais sont des contrées d'élevage intensif;

4° **La côte de Provence**, où l'on cultive l'oranger, l'olivier et le mûrier.

IV. ÉTAT ACTUEL DE LA PRODUCTION AGRICOLE.

I. **Produits alimentaires**. — Nous avons vu que la production des **céréales** occupe le premier rang, et en particulier celle du **blé**.

La France n'est dépassée à cet égard que par la Russie et les États-Unis, qui produisent un peu plus du double.

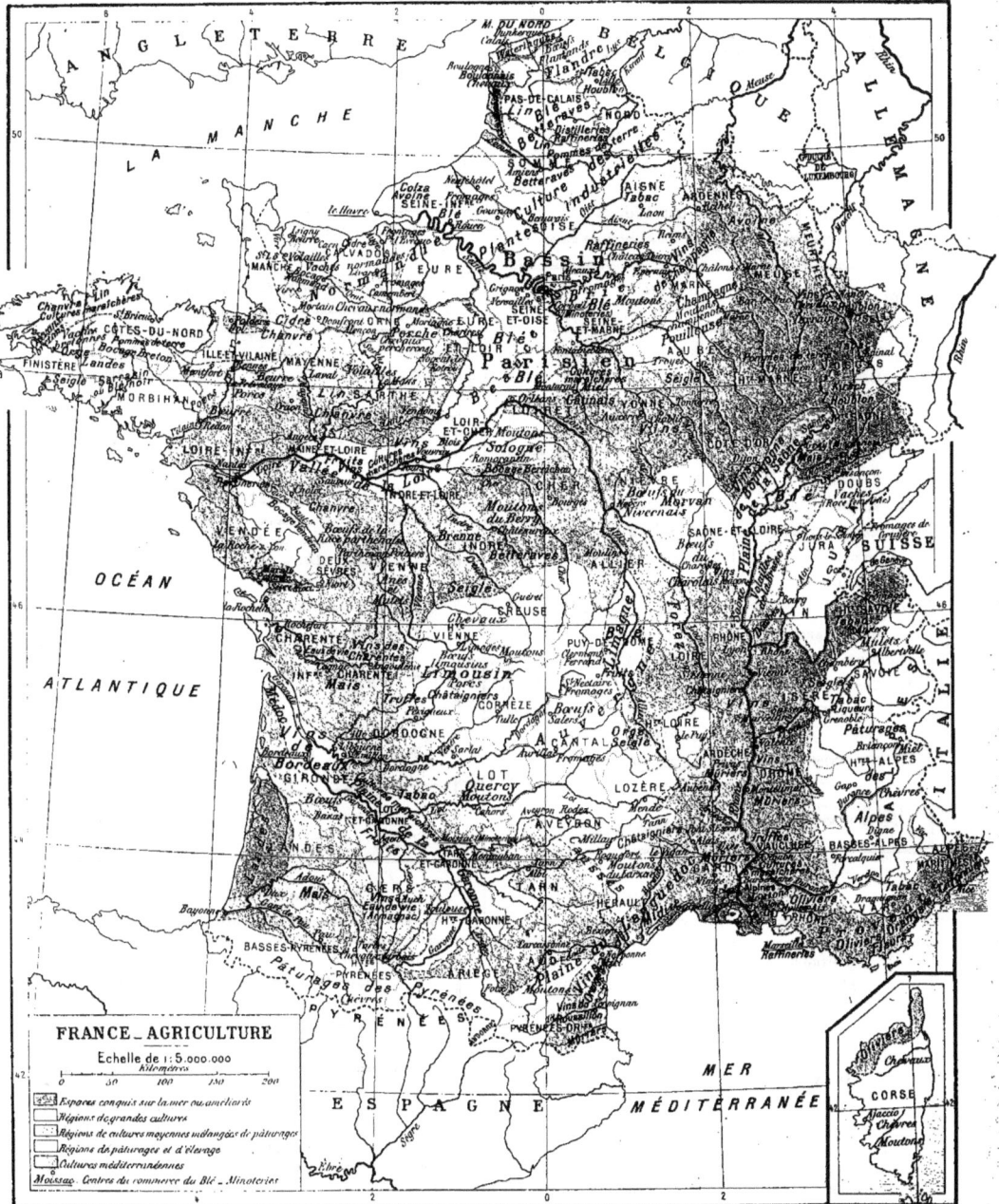

FRANCE _ AGRICULTURE

Echelle de 1:5.000.000
Kilomètres
0   50   100   150   200

Espaces conquis sur la mer ou améliorés
Régions de grandes cultures
Régions de culture moyennes mélangées de pâturages
Régions de pâturages et d'élevage
Cultures méditerranéennes
Moissac Centres du commerce du Blé _ Minoteries

J. Besson del.

Une meilleure méthode de culture, lorsqu'elle sera partout répandue, permettra d'accroître le rendement. Le **sarrasin** est surtout cultivé en Bretagne et dans le Limousin, le **maïs** dans le midi de la France.

PRODUCTION DES CÉRÉALES.

(Extrait de la *Statistique agricole de* 1903).

I. Production du blé.

Départements produisant pour plus de 40 millions de francs par an.

DÉPARTEMENTS.	VALEUR EN FRANCS.	NOMBRE D'HECTOLIT.
1. NORD.	60 342 538	3 526 741
2. AISNE.	59 269 337	3 570 442
3. SEINE-ET-MARNE.	58 272 899	3 307 802
4. EURE-ET-LOIR.	57 681 470	3 315 027
5. PAS-DE-CALAIS.	54 053 906	3 254 299
6. VENDÉE.	51 788 081	3 042 778
7. VIENNE.	51 038 069	2 977 717
8. MAINE-ET-LOIRE.	48 901 016	2 890 131
9. OISE.	46 894 313	2 889 360
10. SEINE-ET-OISE.	46 539 433	2 705 781
11. SOMME.	44 802 239	2 814 211
12. HAUTE-GARONNE.	44 753 853	2 620 249
13. LOIRE-INFÉRIEURE.	43 537 040	2 452 791
14. YONNE.	42 500 238	2 406 582
15. ILLE-ET-VILAINE.	42 331 759	2 542 448
16. LOIRET.	41 320 720	2 361 184
17. COTE-D'OR.	41 280 384	2 380 645
Production totale de la France.	2 187 085 328	128 385 530

II. Production du seigle.

Départements produisant plus de 10 millions de francs.

1. HAUTE-LOIRE.	15 571 179 fr.
2. MORBIHAN.	15 312 539
3. PUY-DE-DOME.	14 464 702
4. CHER.	12 154 670
5. CREUSE.	11 506 710
6. HAUTE-VIENNE.	10 807 264
7. CORRÈZE.	10 758 892
8. CANTAL.	10 323 310
9. LOIRE.	10 274 458
Production totale de la France.	251 203 336

III. Production de l'orge.

Départements produisant plus de 6 millions de francs.

1. MAYENNE.	9 289 949 fr.
2. EURE-ET-LOIR.	8 480 056
3. MANCHE.	8 248 601
4. SARTHE.	7 091 080
5. MARNE.	6 026 278
Production totale de la France.	161 726 627

IV. Production du sarrasin.

Départements produisant annuellement pour plus de 10 millions de francs.

1. ILLE-ET-VILAINE.	12 852 458 fr.
2. MORBIHAN.	12 246 188
3. COTES-DU-NORD.	12 095 050
Production totale de la France.	104 026 135

V. Production de l'avoine.

Départements produisant annuellement pour plus de 20 millions de francs.

1. EURE-ET-LOIR.	37 371 030 fr.
2. SEINE-ET-MARNE.	34 824 251
3. PAS-DE-CALAIS.	34 474 723
4. SEINE-ET-OISE.	31 220 093
5. AISNE.	28 888 263
6. OISE.	28 510 223
7. SOMME.	28 049 743
8. NORD.	25 488 484
9. EURE.	25 043 890
10. LOIRET.	22 216 804
11. MARNE.	20 500 810
Production totale de la France.	837 877 823

VI. Production du maïs.

Départements produisant annuellement pour plus de 10 millions de francs.

1. LANDES.	15 779 101 fr.
2. BASSES-PYRÉNÉES.	15 568 798
3. HAUTE-GARONNE.	11 366 661
Production totale de la France.	113 648 009

La **pomme de terre** est très répandue en Lorraine et sur les plateaux de l'Est, en Flandre et en Bretagne. Seule l'Allemagne en produit plus que la France.

Les **cultures maraîchères** sont très développées autour de Paris, sur la côte de Bretagne et dans le Midi. Elles fournissent pour l'exportation en Angleterre.

Les **vignobles**, éprouvés par les maladies, se sont reconstitués au prix de grands efforts, par l'emploi de plants américains et par l'irrigation des ceps. Les principaux sont ceux du *Languedoc*, du *Bordelais*, des *Charentes* (pour la fabrication de l'eau-de-vie), d'*Anjou* et de *Touraine*, de *Bourgogne* et du *Mâconnais*, de *Champagne* et de *Lorraine*. Mais les crus les plus renommés sont ceux de **Bordeaux** (Château-Margaux, Château-Laffitte, Sauternes, etc.), de **Bourgogne** (Nuits, Chambertin, Pommard), de **Champagne**.

Les **arbres fruitiers** donnent des produits abondants et variés. La Normandie et la Bretagne fabriquent le *cidre*.

L'olivier est cultivé en Provence. Les olives sont consommées fraîches ou conservées; mais elles servent surtout à la fabrication de l'*huile*.

II. Cultures industrielles.

— Au premier rang vient la **betterave** pour la fabrication du sucre (région du Nord). Il lui faut une terre riche, un climat tempéré et humide. Mais l'Allemagne et l'Autriche nous dépassent pour cette culture; les progrès de l'exploitation agricole pourront en augmenter la production.

Le **lin** et le **chanvre**, autrefois très cultivés en France, ne le sont plus guère que dans la Flandre et en Bretagne. Les importations étrangères et le développement de l'industrie cotonnière sont les principales causes de cet abaissement.

Le **mûrier** est cultivé dans la vallée du Rhône. Mais la production des magnaneries françaises est insuffisante pour alimenter notre industrie de la soie.

PRODUCTION DE LA VIGNE (Année 1903).

Départements produisant annuellement pour plus de 20 millions de francs.

DÉPARTEMENTS.	VALEUR EN FRANCS.	NOMBRE D'HECTOLIT.	OBSERVATIONS.
1. Hérault.	135 624 100	5 896 700	Vins du Midi.
2. Gironde.	83 598 906	2 209 635	Vins de Bordeaux.
3. Pyrénées-Orientales.	57 265 607	2 290 624	Vins du Roussillon.
4. Aude.	56 782 998	3 154 611	Vins du Midi.
5. Gard.	49 132 848	2 047 202	
6. Saone-et-Loire.	38 159 699	1 192 490	Vins de Bourgogne et du Mâconnais.
7. Rhone.	31 806 670	908 762	Vins du Beaujolais.
8. Marne.	28 419 490	465 838	Vins de Champagne.
9. Dordogne.	25 143 070	755 725	Vins de Bordeaux.
10. Cote-d'Or.	23 820 936	650 877	Vins de Bourgogne.
11. Indre-et-Loire.	22 185 952	652 528	Vins de Touraine.
Production totale de la France.	991 021 740	35 240 257	

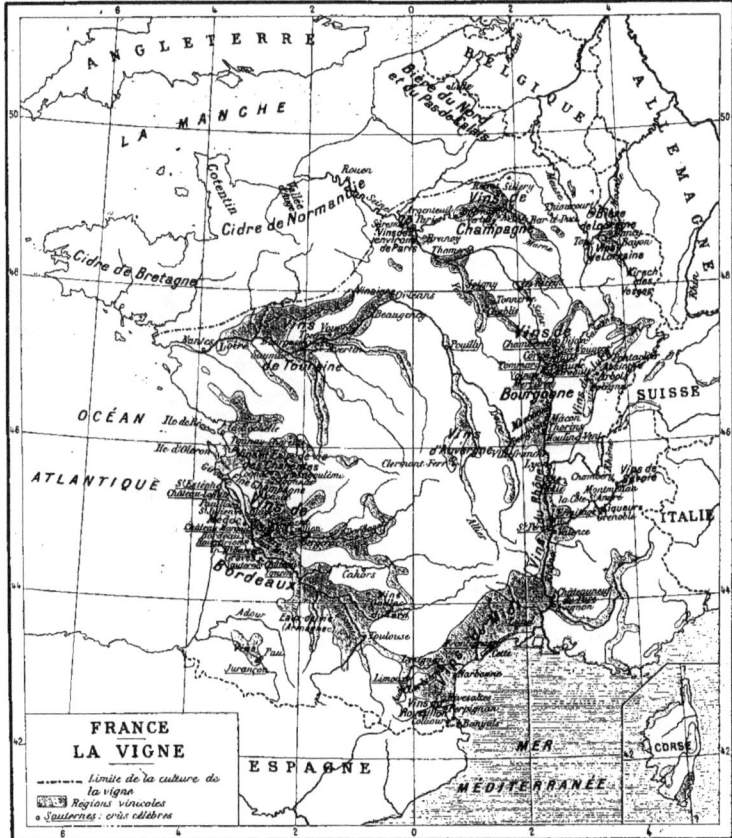

FRANCE
LA VIGNE

— · — · — Limite de la culture de la vigne
Régions vinicoles
○ *Sauternes*: crûs célèbres

J. Besson. del.

La culture du **tabac** est soumise à la réglementation et au contrôle de l'État. Elle est surtout développée en Guyenne et en Gascogne, et dans la région de l'Est.

Le **houblon**, qui sert à la fabrication de la *bière*, est cultivé dans le Nord, le Nord-Est et en Bourgogne.

Les **plantes tinctoriales** (garance, safran) sont à peu près délaissées; les **graines oléagineuses** (colza, œillette, navette), produites surtout par les riches terres du Nord et du Nord-Ouest, reculent également devant les importations étrangères et aussi devant les progrès des éclairages au pétrole, au gaz et à la lumière électrique.

PRINCIPALES CULTURES INDUSTRIELLES.

(Extrait de la *Statistique agricole* de 1903).

I. Betterave.

		Francs.
1.	AISNE.	31 321 770
2.	NORD.	20 332 696
3.	SOMME.	20 045 211
4.	PAS-DE-CALAIS.	19 223 831
5.	OISE.	16 487 923
Production totale de la France.		136 777 486

II. Tabac.

1.	DORDOGNE.	3 514 960
2.	LOT-ET-GARONNE.	3 325 988
3.	ISÈRE.	2 840 462
4.	LOT.	2 441 917
5.	GIRONDE.	2 096 526
Production totale de la France.		22 566 432

III. Houblon.

1.	NORD.	4 857 000
2.	CÔTE-D'OR.	2 540 160
3.	MEURTHE-ET-MOSELLE.	2 009 760
Production totale de la France.		9 623 951

IV. Chanvre.

1.	SARTHE.	3 432 416
2.	MAINE-ET-LOIRE.	1 159 530
Production totale de la France.		11 752 584

V. Lin.

1.	NORD.	5 636 400
2.	PAS-DE-CALAIS.	4 243 282
3.	SEINE-INFÉRIEURE.	2 890 880
4.	CÔTES-DU-NORD.	2 121 217
5.	SOMME.	[1 492 642
Production totale de la France.		20 303 840

VI. Colza.

1.	SEINE-INFÉRIEURE.	2 531 712
2.	EURE.	1 014 284
Production totale de la France.		8 982 746

III. Élevage. — Un grand nombre de régions en France sont des pays d'élevage, renommés pour leurs races de **chevaux** ou de **bœufs**, et qui fournissent aussi d'excellents produits, *beurres* et *fromages*. La France a fait beaucoup de progrès à cet égard, et pourra en faire encore. Elle exporte des animaux et des produits dérivés de l'élevage.

Le gros bétail est surtout élevé dans les régions au sol riche et humide, comme le Boulonnais, la Normandie et en général les Bocages. On élève le **mouton** dans les

Un troupeau de moutons.

terres sèches : Champagne pouilleuse, Causses, plateaux de Provence. L'importation des laines étrangères fait concurrence aux laines françaises.

Les **volailles** (Normandie, Maine, Bresse), les *œufs* sont des objets d'exportation.

IV. Forêts. — La France a de belles **forêts**, quoique moins nombreuses et moins étendues qu'en certains pays (Russie, Norvège, Allemagne). On les trouve dans les régions montagneuses, mais aussi dans quelques pays de plaine : forêts d'*Orléans*, de *Fontainebleau*, de *Compiègne*, de *Villers-Cotterets*. Après la Révolution, on avait beaucoup déboisé dans les montagnes; mais ce déboisement avait pour résultat de multiplier les inondations, les éboulements ; c'est pourquoi on s'occupe aujourd'hui de reboiser.

Le lac du Bourget.

V. Chasse. Pêche. — La chasse et la pêche fournissent un précieux appoint à l'alimentation. Mais les règlements sur la chasse ne tendent pas assez à protéger la production du gibier. La *pisciculture* a aussi des progrès à faire. La pêche maritime, qui occupe un grand nombre d'habitants de nos côtes, rapporte environ 100 millions par an.

Conclusion. — L'agriculture française a fait de grands progrès, grâce à l'enseignement agricole et au perfectionnement de l'outillage. Mais il lui en reste beaucoup encore à réaliser. D'ailleurs elle souffre de la concurrence étrangère. C'est pour cela que des tarifs douaniers ont été établis sur les produits d'importation; mais d'autre part cette hausse artificielle des prix crée un malaise dans l'ensemble de la situation économique de la France.

LECTURES.

1. — La division de la propriété dans l'ancienne France.

On rencontrait la petite propriété principalement à l'entour des villes et bourgs; mais elle n'avait pas tardé à pousser plus loin ses conquêtes. Partout où le paysan sentait la victoire possible, il commençait le siège de la terre et peu à peu s'en emparait. Chacun arrivait à avoir son lopin à lui. Plus les parts étaient petites, plus il y avait de chance d'en devenir maître. Le seigneur se désintéressait assez facilement de ces miettes tombées de la table, et là même où il n'y avait pas affranchissement proprement dit, la franchise de fait venait vite. Dans bien des provinces, le soi-disant joug féodal se trouvait réduit à sa plus simple expression. L'antique censive s'était peu à peu transformée entre les mains de ses possesseurs. La rente fixe en argent ou en nature dont elle avait été anciennement grevée perdait chaque jour un peu de sa valeur par la dépréciation des métaux monétaires; on vendait, on achetait, on revendait à volonté ces terres censales devenues vraiment indépendantes, et l'ambition suprême du moindre manant était d'y prendre racine. Si étroit que fût le champ dont il rêvait la possession, il trouvait une triple promesse d'émancipation personnelle, de profits probables, de jouissances quotidiennes.

De là, l'avènement dans nos campagnes de ce que Balzac appelle « le démon de la propriété ». On payait cher, trop cher souvent. On se privait longtemps; on s'endettait, au besoin, pour pouvoir payer. Mais, une fois qu'on se sentait chez soi, on était heureux et on faisait des prodiges. « Voyez, dit Michelet, voyez ces rocs brûlés, ces arides sommets du midi; là, je vous prie, où serait la terre sans l'homme? La propriété y est toute dans le propriétaire. Elle est dans le bras infatigable qui brise le caillou tout le jour, et mêle cette poussière d'un peu d'humus. Elle est dans la forte échine du vigneron qui, du bas de la côte, remonte toujours son champ qui s'écroule toujours... L'homme fait la terre. On peut le dire même des pays moins pauvres... Des siècles durant, les générations ont mis là la sueur des vivants, les os des morts, leur épargne, leur nourriture... »

Pour cette terre presque humaine, l'homme se prend d'un amour qu'elle semble parfois lui rendre, et dont rien n'égale aujourd'hui encore, dont rien surtout ne pouvait égaler jadis, l'infatigable fécondité. Nous avons vu des enclos qu'on rebêchait la nuit au clair de lune, après les avoir bêchés tout le jour. L'intensité de l'exploitation, ainsi menée, en compense à ce point l'exiguïté, qu'un arpent fait vivre une famille. Il l'aide à vivre tout au moins. Sous ces toits qui paraissent pauvres, la faim, le froid ne pénètrent guère.

(De Foville, Le Morcellement.)
(Guillaumin et Cie, éditeurs.)

2. — Les vignobles français.

Peu de climats sont plus favorables que le nôtre **à la culture de la vigne**, et nulle part elle ne prospère plus au nord, si ce n'est sur les bords du Rhin. Le midi, soit sur la Garonne, soit sur le Rhône, est particulièrement bien doué à cet égard. L'ouest, aux alentours de Cognac et d'Angers; l'est, aux environs de Beaune et de Reims, possèdent aussi des terroirs exceptionnels, qui offrent, au point de vue de la qualité des produits, des avantages uniques au monde. La

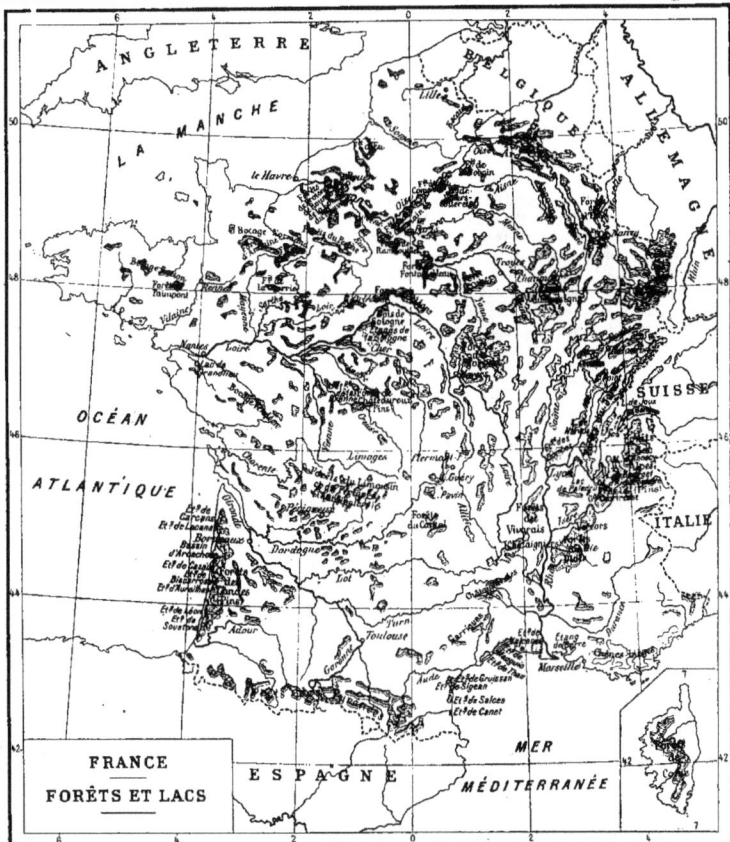

FRANCE
FORÊTS ET LACS

J. Besson del.

réunion des mêmes conditions, en effet, est nécessaire pour obtenir le même vin. Des sols identiques donnent des produits différents si seulement leur pente ou leur exposition diffère, et l'impossibilité de rencontrer ailleurs une ressemblance parfaite s'ajoute à la longue expérience de nos viticulteurs, à leur habileté dans la culture et la vinification, pour nous assurer une supériorité incontestable.

Chaque contrée a, chez nous, pour la même raison, des aptitudes spéciales que ne possèdent pas les autres. Le choix des cépages, le mode de plantation, les façons, les systèmes de taille, l'époque de la vendange, les procédés employés pour faire le vin, en un mot le caractère du vignoble et de ses produits, varient avec ces aptitudes. Les pays viticoles, qui se ressemblent tous par leur physionomie générale, diffèrent parfois profondément l'un de l'autre en tout le reste, et rien n'est moins un que le vignoble français. Tout au plus peut-on grouper ses éléments constitutifs en trois grandes régions : celle du midi, celle de l'ouest et celle de l'est.

(J. DU PLESSIS DE GRENÉDAN, *Géographie agricole*.)
(Masson, éditeur.)

3. — L'huile d'olive.

La grande branche d'activité d'Aix, c'est encore l'**huile d'olive**, malgré la concurrence des huiles de sésame, de coton et autres, qui entrent pour une si grande part dans l'alimentation.

Les huiles d'olive d'Aix et de Nice sont les plus célèbres de toutes. Si quelques maisons ont dû suivre le courant et fournir à leur clientèle les huiles à bon marché et de saveur neutre réclamées par celle-ci, la plupart résistent et continuent à exploiter les admirables vergers de la vallée de l'Arc et des vallons voisins. Il y a là des *crus* comme pour les vins. Dans la commune même d'Aix, les olivettes de Montaiguet passent pour produire les huiles les plus fines que l'on connaisse... Les huiles sont d'autant meilleures que les terrains sont plus secs. La qualité baisse partout où les eaux d'irrigation sont amenées. Aussi l'olivier a-t-il à peu près disparu partout où l'eau du canal du Verdon a transformé le sol en prairies et en jardins.

(ARDOUIN-DUMAZET, *Voyage en France*, t. XII.)
(Berger-Levrault, éditeur.)

QUESTIONS.

1. *Quelles sont les causes qui ont favorisé l'essor de l'agriculture française avant l'époque actuelle ?*
2. *Pourquoi la France est-elle de tous les pays celui qui pourrait le mieux se suffire pour la production alimentaire ?*
3. *Principales améliorations agricoles obtenues par la lutte de l'homme contre la nature et par l'application de la science à l'agriculture.*

CHAPITRE III

Industrie.

Les conditions naturelles du sol français ne sont pas très favorables au développement d'une grande activité industrielle : la **houille** n'est pas fournie en assez grande abondance, et les régions riches en minerais ne se trouvent pas dans le voisinage immédiat des bassins houillers ; en outre, le réseau des *voies navigables* n'est pas assez développé.

La France est néanmoins l'un des principaux pays industriels du monde. Elle supplée à l'insuffisance de la houille et de minerai par l'importation, et par l'utilisation de la force motrice des eaux dans les régions montagneuses (Vosges en particulier). D'autre part, l'industrie française est surtout caractérisée par la qualité et le bon goût de ses produits textiles et de ses marchandises de luxe.

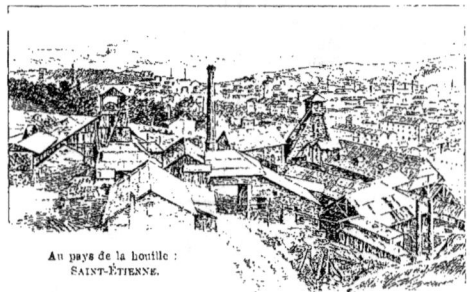

Au pays de la houille :
SAINT-ÉTIENNE.

I. INDUSTRIES EXTRACTIVES.

Pour la production de la **houille**, la France ne vient qu'après l'Angleterre (qui en produit 8 fois plus), les États-Unis (4 fois plus), l'Allemagne (3 fois plus), la Belgique et l'Autriche-Hongrie.

Les principaux **bassins houillers** sont :

1° Ceux du **Nord** (Valenciennes, Anzin, Lens), qui fournissent environ la moitié de la production totale ;

2° Ceux de la **Loire** (Saint-Étienne) ;

3° Ceux d'**Alais** ;

4° Ceux de **Blanzy** et du **Creusot**.

PRODUCTION DE LA HOUILLE (Année 1902).

DÉPARTEMENTS.	VALEUR EN FRANCS.	POIDS EN TONNES.	CENTRES D'EXPLOITATION.
1. PAS-DE-CALAIS.	189 000 000	13 000 000	Lens, Béthune.
2. NORD.	66 000 000	5 077 000	Anzin, Valenciennes.
3. LOIRE.	55 100 000	3 044 000	Saint-Étienne.
4. GARD.	28 000 000	1 904 000	Alais.
5. SAONE-ET-LOIRE.	24 500 000	1 705 000	Le Creusot, Montceau-les-Mines.
6. AVEYRON.	13 560 000	1 021 000	Decazeville.
7. ALLIER.	11 400 000	729 000	Commentry.
8. TARN.	8 300 000	565 000	Carmaux.
9. PUY-DE-DOME.	6 500 000	462 000	Brassac.
10. ISÈRE.	6 100 000	326 000	La Mure (anthracite).
Production totale de la France.	430 000 000	29 000 000	

Après viennent les bassins secondaires de *Commentry*, d'*Aubin*, de *Graissessac*, d'*Ahun*, de *Carmaux*, de la *Vendée* et de la *Basse-Loire*. Les houillères françaises sont en général d'exploitation plus difficile et plus coûteuse qu'en Angleterre, parce que les gisements se trouvent à de plus grandes profondeurs et qu'ils sont moins riches.

Le **fer** est le minerai le plus abondant en France. Cependant l'Angleterre, les États-Unis et l'Allemagne fabriquent encore plus de fonte. Les régions minières les plus riches sont : la Lorraine, la Haute-Champagne, le Cher, l'Ardèche, Saône-et-Loire et le Pas-de-Calais.

On extrait le **plomb** dans le Puy-de-Dôme, l'Ille-et-Vilaine, la Lozère ; l'**aluminium** est préparé près d'Alais ; enfin on trouve des **pyrites** dans le Rhône, le Gard et l'Ardèche.

Mais après le fer, la plus grande richesse minérale de la France est la **pierre à bâtir**, les pierres à chaux ou à plâtre, puis le **sel** (salines de Varangéville et de Dombasle, salines du Jura). On extrait le sel marin sur les côtes de Bretagne, de Vendée et du Languedoc. On trouve du **marbre** dans les Alpes et les Pyrénées, des **ardoises** dans les Ardennes et dans la région du Maine.

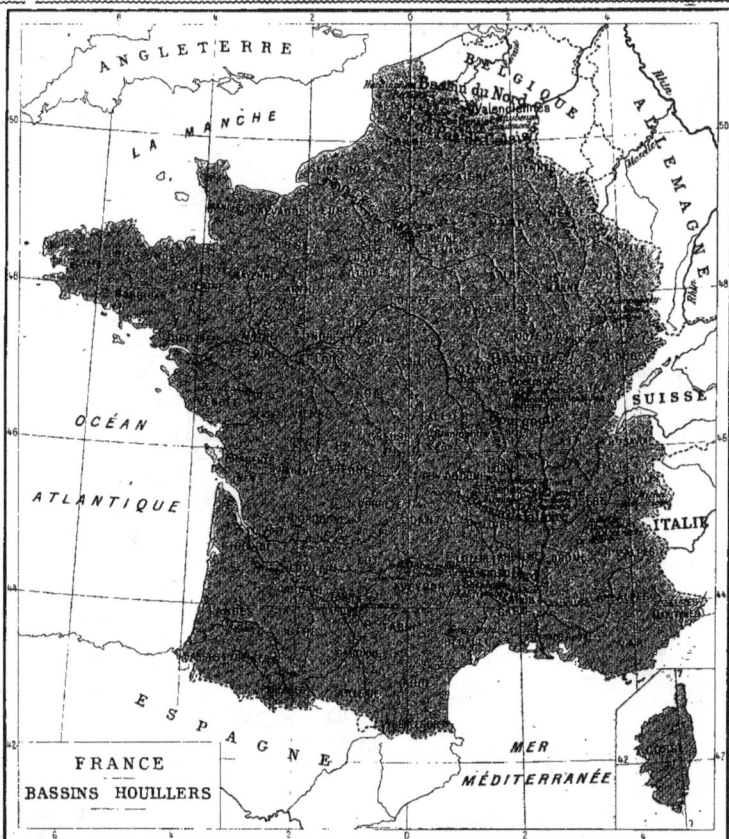

MINERAI DE FER (Année 1902).

DÉPARTEMENTS.	VALEUR EN FRANCS.	POIDS EN TONNES.
1. MEURTHE-ET-MOSELLE.	13 200 000	4 129 000
2. PYRÉNÉES-ORIENTALES.	1 558 000	224 000
3. CALVADOS.	932 500	157 500
4. HAUTE-MARNE.	504 231	117 000
Production totale de la France	18 000 000	5 000 000

Une carrière de pierre

II. GRANDES RÉGIONS INDUSTRIELLES.

Les grandes industries se sont développées : 1° autour des bassins houillers ; 2° dans les régions minières ; 3° près des grands ports ou autour de quelques grandes villes déjà anciennes qui ont une situation exceptionnellement favorable comme

ANGLETERRE

LA MANCHE

BELGIQUE

ALLEMAGNE

Calais

Région des Filatures
ROUBAIX
PAS-DE-CALAIS
Métallurgie et Tissages
Houille Industries
du
NORD

SOMME Tissages
Amiens

Ateliers de
construction
le Havre
Rouen
SEINE-INF.
Beauvais
OISE
Creil
AISNE
ARDENNES
St-Gobain
verreries Rethel
Lainages
Meuse
Sedan

CALVADOS
Région Normande
MANCHE
EURE
Région
Industries diverses
Reims
Lainages
MARNE
MEUSE
MOSELLE
Fer
Nancy
Metz

CÔTES-DU-NORD
Brest
Plomb
FINISTÈRE
MORBIHAN
ILLE-ET-VILAINE
MAYENNE
SARTHE
Le Mans
Alençon
Dentelles
EURE
Paris
SEINE
de Paris
ET-OISE
SEINE-ET-MARNE
AUBE
Troyes
HTE MARNE
Langres
Fer
VOSGES
Épinal
verreries

OCÉAN

ATLANTIQUE

LOIRE-INF.
Basse
Loire
Nantes
Toiles
Cholet
MAINE-ET-LOIRE
INDRE-ET-LOIRE
Tours
LOIR-ET-CHER
LOIRET
Orléans
YONNE
CÔTE D'OR
Dijon
Poteries
Gien
NIÈVRE
Metallurgie
Canons
CHER
Fer
Région
Le Creusot
Metallurgie
Houille
du Creusot
SAÔNE-ET-LOIRE
JURA
SUISSE
Besançon
Horlogerie
DOUBS
HTE SAÔNE
Houille Fer

VENDÉE
Houille
Armes
Coutellerie
Châtellerault
DEUX-SÈVRES
VIENNE
INDRE
Groupes
du Centre
ALLIER
Montluçon
Commentry
Houille
CREUSE

CHARENTE-INF.
CHARENTE
Cognac
Angoulême
Papeteries
Limoges
Porcelaine
HTE VIENNE
CORRÈZE
Armes
Tulle
DORDOGNE
Périgueux
Pont-gibaud
Plomb
Coutellerie
Thiers
Clermont-Ferrand
PUY-DE-DÔME
HTE LOIRE
Le Puy
Dentelles
Roanne
Tissages
Région de
Vienne
RHÔNE
et Lyon
Lyon
Soieries
Houille
St-Étienne
Metallurgie
Groupe
du Dauphiné
AIN
SAVOIE
ISÈRE
Grenoble
HTE SAVOIE
DRÔME
HTES ALPES
ITALIE

Bordeaux
GIRONDE
Groupe
Industriel
d'Aquitaine
LOT-ET-GARONNE
CANTAL
LOT
Decazeville
Houille
AVEYRON
Plomb
Fer
Houille
Groupes du
Massif Central
LOZÈRE
ARDÈCHE
GARD
Metallurgie Houille
Privas
BASSES-ALPES
VAUCLUSE

LANDES
TARN-ET-GARONNE
GERS
TARN
Carmaux
Houille
Toulouse
HAUTE-GARONNE
HÉRAULT
Montpellier
Zinc
Nîmes
Soieries
BOUCHES-DU-RHÔNE
Marseille
Région de Marseille
Métallurgie
Ateliers de
construction
VAR
BASSES-ALPES
ALPES-MARITIMES

BASSES-PYRÉNÉES
HTES PYRÉNÉES
ARIÈGE
Fer
AUDE
PYRÉNÉES
Marbres
PYRÉNÉES-OR.

ESPAGNE

MER MÉDITERRANÉE

CORSE
Carrifao
Cuivre
Cuivre et Argent
Marignana

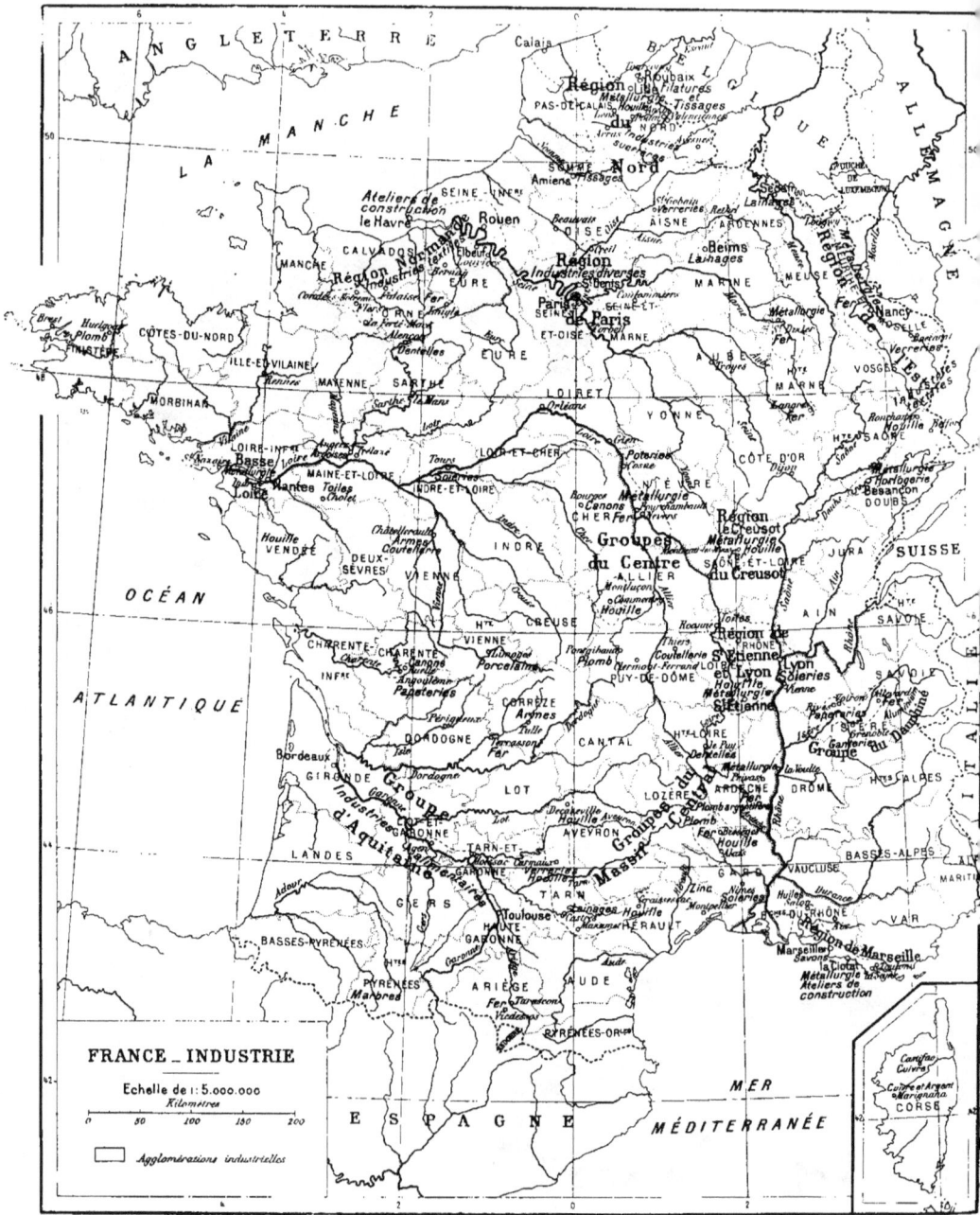

FRANCE — INDUSTRIE

Echelle de 1:5.000.000
Kilomètres
0   50   100   150   200

☐ Agglomérations industrielles

J. Besson del.

centres d'une région riche et au croisement de voies commerciales. Mais quelques contrées ont conservé des industries locales, comme le Jura et le Massif Central. Cependant, sauf en Flandre, le développement de l'industrie française n'a pas amené des agglomérations prodigieuses comme en Angleterre ou aux États-Unis. La population ouvrière est plus dispersée en France, et, bien qu'on se plaigne avec raison de la dépopulation des campagnes, la plus grande partie des bras sont encore occupés par l'agriculture.

1° **Région du Nord**. — C'est la plus active, celle où se trouvent réunies quatre grandes industries : **métallurgie** (forges, fonderies, machines), **tissage et filature** (cotonnades, lainages, toiles), *sucrerie et verrerie*. Elle a en outre des distilleries, des minoteries, des fabriques de produits chimiques. (*Voir* pour les grandes villes le chapitre concernant cette région, page 47).

2° **Région de l'Est**. — Cette région comprend les *Ardennes*, la *Lorraine*, la *Franche-Comté* et la *Champagne*.

Usines à Montluçon.

Elle emploie comme combustible les charbons allemands de la Sarre ou les charbons belges ; les Vosges utilisent les chutes d'eau comme force motrice. C'est surtout la **métallurgie** qui est le plus développée (forges des *Ardennes*, de *Longwy* et de *Longuyon*, de la *Moselle* et de la *Meurthe*, du *Doubs*, de la *Haute-Marne*). Puis vient l'**industrie textile** (*lainages* et *draps* des Ardennes, de Reims ; *cotonnades* et *toiles* des Vosges). Enfin la Lorraine a des **cristalleries** (*Baccarat, Nancy*), des **brasseries**, de la cordonnerie, des distilleries.

3° **Le Creusot**. — Dans la région du Creusot se concentre la **métallurgie** avec toutes les industries qui en dérivent (aciéries, fonderies, armes, machines, etc.). A ce groupe se rattachent les usines et les forges du *Nivernais* et du *Bourbonnais*. Le Nivernais a aussi des *verreries* et des **poteries** (*Nevers, Gien*).

4° **Région du Rhône et de la Loire supérieure**. — Deux grandes villes résument le caractère industriel de cette région : **Lyon**, avec ses *soieries* ; **Saint-Etienne**, avec ses *forges*, ses fabriques d'armes et de machines, ses rubans. **Métallurgie et soierie**, tel est le double aspect de cette activité industrielle. Ajoutons les toiles, les cotonnades, les papeteries (*Annonay Voiron*, région de *l'Isère*). Les forges et les aciéries de *l'Ardèche* peuvent se rattacher à ce groupe.

FRANCE
INDUSTRIES MÉTALLURGIQUES

J. Bisson del.

5° Groupes du Massif Central. — La principale industrie y est la métallurgie. Mais à côté de la métallurgie s'est généralement développée une autre industrie : dans le *bassin d'Alais*, c'est l'industrie de la soie; dans celui de *Graissessac*, ce sont les **lainages** et la **verrerie**; dans celui de *Carmaux, Aubin, Decazeville*, c'est encore la **verrerie**.

6° Région normande. — Cette région comprend d'abord le groupe de la **Haute-Normandie** avec **Rouen, Le Havre** et leurs banlieues. Le Havre reçoit les laines d'Australie et de la Plata, le coton d'Amérique. Son port alimente des **industries textiles** : cotonnades de *Rouen,*'draps d'*Elbeuf* et de *Louviers*.

La **Basse-Normandie** a des *forges* et des *tissages* dans les régions de *Vire* et de *Flers*.

7° Région de la Basse-Loire. — Le principal centre est **Nantes** : constructions mécaniques, construction de navires, conserves. Autour de Nantes sont les forges de l'Erdre (*Indret*). Puis ce sont les **toiles** du Maine et de la Bretagne.

8° Groupe aquitain. — Cette région est moins industrielle qu'agricole. Les **industries alimentaires** y tiennent le premier rang : minoteries, distilleries, conserves. **Bordeaux** et **Toulouse** sont les deux centres.

9° Groupe de Marseille. — Constructions de navires, huileries, savonneries, distilleries, parfumeries. A ce groupe il faut rattacher toute la région méditerranéenne. Les industries y sont dérivées principalement des produits agricoles.

10° Région de Paris. — Autour de Paris se sont développées toutes les industries : tissages, minoteries, produits alimentaires, distilleries, papeteries, imprimeries, etc.; mais principalement, et à Paris même, les industries artistiques.

Citons enfin quelques **industries locales** traditionnelles : la **dentelle** (*Alençon, le Puy, Valenciennes,*

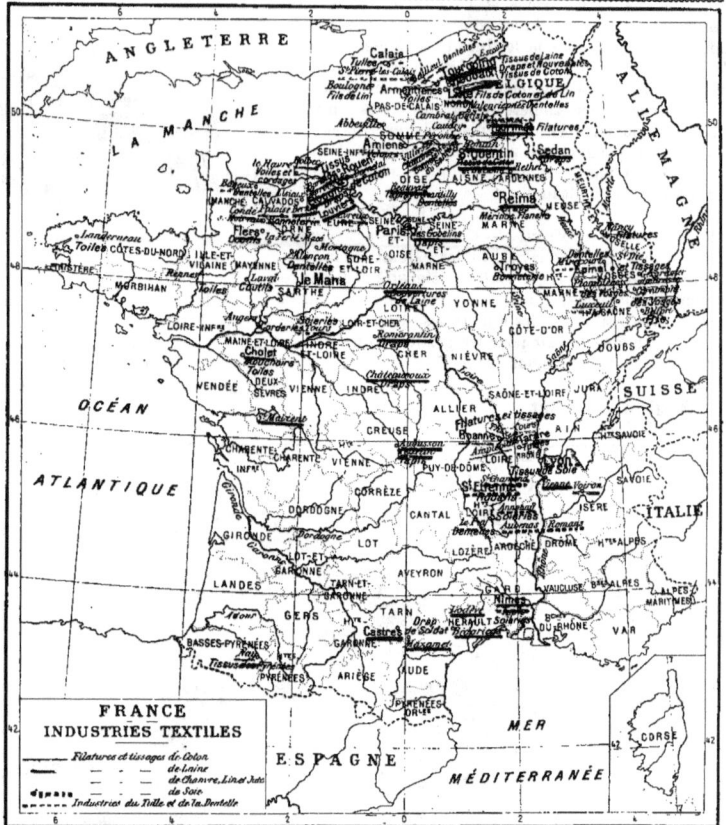

FRANCE
INDUSTRIES TEXTILES

Filatures et tissages de Coton
— — — de Laine
— — — de Chanvre, Lin et Jute
— — — de Soie
Industries du Tulle et de la Dentelle

J. Basson. del.

Mirecourt), la **porcelaine** (*Limoges*), la **papeterie** (*Angoulême*), la **coutellerie** (*Langres, Thiers, Châtellerault*), la **confiserie** (fruits de *Clermont-Ferrand*, dragées de *Verdun*, confitures de *Bar-le-Duc*, etc.), l'**horlogerie** (*Jura, Besançon*), la **bonneterie** (*Troyes*).

La France a aussi des **industries artistiques ou de luxe** dont la renommée est déjà ancienne : porcelaines de *Sèvres*, tapisseries des *Gobelins* et de la *Savonnerie*, tapis d'*Aubusson*, glaces de *Saint-Gobain*, etc.

En résumé, c'est grâce à leur énergie laborieuse, à leur ingéniosité, que l'industriel et l'ouvrier français ont élevé la production industrielle nationale, en lui conservant son renom légitime de qualité et d'élégance.

LECTURES.

1. — Une grande ville industrielle : Roubaix.

Il y a vingt ans encore, bien qu'elle fût déjà parmi les centres d'action les plus puissants de notre pays, **Roubaix** était inconnue à la grande masse du public. Le monde des

affaires, banque ou négoce, savait seul le prodigieux développement de cette énorme ruche ouvrière...

Rien ne pouvait faire prévoir une telle splendeur à ce
coin des Flandres. Alors que ce plantureux et fertile pays
devait surtout sa prospérité aux cours d'eau d'une canalisation facile, à la création de voies navigables au milieu de
plaines où de tels travaux étaient aisés, le petit canton du
Ferrain était à l'écart de cette activité. Ses collines et ses
mamelons dominaient de loin les trois grands chemins naturels de la Deûle, de la Lys et de l'Escaut, sur les bords desquels se pressaient les villes populeuses, enrichies par le travail. Lorsque la houille fut amenée au jour à Anzin, on pouvait croire que les grandes usines se porteraient autour des
fosses. Il n'en fut rien. Parmi ces monticules qui semblaient
devoir rester banlieue agricole de Lille, allait naître la plus
vaste cité purement ouvrière de notre pays, une agglomération devant tout à l'industrie, n'ayant en dehors d'elle aucun
élément matériel ou intellectuel d'existence. Il y a là, à Roubaix, à Tourcoing, dans les communes suburbaines qui les
prolongent au loin en France et en Belgique, plus de 250 000
individus. A peine y en avait-il 25 000 au début du siècle...

Le phénomène est facile à expliquer. Toutes les autres
villes, les puissantes, celles qui avaient un nom éclatant dans
l'histoire des Flandres, étaient des cités closes : Landrecies
et Maubeuge, sur la Sambre; Cambrai, Bouchain, Valenciennes, Condé, sur l'Escaut; Arras et Douai, sur la Scarpe;
Lille, sur la Deûle, etc., ne pouvaient offrir dans leur étroite
ceinture de pierre d'assez vastes espaces à l'industrie, et la
zone des servitudes militaires en interdisait les abords.

Alors les villes ouvertes, où le terrain était à bon marché,
où l'on pouvait tailler en plein drap, où l'on n'était pas gêné
par les exigences du génie militaire, ont accueilli ces précur-
seurs de l'activité moderne. Là où se trouvait déjà l'embryon
d'industries, celles-ci prirent un accroissement inattendu.
Roubaix avait de tout temps fabriqué des draperies gros-
sières; ses premiers artisans étaient sans doute venus des
villes d'Ypres et de Wervicq, dont la richesse fut éclatante.
Son voisinage de Lille, déjà grande cité, les voies navigables
de la Deûle, de la Lys et de l'Escaut, qui lui amenaient les
charbons, la présence dans les campagnes d'une population
extrêmement dense à qui l'agriculture ne suffisait pas,
furent autant de sources de fortune. Enfin, le chemin de fer
de Lille à Gand et la création d'un canal furent les derniers
éléments de la prospérité de Roubaix et de Tourcoing.

Le Ferrain et le Pévèle, ces minuscules provinces de l'ancienne Flandre, y ont perdu de leur calme et de leur fraî-
cheur. Les hautes cheminées
d'usines dominent les bouquets d'ormeaux... Il reste
bien, çà et là, quelque partie
de campagne encore vierge,
de petites collines aux pentes
molles, ombragées de bois,
d'antiques « censes », aux
toits de chaume moussu, aux
murs peints en bleu, encore
entourées du large fossé
plein d'eau qui les préserva
des attaques des Hurlus et
autres pillards; mais ces
coins de nature flamande, où
Téniers se serait plu à évoquer ses rustiques et plantureuses scènes, s'en vont
chaque jour. Les villes marchent à la rencontre les unes
des autres, les faubourgs
s'allongent sur les chemins
champêtres et se soudent peu
à peu. Déjà, entre le groupe
lillois dont la population, si
l'on y joint les villages réunis sans interruption par des
maisons, atteint plus de
260 000 individus, et le
groupe roubaisien, à peine
moins peuplé, il ne reste pas
200 mètres de terrain libre,
des dernières maisons de
Mons-en-Barœul aux pre-
mières habitations de Flers.
On peut dire que les deux
énormes agglomérations, reliées par des tramways à
vapeur, des chemins de fer
et un canal, n'en forment
qu'une, peuplée d'un demi-
million d'hommes; mais chacune des parties de ce puissant organisme conserve une
vie propre. Malgré leur voi-

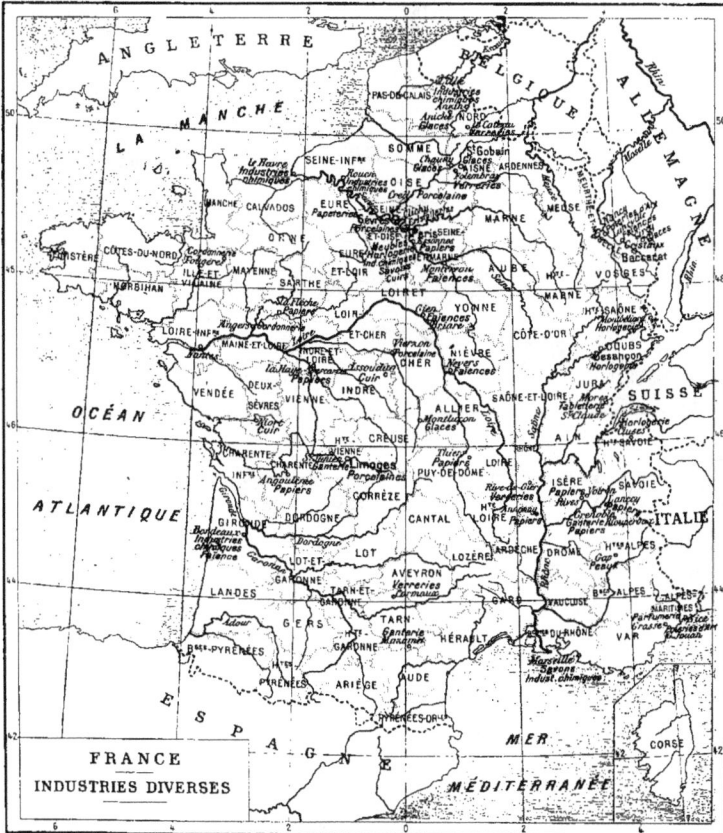

FRANCE
INDUSTRIES DIVERSES

J. Bresson del.

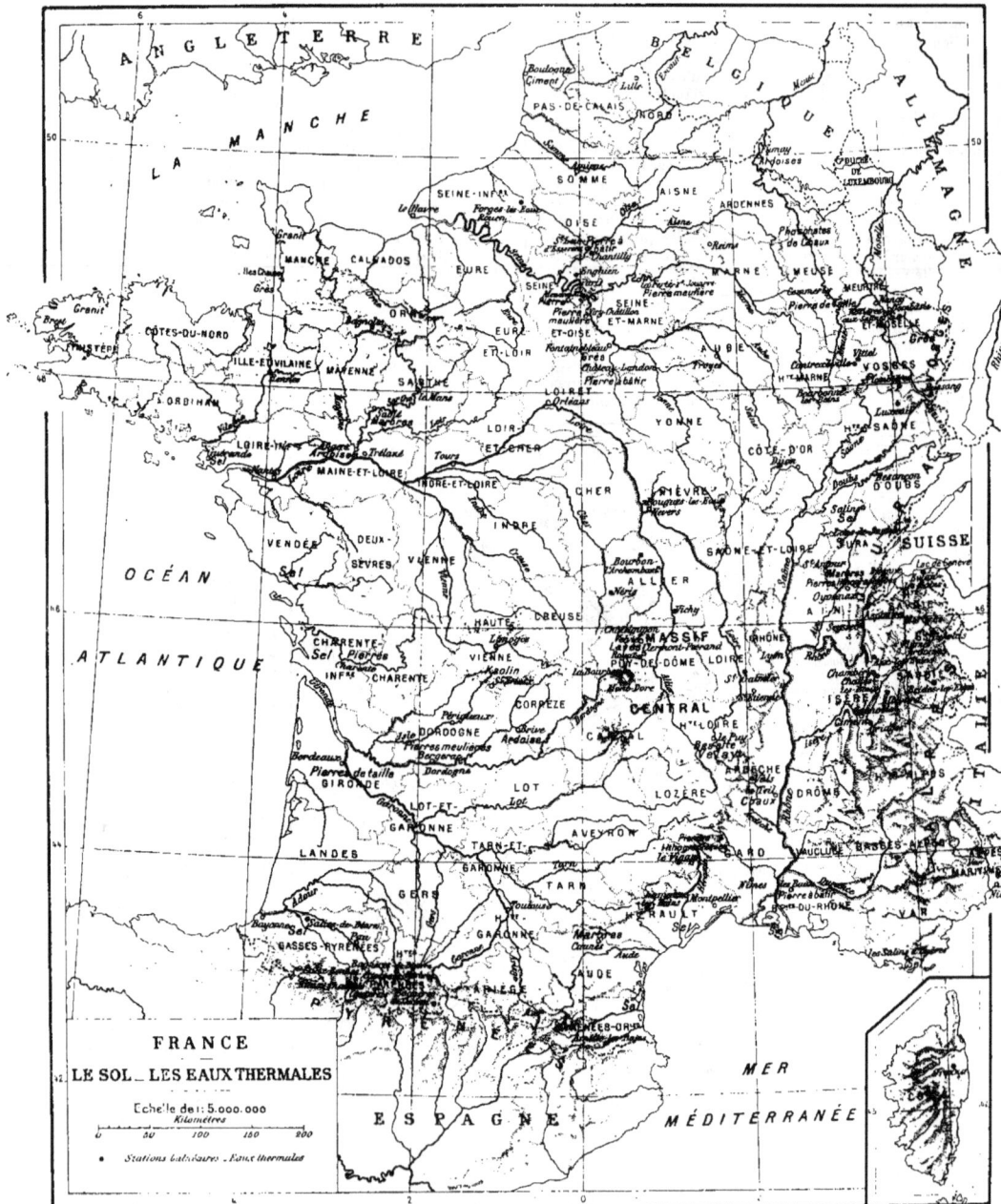

FRANCE

LE SOL _ LES EAUX THERMALES

Échelle de 1: 5.000.000
Kilomètres

0   50   100   160   200

•   Stations balnéaires _ Eaux thermales

J. Besson del.

LE CREUSOT.

inage, Lille et Roubaix sont bien distinctes, et le resteront longtemps encore.

(ARDOUIN-DUMAZET, *Voyage en France*, t. XVIII.)
(Berger-Levrault, éditeur.)

2. — Le Creusot.

Le ciel est bleu, tout bleu, plein de soleil. Là-bas, devant nous, un nuage s'élève, tout noir, opaque, qui semble monter de la terre, qui obscurcit l'azur clair du jour, un nuage lourd, immobile. C'est la fumée du **Creusot**. On approche, on distingue. Cent cheminées géantes vomissent dans l'air des serpents de fumée, d'autres, moins hautes, crachent des haleines de vapeur; tout cela se mêle, s'étend, plane, couvre la ville, emplit les rues, cache le ciel, éteint le soleil.'

Il fait presque sombre maintenant. Une poussière de charbon voltige, pique les yeux, tache la peau, macule le linge. Les maisons sont noires, comme frottées de suie, les pavés sont noirs, les vitres poudrées de charbon. Une odeur de cheminée, de goudron, de houille, flotte, contracte la gorge, oppresse la poitrine, et parfois une âcre saveur de fer, de forge, de métal brûlant, d'enfer ardent, coupe la respiration, vous fait lever les yeux pour chercher l'air pur, l'air libre, l'air sain du grand ciel; mais on voit planer là-haut le nuage épais et sombre, et miroiter près du sol les facettes menues du charbon qui voltige.

C'est le Creusot.

Un bruit sourd et continu fait trembler la terre, un bruit fait de mille bruits que coupe d'instant en instant un coup formidable, un choc ébranlant la ville entière... »

(GUY DE MAUPASSANT, *Au Soleil*.)
(Ollendorff, éditeur.)

QUESTIONS.

1. *Comment le disséminement et l'insuffisance des bassins houillers est une cause d'infériorité pour l'industrie française. Quels sont les moyens par lesquels on y remédie dans certaines régions.*

2. *L'industrie de la métallurgie. A quelles autres industries la voit-on liée dans les grands centres?*

3. *Les vieilles industries françaises locales.*

CHAPITRE IV

Commerce.

Une gare de marchandises.

Nous avons vu comment le développement et l'amélioration des voies de communication facilitent aujourd'hui les transactions à l'intérieur. Il reste encore à faire dans ce sens, particulièrement pour le perfectionnement des voies navigables. D'heureuses modifications peuvent aussi être apportées dans le service des chemins de fer : peut-être attireraient-elles un plus grand trafic international sur le territoire français, tandis que la ligne d'Anvers en Italie

Chargement d'un bateau (Bassin de la Villette à Paris).

par le Saint-Gothard et les lignes de l'Allemagne rhénane en absorbent la plus grande partie.

Le commerce avec l'étranger comprend l'**importation et l'exportation**. Il représente au total environ une valeur annuelle de 8 à 9 milliards. L'Angleterre nous dépasse, mais nous sommes à peu près au même rang que l'Allemagne. Le chiffre de nos importations dépasse un peu celui de nos exportations.

L'importation consiste surtout en denrées alimentaires : grains, conserves, café, sucre, épices ; en matières premières : charbons, laine, coton, soie, peaux, métaux, bois ; enfin en produits manufacturés étrangers qui se vendent chez nous en concurrence avec les nôtres.

Nous **exportons** des céréales, des bestiaux, des vins, des beurres, œufs, volailles, légumes ; des tissus de laine, de soie et de coton, des articles de luxe.

C'est avec l'Angleterre que nous faisons le plus d'échanges ; elle nous achète surtout des produits alimentaires, tandis qu'elle nous vend des matières premières et certains objets manufacturés.

IMPORTATIONS (Année 1902).

Pays d'où la France importe pour plus de 200 millions de francs.

1.	ANGLETERRE.	567 000 000 fr.
2.	ÉTATS-UNIS.	424 000 000
3.	ALLEMAGNE.	418 000 000
4.	BELGIQUE.	330 000 000
5.	ALGÉRIE.	253 000 000
6.	RÉPUBLIQUE ARGENTINE.	225 000 000
7.	INDE ANGLAISE.	210 000 000
	Total général des importations.	4 394 000 000

EXPORTATIONS (Année 1902).

Pays où la France exporte pour plus de 200 millions de francs.

1.	ANGLETERRE.	1 280 000 000 fr.
2.	BELGIQUE.	633 000 000
3.	ALGÉRIE.	269 000 000
4.	ÉTATS-UNIS.	248 000 000
5.	SUISSE.	229 000 000
	Total général des exportations.	4 252 000 000

L'industrie et le commerce, de même que l'agriculture, souffrent d'une violente concurrence. Les Etats établissent des tarifs douaniers sur les produits étrangers dont la vente nuit à la consommation des produits nationaux. C'est une émulation dans l'industrie qui cherche à produire vite et à bon marché, dans le commerce qui cherche à s'ouvrir sans cesse de nouveaux débouchés.

Ces débouchés, il tâche de les trouver dans toutes les parties du monde. De là, le développement qu'ont pris aujourd'hui la marine marchande et le trafic international.

I. MARINE MARCHANDE.

La France vient au quatrième rang par l'effectif de sa marine, après l'Angleterre, les États-Unis et l'Allemagne.

Bassin de la Joliette à Marseille.

Les ports les plus actifs sont :

Marseille (5 millions et demi environ de tonnes), **Le Havre** (3 millions et demi), **Dunkerque**, **Bordeaux**. Viennent ensuite *Rouen*, *Saint-Nazaire*, *Cette*, *Dieppe*, *Boulogne*, *Nantes*, *Calais*.

Le Havre est une tête de ligne pour les navires en partance sur *New-York* (Compagnie transatlantique, trajet en 8 jours), et sur le *Brésil* et *la Plata* (Compagnie des Chargeurs réunis).

Saint-Nazaire est uni aux *Antilles* et à l'*Amérique centrale* par un service de la Compagnie transatlantique (trajet en moins de 20 jours pour la Guyane et l'isthme de Panama).

Bordeaux est le point de départ du service des Messageries maritimes pour l'*Afrique* et l'*Amérique du Sud*.

Marseille est desservie par les Messageries maritimes, qui la relient à tous les points de la Méditerranée, à l'Inde, à l'Indo-Chine, à la Chine, au Japon, à Madagascar, à l'Australie et à la Nouvelle-Calédonie. Les transports se font en 45 jours de *Marseille* à *Yokohama*, en moins de 50 jours de *Marseille* à *Nouméa*. La Compagnie transatlantique fait aussi les services rapides d'Algérie et de Tunisie.

De grands travaux ont amélioré nos ports ; mais ils sont encore insuffisants. Nos paquebots et nos vaisseaux subissent aussi la concurrence étrangère pour le trafic dans nos ports.

La marine marchande française, qui occupait le second rang après la marine anglaise, se trouve aujourd'hui dépassée par l'Allemagne, et les marines de l'Italie, de la Norvège lui font aussi une sérieuse concurrence. C'est que la lenteur de son développement ne répond pas au rapide accroissement de quelques marines étrangères ; d'autre part, de grands ports comme Anvers, Rotterdam, Hambourg, ont reçu de sérieuses améliorations ; enfin, la construction de grandes voies ferrées comme celle du Saint-Gothard ou celle de Vienne à Salonique ont détourné vers d'autres pays une partie du commerce.

II. CONCLUSIONS ÉCONOMIQUES.

La richesse de la France s'élève au moins à 500 milliards, qui produisent environ 20 à 25 milliards. Dans l'ensemble, il y a plus de bien-être qu'autrefois, mais cette richesse est inégalement répartie : ici de grandes fortunes, là la misère.

La France, comme tous les autres pays, traverse une crise économique, qui résulte d'une surproduction industrielle et qui oblige à chercher des débouchés à l'extérieur. De là une guerre de tarifs et une rivalité commerciale et coloniale. En outre, les pays neufs, comme l'Amérique et l'Australie, s'efforceront toujours davantage à se suffire et fermeront aussi leurs ports par des tarifs. *Chaque pays voudrait se suffire* avec ses produits nationaux ou ceux de ses colonies ; mais alors il en résulterait des perturbations dans l'industrie et l'agriculture. L'avenir semble être du côté d'un système économique plus libéral, avec une amélioration de la production agricole et industrielle, mieux adaptée avec les besoins des habitants, et plus rationnelle. Les *traités de commerce* avec les pays étrangers remédient dans une certaine mesure aux inconvénients du protectionnisme.

L'entrée du port du Havre.

LECTURES.

1. — La crise commerciale.

Il est un objet que nous exportons en grande quantité et que les statistiques ne peuvent exactement mentionner : ce sont les capitaux accumulés chez nous par l'épargne, et que nous engageons dans des entreprises financières pour leur assurer un revenu. Il faut s'empresser d'ajouter que les étrangers possèdent aussi beaucoup en France et que leur argent s'engage aussi de plus en plus dans des entreprises françaises.

A quoi faut-il attribuer les **souffrances actuelles de notre commerce**, la diminution de nos ventes à l'étranger ? A ce fait que tous nos voisins tendent de plus en plus à devenir indépendants de nous en fabriquant tout ce qui leur est nécessaire, en imitant nos objets fabriqués, même en les copiant servilement, au lieu de les acheter chez nous.

Nous ne souffrons pas seuls d'ailleurs. Tous les peuples qui avaient pris l'avance en développement industriel dans la première moitié de ce siècle, l'Angleterre et nous, sont frappés, puisque les nations plus jeunes, dont la civilisation est plus récente, veulent cesser d'être clientèle, de payer tribut à leurs anciens fournisseurs, et fabriquent pour s'appliquer un gain concédé jusque-là à deux ou trois peuples privilégiés. C'est une forme du patriotisme contemporain et une révolution facile à comprendre : chacun veut être maître de ses destinées, donner à son pays l'indépendance sous tous les rapports. On n'achètera plus chez le voisin que ce qu'il sera impossible de récolter ou de fabriquer sur le sol de la patrie ! Pourquoi enrichir l'étranger et laisser sans travail, sans bénéfice, l'industrie et l'agriculture nationales ?

Ainsi raisonne plus d'un peuple, les États-Unis, l'Allemagne, l'Italie, etc. Faut-il les imiter ? Faut-il au contraire persévérer dans la voie du *libre-échange* ouverte par les traités de commerce, laisser entrer en France les produits étrangers, au lieu de *protéger* nos commerçants et nos industriels ? Où est le remède de leurs souffrances ? Quiconque voudra traiter ces questions en vertu de doctrines et d'idées absolues, qu'il soit protectionniste ou libre-échangiste, risque de donner de mauvais conseils à ses compatriotes. Le commerce est devenu une science, mais une science fuyante et aux progrès rapides, aux évolutions multiples, aux aspects variés, comme la diplomatie. Un diplomate qui prendrait d'avance la résolution de traiter une négociation de telle ou telle manière, suivant tel ou tel principe, sans modifier sa conduite au cours d'entrevues nombreuses, un joueur qui jouerait suivant une méthode immuable au milieu de gens déliés et fins, un commerçant enfin qui suivrait une doctrine sans jamais la fléchir au gré des circonstances, ne passeraient point pour des gens habiles.

(Marcel Dubois, *Géographie économique.*)
(Masson, éditeur.)

2. — Progrès économiques de la France.

Au cours des derniers siècles, il y a eu un certain rapprochement des divers éléments qui contribuent à la **prospérité économique** de la France. C'est là un des traits de physionomie les plus frappants de la période historique contemporaine. Jadis le contraste était vif entre l'agriculteur, l'industriel et le commerçant. L'agriculteur, menant une vie isolée dans les champs qu'il fécondait de ses labeurs, s'adonnait à un métier traditionnel dans toute la force du terme ; l'industriel, longtemps simple manœuvre, plus ou moins habile, ne se souciait point des intérêts du cultivateur, ne s'en sentait que médiocrement solidaire ; le marchand transportait et vendait ce que les travailleurs de la terre et les artisans mettaient à sa disposition sans faire effort pour les encourager au progrès dans l'intérêt commun.

(Marcel Dubois, *Géographie économique.*)
(Masson, éditeur.)

QUESTIONS.

1. *Rapports commerciaux de la France et de l'Angleterre. — Principaux produits échangés.*

2. *Comparer le tableau des importations et celui des exportations et l'expliquer par la nature des produits échangés avec les différents pays.*

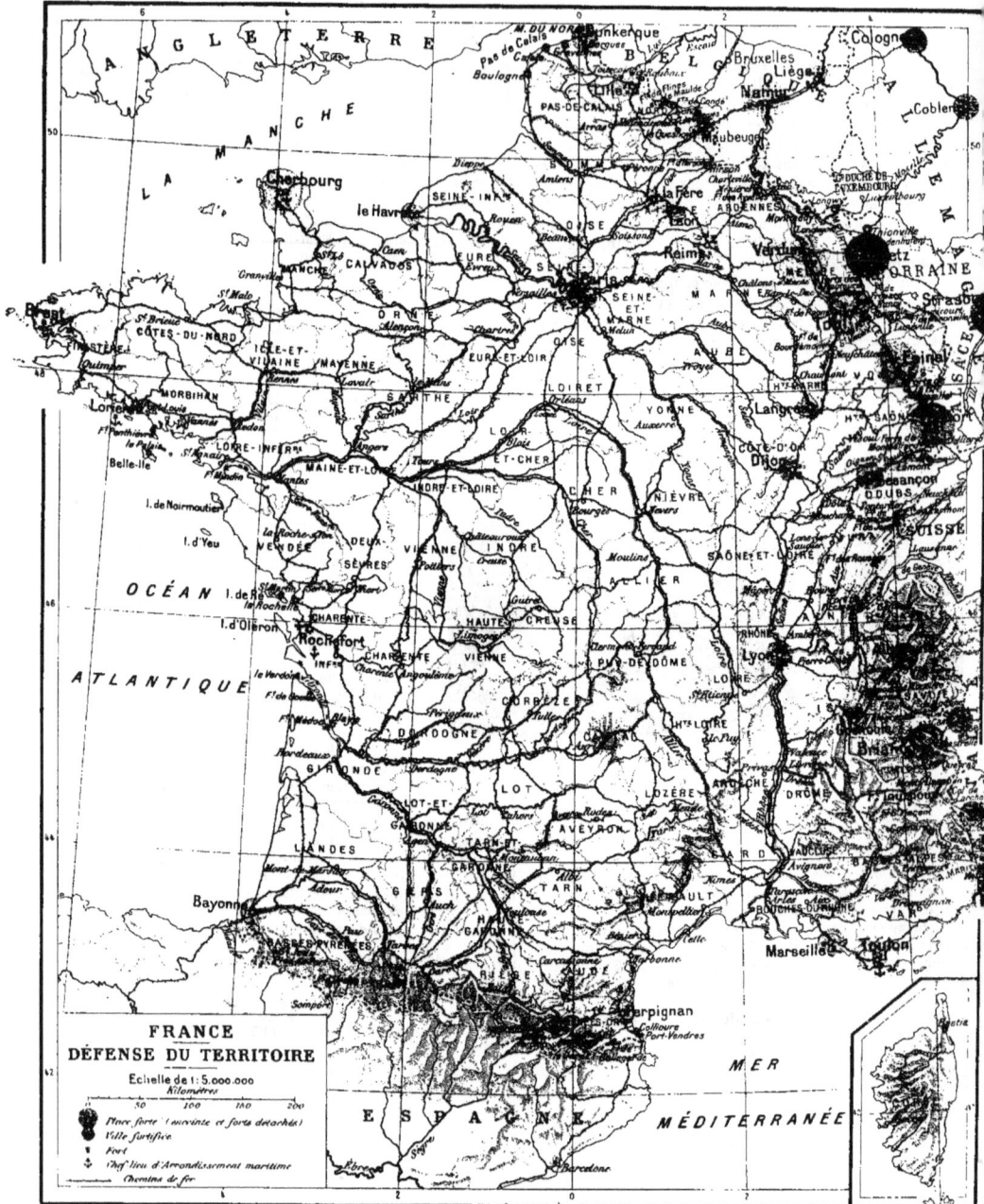

FRANCE
DÉFENSE DU TERRITOIRE

Echelle de 1:5.000.000
Kilomètres

Place forte (enceinte et forts détachés)
Ville fortifiée
Fort
Chef lieu d'Arrondissement maritime
Chemins de fer

CHAPITRE V

La Défense du Territoire.

Par les mêmes raisons que la France peut établir facilement des relations avec les États voisins, elle se trouve aussi plus exposée à l'invasion de son territoire. Les Alpes elles-mêmes, qui ouvrent plusieurs passages, ne sont pas une barrière. Mais c'est surtout au nord-est et au nord que les frontières de la France sont le plus découvertes.

Ses frontières maritimes sont moins exposées ; là encore les difficultés qu'offre la côte à la création de bons ports sont aussi une garantie de défense au point de vue des attaques à main armée.

Des 19 corps d'armée[1] qui composent les forces militaires de la France (*Lille, Amiens, Châlons, Nancy, Besançon,*

GRENOBLE. — Forts Rabot et de la Bastille.

Grenoble, Marseille, Montpellier, Toulouse, Bordeaux, Limoges, Nantes, Le Mans, Tours, Rennes, Rouen, Orléans, Bourges, Clermont), la plupart ont pour sièges des villes frontières ou avant-postes sur les routes de Paris. *Paris* et *Lyon* forment des gouvernements militaires spéciaux, pour lesquels on détache une partie des troupes de quelques corps. Sur les frontières, plusieurs lignes de forteresses couvrent nos corps d'armée. La frontière militaire commence à la première de ces lignes du côté extérieur.

I. FRONTIÈRES CONTINENTALES.

1° **Nord.** — La Flandre française et la Flandre belge ne forment qu'une seule et même région, sans frontière naturelle. Mais la Belgique est un pays neutre ; cependant, en cas de violation de la neutralité, il faut que la France soit prête à la défense. **Dunkerque,** *Calais,* **Lille** et **Maubeuge** couvrent cette frontière.

2° **Nord-Est.** — La première ligne de défense sur la frontière franco-allemande est formée par *Hirson* (sur l'Oise), **Mézières** (sur la Meuse), *Montmédy,* **Verdun,**

1. Voir la Carte des Corps d'armée, page 34. L'*Algérie* comprend, en outre, un corps d'armée.

Roy et Petit. *Géog.* III.

les *forts des Hauteurs de Meuse,* **Toul** (sur la Moselle), **Épinal,** les *forts de la Haute-Moselle,* **Belfort.**

La seconde ligne est composée par *La Fère,* **Laon, Reims, Langres** et **Dijon.** Enfin le grand camp retranché de **Paris.**

3° **Est.** — La Suisse est aussi un pays neutre. Cependant le Jura avec ses chaînes parallèles, ses forts du *Lomont,* de *Joux,* des *Rousses* et de l'*Écluse,* et, en arrière, la grande forteresse de **Besançon** constituent une bonne défense.

Du côté de l'Italie, les vallées des Alpes sont défendues par des forteresses, dont les principales sont **Nice,** *Fort Tournoux, Mont-Dauphin,* **Briançon, Albertville.** Dans l'intérieur, **Grenoble** et **Lyon** sont des camps retranchés. D'ailleurs l'épaisseur même du massif sur territoire français et la divergence des vallées rendent l'accès des Alpes assez périlleux pour une armée étrangère, tandis qu'au contraire les Français peuvent pénétrer plus facilement en Italie.

4° **Sud-Ouest.** — Les Pyrénées, si malaisément franchissables, constituent une excellente barrière. Cependant elles peuvent être tournées à leurs extrémités. C'est là qu'on a établi des forts : à l'ouest, *Saint-Jean-Pied-de-Port,* **Bayonne** ; à l'est, *Bellegarde, Montlouis,* **Perpignan.**

II. FRONTIÈRES MARITIMES.

La **défense maritime** consiste en forteresses et en batteries établies sur les points les plus accessibles, en particulier près des estuaires des cours d'eau. Tels sont les forts de *Boulogne* (Liane), du **Havre** (Seine), le fort de *Mindin,* en face de Saint-Nazaire (Loire), les forts de l'*embouchure de la Gironde* (*Royan, Le Verdon, Goulée, Médoc, Blaye*), **Bayonne** (Adour) ; sur la Méditerranée, *Port-Vendres,*

BREST. — Pont tournant.

20

Marseille, *Nice, Villefranche.* Mais c'est surtout sur les cinq grands ports militaires que se porte l'effort le plus considérable de la défense : **Cherbourg, Brest, Lorient, Rochefort, Toulon.** Les deux principaux sont Toulon et Brest.

La défense des côtes laisse encore à désirer ; on s'occupe de l'améliorer.

L'escadre en rade de Toulon.

LECTURE.

Sedan.

Le plateau de l'Algérie, une bande de terre rougeâtre, longue de trois kilomètres, descendait en pente douce du bois de la Garenne à la Meuse, dont des prairies le séparaient... Du plateau de l'Algérie, tout le champ de bataille se déroulait, immense, vers le sud et vers l'ouest : d'abord, **Sedan,** dont on voyait la citadelle, dominant les toits ; puis, Balan et Bazeilles, dans une fumée trouble qui persistait ; puis, au fond, les coteaux de la rive gauche. Mais c'était surtout vers l'ouest, vers Donchery, que s'étendait la vue. La boucle de la Meuse enserrait la presqu'île d'Iges d'un ruban pâle ; et, là, on se rendait parfaitement compte de l'étroite route de Saint-Albert, qui filait entre la berge et un coteau escarpé, couronné plus loin par le petit bois du Seugnon... Les terres s'étendaient entre Sedan et la forêt des Ardennes vastes et nues, profondément vallonnées...

De la hauteur boisée de la Marfée, le roi Guillaume venait d'assister à la jonction de ses troupes... Le soleil oblique descendait vers les bois, allait se coucher dans un ciel d'une pureté sans tache. Toute la vaste campagne en était dorée, baignée d'une lumière si limpide, que les moindres détails prenaient une netteté singulière. On distinguait les maisons de Sedan, avec les petites barres noires des fenêtres, les remparts, la forteresse, ce système compliqué de défense dont les arêtes se découpaient d'un trait vif. Puis, alentour, épars au milieu des terres, c'étaient les villages, frais et vernis, pareils aux fermes des boîtes de jouets : Donchery à gauche, au bord de sa plaine rase, Douzy et Carignan à droite, dans les prairies. Il semblait qu'on aurait compté les arbres de la forêt des Ardennes, dont l'océan de verdure se perdait jusqu'à la frontière. La Meuse, aux lents détours, n'était plus, sous cette lumière frisante, qu'une rivière d'or fin. Et la bataille atroce, souillée de sang, devenait une peinture délicate, vue de si haut, sous l'adieu du soleil...

(E. ZOLA, *La Débâcle.*)
(Fasquelle, éditeur.)

QUESTIONS.

1. *Répartition des corps d'armée dans les régions du Nord-Est et de l'Est pour l'organisation de la défense.*

2. *Grandes voies de pénétration par lesquelles la France est ouverte à l'invasion. Rappeler les noms de grandes batailles qui indiquent les chemins d'invasion.*

4ᵉ PARTIE — LES COLONIES FRANÇAISES

CHAPITRE PREMIER

Aperçu historique.

I. HISTORIQUE.

La France a été l'une des premières puissances colonisatrices de l'Europe. Dès le XIVᵉ siècle, ses navigateurs ont fondé des comptoirs sur la côte d'Afrique. A partir du XVIᵉ siècle, elle s'est établie en *Amérique* (Canada, Louisiane, Guyane, Antilles) ; en *Afrique* (Sénégal, îles de la Réunion, Maurice) ; en *Asie* (Inde). Vers le milieu du XVIIIᵉ siècle, la France était la **plus grande puissance coloniale** ; mais la maladresse ou l'indifférence de ses gouvernants lui firent *perdre* en 50 ans la plupart de ses possessions (guerre de Sept ans et guerres de l'Empire ; le traité de Paris (1763) nous enleva le Canada et l'Inde, celui de Paris (1814) une grande partie des Antilles.

Mais, **au XIXᵉ siècle, la France a reconstitué son empire colonial.** L'Angleterre l'emporte de beaucoup par l'étendue et la richesse de ses colonies ; mais la France est au premier rang après l'Angleterre comme puissance coloniale.

Par sa situation sur l'Océan et sur la Méditerranée, la France était sollicitée vers la vie maritime et les expéditions lointaines.

La variété de ses climats permettait à ses émigrants de s'adapter à des régions de températures différentes : ainsi les Français du Nord et du Nord-Ouest allèrent de préférence vers le Canada, ceux du Sud-Ouest ou du Midi vers les régions méditerranéennes ou tropicales.

Ce fut d'abord par esprit d'aventures et en vertu de la force d'expansion de la race que les voyageurs français fondèrent les premières colonies. Puis les intérêts du commerce furent liés au développement de l'empire colonial. Aujourd'hui la prospérité économique des grandes puissances européennes dépend des débouchés que l'industrie peut s'ouvrir sur tous les marchés du monde ; c'est pourquoi la question coloniale est d'une si grande importance. Outre les colonies de peuplement qui sont un foyer d'appel pour l'émigration, les puissances cherchent à s'assurer des territoires où s'établisse leur influence politique et surtout commerciale.

Les intérêts coloniaux jouent aujourd'hui un grand rôle dans la politique internationale, et l'on voit ce fait curieux, que les questions de territoires coloniaux se traitent par conventions entre les États européens, parfois avant même que ces territoires aient été effectivement occupés. Ainsi sont délimitées sur la carte par voie diplomatique les **sphères d'influence**, en Afrique par exemple, entre Anglais et Français.

II. EMPIRE COLONIAL ACTUEL DE LA FRANCE.

L'empire colonial actuel de la France est presque entièrement de formation moderne. De l'empire ancien, il ne restait au commencement du XIXᵉ siècle que quelques débris.

En *Amérique* : Saint-Pierre et Miquelon, la Guadeloupe et la Martinique, la Guyane ;

En *Asie* : les cinq comptoirs de l'Inde : Pondichéry, Chandernagor, Mahé, Karikal, Yanaon ;

En *Afrique* : le Sénégal et la Réunion.

La reconstitution des colonies françaises a commencé en 1830 par la prise d'Alger.

De 1880 à 1857, l'**Algérie** a été conquise ; de 1830 à 1848, de nouveaux comptoirs ont été fondés sur la *côte de Guinée* : Grand-Bassam, Assinie, le Gabon, et près de Madagascar, dans les îles *Mayotte* et *Nossi-Bé* ; des *archipels océaniens* furent occupés : Tahiti, Gambier, Marquises, Tuamotou.

De 1854 à 1862, la France agrandit sa possession du *Sénégal*, acquit *Obok*, la *Nouvelle-Calédonie*, et s'établit en *Cochinchine*.

A partir de 1881, la troisième République s'est occupée activement de l'empire colonial. La **Tunisie** est annexée (1881-1883), l'**Algérie** agrandie, au sud, de plusieurs oasis. On opère la jonction entre le Sénégal et le Haut-Niger, entre le Soudan et la Guinée ; le **Dahomey** est conquis. La convention franco-anglaise de 1898 reconnaît à la France le droit d'étendre son influence dans le Sahara et le *Soudan occidental*. M. de Brazza établit notre domination au **Congo** (1884) ; et, de 1884 à 1900, des missions françaises cherchent et réussissent à atteindre le Chari et le lac Tchad par le Congo. De 1885 à 1896, Madagascar est placée sous notre protectorat, puis occupée. Vers 1896, la colonie d'*Obok* s'est étendue à la côte des Somalis.

En Asie, la Cochinchine s'est accrue du **Tonkin**, de l'**Annam** et du **Cambodge** (1883-1885).

Aux Antilles, la France a acquis l'île *Saint-Barthélemy* (1877).

III. COLONISATION.

La population totale de nos colonies s'élève à plus de **40 millions d'individus.** Parmi ces colonies, il y en a qui sont appelées **colonies de peuplement**, parce que leur climat relativement tempéré permet aux Européens de s'y établir : telles sont l'Algérie, la Tunisie, certaines régions de Madagascar. Les autres sont des **colonies d'exploitation**, comme le Sénégal, l'Indo-Chine française ; des *comptoirs commerciaux*, comme la Guinée, ou des *points de relâche*, comme Obok.

IV. DIVISIONS.

Pour l'étude des colonies, nous les distinguerons en quatre groupes, selon les parties du monde auxquelles elles appartiennent :

1° **Groupe africain** : *Algérie* et *Tunisie*, *Afrique occidentale* (Sénégal, Soudan, Guinée), *Afrique centrale* (Congo), *Afrique australe française* (Madagascar et ses dépendances, Réunion, Comores) ; *côte des Somalis* ;

2° **Groupe asiatique** : *Indo-Chine française* (Cochinchine, Cambodge, Annam, Tonkin) ; *Inde française* (Pondichéry, Chandernagor, Karikal, Mahé, Yanaon) ;

3° **Groupe océanien** : *Nouvelle-Calédonie* ; *archipels polynésiens* (îles de la Société, îles Gambier, Tuamotou, Marquises, etc.) ;

4° **Groupe américain** : *Saint-Pierre* et *Miquelon*, *Antilles françaises*, *Guyane*.

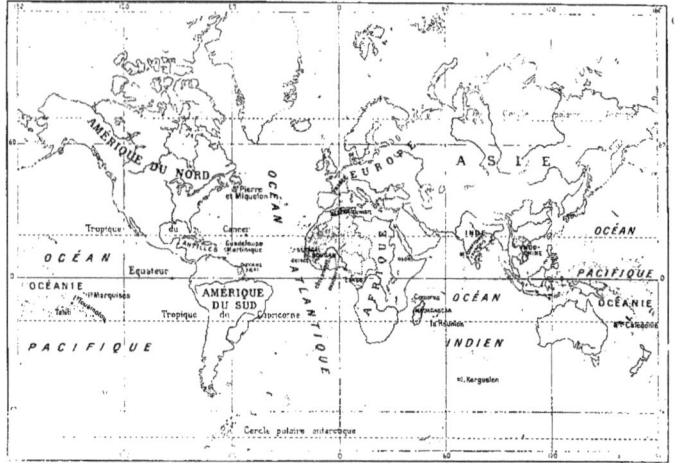

QUESTIONS.

1. *Comparer l'empire colonial français au XVIII° siècle, avant le traité de Paris, et l'empire colonial actuel.*

2. *Classer les colonies françaises d'après la division en colonies de peuplement, colonies d'exploitation, comptoirs commerciaux, points de relâche.*

CHAPITRE II

Les Colonies d'Afrique.

Algérie et Tunisie.

I. SITUATION.

Située près de l'entrée de la Méditerranée par le détroit de Gibraltar, notre colonie africaine occupe toute la partie méridionale de la Méditerranée occidentale, dans le voisinage de l'Espagne et de la Sicile, en face de la France ; elle commande l'entrée de la Méditerranée orientale par le canal de Sicile ; enfin elle est presque une dépendance de la France, puisque, de Marseille, la traversée se fait en 24 heures pour Alger, en 35 heures pour Tunis.

II. CONFIGURATION PHYSIQUE.

L'**Algérie** et la **Tunisie** appartiennent à la région de l'Atlas, si nettement séparée du reste de l'Afrique. Cette région est montagneuse, formée de deux soulèvements, disposés de l'est à l'ouest, l'*Atlas tellien* et l'*Atlas saharien*, qui se rapprochent dans la Tunisie, et qui sont séparés, en Algérie, par la zone des *Hauts-Plateaux*.

I. **Région du Tell.** — L'Atlas tellien se compose de massifs isolés, séparés par des brèches ou par de hautes plaines. Ils s'élèvent rapidement au-dessus de la mer, laissant parfois entre eux et la côte de petites plaines généralement fertiles. Leur altitude n'est guère inférieure à 1200 mètres ; mais elle ne dépasse pas 2400 mètres. Les principaux sommets sont dans les **monts de Tlemcen**, dans l'**Ouarsénis** et dans le **Djurdjura**. Les roches offrent en général un aspect dénudé. Tantôt la côte est bordée de plaines basses : *Sahel*, *Mélidja*, plaine du *Sig*, cultivées en vignes, céréales, oliviers, fruits et légumes ; elle n'offre pas de bons abris naturels ; tantôt, au contraire, comme dans la province de Constantine, les montagnes se terminent sur la côte même, dans laquelle se creusent quelques bons ports : **Bône**, **Philippeville**, *Bougie*. Les hautes plaines de la province d'Oran, *plaines de Tlemcen*, de *Mascara*, de *Sidi-Bel-Abbès* sont fertiles et ont un climat très sain. La *côte*, très rocheuse, sans découpures ni articulations, offre peu d'abris naturels.

Dans les rades (*Oran, Arzeu, Alger, Bougie, Philippe-*

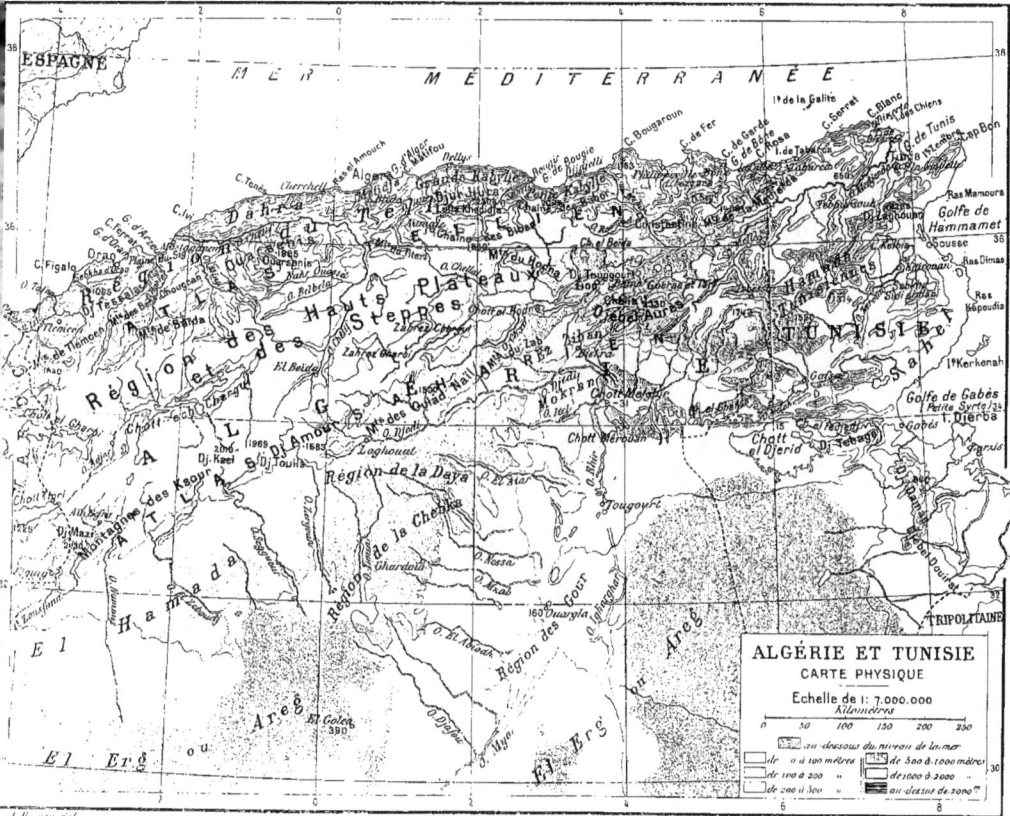

ALGÉRIE ET TUNISIE
CARTE PHYSIQUE
Echelle de 1: 7.000.000
Kilomètres

J. Bissou del.

ville, Bône), il a fallu, pour défendre les ports contre les vents et la mer, construire le plus souvent des môles et des digues. En Tunisie se creuse le bon port de *Bizerte*. Le golfe de *Tunis*, en partie comblé par les atterrissements des ouadi, ne se maintient qu'au prix de grands travaux. Le *cap Bon* est célèbre par ses tempêtes. La côte Est, plate, sablonneuse, bordée de lagunes et d'îles basses, est assez peu hospitalière.

Les **cours d'eau** ne sont en général que des torrents; beaucoup prennent leur source dans le chaînon le plus méridional, et sont forcés de traverser plusieurs chaînes successives par des brèches avant d'arriver à la mer. Les principaux sont l'*Oued Isser*, l'*Oued el Kébir*, grossi du *Rummel* (Constantine), et la *Seybouse*. Le seul fleuve est l'**Oued Chélif**, qui vient de l'Atlas saharien, traverse les Hauts-Plateaux, perce plusieurs chaînons de l'Ouarsénis et aboutit dans la baie d'*Arzeu*. Son cours est irrégulier et encombré de rapides. Citons encore l'**Oued Medjerda**, qui prend sa source en Algérie, traverse la Tunisie et se jette dans la Méditerranée à *Porto-Farina*.

II. **Hauts-Plateaux**. — C'est une région qui a l'aspect d'une plaine peu accidentée. Son altitude varie de 700 à 1 100 mètres. Au centre est une dépression occupée çà et là par des lacs salés ou des fondrières avec des efflorescences salines :

ALGER.

ce sont les *chotts* ou les *sebkhas*, chotts *Chergui* et *Hodna*, etc. Les eaux, en général, s'écoulent dans les chotts.

CONSTANTINE. — Ravin du Rummel.

Le climat y est sec, soumis à des extrêmes de température. La culture de l'**alfa** (sorte de jonc herbacé) y est, avec les prairies temporaires, la seule ressource agricole. L'alfa sert de fourrage ; il est utilisé à plusieurs usages industriels, mais principalement à la fabrication du papier. Les prairies sont fréquentées par les nomades, qui y amènent leurs troupeaux à la bonne saison.

La région des Hauts-Plateaux va en se rétrécissant de la province d'Oran à la province de Constantine.

III. **Sahara.** — L'Atlas saharien forme le rebord méridional des Hauts-Plateaux. Il est disposé en massifs parallèles séparés aussi par des gorges; les principaux sont les monts des **Ksour**, le **Djebel Amour** et le **Djebel Aurès**. Le point culminant est dans le Djebel Aurès (mont Chélia : 2330 mètres). L'Atlas saharien s'épanouit dans la Tunisie, où le principal massif est celui des *monts Zaghouan*. Parmi les montagnes tunisiennes se déploie la belle vallée de la *Medjerda*, qui aboutit dans la rade de Tunis. Les monts Zaghouan se terminent au *cap Bon*. Entre le cap Bon et le *golfe de Gabès* s'étend la riche plaine côtière du Sahel, occupée par des jardins, des vignes et des plantations d'oliviers.

L'Atlas saharien s'abaisse au sud vers le Sahara. Une ligne de dépression profonde est marquée par les chotts, qui commencent au golfe de Gabès (chotts *Fedjedj, Djerid, Gharsa, Melghir*) et se terminent au sud du Djebel Aurès ; puis par l'Oued Djedi, qui arrose Laghouat et se jette dans le chott Melghir. Le Sahara algérien offre de

belles oasis : *Laghouat, Ghardaïa, Ouargla, Biskra, Tougourt, El Goléa*. Dans ces oasis, on rencontre le palmier-dattier, le figuier, l'abricotier, quelquefois des champs de céréales et des jardins.

III. SITUATION ÉCONOMIQUE.

I. **Agriculture**. — L'agriculture est la principale richesse de l'Algérie et de la Tunisie. Le **blé** et la **vigne** sont les deux cultures les plus développées ; la production de la vigne, en particulier, donne un rendement de plus en plus important. La région du Tell et le Sahel produisent en outre l'olivier, l'oranger, le citronnier, le mûrier, le grenadier. La Tunisie offre de plus grandes étendues cultivables que l'Algérie et un sol encore plus fertile. Les procédés scientifiques de culture introduits dans notre colonie ont beaucoup augmenté déjà la production.

Les montagnes fournissent des **bois**; mais en bien des points il faudrait reconstituer la végétation forestière. L'**élevage du bétail** pourrait être développé : il faudrait un meilleur aménagement des eaux (drainages, barrages, endigage). L'alfa est aussi une ressource. Le principal produit des oasis est le *palmier-dattier*. On multiplie les oasis par le forage de puits artésiens.

De grands progrès ont été obtenus ; mais ils ne doivent pas s'arrêter là.

II. **Industrie et commerce**. — Pour le développement de l'**industrie**, il manque, — à l'Algérie et à la Tunisie, — la houille. On a cependant découvert à Igli des

Les défilés d'El Kantara.

fossiles carbonifères; mais on n'a pas encore reconnu de gisements houillers. On y extrait le fer, le cuivre, le plomb argentifère, et même l'or en Tunisie. La colonie a aussi des carrières de pierre et des sources d'eaux minérales.

La France a développé les voies de communication : chemins de fer (ligne d'Oran à Tunis par Alger, Constantine et Guelma, avec embranchements dont les trois principaux sont : 1° d'Oran à Aïn-Sefra et au delà; 2° de Philippeville à Biskra par Constantine; 3° de Bône à Tébessa); *routes, chemins de caravanes, lignes télégraphiques*.

L'Algérie et la Tunisie sont unies par des **lignes régulières de paquebots** avec la Corse, avec Marseille (d'Alger à Marseille, traversée en 24 heures), Cette, Port-Vendres, et même avec les ports français de l'Atlantique et de la mer du Nord, Bordeaux, le Havre et Dunkerque.

L'Algérie et la Tunisie font surtout du commerce avec la France, l'Angleterre, l'Espagne et l'Italie. Elles exportent des céréales, des vins et des fruits.

Café maure.

En 1901, les chiffres du **commerce de l'Algérie** se sont élevés ainsi qu'il suit :

1° Avec la France, pour les importations à 259 millions de francs, et pour les exportations à 207 millions;

2° Avec l'étranger et les colonies françaises, pour les importations à 76 millions, pour les exportations à plus de 59 millions et demi.

Le chiffre du **commerce de la Tunisie** dépasse 100 millions de francs. Voici les chiffres en 1901 :

Importations : avec la France, 37 500 000 fr.; avec l'étranger, 15 000 000 fr.;

Exportations : avec la France, 17 800 000 fr.; avec l'étranger, 14 800 000 fr.

Après la France, c'est l'Angleterre qui vient au premier rang pour le commerce avec la Tunisie.

IV. PRINCIPALES VILLES.

I. **Algérie**. — **Alger**, la capitale (100 000 h.), sur la Méditerranée, offre un aspect merveilleux, vu du large, avec son encadrement de verdure et, par derrière, l'amphithéâtre de ses collines où s'élève la ville arabe; centre commercial important, premier port charbonnier de la Méditerranée. **Blida, Miliana** sont des villes délicieuses au milieu de leurs bois d'orangers, de citronniers et d'oliviers. **Oran** (90 000 hab.) vient au deuxième rang comme port; **Tlemcen**, ville ancienne, s'élève à 800 mètres d'altitude dans un site pittoresque; **Sidi-Bel-Abbès** au centre d'une plaine fertile; **Mascara** au-dessus d'une haute plaine. **Constantine** (50 000 hab.) est une place forte, bâtie sur un promontoire escarpé, au-dessus des gorges du Rummel; **Bône** (37 000 h.), quatrième ville de l'Algérie, est l'ancienne *Hippone*; **Philippeville** est le port de Constantine, *Bougie* le meilleur abri de la côte algérienne.

PRODUCTIONS DE L'ALGÉRIE. — 1. Olivier. — 2. Palmier-dattier. — 3. Eucalyptus. — 4. Figuier. — 5. Blé. — 6. Palmier-chanvre (crin végétal). — 7. Citrons. — 8. Pommes de terre. — 9. Tabac. — 10. Alfa. — 11. Minerai de fer carbonaté. — 12. Minerai de plomb phosphaté. — 13. Minerai de zinc : blende. — 14. Minerai de cuivre : pyrite cuivreuse. — Oranges. — Moutons. — Phosphate de chaux. — Pétrole. — Marbre. — Liège. — Chêne-liège.

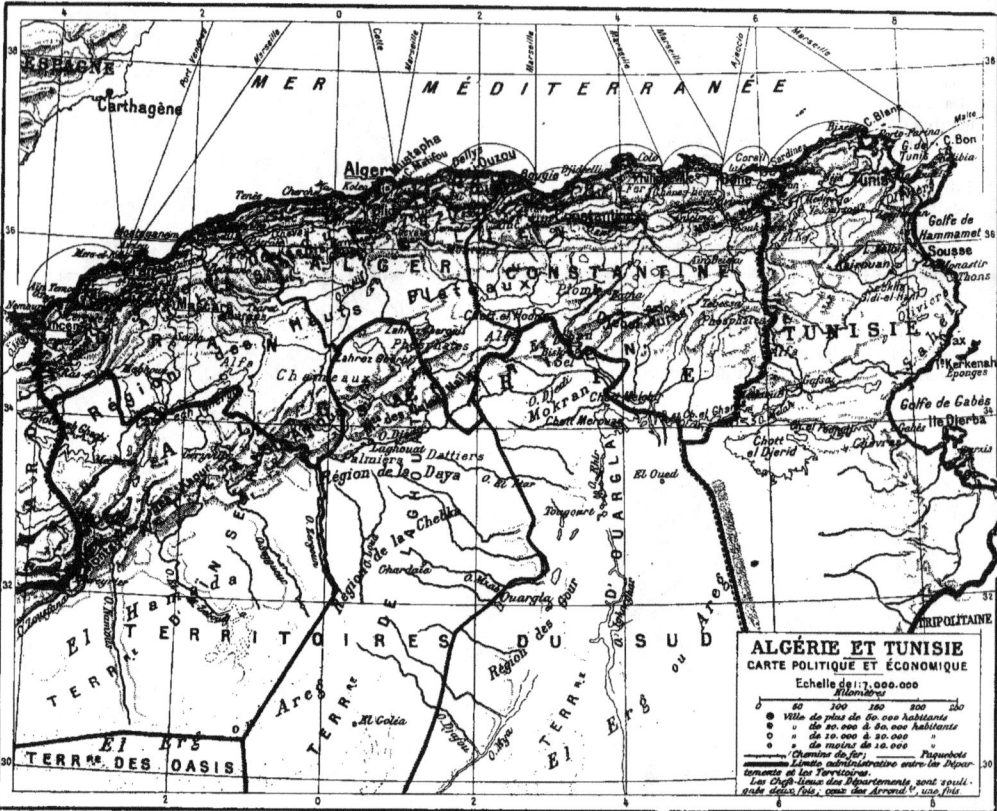

ALGÉRIE ET TUNISIE
CARTE POLITIQUE ET ÉCONOMIQUE
Échelle de 1:7.000.000

II. Tunisie. — Chaque ville de la Tunisie se compose d'une ville arabe et d'une ville européenne juxtaposées. Le quartier arabe, très pittoresque vu à quelque distance, avec ses maisons plates, les tours et les dômes de ses mosquées, sa kasba ou citadelle, n'offre à l'intérieur que ruelles tortueuses, étroites, infectes, ayant chacune son genre particulier de commerce. Dans les boutiques, petites et basses, le marchand se tient accroupi. **Tunis** (200000 hab.) est la troisième ville de l'Afrique, après le Caire et Alexandrie. Près de Tunis est le *Bardo*, ancien palais des beys. Un chemin de fer unit Tunis à son port *la Goulette* et à *Carthage*. **Bizerte**, port de commerce et grande place de guerre. **Sousse**, port de *Kairouan* (ville sainte des Musulmans). **Sfax**, débouché de la Tunisie méridionale vers la Méditerranée. *Gabès* est une oasis au bord de la mer ; à l'intérieur, *Gafsa* devient une grande place de commerce.

V. POPULATION. GOUVERNEMENT.

Le fond de la population se compose de **Kabyles**, race la plus ancienne, convertis à la religion musulmane, d'**Arabes** et de **Maures**, également musulmans. Les **colons européens** sont des *Français*, des *Espagnols* et des *Italiens*. Les Français dominent en Algérie, mais en Tunisie ce sont les Italiens. Malgré les efforts déjà tentés pour l'assimilation des indigènes, ceux-ci ne sont pas encore ralliés aux lois et à la domination française. Cependant il faut faire une différence à cet égard entre l'Algérie et la Tunisie. L'Algérie, pays conquis, est une **province fran-**

Vue de TUNIS.

Nomades sur les Hauts-Plateaux.

indigènes. La métropole a cependant envoyé plus de 300 000 colons. L'Algérie et la Tunisie comptent environ 6 millions d'habitants, dont 4 740 000 pour l'Algérie. La frontière marocaine de l'Algérie étant souvent menacée par des tribus contre lesquelles le sultan du Maroc était impuissant, la France a réclamé un droit d'intervention dans les affaires de ce pays en vue de la pacification.

La cueillette des dattes.

çaise divisée en *trois départements*, à la tête de laquelle est placé un *Gouverneur général*. La Tunisie est un **protectorat**; cette province a conservé ses lois, ses coutumes; mais l'administration y est surveillée par des fonctionnaires français. La Tunisie a accepté très vite l'influence française, qui a été favorable au développement économique.

Les obstacles les plus sérieux que la France a rencontrés en Algérie sont les oppositions de races et le fanatisme religieux. Quelques mesures imprudentes, telles que la naturalisation des Juifs en 1870, ont mécontenté les

L'**Algérie** a son budget spécial, autonome. Le Gouverneur général, assisté d'un Conseil de gouvernement, d'un Conseil supérieur et de trois Délégations financières, est investi d'un pouvoir étendu. À la tête de chacun des trois départements (*Oran, Alger, Constantine*) est un préfet, et chaque département se subdivise lui-même en arrondissements et en communes.

DÉPARTEMENT D'ALGER. — Chef-lieu : Alger (100 000 hab.). — Sous-préfectures : *Miliana, Médéa, Orléansville, Tizi-Ouzou* (27 000 hab.). — Ville principale : *Blida.*

DÉPARTEMENT D'ORAN. — Chef-lieu : Oran (90 000 hab.). — Sous-préfectures : *Mostaganem,* Mascara, Sidi-Bel-Abbès (25 000 hab.), Tlemcen (35 000 hab.). — Villes principales : *Arzeu, Nemours, Saïda.*

DÉPARTEMENT DE CONSTANTINE. — Chef-lieu : Constantine (50 000 hab.). — Sous-préfectures : Philippeville, (21 000 hab.), Bône (37 000 hab.), Guelma, Bougie, Sétif, Batna. — Ville principale : *Biskra.*

L'Algérie est représentée au Parlement par trois sénateurs et six députés, élus par les seuls citoyens français.

La **Tunisie** est gouvernée par un *bey* et placée sous le **protectorat français**. La France est représentée par un *Résident général,* investi de pouvoirs militaires et diplomatiques, chargé du contrôle de tous les services publics de l'administration. Dans chaque division administrative, auprès du chef indigène est placé un *contrôleur civil.*

Mosquée de Kairouan.

unes avec les autres par une longue voie développée entre les frontières marocaine et tunisienne. En second lieu, chacune d'elles doit être rapprochée d'un port de la Méditerranée, qui expédie les denrées restées disponibles pour l'exportation En outre, pour unir les ports et le Tell aux plateaux et aux oasis du sud, dont le développement économique est si remarquable, il faut quelques voies de pénétration.

C'est à ces œuvres que l'on s'est appliqué en construisant le **réseau des routes et des voies ferrées** de l'Algérie. On a voulu aussi permettre à nos troupes de se présenter vite au point menacé, soit vers les pays mal pacifiés de l'extrême sud et du sud-ouest, soit vers les côtes, au cas où quelque tentative serait faite contre l'Algérie ou la Tunisie.

... Les lignes de pénétration ont une double importance. D'abord elles mettent en relations les peuples du Sahara algérien avec le Tell, qui leur envoie leur nourriture en grains et autres produits agricoles. Ensuite elles établissent des liens entre les ports, c'est-à-dire la France, et ces pays de l'extrême sud qui échangeront contre leurs dattes et les richesses du Soudan, dont ils sont les convoyeurs, les objets manufacturés de la métropole.

(Marcel DUBOIS, *Géographie économique.*)
(Masson, éditeur.)

QUESTIONS.

1. *En quel sens a-t-on pu dire que l'Algérie est une annexe méditerranéenne de la France?*

2. *Différences du régime du gouvernement algérien et du gouvernement tunisien au point de vue de l'assimilation des indigènes.*

3. *L'émigration et la colonisation en Algérie et en Tunisie.*

Une fantasia.

LECTURES.

1. — Une oasis algérienne.

Figurez-vous trois couches de végétaux superposées. D'abord une forêt de palmiers portant dans les airs leurs têtes épanouies. Au-dessous, une seconde forêt d'arbres fruitiers de toute espèce ; et enfin, au ras du sol, un tapis de plantes herbacées et légumineuses. Sous nos arbres d'Europe, le soleil anémique ne pénètre pas assez pour faire pousser des plantes. Mais là, les rayons de feu passent à travers les palmes de la première couche comme à travers un tamis. Ils réchauffent et fécondent les arbres de la seconde couche, qui se couvrent de fleurs et de fruits, et arrivent enfin, amortis et tempérés, sur les plates-bandes des jardins. Les serres chaudes, avec leur fouillis, peuvent seules donner une idée de l'oasis.

(Général DU BARAIL, *Mes souvenirs.*)
(Plon-Nourrit et Cie, éditeurs.)

2. — Voies de communication en Algérie.

Le commerce de l'Algérie est surtout un commerce dérivé de l'agriculture, à laquelle il faut joindre une industrie extractive encore peu en rapport avec la richesse du sous-sol. La zone productive du Tell se développant en une bande longitudinale de l'est à l'ouest, il faut à l'Algérie deux modes différents de communication. D'une part les vallées et les plaines littorales du Tell doivent être mises en relations les

Une rue de Tunis.

CHAPITRE III

Colonies d'Afrique (Suite et fin).

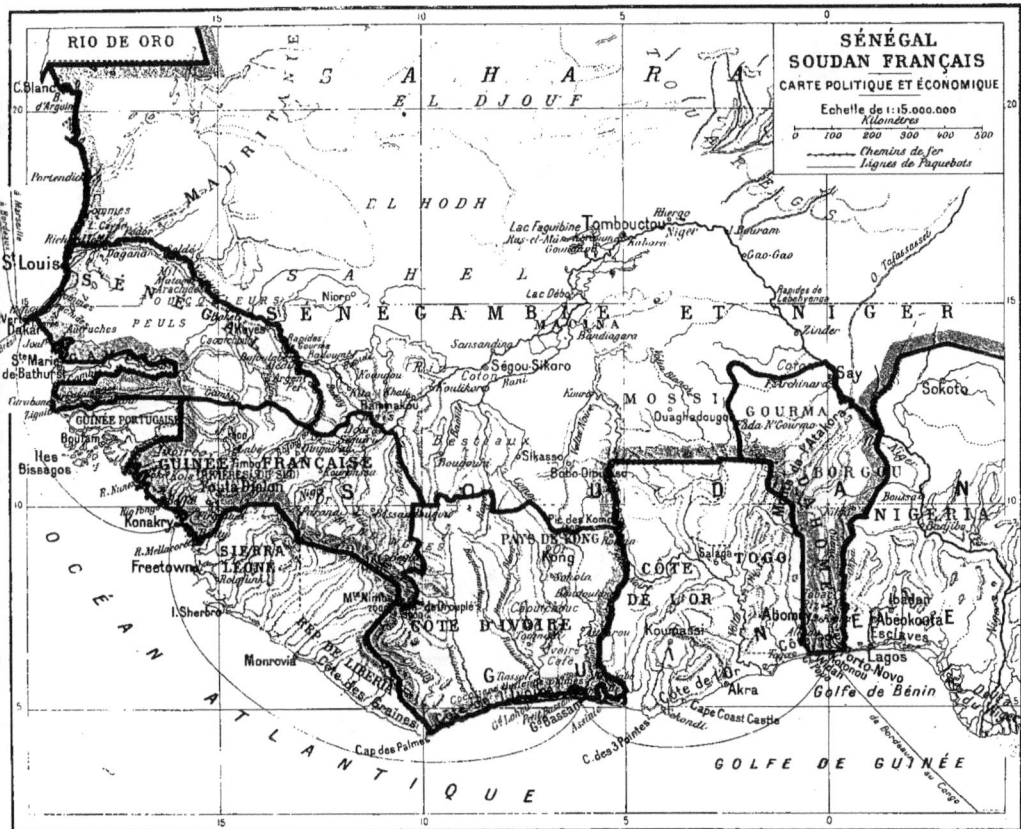

I. AFRIQUE OCCIDENTALE FRANÇAISE.

Cette colonie comprend :

Le **Sénégal**, le **Soudan**, la **côte de Guinée**, le **Dahomey**.

I. — Le **Sénégal** s'est considérablement étendu dans la dernière période du XIXᵉ siècle; sa population est de 200 000 habitants. Depuis **Saint-Louis**, la France a échelonné des postes sur tout le cours du fleuve **Sénégal** (*Kayes, Bafoulabé*), et elle a relié la ligne du Sénégal à celle du Niger (*Bammakou*); enfin elle a établi au **Soudan** des postes sur le parcours du Niger jusqu'à *Boussa*. Sur le littoral, elle a fondé des établissements depuis le cap Blanc jusqu'à la Gambie (**Saint-Louis, Dakar**, *Rufisque*). Plus au sud, depuis la Guinée portugaise, elle a une suite de comptoirs interrompus seulement par la République de Libéria et par quelques enclaves européennes. Ce sont : la **Guinée** [anciennes **Rivières du Sud** (*Konakry*)]; la **Côte d'Ivoire** (*Grand-Bassam, Assinie*); la **Côte des Esclaves** (*Grand-Popo, Porto-Novo, Kotonou*) et le **Dahomey** (*Abomey*).

Les limites de ces possessions à l'intérieur ne sont pas marquées, puisque le **Sahara** et le **Soudan occidental** jusqu'au bas Niger (en amont de *Boussa*) et

Une rue de Dakar.

jusqu'au lac Tchad sont réservés à notre influence par la convention franco-anglaise. Elles s'étendront effectivement à mesure que la France établira de nouveaux postes et s'installera dans les oasis sahariennes.

II. Ressources. — Les **produits agricoles** sont jusqu'à présent la principale ressource de ces régions. Cependant le sol, couvert d'une argile ferrugineuse, n'est pas d'une grande fertilité, sauf sur la côte de Guinée. Les productions varient selon le climat : au Sénégal, le *mil* et l'*arachide*, la *gomme*, les *bois de teinture* et le *caoutchouc*; au Soudan, le *riz*, le *maïs*, l'*arbre à beurre*, les *bois*, les produits de l'*élevage* (savanes du Soudan); sur la côte de Guinée, les *bois*, l'*huile de palme*, le *cocotier*.

Les travailleurs sont des nègres. Les Européens ne peuvent sous ces climats s'établir définitivement, ni se livrer à de durs travaux. La côte surtout est malsaine. Au Sénégal sévit périodiquement la fièvre jaune.

Les **ressources minérales** ne manquent pas. L'**or** s'y trouve en pépites et en poudre. Les indigènes travaillent l'or.

La France a développé les **voies de communication**. Les cours d'eau ne forment pas de voies navigables régulières, à cause des rapides et de l'insuffisance de l'eau pendant la saison sèche. Une voie ferrée réunit *Saint-Louis* à *Rufisque* et à *Dakar*. Une autre ligne part de *Kayes* sur le Sénégal, passe par Bafoulabé, atteint *Kita* et se poursuit jusqu'à *Bammakou* sur le Niger. La France cherche à attirer une partie du commerce du Soudan sur la côte par les Rivières du Sud.

Mouvement du commerce de l'Afrique occidentale française (Année 1902) :

	Importations.	*Exportations.*
Sénégal,	35 870 000 fr.	25 000 000 fr.
Guinée,	12 600 000	11 250 000
Côte d'Ivoire,	10 800 000	7 100 000
Dahomey,	17 090 000	13 600 090

III. Domination française. — Les indigènes sont des *nègres*, en général agriculteurs, d'un très beau type, des *Peuhls*, peuple conquérant dont la peau est d'un brun rougeâtre, des *Toucouleurs*, race métis. La plupart sont musulmans. Ces tribus reconnaissent maintenant la suprématie de la France, et depuis la pacification les villes et les villages se développent. L'ensemble de la colonie est peuplé de 13 ou 14 millions d'habitants.

Sous l'autorité supérieure du Gouverneur, quatre lieutenants gouverneurs administrent quatre colonies : **Sénégal, Guinée, Côte d'Ivoire** et **Dahomey**. Le Gouverneur général administre directement les territoires plus récemment conquis de la Sénégambie et du Niger, et trois gouvernements militaires : la **Haute-Volta**, le **Moyen-Niger** avec *Tombouctou* pour capitale, et le **Soudan central** avec *Zinder* comme principal centre.

La vieille capitale de l'Afrique occidentale française est **Saint-Louis** (25 000 hab.). La résidence du Gouverneur général est aujourd'hui à **Dakar**.

II. LE CONGO.

I. Congo français. — Limité par la colonie allemande de Cameroun au N.-O. et par le Congo belge au sud, le **Congo français** rejoint au nord, du moins théorique-

OUEST AFRICAIN FRANÇAIS
CARTON D'ENSEMBLE

ment, notre colonie du Soudan. C'est un pays de plateaux étagés en gradins. Il est arrosé par l'**Ogooué**. Sa limite orientale est formée, depuis Brazzaville, par le **Congo** et son affluent l'**Oubangui**. Le climat est chaud, très humide sur la côte, plus sain sur les plateaux. Le sol est d'une grande fertilité; mais il n'est pas encore mis en valeur. Les produits : le *riz*, le *tabac*, le *cacao*, les *bois*, le *beurre végétal*, l'*huile de palme*, le *caoutchouc*, l'*arachide*. Les objets les plus importants de commerce sont l'*ivoire* et le *caoutchouc*.

Mouvement du commerce en 1902 : Importations, 5 600 000 fr.; — Exportations, 8 400 000 fr.

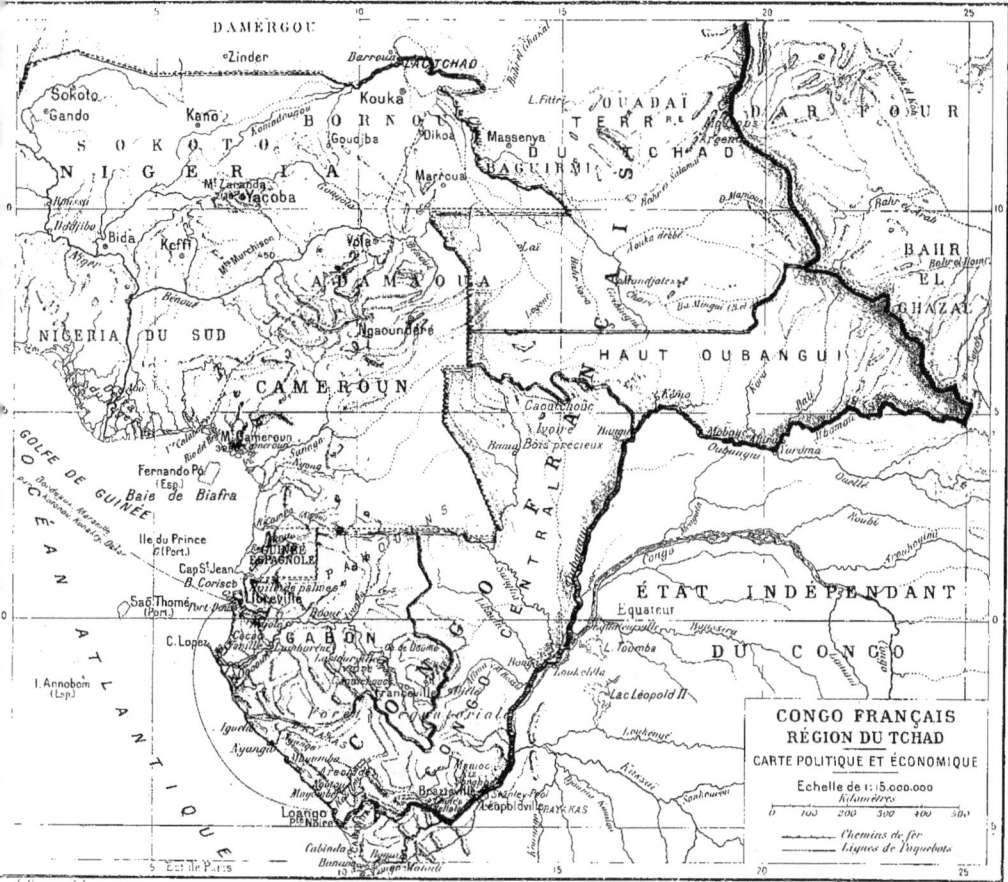

Carte : CONGO FRANÇAIS — RÉGION DU TCHAD — CARTE POLITIQUE ET ÉCONOMIQUE — Échelle de 1:15.000.000

Les habitants sont des *nègres* fétichistes, quelques-uns anthropophages.

Libreville, sur la baie du Gabon, est le centre du gouvernement. Plus au sud, on trouve le port de *Loango*. Des postes militaires, *Franceville*, *Brazzaville*, etc., surveillent les tribus.

II. Pénétration française au centre de l'Afrique du Nord : Sahara et lac Tchad.

— Le gouvernement français a étudié divers projets en vue de rattacher ses postes du Soudan et de la Guinée à l'Algérie par le Sahara. De tout temps, le **Sahara** a été une voie de commerce pour le Soudan. Mais depuis la conquête de l'Algérie, les caravanes se sont détournées de notre colonie pour se diriger vers le Maroc et surtout la Tripolitaine. Tombouctou, qui était autrefois le centre du commerce du Sahara occidental, sur la limite du Soudan et du Sahara, est bien déchue depuis que les marchandises européennes arrivent par la côte et non plus par le désert.

Le plus grand obstacle que la France rencontre au Sahara, ce n'est pas la nature, mais l'hostilité des tribus

Village du Gabon.

nomades, principalement des *Touaregs*. C'est ce qui a fait échouer jusqu'ici ses projets de chemin de fer transsaharien. Cependant elle s'établit peu à peu dans les oasis. La mission Foureau-Lamy a traversé tout le Sahara, du nord au sud, par l'Aïr. Le moyen de réduire les nomades serait en effet de s'installer fortement dans les oasis, parce que les nomades ont besoin d'acheter des denrées aux agriculteurs.

Mais un **chemin de fer transsaharien** serait surtout une voie stratégique, et on peut douter que les bénéfices commerciaux à espérer puissent valoir les dépenses d'une telle construction.

Le **lac Tchad** a été l'objet de nombreuses explorations. Des missions ont été envoyées à cet effet (*Foureau-Lamy* par le Sahara; *Meynier* et *Joalland* par le Soudan; *Gentil* et *Bretonnet* par le Congo). Ces missions réunies ont écrasé, en 1900, les forces du sultan Rabah. Le problème de la jonction du Congo au lac Tchad par le *Chari* semble résolu. Mais ces régions ne sont pas effectivement occupées.

III. MADAGASCAR ET RÉUNION.

I. — L'île de **Madagascar** a une superficie supérieure à celle de la France (environ 600 000 kilom. carrés). L'intérieur est occupé par un grand plateau surmonté par quelques massifs volcaniques (*massif d'Ankaratra*, qui culmine par 2 600 mètres) et bordé à l'est par un talus qui s'abaisse brusquement sur une étroite plaine. Le plateau le plus étendu est celui d'*Imérina*, où s'élève **Tananarive** (150 000 hab.). A l'est, la plaine côtière, large seulement de quelques kilomètres, est basse, marécageuse, malsaine, la côte peu découpée, bordée de lagunes. La plaine occidentale, plus large, est caractérisée par sa sécheresse : c'est une région de steppes. La côte N.-O. est découpée et offre quelques bons abris : baie de **Majunga**, baie d'*Ampasindava*; au nord, baie de **Diégo-Suarez.**

Les **produits agricoles** s'étagent suivant le relief : sur la côte orientale, culture du *riz*, du *coton*, du *café*; sur les pentes, le citronnier, l'oranger; sur les plateaux, *vignes*, *céréales* et *bois*.

La **faune** de Madagascar présente des espèces particulières : sangliers, cerfs, lémuriens, renards, chats et chiens sauvages; crocodiles; beaucoup de variétés d'oiseaux.

Les **gisements minéraux** sont importants : *or* dans a vallée de la *Betsiboka*, **houille**, *plomb, cuivre, étain, fer*.

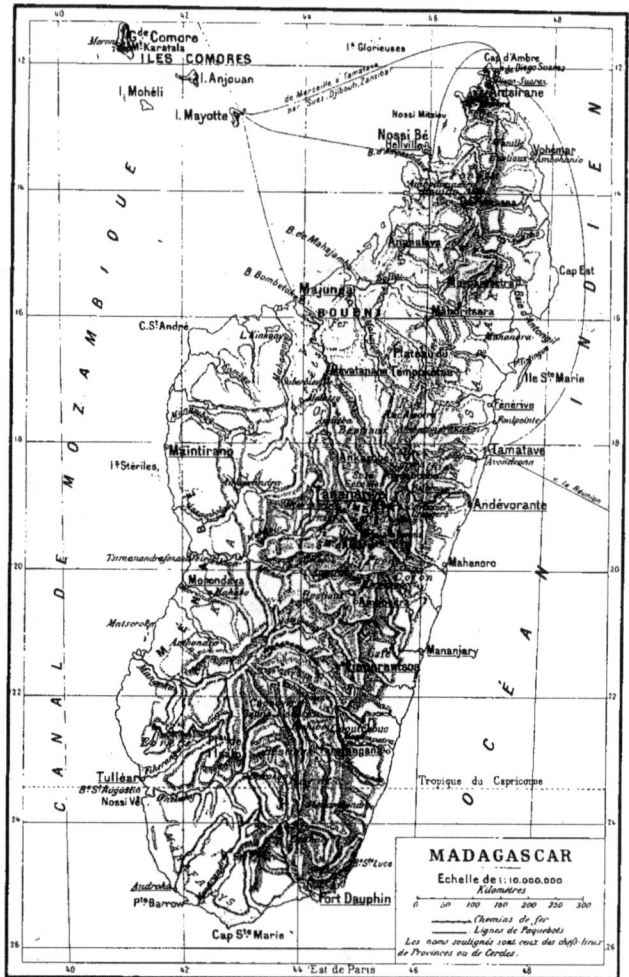

MADAGASCAR
Echelle de 1:10.000.000
Kilomètres
0   50   100   150   200   250   300
Chemins de fer
Lignes de Paquebots
Les noms soulignés sont ceux des chefs-lieux de Provinces ou de Cercles

L'industrie indigène est rudimentaire. Point de voies de communication. La France fait construire des routes reliant les villes de l'intérieur à la côte. Un chemin de fer relie *Tananarive* à *Andévorante*. Le premier port de l'île est **Tamatave.**

Mouvement du commerce en 1902 : Importations, 42 000 000 de fr.; — Exportations, 13 000 000 de fr.

L'île renferme environ 5 millions et demi d'habitants. Les peuples indigènes sont des nègres de différents types; la race supérieure est les *Hovas*, que l'on a comparés aux Malais, installés principalement dans l'Imérina. Les *Sakalaves*, livrés à l'anarchie et au banditisme, occupent la côte occidentale.

Le régime du protectorat avait d'abord été établi à Madagascar, après la conquête, en 1896. Mais les intrigues de la reine ont obligé le gouvernement à annexer l'île et à y maintenir longtemps le régime militaire. Actuellement l'île est pacifiée, et des colons européens viennent s'y établir. Le gouvernement civil a remplacé le gouvernement militaire.

II. — **La Réunion** est une grande île montagneuse, dominée par des masses volcaniques : le *Piton des Neiges* (3 070 mètres) est le point culminant. Les montagnes sont creusées de vallées profondes et de cirques. La côte est peu découpée. Le climat chaud présente

La Grande Rue à Tananarive.

deux saisons : une saison de pluies avec de violents orages et une saison sèche.

L'île a surtout des ressources agricoles : **café**, *canne à sucre, vanille, céréales*. La population se compose de Français, de créoles, de nègres, d'Hindous et de Malgaches. Les principales villes, situées sur la côte, **Saint-Denis**, *Saint-Paul, Saint-Pierre*, sont reliées par un chemin de fer.

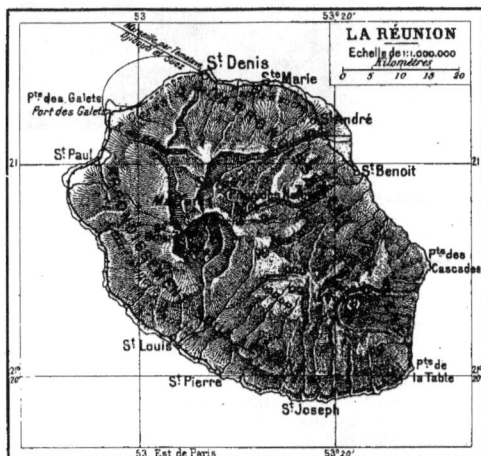

PRODUCTIONS DE MADAGASCAR. — 1. Mûrier. — 2. Caféier. — 3. Ver à soie du mûrier. 4. Tortue caret, fournit la meilleure écaille. — 5. Abeilles domestiques (miel et cire). — Minerai de fer carbonaté. — 7. Minerai de plomb phosphaté. — 8. Minerai de cuivre : rite cuivreuse. — 9. Minerai de nickel : silicate de nickel (ce minerai se trouve surtout ns la Nouvelle-Calédonie). — 10. Pierres précieuses.

Mouvement du commerce en 1902 : Importations, 8 500 000 francs ; — Exportations, 12 800 000 francs.

La Réunion est administrée par un gouverneur. Elle est représentée au Parlement par un sénateur et deux députés.

III. — Les autres îles françaises sont, dans le voisinage de Madagascar, **Sainte-Marie**, **Nossi-Bé**, les **Comores**.

IV. CÔTE DES SOMALIS.

La France, établie d'abord à **Obok** près du détroit de Bab-el-Mandeb, a ensuite acquis la baie de *Tadjourah* et **Djibouti**. Ces établissements n'ont pas une grande valeur au point de vue des productions, qui sont maigres (Importations, 7 millions; Exportations, 10 millions). La population, de race sémitique, est clairsemée. Mais ce sont d'importants points de relâche sur la route de l'Extrême-Orient par le canal de Suez. Quelques caravanes y aboutissent. La France voudrait y attirer une partie du commerce de l'Abyssinie et du Harrar. Un chemin de fer relie *Harrar* à *Djibouti*. Sur le détroit de Bab-el-Mandeb, se trouve le territoire

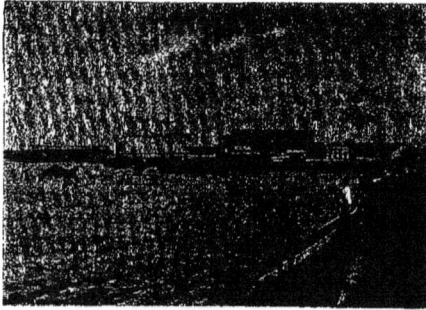

DJIBOUTI.

de *Cheik-Saïd*, qui se rattache au groupe d'Obok, quoiqu'il soit situé sur le continent asiatique. Cette position, si elle était fortifiée, pourrait faire contrepoids à l'îlot anglais de Périm.

LECTURES.

1. — Les nègres du Congo.

Les **noirs** du **Congo** appartiennent aux races les plus primitives qu'il y ait au monde. L'influence du milieu et celle de l'hérédité expliquent que leur sensibilité et leur intelligence soient restées rudimentaires.

Vivant en groupes peu nombreux, au sein d'une nature exubérante et féconde, les habitants de l'Afrique équatoriale trouvent autour d'eux, sans peine, les aliments dont ils ont besoin pour ne pas mourir de faim : fruits, racines, produits de chasse et de pêche. La douceur du climat leur permet de vivre à peu près nus et de n'avoir pour habitation que des cases extrêmement simples. Satisfaisant sans grand effort le peu de besoins qu'ils ont, ils sont rarement sollicités au travail ; et d'ailleurs la lourde chaleur les incline à la paresse. Quelques occupations toujours identiques remplissent la vie des hommes, des femmes et surtout des esclaves : la chasse et la pêche, la guerre (autrefois surtout), la prépara-

tion de la nourriture, la confection des rares objets de première nécessité et des objets de parure ; comme distraction principale, la danse. Dans ces villages isolés, séparés les uns des autres par d'immenses espaces ou d'impénétrables forêts, aucun événement ne vient rompre la monotonie de ces existences très lentes. Depuis un nombre incalculable de siècles, les mêmes forces agissent sur ces races pour les rendre paresseuses et comme somnolentes ; l'hérédité vient fortifier encore l'influence directe du milieu sur l'individu.

(F. CHALLAYE, *Le Congo français*.)
(Édition des Cahiers
de la Quinzaine.)

2. — Les ressources du Congo.

Le **Congo français** possède des richesses naturelles considérables. C'est un pays chaud — situé exactement sous l'équateur, — et très humide, arrosé de pluies torrentielles pendant une partie de l'année. Cette chaleur, cette humidité favorisent la végétation. L'Afrique équatoriale est couverte de grandes forêts et de hautes brousses. Dans les forêts les lianes à caoutchouc abondent. Dans la brousse rôdent des bandes d'éléphants. Le caoutchouc et l'ivoire sont les richesses précieuses qui ont attiré au centre de l'Afrique les blancs avides et hardis. De l'intérieur (Moyen-Congo et Oubangui-Chari) il n'est actuellement avantageux d'exporter que des produits riches : tant sont considérables les frais de transport sur les fleuves et sur le chemin de fer du Congo Belge (Kinchassa-Matadi). Précisément le caoutchouc et l'ivoire sont l'un et l'autre des produits riches.

Au Gabon et sur la côte, on peut tirer parti des très beaux bois du pays, aux couleurs vives et variées, et faciles à polir (okoumé, bois rouge, ébène, etc.)

Enfin le sol fertile du Gabon, couvert d'une épaisse couche d'humus, chauffé d'un soleil ardent, arrosé de pluies régulières, se prête admirablement à certaines cultures riches, comme celle des cacaoyers.

(F. CHALLAYE, *Le Congo français*.)
(Édition des Cahiers de la Quinzaine.)

3. — Les populations de Madagascar.

La séculaire tranquillité du pays a créé ou développé chez les **Hova** des habitudes sédentaires d'agriculture, d'industrie et de commerce. Le Hova s'entend parfaitement à cultiver ses rizières. Comme ferblantier, il fait déjà à l'Indien même, sur les côtes, une concurrence terrible. Les tissus de soie et de coton de l'Imérina sont de beaucoup les meilleurs et presque les seuls qui se fassent dans l'île. Il y a des bouchers détaillants partout où il y a des Hovas, détail particulièrement apprécié du voyageur, qui ne peut pas acheter un bœuf tous les jours. Quelque rudimentaires que soient les communications faute de chemins, il existe du moins une classe de porteurs spécialement entraînés. Le petit commerçant hova se faufile partout où il le lui permettent sa timidité et la protection insuffisante de son gouvernement ; et les Comoriens ne sont pas de taille à lui tenir tête.

Chacun des paragraphes de ce panégyrique aurait pour contre-partie que rien de semblable n'existe chez les **Sakalavas**.

Les rois sakalavas appartiennent à une vieille famille légendaire et religieusement vénérée ; mais leur autorité ne s'étend pas plus loin que leur action personnelle, faute des rouages pour la transmettre. Les innombrables chefs de villages sont, en fait, les maîtres chez eux. L'anarchie et l'ab-

Types de Madagascar.

sence de toute répression régulière ont naturellement engendré le banditisme, le volé n'ayant d'autre ressource que de se faire voleur. Tout Sakalava est nécessairement un Fahavalo : dans tout village, pendant la saison sèche, la moitié des hommes au moins est toujours absente, en expédition. Des hauts plateaux aux terres basses, c'est une perpétuelle descente de troupeaux de bœufs volés aux Hovas, de femmes et d'enfants enlevés en esclavage, sans compter les innom-

brables razzias de village sakalava à village sakalava ; le banditisme absorbe les forces vives ; pas d'agriculture, si beau que soit le pays ; les Sakalavas ne font pas de riz et vivent de patates qui poussent toutes seules. A peine se donnent-ils la peine de couper quelques billes d'ébène et de coaguler quelques boules de caoutchouc, avec lesquels ils achètent aux traitants de la cotonnade et la poudre, lorsqu'ils ne peuvent pas les leur voler. Leurs besoins sont d'ailleurs minimes, et les objets les plus simples de fabrication européenne, les allumettes par exemple, sont absolument inconnus de ce peuple côtier. Nos anciens « alliés », trahis, auxquels beaucoup de gens en France ne semblent penser qu'avec une sympathie mêlée de remords, n'ont pas une idée très nette de notre existence, et n'ont aucun désir de faire plus ample connaissance avec notre civilisation, tandis que les Hovas poussent jusqu'au grotesque le désir de s'assimiler nos connaissances, nos habitudes et jusqu'à notre façon de s'habiller. « Je n'ose pas m'asseoir devant toi sur une chaise, me disait le gouverneur d'Analabi, parce que je n'ai pas de pantalon. »

Entre deux peuples aussi différents que les Hovas et les Sakalavas, il n'est pas étonnant qu'il existe une large bande de territoires inhabités. Pour les Hovas, ce désert est une protection relative contre les incursions de Fahavalos. Pour les Sakalavas, c'est une protection contre les représailles des Hovas, incapables d'organiser les convois d'une armée un peu considérable.

(Émile GAUTIER, *Mission de Madagascar.*)
(Annales de Géographie, 1894.)

QUESTIONS.

1. *Quelles ressources économiques offrent nos colonies africaines ?*
2. *Comparer la situation coloniale de la France et de l'Angleterre en Afrique.*

CHAPITRE IV

Colonies d'Asie.

I. INDE FRANÇAISE.

De son ancien empire de l'Inde, la France ne garde plus que cinq villes : Pondichéry (45 000 h.), Karikal sur la côte de Coromandel, *Mahé* sur la côte de Malabar, *Yanaon* sur un des bras du Godavéry, *Chandernagor* sur l'*Hougly* ; elle possède en outre huit comptoirs ou loges, dont les principaux sont : *Mazulipatam, Calicut, Surate*. La capitale est Pondichéry. Ce sont surtout des centres commerciaux. Enclavés dans les possessions anglaises, ils ne sont pas susceptibles d'accroissement.

Mouvement du commerce : Importations, 4 509 000 fr. ; — Exportations, 27 millions.

II. INDO-CHINE FRANÇAISE.

Notre colonie de l'**Indo-Chine** se compose du *Tonkin*, de l'*Annam*, de la *Cochinchine* et du *Cambodge*, qui occupent une superficie totale équivalant à peu près à celle de la France.

Située au S.-E. de l'Asie, elle est à un mois de navigation des ports français de la Méditerranée. Ce sont des *plateaux* surmontés de massifs ou sillonnés de chaînes. Outre ces plateaux, *deux plaines basses*, le delta du Song-koï ou Tonkin inférieur, et le delta du Cambodge en Cochinchine. Le **plateau de l'Annam** est dominé par une chaîne qui, longeant la

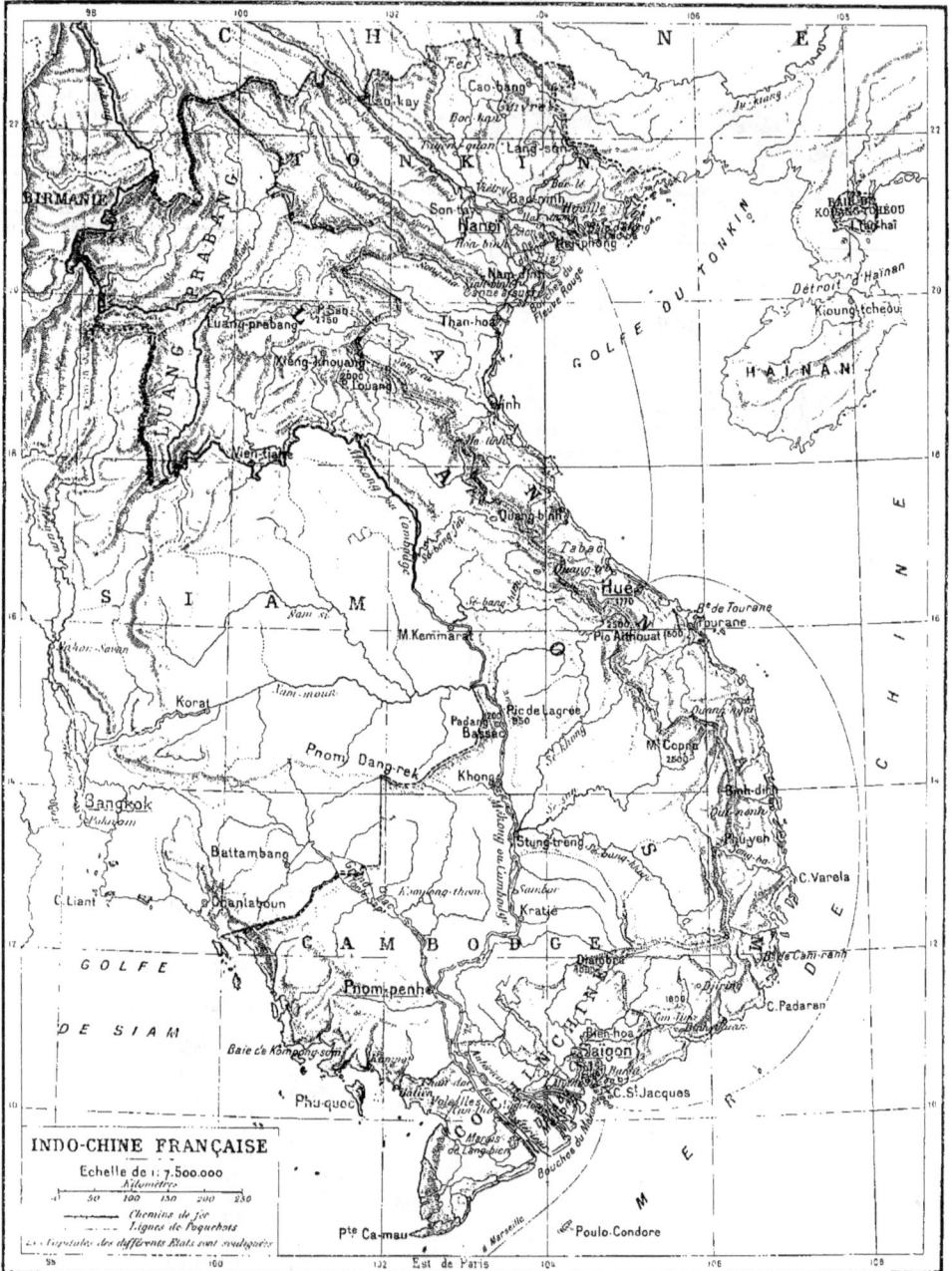

INDO-CHINE FRANÇAISE

Echelle de 1: 7.500.000

Kilomètres

50   100   150   200   250

Chemins de fer
Lignes de Paquebots

J. Basson del.

Pont du chemin de fer sur le Fleuve Rouge (près de Hanoï).

côte, atteint 2 765 mètres. Cette chaîne laisse un passage important à moins de 500 mètres, qui met en communication Hué avec Kemmarat sur le Mékong, à la limite du Siam et de l'Empire d'Annam. La côte est assez échancrée et offre quelques bons ports : *Hué, Tourane, Qui-Nhon.*

Le **Song-koï** ou Fleuve Rouge vient du Yunnan (Chine méridionale); il forme plusieurs rapides, arrose Lao-kay et *Hung-hoa,* et commence son delta à *Son-tay.* **Hanoï** (150 000 hab.) et **Haï-phong** s'élèvent sur deux des branches du fleuve. Le Song-koï ne forme qu'une voie imparfaite de navigation, parce qu'il est encombré de rapides et que son débit est irrégulier. Il pourra servir de voie de pénétration vers la Chine quand il aura été réglé et complété par des canaux.

Le **Mékong** ou Cambodge vient du Tibet, comme les autres grands fleuves de l'Indo-Chine. Il traverse le plateau du Siam. A Pnom-Penh, il se divise en deux branches. D'autres rivières viennent se joindre à lui, et il forme un vaste delta. *Chaudoc* est sur la branche occidentale du Mékong, *Mytho* sur la branche orientale. **Saïgon** (80 000 hab., avec sa banlieue), capitale de la Cochinchine, s'élève sur une des rivières qui aboutissent au delta. Le Mékong est aussi encombré de cataractes; sans cela, il serait une très belle voie de pénétration vers la Chine méridionale et le Tibet.

Le **climat** est tropical, chaud et humide, et ne permet pas aux Européens d'y faire un long séjour. Mais la *population* indigène Annamites et Cambodgiens est relativement dense; le chiffre s'élève à 18 millions d'habitants.

L'Indo-Chine française offre d'importantes ressources agricoles et minières. Les principales cultures sont : le *riz* (Cochinchine et Tonkin inférieur), le *maïs,* l'*igname,* la *patate,* la *canne à sucre,* le *coton,* le *café,* les *fruits méditerranéens* (oranger, citronnier) et les *fruits tropicaux* (manguier, banane, etc.), le *tabac,* le *mûrier.* Les *bois* fournissent des *essences précieuses :* santal, ébénier, teck, bambou, arbre à cachou, arbre à vernis. L'*élevage* est très développé, en particulier l'élevage de la *volaille* au Cambodge et dans la Cochinchine. Enfin, la *chasse* et la *pêche* fournissent de grandes ressources.

Le Tonkin renferme des gisements de **houille**

très riches et d'abondants **minerais** : *or, argent, cuivre, fer, plomb, étain, zinc.*

L'industrie n'est pas encore développée, mais le commerce est déjà important. Quelques voies ferrées sont établies au Tonkin et en Cochinchine, d'autres sont en construction.

L'Indo-Chine, en raison de son climat, n'est pas une colonie de peuplement, mais elle est appelée à devenir une excellente colonie d'exploitation. En outre, une grande partie de son importance tient à son voisinage de la Chine, car elle peut devenir la base de notre action économique dans la Chine méridionale, où la France s'est réservé la construction de voies ferrées. En 1898, la France a pris à bail sur la côte chinoise du Kouang-Toung la baie et le territoire de *Quang-tchéou-ouan.*

La France a été longtemps en contestation avec le Siam pour la détermination de ses frontières; un récent accord a réglé les points en litige.

L'Indo-Chine française comprend quatre parties :

1° La **Cochinchine,** colonie, gouvernée directement par des administrateurs français. Principales villes: **Saïgon,** *Cholon, Mytho, Vinh-Long, Chaudoc, Bien-Hoa;*

2° Le **Cambodge,** pays de protectorat; capitale **Pnom-Penh** (30 000 hab.);

3° L'**Annam,** pays de protectorat; capitale **Hué** (50 000 hab.); principales villes : *Tourane, Qui-Nhon;*

4° Le **Tonkin,** colonie; capitale **Hanoï** (150 000 h.); principales villes : **Nam-Dinh** (30 000 h.), **Haï-phong,** *Bac-Ninh.*

Un **Gouverneur général** administre la colonie tout entière.

DELTA DU TONKIN
Echelle de : 2.500.000
Kilomètres
0 10 20 30 40 50 60

Population : Cochinchine, 2 000 000 d'hab.; Cambodge, 1 200 000 hab.; Annam, 3 000 000 d'hab.; Tonkin, 12 000 000 d'hab.

Mouvement commercial : Importations, 215 millions; — Exportations, 185 millions.

La position de la France en Indo-Chine est loin de valoir celle de l'Angleterre dans l'Inde et la Birmanie britannique. Cependant elle fait contrepoids à la puissance anglaise en Asie. L'Angleterre y rencontre d'ailleurs aussi la rivalité des Russes. Mais la situation des Européens en Asie devient précaire depuis que les Japonais essayent de réveiller le monde jaune.

Au point de vue économique, deux autres puissances essayent de prendre rang en Asie : ce sont les États-Unis et l'Allemagne.

LECTURE.

Le Cambodge inférieur et le Delta.

Chez les Cambodgiens, qui l'appellent Tonlé-Thom ou la Grande Rivière, le **Mékong** passe de son antique et immémoriale vallée dans les alluvions d'un vaste golfe qu'il a remblayé, qu'il remblaye toujours. Ces alluvions, Cambodge et Cochinchine, sont un pays fort bas, tout le long duquel le fleuve, à partir de son dernier rapide, est soumis à la marée : du moins dans les eaux maigres, car, en temps de crue, le Mékong, montant d'une douzaine de mètres, domine d'autant le flot de la mer.

À Pnom-Penh, on se trouve tout à coup en présence de quatre rivières. On est aux Quatre-Bras, comme disent les Français, aux Quatre-Chemins, comme disent les Cambodgiens. L'un de ces bras, c'est le Mékong supérieur; deux autres forment la fourche du delta; le dernier, qui remonte vers le nord-nord-ouest, c'est le *Tonlé-Sap*, rivière de 700 à 800 mètres de large, de 12 à 20 mètres de profondeur, suivant le maigre ou la crue, et de 120 kilomètres de long, qui réunit le Mékong au Grand-Lac.

Le *Grand-Lac*, long de 120 kilomètres, large en moyenne de 20, grand de 240 000 hectares, n'a qu'un mètre, un mètre et demi de profondeur aux eaux basses du fleuve; mais à mesure que celui-ci monte, c'est-à-dire de juin à la fin de septembre, le « Mœris Cambodgien » grandit, la rivière Tonlé-Sap lui versant une partie des flots bourbeux de la crue du Mékong, et quand les averses de la mousson du

PRODUCTIONS DE L'INDO-CHINE. — 1. Dattiers. — 2. Bananiers. — 3. Ananas. — 4. Buffle. — 5. Cannes à sucre. — 6. Riz. — 7. Poivriers. — 8. Indigotiers. — 9. Cotonniers. — 10. Arachides (pistaches de terre). — 11. Maïs. — 12. Tabac.

Un Annamite.

Un village au Tonkin.

sud-ouest ont cessé d'augmenter le Nil indo-chinois, il se trouve que le Grand-Lac, devenu trois à quatre fois plus vaste, a 12 mètres de plus de profondeur et qu'il est semblable à une mer jaune aux rives indécises. Puis, quand le Mékong a repris son plus bas niveau, la rivière Tonlé-Sap vide ce qu'elle avait rempli, le lac baisse, il redevient plaine marécageuse, forêt de joncs, lignes de palétuviers autour de la cuvette centrale, qui, réduite à sa profondeur de 4 à 5 pieds, n'est plus qu'un immense vivier sans limpidité, vase, herbe et poissons autant qu'eau.

En Cochinchine, le delta du Mékong est un vaste entrecroisement de rivières et d'arroyos — ce mot espagnol a droit de cité chez les Franco-Cochinchinois. — C'est une terre encore inconsistante, que ses anciens maîtres, les Cambodgiens, appelaient fort bien Tuc-Khman, ce qui veut dire l'Eau Noire. De toutes ces branches, une seule, la rivière de Mytho, porte les grands bâtiments.

(O. RECLUS, *La France et les colonies*.)
(Hachette et Cie, éditeurs.)

QUESTIONS.

1. *Importance économique de l'Indo-Chine française.*
2. *Comparer la situation de la France en Asie à celle de l'Angleterre et de la Russie.*

CHAPITRE V

Colonies d'Amérique et d'Océanie.

I. GROUPE AMÉRICAIN.

La France ne possède plus en Amérique que des épaves de son ancien empire :

1º Les **Iles Saint-Pierre et Miquelon** (6 300 h.), sur le **banc de Terre-Neuve**, seraient des îlots sans valeur si elles ne servaient de base d'opération à la pêche de la morue, du homard, du hareng. Grâce aux

revenus de la pêche, ces îles tiennent le troisième rang, au point de vue commercial, parmi toutes nos colonies. La France avait conservé le droit de pêche exclusif sur le banc de Terre-Neuve. Elle a abandonné son privilège dans un accord conclu avec l'Angleterre en 1904. En revanche, les Terre-Neuviens permettent aux pêcheurs français de se fournir de *boîte* (amorce pour la pêche) à Terre-Neuve.

2º Le **groupe des Antilles** comprend la *Martinique*, la *Guadeloupe*, *Marie Galante*, la *Désirade*, les *Saintes*, *Saint-Barthélemy*, la moitié de *Saint-Martin* (l'autre moitié appartenant aux Hollandais).

Mulâtresse de la Martinique.

La **Martinique** et la **Guadeloupe** (celle-ci comprenant deux îles : *Basse-Terre* et *Grande-Terre*) sont des îles montagneuses et volcaniques. La Basse-Terre est dominée par le volcan de la *Soufrière* (1484 mètres), et la *Marti-*

nique par la *Montagne Pelée* (1350 mè-
tres), dont le volcan s'est réveillé en
1902, ravageant la ville de Saint-
Pierre et une partie du territoire de
l'île. La capitale de la Martinique est
Fort-de-France (22000 hab.), et
Basse-Terre celle de la Guadeloupe.
Mais la ville la plus importante de la
Guadeloupe est **Pointe-à-Pitre**.

Le climat est tropical, mais assez
sain ; malheureusement les îles sont
exposées aux tremblements de terre
et à de violents orages. Les productions sont la *canne à sucre*, le *caféier*,
le *cotonnier*. La majorité de la population se compose de nègres. Mais il y a
un nombre relativement assez élevé de
blancs et de créoles. Le chiffre de la
population est de 175000 habitants
environ pour la Martinique, et de
165000 pour la Guadeloupe.

Mouvement commercial : Importations : Guadeloupe, 17 millions ; —
Martinique, 19 millions ;

Exportations : Guadeloupe, 17 millions ; — Martinique, 16 millions.

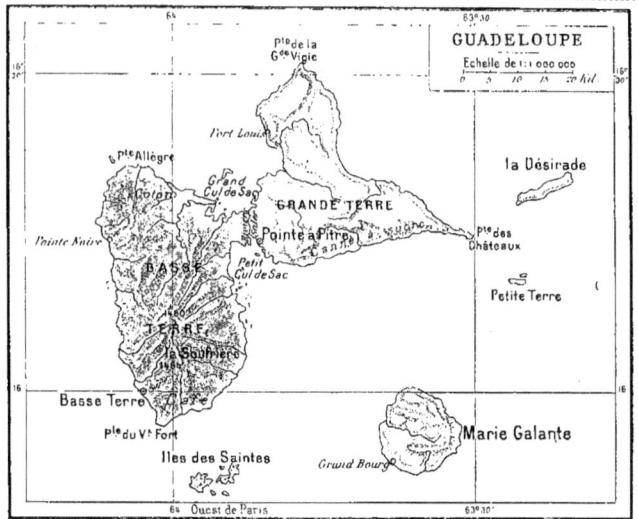

commerce est assez insignifiant (Importations : 10 millions ; — Exportations : 15 millions).

Les indigènes sont des Indiens et des nègres. Les travailleurs sont recrutés parmi les Hindous, les Chinois
et les nègres. La capitale, **Cayenne**, compte environ

3° La **Guyane française** a d'abord été une colonie pénitentiaire, ce qui a nui à sa réputation. Le
climat est chaud et humide sur le littoral ; mais, sur les
plateaux, il est assez salubre. Les marécages de la côte
sont pauvres, mais l'intérieur fournit des *bois d'ébé-
nisterie*, le *quinquina*, la *noix de coco*. On a essayé d'y
introduire quelques cultures, encore médiocres : café,
canne à sucre, vanille, cacao, tabac.

Le sol est riche en métaux : or, *argent, cuivre* et
or ; mais jusqu'ici on n'a encore exploité que l'or. Le

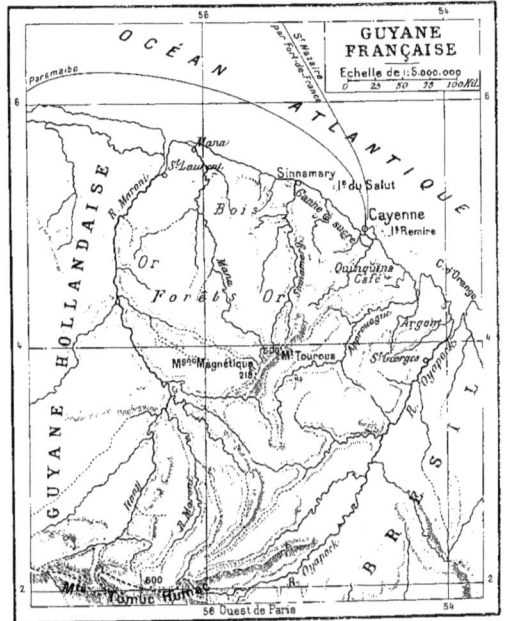

12000 hab. C'est un lieu de déportation. La Guyane ne compte que 29 600 hab., non compris les Indiens sauvages de l'intérieur.

CAYENNE.

II. GROUPE OCÉANIEN.

Les possessions françaises en Océanie sont disséminées. Ce sont surtout des points de relâche, quoique plusieurs îles aient une réelle valeur.

1° **Nouvelle-Calédonie.** C'est une île montagneuse, allongée, où se creusent de nombreuses vallées, et dont la bordure de récifs coralliens rend l'accès de la côte assez difficile. Le climat y est chaud, mais salubre. Sur les montagnes, on trouve des *forêts* et des *pâturages*. Les principales cultures sont le *café*, la *canne à sucre*, le *tabac*, le *riz*, les fruits tropicaux, le manioc, et les légumes d'Europe. On exploite des minerais d'*or*, d'*antimoine*, de *chrome*, de *cobalt*, de *nickel*. Des gisements de houille y ont été reconnus.

Les indigènes appartiennent au genre malais; ils sont encore à demi barbares, mais ils ont beaucoup diminué. La Nouvelle-Calédonie a d'abord été une colonie pénitentiaire. Mais aujourd'hui elle attire beaucoup de colons libres. La population totale est de 63 000 hab., parmi

NOUVELLE CALÉDONIE

Echelle de 1 : 2.500.000
Kilomètres

lesquels on compte environ 22 000 Européens, dont 16 000 forçats. Les Français développent les cultures et l'élevage ; mais les voies de communication font défaut. (Importations : 13 millions ; — Exportations : 12 millions).

NOUMÉA.

La **Nouvelle-Calédonie** est administrée par un gouverneur ; elle a pour ville **Nouméa** (5 000 hab.). Elle comporte comme dépendances : les îles *Loyalty*, l'île *Nou* et l'île des *Pins*.

Les **Nouvelles-Hébrides** sont placées sous le protectorat de la France et de l'Angleterre.

2° Les **Iles de la Société** sont divisées en *îles du Vent* (Tahiti) et *îles sous le Vent*. La plus grande est **Tahiti**, capitale *Papeete*, un des meilleurs ports du Pacifique. Le climat tropical, mais tempéré par les brises marines, est délicieux, la végétation luxuriante. Les indigènes se rattachent au groupe polynésien.

3° Les **Iles Marquises** et divers autres archipels polynésiens (*Touboua*ï, *Gambier*, *Tuamotou*, *Futuna*, *Wallis*). Les Marquises ont pour chef-lieu *Nouka-hiva* ; près des îles Gambier, on pêche les huîtres perlières.

Ces diverses îles n'auront guère d'autre importance que pour servir d'escale aux navires quand l'isthme de Panama sera percé.

III. CONCLUSION.

Les colonies françaises représentent une population d'environ 40 millions d'hommes. Disséminées, composées de races diverses, elles ne forment pas un ensemble bien cohérent ; mais elles reçoivent peu à peu notre civilisation, qui les rattache de plus en plus étroitement à la France. Par elles se développe notre influence dans le monde ; la colonisation est une des formes les plus importantes de l'expansion nationale. La France ne doit pas oublier, dans cette œuvre colonisatrice, que son rôle est de faire respecter le droit et la justice, en répandant toujours plus de bien-être et de lumière. Son action doit être bienfaisante et pacificatrice. Par là seulement elle restera fidèle à son génie et remplira sa destinée, qui est de servir au progrès humain dans la voie de la justice.

TAHITI. — PAPEETE.

ILES DE LA SOCIÉTÉ

Echelle de 1 : 2.500.000

Kilomètres

0   25   50   75   100

LECTURE.

La colonisation et l'empire colonial français.

On peut, sans trop de fatuité nationale, observer que nous n'avons, à aucune époque, affiché de mépris pour les races différentes de la nôtre, que nous avons gagné, à tort ou à raison, une réputation de gens faciles et de mœurs conciliantes, pendant que d'autres ont rebuté, par leur rudesse ou leur morgue, les peuples qu'ils associaient à leurs destinées.

LA POINTE-A-PITRE (GUADELOUPE).

Au Canada, nos ancêtres avaient gagné l'affection enthousiaste des indigènes, comme dans la Louisiane. Qu'on écoute dans le Levant le témoignage des hommes de nationalités diverses, Grecs, Turcs, Arméniens, sur le compte des Européens! Enfin, qu'on aille au centre de l'Afrique demander l'opinion des nègres et des Bantous sur Brazza et sur Stanley. Ce sont de pauvres raisons pour les politiques qui disposent encore en Europe de l'influence et de la force...

Le temps s'approche où il ne pourra plus subsister d'**empire colonial** au vieux sens du terme, mais seulement une association égale et intime d'hommes égaux, libres et jouissant fraternellement des mêmes avantages. Les considérations de races qui, déjà aujourd'hui, ne sont plus guère que des ruses diplomatiques mal déguisées et des formes perfectionnées de la convoitise territoriale, ne tromperont plus longtemps les historiens naïfs ni les négociateurs novices. Alors, la solidarité d'un groupe de peuples pour lesquels il n'y aura plus ni métropole ni colonies, mais seulement association, découlera de la communauté des sentiments et des intérêts.

... En théorie, l'État le mieux armé du monde pour la lutte économique est celui qui dispose, soit sur le sol métropolitain, soit dans ses colonies, des ressources de toutes les zones de végétation et de toutes les couches géologiques, des richesses des faunes les plus diverses. Puisque la guerre industrielle et commerciale que se font les peuples civilisés a pour but avoué de mettre chacun en état de se suffire, l'isolement graduel, égoïste si l'on veut, mais profondément naturel, auquel on arrive ainsi, sera surtout funeste aux associations qui se limitent à des latitudes voisines. Or, avec l'Angleterre, c'est la France qui est le plus capable de supporter avec aisance cet isolement caractéristique de notre époque. Elle peut nourrir ses peuples en céréales, vins, sucres, bestiaux, autant et mieux que n'importe quel autre pays. La zone de productions méditerranéennes est restreinte, dira-t-on. Sans doute. Mais l'Algérie et la Tunisie sont là qui nous donneront en abondance tout ce qu'il plairait à l'Italie de nous refuser ou de nous faire payer trop cher. Les marchandises tropicales d'Afrique nous sont fournies par le Sénégal et le Soudan français, par la Guinée. Sous l'équateur, le Gabon et la Guyane nous suffisent, et l'on serait même tenté de croire, à voir le peu de parti que nous en tirons, que nous n'en avons nul besoin. Les Antilles offrent encore une autre catégorie de produits de la zone tropicale de caractère maritime et insulaire. L'Indo-Chine nous vaudra les ressources caractéristiques de la région des moussons. L'Inde est perdue; mais la mise en valeur de l'Indo-Chine d'une part, des Mascareignes et des Comores de l'autre, peut y suppléer dans une certaine mesure. La Nouvelle-Calédonie et les îles océaniennes offrent une région mixte où le climat maritime atténue la situation tropicale, où nos compatriotes pourront prospérer au milieu d'une végétation toute différente de celle du pays d'origine. — Ainsi la gamme est complète. Les cas de double emploi sont infiniment rares.

(Marcel Dubois, *La France économique*.)
(Masson, éditeur.)

QUESTIONS.

1. *Classer les colonies américaines et océaniennes d'après la division en colonies de peuplement, d'exploitation, de commerce, postes stratégiques.*
2. *Rappelez dans les différentes parties du monde les colonies tropicales de la France. Quel est leur intérêt au point de vue économique?*

REVISION

1ʳᵉ PARTIE — NOTIONS GÉNÉRALES SUR LA FRANCE

I. — Notions générales.

L'unité géographique de la région française a favorisé la formation de l'unité territoriale de la France.

I. *Superficie.* 536 000 kmq., environ 1/19 de la surface de l'Europe.

II. *Situation et forme.*
- La France appartient à la **zone tempérée** (entre 43° et 51° de latitude Nord).
- Située entre l'*Océan Atlantique* et la *Méditerranée*, elle participe de deux climats et offre une grande variété de produits.
- Presque tout entière sous l'influence des *vents d'ouest*, elle jouit du *climat maritime*.
- La France est remarquable par l'*harmonie de ses formes* et l'équilibre de ses dimensions.

III. *Configuration.*
- Deux régions différentes composent ses parties essentielles :
- **Bassin Parisien** et **Massif Central**. *Paris* est le principal centre vers lequel aboutissent les grandes routes. D'où la forte cohésion des régions françaises.
- A l'extrémité de l'Europe continentale, la France résume les principaux caractères orographiques de l'Europe.
- *Région intermédiaire* entre l'Europe du N.-O. et l'Europe méditerranéenne, elle a été le point de contact des civilisations latines et germaniques. Par sa situation sur deux mers, elle est sollicitée à la fois vers l'Amérique, l'Afrique et l'Orient.

II. — Formation géologique.

I. *Constitution géologique.*
- Deux parties essentielles : **Massif Central** (roches granitiques, schistes cristallins, sommets volcaniques). — **Bassin parisien** (plaine ondulée, composée de terrains sédimentaires disposés par bandes concentriques autour de Paris).
- Le Bassin Parisien est mis en communication par des seuils ou des passages avec le *bassin d'Aquitaine* et la vallée de la *Saône* et du *Rhône*.
- Le Massif Central est ainsi isolé des *massifs extérieurs français* par un cercle de plaines et de vallées. Ces massifs sont : 1° *massifs anciens* de l'*Armorique*, des *Vosges* et de l'*Ardenne*; 2° *massifs récents* des *Pyrénées*, des *Alpes* et du *Jura*.

II. *Conséquences géographiques.*
- **Terrains granitiques** de *Bretagne, Morvan, Massif Central*, peu perméables, sillonnés de ruisseaux; pâturages; habitations disséminées.
- **Terrains schisteux** de l'*Ardenne*, de la *bordure du massif armoricain*, généralement marécageux et stériles; seules les vallées sont habitées. Bordure carbonifère où se développent des centres industriels.
- **Terrains secondaires**, formés surtout de *roches calcaires*, calcaires jurassiques ou crétacés, fertiles quand ils sont recouverts de limons; habitations groupées dans les vallées.
- **Terrains tertiaires**, généralement fertiles; terres à céréales.
- **Terres d'alluvions**, très fertiles.

III. — Grands traits du Relief du Sol.

I. *Disposition générale du relief.*
- 1° **Plaines du Bassin Parisien** se reliant à la plaine flamande, qui fait suite aux plaines des Pays-Bas et de l'Allemagne du Nord;
- 2° **Massif Central** s'ouvrant par de nombreuses vallées sur les plaines environnantes, particulièrement au nord;
- 3° Au sud et à l'est du Massif Central, la plaine du **Bassin aquitain** et la vallée du Rhône et de la Saône, reliées par la plaine du **Bas-Languedoc**;
- 4° **Massifs montagneux extérieurs** : à l'est, le *plateau ardennais*, les *Vosges*, le *Jura*, les *Alpes*, qui continuent les hautes terres de l'Europe centrale; au sud, les *Pyrénées*, qui séparent la péninsule ibérique de la France; au nord-ouest, le *massif armoricain*.
- Les diverses régions ont entre elles des relations faciles.
- Le Massif Central contribue à unifier le climat. Seul le littoral méditerranéen jouit d'un climat spécial nettement caractérisé.

II. *Répartition des montagnes.*

Les **plus grandes altitudes de la France** sont sur les frontières S.-E. et S. : *mont Blanc* (4810 m.), *Pelvoux* (4103 m.) dans les Alpes ; *Vignemale* (3298 m.) dans les Pyrénées ; *Crêt-de-la-Neige* (1724 m.) dans le Jura ; *Ballon de Guebwiller* (1426 m.) dans les Vosges. L'inclinaison générale du sol de la France est du S.-E. au N.-O. — Dans le Massif Central, plusieurs sommets dépassent 1700 m.; point culminant : *Puy de Sancy* (1886 m.). — Les montagnes intermédiaires n'atteignent 900 m. que dans le Morvan. Vers l'ouest, aucune ne dépasse 500 m.

Plateaux : de *Lannemezan*, au nord des Pyrénées, s'abaissant sur la Garonne ; — des *Causses*, de *Mille-Vaches* et du *Limousin*, formant bordure du Massif Central, au sud et à l'ouest ; — de la *Bresse*, au S.-O. du Jura ; — de *Lorraine*, région intermédiaire entre les Vosges et le Bassin Parisien.

Plaines : Les régions de plaines sont généralement ondulées, sillonnées de vallées, parfois assez profondes. Les *Landes* et la *Beauce* sont les seules plaines plates. Les vallées sont les régions les plus favorisées : telle la vallée de la Loire.

III. *Conclusion.*

La *variété* de la constitution géologique et du relief de la France crée une grande variété d'aspect, de climat, de cultures, etc., mais qui ne nuit pas à l'*unité de la France*, parce que partout les communications sont faciles. — Peu de terres impropres à la culture, même dans les régions montagneuses.

IV. — Climat et Hydrographie.

La France jouit d'un **climat modéré**, suffisamment humide et aux températures peu variables.

I. *Principaux climats.*

Différentes causes ont cependant établi quelques variétés de climats :

1° *Provinces de l'Ouest et du Nord*, jouissant d'un climat maritime, assez humide et peu variable (climats *girondin* et *armoricain*).

2° *Massif Central*, ayant, à cause de son altitude, un climat assez rude, avec des hivers longs, de grandes pluies (climat *auvergnat*).

3° *Bassin Parisien*, assez arrosé, moins égal que les climats de l'Ouest (climat *séquanien*).

4° *Plateau lorrain* : hivers longs et rigoureux, étés chauds, mais courts (climat *lorrain*).

5° *Vallées de la Saône et du Rhône*, formant un long couloir, où soufflent les vents du Nord ; climat assez variable ; étés chauds, hivers froids (climat *rhodanien*).

6° *Littoral méditerranéen* : étés chauds et secs, hivers doux, mais avec des périodes de *mistral*, vent du N.-O. (climat *méditerranéen*).

La température, en France, décroît en hiver de l'ouest à l'est, et en été du sud-est au nord-ouest.

II. *Limites de végétation de quelques plantes.*

La limite de la *vigne* s'élève vers le nord de l'ouest à l'est.

Celle du *châtaignier* va de Nantes au sud de Nancy.

Celle du *maïs* passe au sud du Massif Central pour s'élever au nord de la Saône.

L'olivier, le mûrier et l'oranger sont des plantes méditerranéennes.

III. *Hydrographie.*

Le *Massif Central est le principal centre hydrographique* de la France ; ses plus grands affluents vont vers la Loire et la Garonne.

La **Seine**, fleuve de plaine, a un *débit régulier*, favorable à la navigation.

La **Loire**, alimentée par des cours d'eau qui viennent de terrains granitiques, est soumise à un *régime de crues* et de fortes baisses.

La **Garonne**, très irrégulière, inonde souvent ses bords.

Le **Rhône** est très rapide, peu régulier ; mais la **Saône** a le même régime que la Seine.

Sauf la Seine et ses affluents, la plupart des cours d'eau français ont besoin d'être régularisés par des canaux pour la navigation.

Tous ces cours d'eau sont unis par un système assez complet de canaux de jonction.

V. — Mers et Côtes. — La Pêche.

I. *Océan Atlantique.*

Les côtes de l'**Océan Atlantique** sont fortement battues par les vagues ; marées très fortes. Les rivages tantôt granitiques comme en Bretagne, sont profondément découpés ; tantôt calcaires ou sablonneux, ont des côtes rectilignes. Ici le rivage recule, comme dans le Boulonnais ou le Pays de Caux ; là, des terres sont reconquises sur la mer, comme dans le Marquenterre ou les Landes. La côte offre peu d'abris naturels, et elle est souvent bordée d'écueils.

II. *Méditerranée.*

Plus calme, la **Méditerranée** ne s'est pas opposée à l'accroissement des côtes : Roussillon et Bas-Languedoc. La côte de Provence, granitique, est découpée et offre d'assez bons abris.

III. *Conclusion.*

La France n'est pas très favorisée pour l'articulation de ses côtes. Mais le travail de l'homme a établi ou amélioré des ports. Le *Havre* et *Marseille* sont les plus importants.

IV. *La pêche.*

L'industrie de la **pêche** nourrit en grande partie les populations côtières, surtout en Bretagne et en Provence.

Des ports bretons, normands et flamands partent des marins pour les pêches lointaines de la morue et du hareng.

L'élevage des *huîtres*, la récolte du *varech*, l'extraction du *sel* sont aussi des ressources pour les populations de la côte.

VI. — *Ressources naturelles. — Population.*

La France est à la fois un pays agricole et industriel.

I. Ressources agricoles.

Cultures. Elle offre une grande variété de végétation et de cultures. Ses principales cultures sont la *vigne*, les *céréales*, surtout le *blé*. Puis viennent les plantes industrielles dans les plaines du Bassin parisien.

L'**élevage** a aussi une grande importance (races chevalines, vaches laitières).

Les **forêts** sont une richesse notable pour la France.

II. Ressources minérales.

La France a des mines de **houille**, mais trop peu étendues et trop espacées, et qui ne lui suffisent pas. Elle est riche en **minerai de fer**. Enfin elle a des mines de *sel gemme*, de nombreuses carrières de *pierre*, de *marbre*, de l'ardoise, de la terre à porcelaine, des sources minérales et thermales.

III. Population.

1° Répartition. Les régions les plus peuplées sont les vallées, les côtes, les centres miniers. Les ports situés à l'embouchure des grands fleuves, les villes formant un point de croisement de grandes routes sont devenus des cités populeuses. *Paris*, au centre du Bassin parisien, a aujourd'hui plus de 3 millions d'habitants.

2° Densité. La population française s'élève à 38 millions et demi d'habitants, soit 72 par kmq., densité inférieure à celle de plusieurs pays d'Europe.

3° Races et langues. La population française résulte de la fusion de nombreux éléments, parmi lesquels dominent l'élément gaulois, puis le romain et le germanique. Quelques provinces ont encore conservé leurs vieux dialectes : *breton, provençal, basque, flamand*.

L'émigration française est relativement faible, mais l'immigration est assez importante.

VII. — *La France administrative.*

(*Voir* les tableaux insérés dans ce chapitre.)

2ᵉ PARTIE — ÉTUDE DES DIVERSES RÉGIONS DE LA FRANCE

I. — *Région du Nord-Est.*

La *France septentrionale* comprend essentiellement le **Bassin Parisien.** — Le *Bassin Parisien* est limité au N. et au N.-E. par le Massif de l'*Ardenne* et par les *Vosges*; au S., par le *Morvan* et le *Massif Central*; à l'O., par les *massifs Vendéens, Bretons, Normands*.

La *bordure extérieure du Bassin Parisien* est formée par les massifs du *Boulonnais* et de l'*Artois*, et par le *Plateau de Lorraine*.

Le Plateau lorrain, les **Vosges** et l'**Ardenne** constituent la **Région du Nord-Est**, dont l'altitude, la constitution du relief du sol, le climat constituent l'originalité. Chacune des parties de cette région se prolonge d'ailleurs sur les États voisins.

La région du Nord-Est est limitée à l'Ouest par des lignes de collines qui forment la *bordure jurassique* du Bassin Parisien, au Nord par les *schistes ardennais*, à l'Est et au Sud-Est par les *roches cristallines des Vosges*. Le climat est le *climat vosgien*, assez rude.

I. Les Vosges.

Le massif vosgien s'étend du *Ballon d'Alsace*, au S., à la *Lauter* au N. Les Vosges françaises se terminent au mont *Donon*.

1° Description

Les **Vosges** formaient à l'époque primaire avec la Forêt-Noire un seul massif. Un effondrement a constitué la plaine d'Alsace. Les pentes des Vosges sont abruptes du côté de l'Alsace, plus longues du côté français, avec des vallées plus élevées. Climat rude et humide.

Hautes-Vosges (granit) au Sud; *Moyennes-Vosges* (grès) jusqu'au col de Saverne; *Basses-Vosges* (grès).

Point de ligne de faîte continue : deux lignes principales séparées par la vallée de la Bruche et coupées par des vallées longitudinales. — Des *chaînes secondaires* s'abaissent sur le Plateau Lorrain; la principale est la *Chaîne des Ballons* (*Ballon de Servance*), qui se détache du *Ballon d'Alsace* (1250 m.).

Points culminants : *Ballon de Guebwiller* (1426 m.), *Hohneck* (1366 m.), *Climont* (974 m.), *Donon* (1010 m.). — Lacs de *Gérardmer*, *Longemer*, *Retournemer*. — Cols de la *Schlucht* (1146 m.), de *Bussang*, du *Bonhomme*, de *Sainte-Marie-aux-Mines*, de *Saverne* (Alsace-Lorraine).

La végétation prédominante est la *forêt* (sapins et hêtres), qui alimente des scieries, des fabriques de meubles. — *Pâturages* sur les sommets (*chaumes*). — Sol en général pauvre et humide. — Dans les vallées (*plaines*) culture de la pomme de terre, du blé et même de la vigne.

2° Productions

L'industrie, très active, utilise la force motrice des cours d'eau (papeteries, scieries, filatures, féculeries, fromageries). Principaux centres : *Saint-Dié*, *Épinal* (25000 hab.), *Remiremont*, *Cornimont*, *La Bresse*, *Baccarat* (cristalleries). — Eaux minérales : *Bussang*, *Gérardmer*.

Des voies ferrées pénètrent dans l'intérieur de la montagne, mais deux lignes seulement contournent le massif.

II. Le Plateau Lorrain.

1° Aspect

Plateau assez uniforme, incliné du S. au N., se relevé le long des Vosges, sillonné à l'O. de lignes de collines, s'appuyant à l'E. et au S.-E. aux Vosges, au S. aux monts Faucilles (504 m.). Altitude moyenne : 200 mètres. Le sol est constitué par des bandes de terrains d'âges successifs, triasiques et jurassiques.

Les lignes de collines sont parallèles du S. au N. : *côtes de Moselle*, *côtes de Meuse*, *Argonne* (défilés de la Chalade, des Islettes, de Grand-Pré, du Chêne-Populeux.

2° Hydrographie

La **Moselle** vient des Vosges près de Bussang, passe à Remiremont, Épinal, Toul, Pont-à-Mousson, reçoit la *Vologne*, le *Madon*, la **Meurthe**, est unie à la Saône par le *canal de l'Est*, et à la Marne par le *canal de la Marne au Rhin*. — La **Meurthe** (Saint-Dié, Lunéville, Nancy) est suivie par le canal de la Marne au Rhin. — **Nancy** (102500 hab.), capitale de la Lorraine, ville universitaire et industrielle.

La **Meuse** suit depuis sa source un sillon entre les Faucilles et le plateau de Langres, et, à partir de Neufchâteau, perce les collines de Meuse qui forment ensuite sa bordure, arrose Commercy, **Verdun** (22000 hab.), reçoit la *Chiers* (Longwy et Longuyon), passe à Sedan, à **Mézières-Charleville** (24000 hab.), perce l'Ardenne où elle arrose Fumay et Givet. — La *Saulx* et son affluent l'*Ornain* (Bar-le-Duc) sont tributaires de la Marne.

3° Ressources agricoles et minérales

Les terres lorraines sont des calcaires assez maigres en général, sauf quelques vallées. — Blé, avoine, pâturages, vignobles et forêts. — Riches **mines de fer** (vallée de la Moselle, bassins de Briey, Longwy et Longuyon). *Salines* (Dombasle, Varangéville). *Eaux minérales* (Plombières). *Carrières de pierre.*

III. L'Ardenne.

L'Ardenne est l'extrémité du *massif schisteux rhénan*. Une petite partie du département des Ardennes y est comprise ; le reste appartient au rebord occidental de l'Argonne ou à la vallée de la Meuse.

Bordée par un talus boisé, le massif s'élève de 200 à 500 mètres. Formée de schistes. Landes, marécages et forêts. Coupée de vallées encaissées (Meuse). L'**Industries métallurgiques** (Mézières-Charleville, Fumay, Givet). *Ardoises* de Fumay. *Pâturages.*

IV. Historique et départements.

Cette région était partagée entre le *duché de Lorraine*, le *comté de Bar*, et le département des Ardennes appartenait à la Champagne.

Départements de *Meurthe-et-Moselle* (depuis l'annexion de l'Alsace-Lorraine à l'Allemagne en 1871), des *Vosges*, de la *Meuse* et des *Ardennes*.

II. — Région du Nord.

1. Plaine flamande.

La **plaine de Flandre** est formée par des *dépôts tertiaires* reposant sur un sous-sol schisteux ou argileux, et ces dépôts sont eux-mêmes recouverts de limon. Le sous-sol est riche en *houillères*. Ondulée vers le Sud, elle se termine au Nord-Ouest par des marécages (*moërs*) que protègent des dunes. Ports rares : *Gravelines* et *Dunkerque*.

II. Artois-Picardie.

Les *collines d'Artois* et le *Boulonnais* forment la bordure septentrionale du Bassin Parisien. La plaine flamande communique avec le Bassin Parisien par le seuil du *Vermandois*.

Dans l'Artois, les vallées creusent des sillons parallèles aux crêtes montagneuses, et ce parallélisme des cours d'eau se retrouve jusqu'au pays de Caux. Le *Boulonnais* au N. et le *pays de Bray* au sud forment des dépressions jurassiques à travers cette région crétacée. La région presque tout entière est recouverte de limon fertile.

Le climat maritime, la richesse du sol, le genre de vie des habitants lui donnent un aspect analogue à celui de la Flandre. — Cultures des *céréales*, en particulier du *blé*, des plantes industrielles, colza, œillette, betterave, chanvre, lin.

III. Hydrographie.

1° Plaine de Flandre

Escaut (Cambrai, Valenciennes) et ses affluents, *Scarpe* (Arras et Douai) et *Lys* (Armentières). La Lys reçoit la *Deule* (Lille).

Sambre (Landrecies et Maubeuge), affluent de la Meuse.

Tous ces cours d'eau sont reliés par un réseau très compliqué de **canaux** qui se rattachent eux-mêmes à l'Oise, à l'Aisne et à la Meuse.

2° Artois et Picardie

Orientation parallèle du S.-E. au N.-O. : *Arques, Somme, Authie, Canche.*

L'*Arques* (Dieppe) et son affluent la *Béthune* traversent le *pays de Bray* (pâturages).

La **Somme**, excellente voie navigable, vient du plateau de la Thiérache, arrose **Saint-Quentin**, Péronne, **Amiens** (90000 hab.), Abbéville. Le fond de la vallée est tourbeux (*hortillonnages*).

Cette région a un double caractère agricole et industriel (tissages d'Amiens, bonneterie de Saint-Quentin, serrurerie d'Abbeville).

IV. Côtes.

Les côtes du pays de Caux se terminent par des *falaises* interrompues par les *valleuses* (estuaires de rivières) où sont établis les ports : Étretat, Fécamp, Saint-Valery-en-Caux, Dieppe, le Tréport.

Le *Marquenterre*, pays d'herbages analogue aux polders, est bordé de dunes. Ports établis dans les estuaires Saint-Valery-sur-Somme, le Crotoy, Berck, Étaples.

IV. Côtes. (Suite.)	Le **Boulonnais** est bordé par des falaises blanchâtres. C'est un pays d'élevage. — **Boulogne** (50 000 hab.), port très actif ; **Calais** (60 000 hab.), port de transit, en face de Douvres, à la limite des mœurs flamands, *ville industrielle*. La côte est ensuite bordée de dunes : **Dunkerque** (40 000 hab.), port actif.
V. Région industrielle du Nord.	La Flandre, l'Artois et la Picardie ne forment qu'une seule région industrielle. Mais c'est dans le département du Nord que la *population est la plus dense*. La population se partage entre l'agriculture, l'industrie et le commerce.
	Bassins houillers de *Valenciennes-Anzin* et de *Lens*. Le fer manque : on le fait venir d'Espagne pour alimenter l'**industrie métallurgique** : *Anzin, Aniche, Denain, Maubeuge, Hautmont.*
	Industries textiles : Lille (210 000 hab.), **Roubaix** (125 000 hab.), **Tourcoing** (79 000 hab.), Armentières (lainages, cotonnades, toiles). Toutes ces villes groupées autour de Lille forment une agglomération de plus de 600 000 hab. Au sud du département : *Fourmies. Valenciennes, Cambrai.*
	Le département du Nord a aussi des brasseries, fabriques de chicorée, distilleries, raffineries et verreries.
VI. Historique et départements.	La **Flandre** française faisait partie du comté de Flandre ; elle forme le département du *Nord.*
	L'**Artois** a formé le département du *Pas-de-Calais*, la Picardie celui de la *Somme.*

III. — Bassin Parisien : I. Aperçu général.

I. Limites.	Le **Bassin Parisien** est une région de plaines ondulées entre l'Ardenne, les Vosges, le Massif Central et le Massif armoricain. Il communique au N. avec la Flandre par la *trouée de l'Oise*, au S.-E. avec la région de la Saône par les *passages de Bourgogne*, au S.-O. avec le Bassin d'Aquitaine par le *seuil du Poitou*. Cette dénomination est surtout un terme géologique, mais géographiquement, par le relief et l'hydrographie, **Paris** en est bien le centre. Le Bassin Parisien comprend essentiellement la région de la Seine et de ses affluents et le cours moyen de la Loire.
II. Constitution géologique. Aspect.	*Dépôts jurassiques, crétacés* et *tertiaires*, disposés en **bandes concentriques** autour de Paris. Les cours d'eau ont fait **un travail d'érosion** qui a amené la disposition des crêtes en courbes concentriques assez régulières. Quelques monticules isolés. Les rivières traversent en général les diverses régions successivement suivant la pente géologique du Bassin.
	Paris est au centre de la plaine tertiaire, qui se termine aux *falaises de l'Ile-de-France*.
III. Rebord extérieur.	Ce rebord est constitué par les *collines d'Artois*, le *plateau de la Thiérache*, l'*Argonne*, les *côtes de Meuse*, le *plateau de Langres*, la *Côte d'Or*, le *Morvan*, les *collines d'Anjou*, du *Maine*, du *Perche* et de *Normandie*. — Le **Morvan**, la partie la plus élevée, est un îlot granitique, dont les eaux descendent pour la plupart vers la Seine par l'*Yonne*. Point culminant : *Haut-Folin* (902 m.). Pays de forêts et de pâturages. Flottage des bois.
IV. Région du Bassin parisien.	Les caractères différents de la constitution géologique déterminent les différences d'aspect et du caractère agricole.
	1° A l'est, **terrains jurassiques** de la *Meuse*, du *plateau de Langres* et de la *Bourgogne* ; sol maigre, sec, pierreux. Plateaux occupés surtout par des *forêts*. Vignobles des rebords montagneux de *Bourgogne* et d'*Auxerrois* (Chablis, Tonnerre, Riceys). — Au sud, *Nivernais, val de Loire, Sancerrois. Champagne berrichonne* (élevage des moutons), *Bocage berrichon* et *marais de Brenne*. A l'ouest et au nord-ouest, *terres jurassiques* plus fertiles de la *Campagne de Caen*, d'*Alençon* et du *Maine. Bocage normand* et granits du *Cotentin*. — Au nord, pays de Bray et du Boulonnais.
	2° **Bandes crétacées** de *Champagne pouilleuse* (sur le rebord des falaises, *vignobles* de Champagne), du *Val du Cher*, du *Val de Loire*, du *Val du Loir* et d'*Anjou*. — A l'ouest, pays du *Maine oriental*, du *Perche*, d'*Auge* et du *Lieuvin*. — Au nord, *pays de Caux* et *Vexin normand*.
	3° **Terrains tertiaires** d'Ile-de-France, formés de marnes et recouverts presque partout de limon fertile. Blé (*Brie* et *Beauce*). Plantes industrielles, cultures maraîchères. Quelques îlots marécageux formés d'argiles : *Gâtinais, Gâtine de Touraine, Sologne*. Rochers gréseux de la *Forêt de Fontainebleau* et du *Hurepoix*.

IV. — Bassin Parisien (suite) : II. La Seine et ses affluents.

	Dans les calcaires des collines jurassiques se forment quelques sources appelées *douix*. Ce sont ces douix qui forment la *Seine* et quelques-uns de ses affluents, l'*Aube*, la *Marne*. Ces trois rivières ont un cours parallèle à travers les zones de la Haute-Champagne, de la Champagne humide et de la Champagne pouilleuse.
1. La Seine et ses affluents.	La **Seine** arrose Troyes, rencontre l'*Aube*, s'infléchit vers l'ouest, reçoit l'*Yonne* à Montereau, puis le *Loing* à Moret, forme de nombreux méandres à travers les terrains tertiaires de l'Ile-de-France, passe à Melun, **Paris**. Paris (2 700 000 hab.) est entre le confluent de la *Marne* avec la Seine et celui de l'*Oise* ; c'est vers Paris que convergent toutes les routes de cette région. A partir de Mantes, la Seine coule entre des rives élevées et forme de nombreuses boucles. Elle reçoit l'*Epte* et l'*Eure* (Chartres). Elle passe à Elbeuf, **Rouen** (116 000 hab.), forme un vaste estuaire où s'élève **le Havre** (130 000 hab.).
	L'**Yonne** vient du Morvan, reçoit l'Armançon, qui est réuni à la Saône par le *canal de Bourgogne*.
	La **Marne** naît dans le plateau de Langres, arrose Chaumont, où aboutit le *canal de la Marne à la Saône*, reçoit la *Saulx* grossie de l'*Ornain* (canal de la Marne au Rhin), passe à Châlons, Epernay, Meaux. Elle est la principale route entre Paris et la région de l'Est.
	L'**Oise** naît dans l'Ardenne, en Belgique, est reliée à la Somme, à l'Escaut, à la Sambre par des canaux, reçoit l'*Aisne* qui vient de l'Argonne et apporte les eaux de la Vesle (Reims). L'Oise reçoit encore le *Thérain* (Beauvais), passe à Creil et Pontoise.

II. Régions industrielles et grandes villes.

La région de la Seine est surtout agricole. — Céréales. Betteraves. Vignobles. Cultures maraîchères. — Elle manque de ressources minérales en dehors de ses *pierres de taille* et *pierres meulières*. — L'Argonne a des *phosphates*, le plateau de Langres des minerais de fer. — Mais les cours d'eau lui apportent les minerais et la houille.

Industrie du fer : *Haute-Champagne* (Joinville, Saint-Dizier) ; coutellerie de Langres et de Nogent.

Région de la Basse-Seine : **Le Havre**, port, constructions de machines, de navires, fonderies de cuivre ; **Rouen :** rouenneries ; *Elbœuf*, Louviers, Bernay : draps.

Région de Paris : Industries de luxe, porcelaines de Sèvres, machines, industries chimiques, papeterie, minoterie. — Tapisseries de *Beauvais*; glaces de *Saint-Gobain*. — **Versailles** (55 000 hab.); **Reims** (107000 hab.) : draps, vins de Champagne ; **Troyes** (53 000 hab.) : bonneterie.

III. Historique et départements.

1° **Champagne** : départements de l'*Aube*, de la *Haute-Marne*, de la *Marne*.

2° **Bourgogne** : *Côte-d'Or* et *Yonne*.

3° **Ile-de-France** : *Seine, Seine-et-Oise, Seine-et-Marne, Oise, Aisne.*

4° **Haute-Normandie** : *Eure* et *Seine-Inférieure*.

V. — Bassin Parisien (suite) : III. Normandie, Maine et Perche.

La **partie occidentale du Bassin Parisien** comprend le bassin de l'*Orne* et de la *Sarthe*, s'appuie aux schistes du Cotentin, du Bocage normand, du Maine et de l'Anjou. Dans cette région, l'aspect et les cultures varient suivant la constitution géologique.

I. Caractère du pays.

1° *Bande crétacée* des **collines du Perche** (303 m.) qui se prolonge par les *monts d'Amain* et le *Pays d'Auge*. — Pays d'herbages. Chevaux du Perche. Vaches laitières du Pays d'Auge. Fromages. Cidre. — Le Perche est un centre hydrographique. La *Touques* (Lisieux, Trouville) et la *Dives* se jettent dans la Manche. — A l'est de la Dives, c'est la *bande jurassique : Campagne de Caen*, d'*Alençon*, *Saosnois, Campagne mancelle, Bas-Maine.*

2° A l'ouest, ce sont les **Bocages**, de nature *schisteuse*. — Herbages entrecoupés de bois et de cultures de céréales : *Bocage normand, Bocage manceau, schistes angevins. Collines de Normandie et du Maine* (417 m.). — L'élevage et la fabrication du beurre sont les principales ressources.

3° L'extrémité du **Cotentin**, de nature schisteuse, est séparée de l'*Avranchin* par une dépression de formation tertiaire, le *Bessin*, pays d'élevage (*beurre d'Isigny*, volailles).

II. Cours d'eau.

La **Vire** arrose la région industrielle de Vire, puis Saint-Lô et Isigny.

L'**Orne** naît dans les monts d'Amain, traverse la Campagne d'Alençon, puis le Bocage normand (Suisse normande) et la Campagne de Caen. A **Caen** (45000 hab.) elle devient navigable ; son embouchure, à Ouistreham, est envasée.

La **Sarthe** vient du Perche, passe à *Alençon*, traverse la Campagne mancelle, arrose **Le Mans** (63000 hab.), reçoit le Loir dans la région de l'Anjou et se réunit à la Mayenne.

La **Mayenne** traverse des granits et des schistes, a un débit assez inégal. Elle passe à Mayenne, à *Laval* (30000 hab.) et se réunit à la Sarthe près d'Angers, pour former la *Maine*.

III. Industrie.

Industrie assez restreinte : *filatures, tissages*. Région de *Vire-Flers* (filatures, chaudronnerie, bonneterie). Fonderies d'*Ernée*. Quelques petits bassins houillers.

IV. Côtes normandes.

A l'estuaire de la Seine se termine la **Haute-Normandie**. Côte bordée de collines verdoyantes (Honfleur, Trouville, Cabourg). Puis elle est basse, sablonneuse jusqu'à l'Orne, ensuite bordée d'écueils (*rochers du Calvados*). — La côte du *Bessin* est plus accidentée, verdoyante. Baie marécageuse des *Veys*. — Côte du *Cotentin* découpée en falaises escarpées : pointe de Barfleur et cap de la Hague, entre lesquels se creuse la baie de **Cherbourg** (43000 hab.). — En face du Cotentin sont les îles anglo-normandes. — Baie de Lessay, puis rochers de *Granville*. Baie du mont *Saint-Michel*.

V. Historique et départements.

1° **Normandie** : départements du *Calvados*, de la *Manche* et de l'*Orne*.

2° **Le Maine** : *Sarthe* et *Mayenne*.

VI. — Bassin Parisien (fin) : IV. Val de Loire.

La Loire appartient à trois régions : *Massif Central, Bassin Parisien, Massif armoricain*. Presque tous ses affluents, sauf la Maine, lui viennent du Massif Central.

I. La Loire.

1° **Régime**

C'est à cause du sol granitique où elle naît que la Loire a un régime irrégulier. Elle a des crues violentes, et des maigres considérables, qui en été laissent à sec de nombreuses îles. Aucun affluent important, avant Tours, ne vient rétablir son niveau.

2° **Vallée de la Loire**

Née au mont Gerbier-des-Joncs, elle suit une vallée dans le Massif Central. Elle entre dans le Nivernais à Decize, où aboutit le *canal du Nivernais* (entre Loire et Yonne par l'Aron). Elle reçoit à *Nevers* la *Nièvre*, puis l'*Allier*, qui a un cours parallèle à la Loire dans une autre vallée du Massif Central.

La *vallée de la Loire*, d'abord resserrée entre des collines couvertes de vignobles, de bois et de pâturages, s'élargit à Gien et devient d'une grande fertilité. Mais le niveau de la Loire baisse, et **Orléans** (67000 hab.) souffre de l'infériorité du fleuve comme voie de navigation. Le *val de Loire*, entre Orléans et les Ponts-de-Cé, est une région privi-

I. La Loire. (Suite.)	2e **Vallée** de la Loire. (Suite.)	...légiée par la richesse de ses produits, la douceur de son climat et par son aspect riant (cultures maraîchères, vignobles, vergers). La Loire arrose *Blois*, **Tours** (64 000 hab.), *Saumur*, reçoit à gauche, le *Cher*, l'*Indre*, la *Vienne*, à droite la *Maine* (Angers : 83 000 h.), formée de la Mayenne et de la Sarthe, grossie du Loir. Le *Val du Loir*, parallèle à celui de la Loire, le rappelle par sa fertilité. La Loire perce les schistes du Massif armoricain. *Nantes* n'est plus dans le Bassin parisien.

II. Affluents de la Loire.

Le *Cher*, l'*Indre*, la *Vienne* et la *Creuse* ont leur source dans le Massif Central.

Le **Cher** et l'**Indre**, à leur sortie du Massif Central, traversent le *Bocage berrichon*, puis la *Champagne berrichonne* et enfin entrent dans le *Val de Loire*, où ils ont un cours parallèle à celui du fleuve. Le *Cher* arrose la région industrielle de *Vierzon* et de **Bourges**. L'Indre passe à Châteauroux et à Loches.

La **Vienne** et son affluent, la **Creuse**, sont assez longtemps engagés dans le Massif Central. Après avoir arrosé Limoges, la Vienne sort du Massif à Confolens, reçoit le *Clain* (**Poitiers** : 40 000 hab.), passe à *Châtellerault*, reçoit la Creuse, entre dans le Val d'Anjou et se jette dans la Loire.

III. Situation économique.

Au point de vue agricole, cette région renferme des parties fertiles comme le Val de Loire et celui du Loir, des Bocages (pâturages et bois), des plaines de céréales (Champagne berrichonne), mais aussi des landes et des marécages (Sologne, Brenne) que la culture améliore d'ailleurs. Les voies de navigation lui font défaut à cause des maigres de la Loire et de ses affluents. C'est une cause d'infériorité pour l'agriculture, qui n'a pas assez de débouchés, et pour le développement industriel. — Il n'y a de centres industriels que dans la région du Nivernais et du Cher (métallurgie : *Decize*, la Machine, *Fourchambault*, *Guérigny*, *Imphy*, *La Charité*, *Vierzon*, *Bourges*). Nevers et Gien ont leurs faïences, *Châteauroux* des lainages, *Angers* des toiles et des cordonneries, *Tours* des magnaneries, *Orléans* des minoteries.

IV. Historique et départements.

L'ancien **Nivernais** a formé le département de la **Nièvre** ; le **Berry**, l'**Indre** et le **Cher** ; l'Orléanais comprenait la région du *Loiret*, du *Loir-et-Cher*, d'*Eure-et-Loir* ; la **Touraine** forme l'*Indre-et-Loire* ; l'**Anjou** le *Maine-et-Loire*. Le département de la *Vienne* est compris dans l'ancien Poitou.

VII. — Bretagne et Vendée.

I. Bretagne.

La Péninsule bretonne est formée de **deux plateaux granitiques** allongés de l'Est à l'Ouest, séparés au centre par une dépression. Le plateau septentrional culmine dans les monts du *Menes* (340 mètres) et au mont Saint-Michel (391 m.) dans les *monts d'Arrée* ; le plateau méridional, dans les *Montagnes noires* (330 m.).

La Bretagne est caractérisée par son climat humide et ses nombreux cours d'eau aux estuaires profonds : *Rance* (baie de Saint-Malo), *Blavet*, *Aulne*, *Oust*, *Vilaine*, grossie de l'*Ille*. Sauf la Rance, ces cours d'eau se jettent sur le versant méridional, après avoir traversé le plateau méridional. *Canal d'Ille-et-Rance* ; canal de Nantes à Brest, qui suit la dépression intérieure de la Bretagne.

1o **Région de la Rance**, de l'Ille et de la Vilaine, qui ressemble par ses herbages, ses vergers, ses cultures, au Bocage normand ; **Rennes** (74 000 hab.) en est le centre agricole.

2o **La Région bretonne proprement dite** est formée elle-même de trois parties : au nord, un plateau couvert de landes, mais qui s'abaisse vers une côte fertile, la *ceinture dorée* ; au centre, une terre maigre de bruyères et de pâturages ; au sud, encore des landes granitiques avec une côte assez aride, seulement quelques vallées occupées par des prairies.

II. Côtes bretonnes.

Les **côtes** sont les régions les plus actives : pêche et culture. Sur la côte septentrionale sont des polders employés à la culture maraîchère : *marais de Dol*, *ceinture dorée*. Huîtres de Cancale. — Saint-Malo, *Saint-Brieuc*, *Paimpol*, *Tréguier* arment pour la pêche (pêcheurs d'Islande et de Terre-Neuve). *Roscoff*, *Saint-Pol-de-Léon* font un commerce de primeurs.

Côte très découpée à l'extrémité du Finistère : *pointe Saint-Mathieu*, *rade de Brest*, *baie de Douarnenez*, *baie d'Audierne*, *île d'Ouessant*. *Brest*, grand port militaire et commerçant (84 000 hab.). — Sur la côte méridionale, on élève aussi des huîtres. *Quimper*, *Concarneau*, **Lorient**, *presqu'île de Quiberon* ; *île de Groix* et *Belle-Ile*, *baie du Morbihan*. Vannes a des cultures maraîchères. *Marais salants de Guérande*. Estuaire de la Loire entre la pointe du Croisic et la pointe de Saint-Gildas. *Saint-Nazaire*, avant-port de Nantes, a un mouvement très actif. **Nantes** (133 000 hab.) a beaucoup de commerce et d'industrie (raffineries, conserves). Au nord de Nantes, fonderies de *Couëron*, forges d'*Indret* et de la *Basse-Indre*.

La densité moyenne de la population bretonne est supérieure à la moyenne de la France.

III. La Vendée.

La **Vendée** est composée, comme la Bretagne, de granits et de schistes primaires, parmi lesquels la *Sèvre-Nantaise* s'est frayé une vallée profonde. Le *Thouet* et la *Vendée* y prennent aussi leur source.

A l'intérieur est le *Bocage*, pays de prairies, de vergers, de petits bois. — *Cholet*, centre de l'industrie du tissage ; *La Roche-sur-Yon*.

Au sud, plaine vendéenne : *Fontenay-le-Comte* et *Luçon* ; marais poitevin, baigné par la *Sèvre-Niortaise*.

V. Côtes vendéennes.

Au sud de la pointe de Saint-Gildas ; baie de *Bourgneuf* et *Pornic*. Les alluvions déposées sur la côte forment le *marais breton*.

Iles de *Noirmoutier*, d'*Yeu*. Les *Sables d'Olonne*. L'*Anse de l'Aiguillon* se creuse dans le Marais poitevin.

V. Historique et départements.	Ancienne province de **Bretagne** : départements d'*Ille-et-Vilaine, Côtes-du-Nord, Finistère, Morbihan, Loire-Inférieure.* Ancien **Poitou** : *Vendée, Deux-Sèvres* (en outre, le département de la *Vienne*).

VIII. — Le Massif central.

Le Massif Central couvre plus du sixième de la surface de la France. Il est entouré par la plaine du Bassin Parisien, la vallée de la Saône et du Rhône, le seuil de Naurouze, la Plaine Aquitaine, le Seuil du Poitou.

I. Constitution géologique.	Le **Massif Central** se compose principalement de *roches primitives.* Sur le pourtour s'échelonnent des *dépôts houillers.* Au sud, les *plateaux des Causses* et les *monts Garrigues* sont formés de *dépôts jurassiques.* Le contrecoup du mouvement alpestre a déterminé plusieurs *séries de plissements,* exécutés du S. au N. : monts entre Loire et Rhône, massifs du Velay, du Forez et de la Madeleine, chaîne des Puys. — Des *dépôts lacustres* ont comblé les plaines du Forez, de la Limagne et du Bourbonnais. Enfin des *éruptions volcaniques* et l'*action glaciaire* ont encore fait subir au Massif Central des modifications.
II. Divisions du Massif Central.	1° A l'est, massifs qui forment le **bord oriental** du seuil de Naurouze à la Côte d'Or. 2° Massifs entre Loire et Allier (Velay, Forez, Madeleine). 3° Massifs à l'ouest de l'Allier (chaînes volcaniques). 4° Plaines et bassins de la Loire et de l'Allier. 5° Plateaux calcaires des Causses. 6° Plateaux granitiques du Nord-Ouest (Millevaches, Limousin, Marche, Combrailles).
A. Bord oriental du Massif Central.	Massifs et plateaux de granit ou de schistes cristallins, sauf les monts Garrigues. 1° Au sud, **Montagne-Noire**, *monts de l'Espinouse* et *monts de Lacaune.* Les pentes occidentales sont occupées par des pâturages et des forêts de hêtres (vallée de l'*Agout*), les pentes méridionales et orientales par des vignobles et des châtaigneraies (vallée de l'*Orb*). — Industrie des *lainages* (*Castres*). *Bassin houiller de Graissessac.* 2° Pentes jurassiques des **monts Garrigues**, qui prolongent les Causses. Terre pauvre et ravagée par des torrents. Pâturages : moutons à laine. 3° Monts de l'*Espérou*, massif de l'*Aigoual* (1 567 m.), **Cévennes** (mont Lozère : 1702 m.). Pâturages et bois de pins. Cours d'eau torrentiels (*Gardons, Ardèche,* etc.). Châtaigneraies. Mûrier. *Bassin houiller d'Alais.* 4° **Monts du Vivarais** : mont *Mézenc* (1754 m.), *Gerbier-des-Joncs, Pilat.* Pâturages, châtaigneraies, vignobles, mûrier (industrie lyonnaise). — Papeteries d'Aubenas et d'Annonay. *Bassin houiller de Saint-Etienne.* 5° **Monts du Lyonnais** : Pâturages, châtaigneraies, vignobles. 6° **Monts du Beaujolais, du Mâconnais** : Vignobles (*Villefranche* et *Mâcon*). — **Monts du Charolais** : Forêts, pâturages. — Dépression du *Canal du Centre. Bassin houiller du Creusot.*
B. Massifs entre Loire et Allier.	Monts du Velay, formés de masses volcaniques, recouvrant un plateau granitique. Forêt de pins. Industrie dentellière. — **Monts du Livradois** et du *Forez* : roche cristalline. Pâturages, forêts ou landes. La *Pierre-sur-Haute* (1640 m.). — Monts des *Bois-Noirs* et de la *Madeleine,* couverts de bois.
C. Massifs à l'ouest de l'Allier.	1° Plateaux granitique du **Gévaudan**, comprenant les monts de *Mercoire* et de la *Margeride.* Source de l'Allier. Climat rude. Végétation pauvre et clairsemée. *Signal-de-Randon* (1554 m.). 2° Partie médiane fortement modifiée par l'action volcanique et l'action glaciaire : monts d'**Aubrac** couverts de pâturages; **massif du Cantal**, où les puys sont rangés en cercle : *Plomb du Cantal* (1858 mètres), *Puy Mary, Puy Griou :* centre hydrographique rayonnant vers la Dordogne, le Lot et l'Allier; **monts Dore** : *Puy de Sancy* (1886 m.), pâturages; **chaîne des Puys** : Puy-de-Dôme, lac Pavin.
D. Plaines de la Loire et de l'Allier.	La Loire et l'Allier traversent une série de bassins et de plaines dont les terrains d'alluvions sont très riches. 1° La **Loire** traverse le *bassin du Puy,* puis, à sa sortie de défilés, elle entre dans la *plaine du Forez* où elle reçoit le Furens (*Saint-Etienne*), et ensuite dans la plaine de *Roanne.* 2° L'**Allier**, d'abord resserré entre les monts de la Margeride et du Velay, entre dans le *bassin de Brioude,* puis dans la *plaine de la Limagne,* très fertile (céréales, betteraves, fruits, légumes, vigne). Industries alimentaires, textiles, etc. Clermont-Ferrand (52 000 hab.). — L'Allier traverse ensuite la *plaine du Bourbonnais* : Moulins.
E. Plateaux calcaires des Causses.	Entre les monts d'Aubrac et la Montagne-Noire s'étendent les plateaux calcaires des **Causses**, très profondément entaillés par les rivières. Les Causses sont occupés par des *pâturages* de moutons, des champs de seigle et des châtaigneraies. Vallées du *Tarn,* de l'*Aveyron* et du *Lot.* — Bassins houillers de *Carmaux, Aubin* et *Decazeville.*
F. Plateaux du Nord-Ouest.	Le Massif s'abaisse vers le N.-O. sur le Bassin Parisien : **plateau de Millevaches** (954 m.), centre hydrographique d'où sortent la Creuse, la *Vienne,* la *Vézère* et la *Corrèze.* — **Monts du Limousin,** pays verdoyant d'herbages, de bois et de châtaigneraies. Limoges (84 000 hab.), centre de l'industrie de la porcelaine. — **Monts de la Marche,** pays très arrosé où il y a des pâturages (Indre et Creuse). *Plateau de Combrailles,* arrosé par le Cher. — *Bassins houillers* de Commentry et Montluçon.

III. Industries.

A l'exception de la Limagne et de quelques autres vallées, le Massif Central a surtout comme ressources végétales les pâturages, les bois et les châtaigneraies. Mais des *industries* se sont développées sur le pourtour dans les *centres houillers.*

1° **Bassin de Graissessac** : *Lainages* (Mazamet, Saint-Pons, Bédarieux, Lodève).

2° **Bassin d'Alais** : *Industrie métallurgique* (la Grand'Combe). Aciéries de Bessèges.

3° **Bassin de Saint-Étienne** : *Industries métallurgiques et textiles* : Firminy, Rive-de-Gier, Saint-Étienne (146000 hab.), Roanne, Tarare, Villefranche.

3° **Bassin du Creusot** : *Métallurgie :* Le Creusot, Montceau-les-Mines.

5° **Bassin du Bourbonnais** : *Métallurgie :* Commentry, Montluçon. Bassin d'Ahun.

6° **Bassin du Rouergue** : *Decazeville* et *Aubin : métallurgie. Carmaux : verreries et aciéries.* — Industries locales : Coutellerie de *Thiers.* Tapisseries d'*Aubusson.* Porcelaines de *Limoges.* Armes de *Tulle.* Dentelles du *Velay.* Chaudronnerie du Cantal, etc. — *Eaux minérales et thermales.* — Les voies de communication ont pénétré jusque dans l'intérieur du Massif Central et l'ont traversé.

IV. Historique et départements.

Lyonnais : départements du *Rhône* et de la *Loire.*

Bourbonnais : *Allier.*

Marche : *Creuse.*

Limousin : *Haute-Vienne, Corrèze.*

Auvergne : *Puy-de-Dôme, Cantal.*

Languedoc : *Haute-Loire, Ardèche, Lozère, Tarn.*

Guyenne : *Aveyron, Lot.*

IX. — Les Pyrénées.

I. Aspect général.

Le massif des Pyrénées, partagé entre la France et l'Espagne, est limité par les plaines de la Garonne et de l'Adour au nord, par le bassin de l'Ebre au sud. Le versant français, mieux arrosé, est plus dégradé et plus profondément dentelé que le versant espagnol. Les débris entraînés par les anciens glaciers ont formé le *Plateau de Lannemezan.*

Le soulèvement des Pyrénées appartient à l'*époque tertiaire;* il est formé de plissements parallèles orientés de l'E.-S.-E. à l'O.-N.-O.

Il *n'offre pas une ligne de faîte continue,* mais deux principales lignes qui se soudent au *val d'Aran.* Les cours d'eau percent successivement ces lignes par d'étroites brèches, en formant des *cirques. Les Pyrénées sont assez difficiles à traverser,* parce qu'elles n'ont pas de dépressions profondes. Le point culminant, la *Maladetta,* a 3404 mètres; l'altitude moyenne est 2500 mètres.

Les hautes vallées des Pyrénées ont de nombreuses *villes d'eaux;* plus en avant vers la plaine est une ligne de villes assez importantes.

II. Division des Pyrénées.

1° **Pyrénées orientales,** depuis le *cap Créus* jusqu'au *col de la Perche.*

Elles se terminent sur la Méditerranée par une côte rocheuse (rades de *Banyuls* et de *Port-Vendres*). Plusieurs massifs :

a) Les **Albères** : croupes de rochers blanchâtres percées au col de *Perthus,* s'abaissant sur la vallée du *Tech* et la côte du Roussillon; pentes verdoyantes, riches cultures.

b) Le **Canigou,** chaînon granitique, culminant par 2785 mètres : sommets du Canigou, de Castabona, du *Puigmal* (sur la frontière espagnole, 2909 mètres), *col de la Perche.* C'est la région de la Cerdagne, pays fertile de pâturages et de cultures, et qui s'abaisse sur la riche *plaine du Roussillon.* **Perpignan** (36000 hab.), marché agricole.

c) Les **Corbières** entre l'Aude et la Têt, massif très tourmenté s'abaissant sur le *seuil de Naurouze.*

2° **Pyrénées centrales,** jusqu'au *Somport.*

a) *Massif de Carlitte* (2921 m.). Vallée de l'**Aude,** couverte de vignobles.

b) *Hautes Pyrénées,* commençant au col de *Puymorens :* pic d'*Estats* (3141 m.); pic de *Montcalm; Mont Vallier.* L'Ariège et le Salat s'alimentent à ces montagnes. En avant, *montagne de Tabe* et *Petites Pyrénées.*

c) *Val d'Aran :* sources de la **Garonne,** en territoire espagnol, avec le massif de la **Maladetta** (pic *Nethou :* 3404 m.). — La ligne de faîte est suivie ensuite par la frontière : *Marboré* (3253 m.). *Vignemale* (3298 m.) en France, et *pic de Posets, Mont Perdu* (3352 m.) en Espagne. Massifs de *Néouvielle* et de *Bigorre* (pic du *Midi-de-Bigorre*) en avant de la ligne de faîte; *pic du Midi-d'Ossau* (2886 m.), *col de Somport* (1632 m.). — Toute cette région est accidentée de cirques, de ravins, de cascades : *cirque de Gavarnie, brèche de Roland.* Pâturages; eaux minérales et thermales.

d) *Plateau de Lannemezan,* sillonné par des cours d'eau qui descendent en éventail vers la Garonne.

3° **Pyrénées occidentales** : pic d'*Anie* (2504 m.), *col de Roncevaux* (1085 m.), *col de Belate* (868 m.). Cette partie de la chaîne est beaucoup plus basse, composée de petits massifs isolés par les vallées des cours d'eau. — Au nord, collines de **Béarn,** jusqu'à la vallée de l'**Adour.** L'Adour reçoit la *Midouze,* le *Gave de Pau,* la *Nive.* — *Bayonne* et *Biarritz.*

III. *Ressources.*

> Sur les hautes pentes, *forêts* et *pâturages; sur les pentes inférieures, céréales, vignes, fruits, oliviers,* etc.
>
> *Carrières de marbre.* Sources thermales et minérales (Amélie-les-Bains, Bagnères-de-Luchon, Bagnères-de-Bigorre, Cauterets, Barèges, Eaux-Chaudes, Eaux-Bonnes, Salies).
>
> Région industrielle de l'Ariège : mines de fer.

IV. *Historique*
et départements.

> Roussillon : *Pyrénées-Orientales.*
> Comté de Foix : *Ariège.*
> Languedoc et Gascogne : *Haute-Garonne, Hautes-Pyrénées.*
> Béarn : *Basses-Pyrénées.*

X. — Bassin Aquitain.

I. *Situation et aspect.*

> Le **Bassin Aquitain** est de *formation sédimentaire*, analogue au Bassin Parisien, mais avec moins de régularité et moins d'unité.
>
> *Bassin de Toulouse* et *Bassin de Bordeaux.* Le Bassin de Toulouse communique avec la plaine du Languedoc par le *seuil du Lauraguais,* et le Bassin de Bordeaux, avec la région de la Loire par le *seuil du Poitou.*
>
> Au nord, *région de la Charente*, formant transition entre la Vendée et le bassin aquitain ; au sud, *région des Landes.*

II. *Climat*
et productions.

> Climat océanique, mais moins régulier qu'en Bretagne, à cause de l'influence des neiges des Pyrénées.
>
> Région très arrosée, sauf dans les Landes et dans la Charente ; cours d'eau sujets à des crues.
>
> *Bassin Aquitain très riche* dans les vallées de la Garonne et de la Dordogne : *céréales, fruits, vignobles du Bordelais.*

III. *La Garonne.*

> 1° La **Garonne** s'alimente aux neiges des Pyrénées et dans le Massif Central. Elle est sujette à des crues, mais n'a pas de maigres comme la Loire. — Sortie du Val d'Aran, elle reçoit le *Salat,* l'*Ariège,* arrose **Toulouse** (150 000 hab.); entre en plaine, reçoit le **Tarn** (*Montauban*) grossi de l'*Agout* et de l'*Aveyron.* Elle est réunie à l'Aude et à la côte méditerranéenne par le *Canal du Midi.* A partir de Moissac, la Garonne est resserrée entre des collines couvertes de fruits, de vignobles : *Agen.* Elle reçoit le **Lot,** et sur la rive gauche le *Gers* et la *Baïse.* Elle entre dans le *Bassin de Bordeaux.* Cultures de *céréales* et de *tabac. Vignobles :* **Bordeaux** (257 000 hab.), centre de vie maritime, commerciale, industrielle et intellectuelle.
>
> 2° La **Dordogne,** grossie de la *Vézère,* de la *Corrèze* et de l'*Isle,* s'unit à la Garonne au *Bec d'Ambez,* pour former **la Gironde.** L'estuaire a une largeur qui varie de 4 kilom. (Blaye) à 10 kilom. Il se resserre entre *Royan* et la *Pointe de Grave.* La Dordogne traverse le *Quercy* et le *Périgord,* pays verdoyants, mais peu riches. *Périgueux* (32 000 hab.) sur l'Isle.

IV. *Région*
de la Charente.

> *Région calcaire,* cultivée en céréales, et parsemée de bois. — **La Charente** prend sa source dans le Limousin, arrose **Angoulême** (37 000 hab.), passe dans un sillon entre la Champagne charentaise et l'Angoumois. *Vignobles de Cognac.* La Charente se termine près de *Rochefort* (36 000 hab.), port militaire. — La côte est formée par le *marais poitevin.* La **Rochelle** (31 000 hab.), bâtie sur un rocher jurassique. *Marais salants. Huîtres de Marennes.*

V. *Les Landes.*

> *Plateau marécageux* compris entre l'Armagnac, le Bordelais et l'Adour, bordé de *dunes* sablonneuses entrecoupées d'*étangs* (*Bassin d'Arcachon*). Plantations de pins résineux et de chênes-lièges. Pâturages. *Mont-de-Marsan.*

VI. *Historique*
et départements.

> Languedoc : *Haute-Garonne.*
> Guyenne et Gascogne : *Tarn-et-Garonne, Lot-et-Garonne, Dordogne, Gironde, Gers, Landes.*
> Angoumois : *Charente.*
> Aunis et Saintonge : *Charente-Inférieure.*

XI. — Jura et Saône.

Les chaînes et plateaux du Jura s'étendent en plissements parallèles entre le Morvan et les Vosges, laissant le sillon de la Saône entre eux et les massifs bourguignons et du plateau de Langres.

I. *Jura.*

> Plissements parallèles du S.-O. au N.-E. dus à un soulèvement de l'époque tertiaire. Le **Jura** est formé de terrains jurassiques. Il se continue au delà du Rhin sur l'Allemagne. — Le *Jura franco-suisse* est limité au sud du Rhône par la *faille de Voreppe,* près de la Grande-Chartreuse, au nord par le Rhin. Les points culminants sont dans le Jura Central, près du lac de Genève. Des sillons longitudinaux (vals) séparent les chaînes; des vallées d'érosion coupent ces chaînes en brèches profondes appelées *cluses.* — Sources nombreuses. Les rivières ont des *pertes* dans les fissures des roches.
>
> 1° **Jura méridional.** Chaînons orientés du Sud au Nord, coupés par les cluses du Rhône, *Lacs du Bourget* et d'*Aiguebelette.* Au nord du Rhône, massif du *Grand-Colombier* (1534 m.). Le plateau s'abaisse à l'ouest vers le *Bugey* et l'île de *Crémieu.* Vallée de *Valromey.*
>
> 2° **Jura Central.** Orientation du S.-O. au N.-E. La limite septentrionale est formée par un sillon entre le Doubs et le lac de Bienne. Les chaînes et les plateaux s'abaissent en gradins vers l'ouest. A l'ouest, les pentes ont des *vignobles,* les vallées des *arbres fruitiers,* et, en avançant vers l'est, céréales, prairies, pâturages, hétraies, sapinières.

I. Jura.
(Suite.)

Reculet (*Crêt-de-la-Neige* : 1723 m.; mont *Reculet*, *Crêt-d'Eau*). *Larmont*; *Lacs de Joux, de Saint-Point, de Neuchâtel, de Bienne*. Passages peu nombreux : chemin de fer de Pontarlier à Neuchâtel ; *col de la Faucille* (1323 m.).
Plateaux d'Ornans, de *Nozeroy*, de *Lons-le-Saunier*, de *Champagnole*. Le plateau tombe en falaise sur la plaine de la Bresse (Revermont : 700 m.).
3° **Jura septentrional**. Direction de l'O. à l'E. Chaînons du *Weissenstein* (1450 m.) et du *Lomont* (Mont Terrible : 1000 m.). Vallées profondes où coulent les affluents du Doubs et du Rhin. Au nord, plateaux ondulés. *Trouée de Belfort*, où passe le *canal du Rhône au Rhin. Belfort* (32 000 hab.).

II. Hydrographie.

Sources abondantes. Les cours d'eau suivent les vals et passent de l'un à l'autre par des cluses, en formant des cascades ou des pertes. **Rhône** entre Bellegarde et le confluent de l'Ain. *Valserine*, affluent du Rhône. — *Ain, Doubs*.
Le **Doubs** traverse le lac de Saint-Point, passe à Pontarlier, suit une vallée accidentée et pittoresque, forme le *Saut-du-Doubs*, se heurte au Mont Terrible, perce le Lomont, puis suit une faille jusqu'à son entrée en plaine, après Besançon. Il est grossi de la *Loue*.

III. Productions.

Le Jura est morcelé en petites régions isolées, où se sont développées des industries locales : *fromageries, horlogeries*.
La vie agricole est surtout développée à l'ouest et au sud. *Céréales* (blé, maïs, orge, avoine) et *vignes* (Arbois). Pâturages. Bois. *Fromage de Gruyère*, fabriqué dans les « *fruiteries* ».
Pierre, marbre, sel gemme. *Minerai de fer*. Sources minérales.
Industrie métallurgique dans la région du Doubs. *Horlogerie* : centre **Besançon** (55 000 hab.). *Mines de sel gemme* (Lons-le-Saunier). *Commerce de vins* (Arbois, Poligny, Salins). *Taille des pierres précieuses* (Saint-Claude). *Distilleries* (Pontarlier).

IV. Vallée de la Saône.

Dépression ancienne comblée par des dépôts lacustres et des alluvions.
Haute Plaine de la Saône, formée de terrains jurassiques, au pied des Faucilles, du plateau de Langres et de la Côte d'Or. *Vesoul*. La Saône reçoit l'Oignon, l'Ouche (Dijon). La vallée s'élargit : c'est le *Pays-Bas*, où aboutit le Doubs. Climat chaud, culture du maïs, *vignobles bourguignons* (Chambertin, Nuits, Beaune, Pommard). **Dijon** (71 000 hab.) est le principal centre de la région. Après *Chalon-sur-Saône*, la Saône entre dans la *plaine de la Bresse*, pays agricole riche (céréales, pâturages, élevage des volailles). *Vignobles du Mâconnais et du Beaujolais* (Bourg, Mâcon, Villefranche). Au sud de la Bresse, c'est le plateau marécageux de la *Dombes*.
La Saône est reliée par des canaux à la Loire, à la Seine, à la Moselle, au Rhin.

V. Historique et départements.

Franche-Comté : *Haute-Saône, Doubs, Jura*.
Bourgogne, *Bugey* et *Valromey* : *Saône-et-Loire, Ain*.

XII. — Les Alpes.

I. Orogénie. Limites. Divisions.

Les **Alpes françaises** sont une partie du grand *massif alpestre*. Ce massif est dû à une suite de poussées de la fin de l'époque secondaire et du début de l'époque tertiaire. Au centre, massifs granitiques, compris généralement entre deux zones de massifs calcaires. Les *Alpes occidentales* sont la région la plus fortement convulsée, et dont les altitudes sont les plus élevées ; la zone orientale calcaire s'y est en partie effondrée.
Les Alpes françaises s'appuient au sud aux masses granitiques des *Maures* et de l'*Esterel*, à l'ouest aux *chaînes subalpines*, crétacées et jurassiques, au nord au Jura. À l'est, elles tombent brusquement sur la *plaine du Pô*. Les Alpes de la zone cristalline de cette partie du massif sont en grande partie sur le territoire italien ; mais des massifs de nature calcaire sont enclavés dans les Alpes cristallines, l'érosion ayant laissé le calcaire à découvert : *Mont Blanc* et *Mont Pelvoux*.

II. Traits généraux de la Géographie alpestre.

1° **Nombreuses routes**, facilement accessibles, passant par des cols peu élevés.
2° **Vie indépendante de chaque vallée** (Tarentaise, Graisivaudan, Briançonnais, vallée de Barcelonnette).
3° **Climat différent du nord au midi**, humide au nord, sec et chaud au sud.
4° **Végétation très variée selon l'altitude** : Vignes et céréales jusqu'à 900 à 1000 mètres ; —forêts jusqu'à 1600 à 1700 m.; — *pâturages d'été* au-dessus de 1700 m. (*fromageries*).

III. Étude des Alpes.

1° **Alpes cristallines**. Elles ont été en général mises à découvert en France par l'érosion.
  a) Massif du *Mont Blanc* (culmine par 4810 m.). *Mer de Glace. Glacier des Bossons. Cols de Balme* et du *Bonhomme ;*
  b) Massif de *Beaufort* : *Route du Petit-Saint-Bernard*. — Bois de sapins et pâturages d'été. Vallées de la *Tarentaise* et de la *Maurienne :*
  c) Chaîne de Belledonne, qui domine la vallée de l'Isère. — Riche vallée du *Graisivaudan*. *Grenoble* (68 000 h.), centre agricole et industriel ;
  d) Massif des Grandes-Rousses (3473 m.) : *Col du Lautaret ;*
  e) Le *Pelvoux : Barre des Écrins* (4104 m.). — Vallées très encaissées et pittoresques. Hautes vallées (*Champsaur*).
2° **Alpes calcaires du Sud-Est** :
  a) Hautes vallées de la Savoie : Cols du *Petit-Saint-Bernard*, du *Mont Cenis*, du *Mont Iseran*, de *Fréjus*. Massif de la *Vanoise :*

b) Alpes Cottiennes : Mont Thabor, Mont Viso. Cols du Genèvre et de Largentière;

c) Alpes Maritimes, profondément découpées par les rivières. — *Côte d'Azur : Nice* (105.000 hab.), *Monaco, Menton.*

III. Étude des Alpes.

(Suite.)

3° **Alpes calcaires de l'Ouest,** en général arides et dénudées :

a) Le *Dévoluy,* massif aujourd'hui déboisé ;

b) Le *Gapençais,* sillonné par la *Durance (Gap);*

c) Hautes Alpes de Provence : Pic Brun (3120 m.), pic d'*Enchastraye, Mont Pelat.* — Montagnes très dégradées par les pluies d'orage et les torrents (*Durance, Ubaye, Bleone, Verdon*).

4° **Chaînes subalpines :**

a) Alpes du Chablais : Dent-du-Midi (3285 m.). Bordure du lac Léman. — Industrie horlogère;

b) Alpes de Savoie : Massifs des *Bauges* et de la *Grande-Chartreuse. Lac d'Annecy.* — *Chambéry;*

c) Massif de *Vercors :*

d) Le *Diois.*

5° **Alpes de Basse-Provence :** Pentes déboisées ; pâturages de moutons. — Mont *l'entoux* et *Léberon.*

IV. La Vallée du Rhône.

Le **Rhône** entre en France après sa sortie du lac de Genève, traverse les défilés du Jura (Bellegarde, Seyssel, Culoz); devient navigable à Seyssel, coule entre la Dombes et les plateaux du Bas-Dauphiné, rencontre la *Saône* à Lyon; prend la direction du sud, en suivant le couloir entre le Massif Central et les chaînes subalpines. — Il reçoit l'*Isère;* sa vallée s'élargit à partir de *Valence* et forme les *plaines de Montélimar* et de *Vaucluse;* il arrose **Avignon,** reçoit la *Durance,* passe à Beaucaire et Tarascon, se divise en deux bras à Arles et forment un delta.

Le Rhône s'alimente aux Alpes (*Arve, Fier, Isère* grossie de l'Arc et du Drac, *Drôme, Eygues, Durance*); aux massifs bourguignons et au Jura, par la *Saône* grossie du Doubs, par la *Valserine* et l'*Ain;* au Massif Central, par des torrents (*Ardèche, Cèze, Gard*). — Il a un débit considérable; mais la rapidité de son cours en rend la navigation difficile.

La *vallée de la Saône et du Rhône* est une voie de communication de première importance entre la Méditerranée et les mers du Nord. — **Lyon** (459000 hab.), centre commercial et industriel (soierie), au croisement de grandes routes.

V. Climat et productions.

Climat très variable avec de grands contrastes du sud au nord. — Au nord, jardins, céréales et prairies; — au sud, cultures méditerranéennes. — Villes échelonnées des deux côtés du Rhône : *Vienne, Valence, Avignon* (17000 hab.).

VI. Historique et départements.

Savoie : *Savoie, Haute-Savoie.*

Comté de Nice : *Alpes-Maritimes.*

Dauphiné : *Isère, Drôme, Hautes-Alpes.*

Haute-Provence : *Basses-Alpes.*

Comtat Venaissin : *Vaucluse.*

XIII. — Région Méditerranéenne.

Aspect et climat très caractéristiques. — **Végétation méditerranéenne** (olivier, chêne-vert, cyprès, vigne).

I. Région méditerranéenne.

1° **Estérel** et **Massif des Maures,** de constitution ancienne, avec une altitude qui ne dépasse pas 800 m. — Côte très découpée : rades d'Hyères et de Toulon. — Stations hivernales de la Côte d'Azur. — *Cannes* (30000 hab.), **Toulon** (101000 hab.), port militaire. — *La Seyne.* Presqu'île de *Giens.*

2° **Basse-Provence :** Côte accidentée par les Préalpes. — Rade de **Marseille** (491000 hab.). Le port est le débouché de la vallée du Rhône, en relation avec tous les ports de la Méditerranée, et, par le canal de Suez, avec l'Afrique orientale, l'Asie et l'Extrême-Orient; grande ville industrielle (huiles, savons, fonderies, tanneries). — *Aix* (29000 hab.).

Étang de Berre et *plaine de la Crau* (pâturages, vignes, fruits, primeurs). — *Arles* (29000 hab.). — *Ile de la Camargue* formée par les dépôts du Rhône : *étang de Valcarès.*

3° **Plaine du Bas-Languedoc :** Côte basse, marécageuse, bordée d'*étangs* (Thau, Sigean, Leucate). — *Cette* (33000 h.), *Narbonne* (29000 h.) et *La Nouvelle.* — Vignobles. **Nîmes** (80000 h.) fait le commerce des vins; **Montpellier** (76000 h.), *Béziers* (52000 h.).

Les rivières (Hérault, Orb, Aude) apportent beaucoup d'alluvions.

II. La Corse.

L'île de Corse forme un département. — Ile montagneuse, granitique : monts *Rotondo* (2625 m.) et *Cinto* (2710 m.). — Sur la côte occidentale, rocheuse et bien découpée : *Calvi* et *Ajaccio* (21000 h.). — Au N.-E., *Bastia* (25400 h.), et au sud *Bonifacio.* — Climat doux en hiver et chaud en été. La végétation s'étage selon l'altitude. — A l'intérieur, *maquis.* — *Agriculture* et *industrie* assez peu avancées.

III. Historique et départements.

Provence : *Var, Bouches-du-Rhône.*

Bas-Languedoc : *Gard, Hérault, Aude.*

Ile de Corse : département de la *Corse.*

3ᵉ PARTIE — LA FRANCE ÉCONOMIQUE

I. — Voies de communication.

La France est essentiellement un pays agricole ; mais elle est devenue, surtout depuis le XIXᵉ siècle, une **grande puissance industrielle.**

La *disposition du relief facilite l'établissement des voies de communication* entre les différentes parties de la France et avec les pays voisins.

I. *Routes.*
La France est le pays qui possède le réseau de routes le plus complet et le mieux entretenu (**routes nationales, départementales, chemins vicinaux**). — Ce sont les chemins vicinaux qui sont les plus utilisés aujourd'hui.

II. *Voies ferrées.*
Paris est le *centre commun* de tous les réseaux, sauf pour celui du Midi.
Six grandes compagnies et chemins de fer de l'État. La Compagnie du Nord et la Compagnie de Paris-Lyon sont celles qui font le trafic le plus considérable. (*Voir* les grandes lignes de chaque compagnie : **Nord, — Est, — Paris-Lyon-Méditerranée, — Ouest, — Orléans, — Midi**).
Des services de trains directs sont établis entre Paris et les grandes villes de l'étranger ; quelques-uns entre les points extrêmes de réseaux différents (Calais-Bâle, etc.).
Quelques voies ferrées ont nécessité de grands travaux d'art (tunnels, viaducs).

III. *Canaux et voies fluviales.*
La plupart des cours d'eau français ont dû être aménagés pour la navigation : ils ont été *canalisés* ou suivis de **canaux latéraux**. Ils sont reliés entre eux par des **canaux de jonction**. — Les régions les mieux pourvues de voies de navigation sont le Nord et l'Est. (*Voir* le tableau des canaux principaux : Canaux latéraux, — Canaux de jonction du *Nord*, de l'*Est*, de *Bourgogne*, de *Bretagne*, du *Centre*, du *Midi*). — Quelques régions sont encore mal pourvues de voies de navigation ; c'est la *Loire* qui aurait le plus besoin d'être améliorée. — Les voies de navigation servent surtout au transport de marchandises lourdes.

IV. *Postes et télégraphes.*
Les **services postaux, télégraphiques et téléphoniques** sont le monopole de l'État. — Ces services sont reliés à ceux de l'étranger.

II. — Agriculture.

Les conditions de sol, de climat et de relief sont en général favorables en France à l'**agriculture**. Les contrées de sol pauvre sont peu nombreuses et ont pu être améliorées. Le *régime de la propriété* est le **morcellement**. L'État s'occupe de la diffusion de l'*enseignement agricole* (Institut agronomique, écoles nationales d'agriculture, fermes-écoles). — Les agriculteurs commencent à s'organiser en *syndicats* et en *coopératives*.

I. *Améliorations agricoles.*
Terrains nouveaux conquis à la culture : *moëres, wateringues, Marquenterre, polders, la Crau.* — *Landes* et *dunes* fixées par des pins. — Plaines marécageuses asséchées : *Dombes, Sologne, Brenne*. — Amendements et engrais : *Champagne pouilleuse*. — Reboisement des montagnes. — Perfectionnement de l'outillage, développement des voies de communication et de l'industrie.

II. *Principales cultures.*
La **vigne** et les **céréales** sont les principales cultures. Après viennent les *prairies*, les *cultures maraîchères*, les *fruits*, les *plantes industrielles*, les *forêts*. L'élevage et la pêche sont de grandes ressources.

III. *Régions agricoles.*
Quatre grandes régions :
1º **Régions de cultures** : Plaines, vallées et quelques côtes. — Au nord, les céréales et les plantes industrielles ; dans les vallées de la Loire et de la Garonne, céréales, fruits et vigne ; dans le Midi, vigne et mûrier.
2º **Régions semi-pastorales** : Bocages. — Régions d'élevage et de cultures.
3º **Régions pastorales** : Contrées d'élevage intensif.
4º **Côte de Provence** : Cultures méditerranéennes.

IV. *État actuel de la production agricole.*
1º **Produits alimentaires** : En premier lieu, les *céréales*, surtout le *blé*, et dans le Midi, le *maïs* ; — *pomme de terre* (Lorraine, Flandre et Bretagne) ; — *cultures maraîchères* (région de Paris, côte de Bretagne, Midi) ; — *vignobles* (Languedoc, Bordelais, Charente, Anjou et Touraine, Bourgogne, Champagne, Lorraine) ; — *arbres fruitiers* ; — *olivier* (Provence).
2º **Cultures industrielles** : *Betterave sucrière* (Nord) ; — *lin et chanvre* (Flandre et Bretagne) ; — *mûrier* (vallée du Rhône) ; — *tabac* (Guyenne, Gascogne, région de l'Est) ; — *houblon* (Nord, Est et Bourgogne) ; — *graines oléagineuses* (Nord et Nord-Ouest) ; — *plantes tinctoriales*, aujourd'hui bien délaissées.
3º **Élevage** : *Chevaux* et *bœufs*. — *Vaches laitières* (beurres et fromages), surtout dans le Boulonnais, la Normandie et en général les Bocages. — *Moutons* dans les terres sèches. — *Volailles*.
4º **Forêts** : Belles forêts dans les montagnes et dans quelques pays de plaines (Orléans, Fontainebleau, Compiègne, Villers-Cotterets).
5º **Chasse et pêche** : La pêche maritime est surtout importante.
L'**agriculture française**, très développée, a encore de grands progrès à réaliser. — L'État la protège par des tarifs douaniers contre la concurrence étrangère.

III. — Industrie.

La **houille** n'est pas fournie en assez grande abondance par le sol français; les voies navigables ne sont pas encore assez développées, mais l'industrie française recourt à *l'importation du minerai* et *elle utilise la force motrice des eaux* dans les régions montagneuses.

I. Industries extractives.

La France ne vient qu'au cinquième rang pour la production de la **houille**. — Principaux bassins houillers : *Nord* (Valenciennes, Anzin et Lens) : — *Loire;* — *Alais;* — *Blanzy* et le *Creusot;* — bassins secondaires du Massif Central, de la Vendée et de la Basse-Loire.

Le **fer** est assez abondant en France (Lorraine, Haute-Champagne, Cher, Ardèche, Saône-et-Loire, Pas-de-Calais).

Plomb, aluminium, pyrites. — **Pierre à bâtir.** — **Sel gemme et sel marin.** — **Marbres.** — **Ardoises.**

II. Grandes régions industrielles.

Les grandes industries se sont développées autour des bassins houillers, dans les régions minières, près des grands ports ou dans de grandes villes anciennes exceptionnellement situées pour la facilité des communications. — Industries locales.

1º **Région du Nord** : *Métallurgie, tissage et filature;* — *sucrerie et verrerie.*

2º **Région de l'Est** (Ardennes, Lorraine, Franche-Comté, Champagne) : *Métallurgie;* — *industries textiles;* — *cristalleries;* — *brasseries.*

3º **Le Creusot** : *Métallurgie, fonderies, machines.* — *Forges du Nivernais et du Bourbonnais.* — *Verreries, poteries.*

4º **Région du Rhône et de la Loire** : *Soieries de Lyon.* — *Forges, armes, machines, rubans de Saint-Étienne.* — Toiles, cotonnades, papeteries.

5º **Groupes du Massif Central** : *Métallurgie: Soie* (Alais). — *Lainages et verrerie* (Graissessac). — *Verrerie* (Carmaux, Aubin, Decazeville).

6º **Région normande** : *Haute-Normandie: Rouen* et le *Havre,* industries textiles; — *Basse-Normandie : forges, tissages* (Vire et Flers).

7º **Région de la Basse-Loire** : *Nantes.* constructions mécaniques, navires, conserves; — *forges de l'Erdre;* — *toiles* du Maine et de Bretagne.

8º **Groupe aquitain** : *Industries alimentaires :* minoteries, distilleries, conserves (Bordeaux et Toulouse).

9º **Groupe de Marseille** : *Constructions navales, huileries, savonneries, distilleries, parfumeries.*

10º **Région de Paris** : Tissages, minoteries, distilleries, papeteries, imprimeries, etc. — Industries artistiques.

11º **Industries locales** : *Dentelles* (Alençon, le Puy, Valenciennes, Mirecourt); — *porcelaine* (Limoges); — *papeterie* (Angoulème); — *coutellerie* (Langres, Thiers, Châtellerault); — *confiserie, horlogerie* (Jura); — *bonneterie* (Troyes).

Industries artistiques et de luxe : porcelaines de Sèvres, tapisseries des Gobelins, tapis d'Aubusson, glaces de Saint-Gobain, etc.

IV. — Commerce.

Pour le **commerce**, des améliorations sont encore désirables dans le réseau des voies de navigation, dans le service des chemins de fer.

I. Commerce extérieur : 8 à 9 milliards.

Exportation : Nous sommes à peu près au même rang que l'Allemagne, après l'Angleterre.

Importation : C'est de l'Angleterre que nous importons le plus; mais elle nous achète encore plus qu'elle ne nous vend.

L'industrie nationale se défend par des tarifs douaniers; mais elle est obligée de chercher des débouchés dans les autres pays, notamment dans les pays neufs (Afrique et colonies).

II. Marine marchande.

La France vient au quatrième rang pour l'effectif de sa marine.

Principaux ports : **Marseille, le Havre, Dunkerque, Bordeaux,** *Rouen, Saint-Nazaire, Cette, Dieppe, Boulogne, Nantes, Calais.* — Ces ports sont reliés aux principaux ports des parties du monde par des *services de paquebots.* — Malgré de grands travaux d'amélioration, nos ports sont encore **insuffisants.**

III. Conclusions économiques.

La France, comme les autres pays de grande production, traverse une crise économique qui résulte d'une *surproduction industrielle.* — De là une guerre de tarifs, une rivalité commerciale et coloniale.

Les *traités de commerce* remédient dans une certaine mesure aux inconvénients du *protectionnisme.*

V. — La Défense du Territoire.

Les **frontières** de la France sont surtout découvertes au N.-E. et au Nord.

La plupart des **19 corps d'armée** ont pour sièges des villes frontières ou avant-postes de Paris. **Paris** et **Lyon** forment des gouvernements militaires spéciaux.

I. Frontières continentales.

1º **Nord** : Le pays limitrophe, la Belgique, est un pays neutre. — Places fortes de **Dunkerque, Calais, Lille, Maubeuge.**

2º **Nord-Est** : Frontière franco-allemande : *Hirson, Mézières, Montmédy,* **Verdun,** *forts de la Meuse,* **Toul, Épinal, Belfort.** — La *seconde ligne* est formée par les places de *la Fère,* **Laon, Reims, Langres, Dijon.** — Camp retranché de **Paris.**

**I. *Frontières*
continentales.
(Suite.)**

3° **Est** : Frontière de la Suisse, pays neutre : Forts de *Larmont, Joux*, les *Rousses*, *l'Écluse*. — Place de Besançon.' — Frontière italienne : **Nice**, *Mont-Dauphin*, Briançon, Albertville. — A l'intérieur, Lyon et Grenoble.

4° **Sud-Ouest** : Frontière espagnole : *Saint-Jean-Pied-de-Port*, Bayonne, *Bellegarde*, *Montlouis*, Perpignan.

**II. *Frontières*
*maritimes.***

Manche : Forts de *Boulogne*, du *Havre*.

Atlantique : *Saint-Nazaire*, Royan, le Verdon, *Goulée*, *Médoc*, *Blaye*, Bayonne.

Méditerranée : *Port-Vendres*, Marseille, *Nice*, *Villefranche*.

Ports Militaires : Cherbourg, Brest, Lorient, Rochefort, Toulon.

4ᵉ PARTIE — LES COLONIES FRANÇAISES

I. — Aperçu historique.

I. *Historique.*

La France a été l'une des premières puissances colonisatrices de l'Europe. A partir du XVIᵉ siècle, elle a fondé des colonies en Amérique, en Afrique, en Asie. Elle était la *plus grande puissance coloniale* au XVIIIᵉ siècle, quand la guerre de Sept ans et les guerres de l'Empire lui firent perdre la plupart de ses possessions.

Au XIXᵉ siècle, elle a reconstitué son empire colonial, qui vient au premier rang après celui de l'Angleterre. — Par sa situation sur l'Océan et sur la Méditerranée, la France était sollicitée vers la vie maritime. Aujourd'hui les intérêts coloniaux jouent un grand rôle dans la politique internationale.

**II. *Empire colonial
actuel
de la France.***

Il est presque entièrement de formation moderne, à l'exception des possessions d'Amérique, des comptoirs de l'Inde, et en Afrique, du Sénégal et de la Réunion.

1830 : *Prise d'Alger; conquête de l'Algérie* de 1830 à 1857. — De 1830 à 1848, comptoirs de Guinée; Archipels Océaniens. — De 1854 à 1862, extension du *Sénégal*, acquisition d'*Obok* et de la *Nouvelle-Calédonie; Cochinchine*. — Depuis 1881, annexion de la *Tunisie*, du *Dahomey*; expéditions au Sahara, au *Soudan*; colonisation du *Congo*. Conquête de *Madagascar*. Tonkin, Annam et Cambodge.

III. *Colonisation.*

La population totale des colonies françaises s'élève à plus de **40 millions** d'habitants. Ces colonies sont des colonies de **peuplement** (Algérie, Tunisie) ou d'**exploitation**, ou des *comptoirs commerciaux* ou des points de relâche.

IV. *Divisions.*

Groupe *Africain;* — Groupe *Asiatique;* — Groupe *Océanien;* — Groupe *Américain*.

II. — Colonies d'Afrique. — Algérie et Tunisie.

I. *Situation.*

L'Algérie et la **Tunisie** ont une situation très avantageuse dans la partie méridionale de la Méditerranée occidentale. — Situées à 24 heures de Marseille, elles forment une dépendance de la France.

**II. *Configuration
physique.***

L'Algérie et la Tunisie appartiennent à la *région de l'Atlas*, formée par l'*Atlas tellien* et l'*Atlas saharien*, que sépare la zone des *Hauts-Plateaux.*

1° **Région du Tell** : Massifs isolés séparés par des brèches laissant parfois entre eux et la côte de petites plaines fertiles. — Altitude de 1200 à 2400 m. : monts de *Tlemcen*, monts de l'*Ouarsénis*, du *Djurdjura*. — Quelques bons ports : *Bône, Philippeville, Bougie*. — En Tunisie, port de *Bizerte*, golfe de *Tunis*, cap *Bon*.

Les cours d'eau sont des torrents (O. *Isser*, O. el *Kébir* grossi du *Rummel*, *Seybouse*,. Le seul fleuve est le *Cheliff.*

2° **Hauts-Plateaux** : Altitude de 700 à 1100 m. — Au centre, une dépression occupée par les chotts (*Chergui, Hodna*). — Climat sec et extrême. — Culture de l'*alfa*.

3° **Atlas saharien** : Il est disposé en massifs parallèles, séparés par des gorges : monts de *Ksour*, *Djebel Amour*, *Djebel Aurès* (mont Chélia : 2330 m.). — Il s'épanouit dans la Tunisie monts *Zaghouan*). — Vallée de la *Medjerda*. — Plaine côtière du *Sahel*, occupée par des vignes, des oliviers, des jardins.

Au sud, dépression des chotts *Fedjedj, Djerid, Ghursa, Melghir*. - Oasis du Sahara algérien : Laghouat, Ghardaïa, Ouargla, Biskra, Touggourt, El Goléa.

**III. *Situation
économique.***

1° **Agriculture** : Les productions agricoles sont les principales richesses de la colonie : *blé* et *vigne*, cultures méditerranéennes, *forêts*, élevage, *alfa*. Dans les oasis, *palmier-dattier*.

2° **Industrie et commerce** : L'Algérie et la Tunisie manquent de houille. — *Fer*, cuivre, plomb argentifère, or. — Nombreuses *voies ferrées* le long de la côte. — Quelques lignes de pénétration. — Chemins de *caravanes*. — Services réguliers de paquebots avec la France, l'Espagne, l'Angleterre et l'Italie. — Commerce assez important avec la France et l'Angleterre.

V. *Principales villes.*

1° **Algérie** : **Alger** (100000 hab.), *Blida, Miliana;* **Oran** (90000 hab.), *Tlemcen, Sidi-Bel-Abbès, Mascara; Constantine* (50000 hab.), *Bône* (37000 hab.), *Philippeville, Bougie*.

2° **Tunisie** : **Tunis** (200000 hab.), *Bizerte, Sousse, Sfax, Gabès, Gafsa*.

V. Population.
Gouvernement.

La **population** indigène se compose de *Kabyles*, d'*Arabes* et de *Maures*. Les *colons européens* sont des *Français*, des *Espagnols* et des *Italiens*.

L'*Algérie* est une *province française* divisée en trois départements (Alger, Oran, Constantine) sous l'autorité d'un **gouverneur général**. — La *Tunisie* est un **protectorat** : le gouvernement est celui du **bey** sous la surveillance du **Résident général** français.

III. — Colonies d'Afrique (suite).

I. Afrique occidentale française.

1° Le **Sénégal** a une population de 200'000 habitants. — Ligne de postes échelonnés sur le *Sénégal*, et qui rejoint la ligne du *Niger* (Kayes, Bafoulabé, Bammakou, Boussa). — Établissements de la côte (*Saint-Louis, Dakar, Rufisque*). — *Comptoirs de Guinée*, de la *Côte d'Ivoire*, de la *Côte des Esclaves* et du *Dahomey* (Konakry, Grand-Bassam, Assinie, Grand-Popo, Kotonou, Abomey). — Selon une convention franco-anglaise, le *Sahara* et le *Soudan* sont *réservés à notre influence jusqu'au lac Tchad.*

2° **Ressources** : Les *produits agricoles* sont la principale ressource. Ils varient selon le climat. — *Sénégal :* mil, arachide, gomme, bois de teinture et caoutchouc; — *Soudan :* riz, maïs, arbre à beurre, bois, élevage dans les savanes; — *Guinée :* bois, huile de palme, cocotier.

Les travailleurs sont des nègres; les Européens, sous ce climat, ne peuvent se livrer à de durs travaux. *Ressources minérales :* or. — *Voies de communication :* chemin de fer de Saint-Louis à Rufisque et Dakar; — de Kayes à Bafoulabé, Bammakou.

3° **Domination française** : Les indigènes, pour la plupart musulmans, reconnaissent maintenant la domination française. L'ensemble de la colonie compte environ 13 à 14 millions d'habitants. — Un *gouverneur général* assisté de quatre lieutenants gouverneurs. — Trois gouvernements militaires. — Capitales : *Saint-Louis, Dakar.*

II. Le Congo.

1° Le **Congo français** est limité au nord par le Cameroun, au sud par le Congo belge. Au nord-est il rejoint théoriquement le Soudan français. — Arrosé par l'*Ogooué*, il est limité au sud et à l'est par le *Congo* et l'*Oubangui*. — Climat chaud et humide, sol fertile. — Les principaux produits pour l'exportation sont l'*ivoire* et le *caoutchouc*. — *Principales villes : Libreville, Loango, Franceville, Brazzaville*.

2° **Pénétration française** : *Sahara* et *lac Tchad*. — La France a étudié divers projets pour rattacher ses postes du Soudan et de la Guinée à l'Algérie par le Sahara. Elle abandonné le projet d'un transsaharien. — Hostilité des nomades touaregs. — Le lac Tchad a été l'objet de nombreuses explorations. On a étudié et résolu le problème du Congo au lac Tchad par le Chari.

III. Madagascar et La Réunion.

1° **Madagascar** est une île un peu plus grande que la France. — A l'intérieur, massifs volcaniques surmontant de grands plateaux (plateau de l'Imérina : *Tananarive*, 150 000 hab.). — La plaine côtière orientale est étroite, marécageuse et malsaine. Celle de l'ouest est plus large et saine (steppes).

Baies de Majunga, Ampasindava, Diégo-Suarez. — Les *produits agricoles* s'étagent selon le relief. — La *faune* a des espèces particulières. — *Gisements minéraux* importants : *or, houille*, plomb, cuivre, étain, fer.

Industrie rudimentaire. — Le premier port est *Tamatave*. Il y a environ 5 millions et demi d'habitants. — Les indigènes sont les *Sakalaves* et les *Hovas*.

L'île est annexée et gouvernée aujourd'hui par un *gouverneur civil*.

2° **La Réunion** : Grande île montagneuse et volcanique (*Piton des Neiges* : 3070 m.). — Côte peu découpée, climat chaud avec une saison humide et une saison sèche. — Ressources agricoles : *café*, canne à sucre, vanille, céréales. — Principales villes : *Saint-Denis, Saint-Paul, Saint-Pierre.*

3° *Iles* **Sainte-Marie, Nossi-Bé**, les **Comores**.

IV. Côte des Somalis.

Ports d'**Obok, Djibouti, Tadjourah**, importants points de relâche sur la route de l'Extrême-Orient par Suez. — Djibouti est un débouché du Harrar et de l'Abyssinie : chemin de fer de Harrar à Djibouti.

IV. — Colonies d'Asie.

I. Inde française.

Comptoirs de **Pondichéry** (45 000 hab.), **Karikal, Mahé, Yanaon, Chandernagor**, avec huit loges, dont les principales sont : *Mazulipatam, Calicut, Surate.*

II. Indo-Chine française.

Elle se compose du **Tonkin**, de l'**Annam**, de la **Cochinchine** et du **Cambodge**. A un mois de navigation des ports français de la Méditerranée. — Superficie totale à peu près égale à celle de la France.

Plateaux surmontés de massifs ou sillonnés de chaînes. — *Deux plaines :* Cochinchine et delta du Tonkin. — Quelques bons ports (*Hué, Tourane, Qui-Nhon*).

Le **Son-koï** ou *Fleuve Rouge* vient du Yunnan, arrose *Lao-kay*; à *Son-tay* commence son delta, où s'élèvent *Hanoï* (150 000 hab.) et *Hai-phong*. Son cours est encombré de rapides. Aménagé par des canaux, il pourra devenir une voie de pénétration.

Le **Mékong** ou *Cambodge* vient du Tibet, traverse le plateau du Siam, se divise en deux branches à *Pnom-Penh*. Il est aussi encombré de cataractes. Principales villes : *Chaudoc, Mytho, Saïgon* (80000 hab.).

Climat tropical, chaud et humide. — Population indigène s'élevant à 18 millions d'habitants. — *Importantes ressources agricoles et minières : riz, maïs, canne à sucre, coton, café, etc.; bois précieux.* — *Élevage*, surtout de la *volaille*. — Chasse et pêche.

Le Tonkin est riche en **houille** et en minerais : *or, argent, cuivre, fer, plomb, étain, zinc.*

L'industrie n'est pas encore développée. — La colonie pourra devenir une excellente colonie d'exploitation.

| II. *Indo-Chine française.* (Suite.) | L'**Indo-Chine française** se divise en quatre parties : **Cochinchine** (colonie) : *Saigon* (80 000 habitants); — **Cambodge** (protectorat) : *Pnom-Penh* (30 000 hab.); — **Annam** (protectorat) : *Hué* (50 000 hab.) ; — **Tonkin** (colonie) : *Hanoï* (150 000 hab.). Un *gouverneur général* est à la tête de la colonie. |

V. — *Colonies d'Amérique et d'Océanie.*

I. *Groupe Américain.*

1° Iles **Saint-Pierre** et **Miquelon** avec le droit de pêche sur le *banc de Terre-Neuve.*

2° **Groupe des Antilles** : *Martinique, Guadeloupe, Marie-Galante, Désirade, les Saintes, Saint-Barthélemy.* la moitié de *Saint-Martin.*

La **Martinique** est une île volcanique (*Montagne Pelée*), ainsi que les deux îles qui forment la **Guadeloupe** (*Basse-Terre* et *Grande-Terre*); le volcan de la *Soufrière* domine Basse-Terre. — Capitales : *Fort-de-France* et *Basse-Terre.* — Principale ville (Guadeloupe) : *Pointe-à-Pitre.* — *Climat tropical.* — Canne à sucre, café, coton.

3° La **Guyane française** fut d'abord une colonie pénitentiaire. — Climat chaud et humide sur le littoral, salubre sur les plateaux. — Les principales ressources sont les *bois*, le *quinquina,* la *noix de coco.*

Sol riche en metaux : or, argent, cuivre et fer. Capitale : *Cayenne.*

II. *Groupe Océanien.*

Iles disséminées. Ce sont surtout des points de relâche.

1° **Nouvelle-Calédonie** : Ile montagneuse avec bordure corallifère. — Climat chaud, mais salubre. — Forêts et pâturages sur les montagnes. — Café, canne à sucre, tabac, riz, fruits tropicaux. — Minerais : *or, antimoine, nickel,* etc.; houille. — D'abord une colonie pénitentiaire, la Nouvelle-Calédonie attire aujourd'hui beaucoup de colons. — Principale ville : *Nouméa.* — Iles *Loyalty. Nou,* île des *Pins.*

2° **Iles de la Société**, comprenant les *îles du Vent,* dont la plus grande est *Tahiti* (Papeete) et les *îles sous le Vent.* — Climat tropical. mais tempéré par les brises marines, très salubre.

3° **Iles Marquises** : *Toubouaï,* Gambier, Tuamotou, Futuna, Wallis. — Principale ville : *Nouka-Hiva.* — Pêche des huîtres perlières.

Conclusion.

Les colonies françaises ne forment pas un **groupe cohérent**; mais elles *facilitent notre influence dans le monde et nous ouvrent des débouchés pour notre commerce.* La **colonisation est une des formes importantes de l'expansion nationale.**

TABLE DES MATIÈRES

Paris. — Imprimerie DELALAIN FRÈRES rue Séguier, 18.

www.ingramcontent.com/pod-product-compliance
Lightning Source LLC
Chambersburg PA
CBHW072001090426
42740CB00011B/2032